纪检监察实务系列

讯问之道

职务犯罪讯问原理与实战策略

上官春光 ◎著

国家检察官学院职务犯罪研究所副所长、
刑事检察教研部教授

中国法制出版社
CHINA LEGAL PUBLISHING HOUSE

目 录 contents

第一章 监察讯问的目的和要求

一、讯问的目的 …………………………………………… 001
二、讯问的基本要求 ……………………………………… 006

第二章 讯问的灵活性和规律性

一、讯问无定法 …………………………………………… 013
二、讯问有规律 …………………………………………… 014
三、供述的理论模型 ……………………………………… 016

第三章 讯问的构成环节和任务

第一节 讯问的核心环节 …………………………………… 025
一、讯问环节的划分 ……………………………………… 025
二、被讯问人的表现与讯问核心环节 …………………… 027
三、讯问核心环节的任务 ………………………………… 029
四、不同环节在讯问中的地位 …………………………… 035
五、不同讯问环节的外在特征 …………………………… 036
六、讯问环节的反复 ……………………………………… 042

第二节 讯问的技术操作流程 ……………………………… 043
一、准备与计划 …………………………………………… 043
二、讯问开始 ……………………………………………… 051
三、态度转化 ……………………………………………… 053
四、陈述引导 ……………………………………………… 053
五、讯问结束 ……………………………………………… 054

六、回顾评估 ·· 055

第四章　讯问中的心理学原理

第一节　讯问过程的心理解读 ··· 057
　一、讯问是引导被讯问人从撒谎到如实陈述的转化过程 ············· 057
　二、影响态度转化的两方面因素 ·· 058
　三、撒谎是有罪者的正常反应 ·· 059
　四、讯问应当从被讯问人撒谎开始 ··· 061
第二节　撒谎与焦虑情绪 ··· 062
　一、谎言、实话与事实真相 ··· 062
　二、谎言的类型 ··· 066
　三、撒谎者的内心反应 ·· 067
　四、撒谎的副产品——焦虑 ··· 069
第三节　讯问中施加心理作用的基本原理 ····································· 073
　一、心理影响的基本原理 ·· 074
　二、讯问策略的界限 ·· 083

第五章　讯问中情绪控制原理与方法

第一节　切断焦虑情绪释放的渠道 ·· 086
　一、行为矫控 ··· 087
　二、集中注意力 ··· 090
第二节　增加焦虑的途径 ··· 093
　一、揭谎与导谎 ··· 093
　二、打乱心理防卫机制 ·· 104
　三、强化情感 ··· 108
　四、借助价值目标 ··· 109
　五、调整讯问的空间距离 ·· 110

第六章　讯问中的认知控制原理

第一节　讯问中对被讯问人施加影响的途径 ································· 112
第二节　讯问中被调查人的决策与选择 ·· 113

一、讯问对被讯问人来说，是一个复杂的决策选择过程 …… 113
二、合理决策的前提和基础 …… 113
三、被讯问人认知和决策的局限 …… 114
四、影响被讯问人决策的认知因素 …… 116

第三节　对案件情势的认知控制 …… 117
一、讯问的场所和空间设置 …… 117
二、办案人员的意志和信心 …… 118
三、讯问人员的人数和级别 …… 119
四、讯问中的用势、借势与造势 …… 119

第四节　对办案人员掌握事实和证据的认知控制 …… 121
一、对办案人员掌握事实的认知控制 …… 122
二、对办案人员掌握证据的认知控制 …… 125

第五节　对办案方向的认知控制 …… 133
一、对调查指向"人"的认知控制 …… 134
二、对调查指向"事"的认知控制 …… 135

第六节　对利害关系人的认知控制 …… 139
一、贿赂案件中对相对人的认知控制 …… 140
二、对受托人的认知控制 …… 142
三、对近亲属的认知控制 …… 142

第七节　对被讯问人选择的认知控制 …… 145
一、选择的非理性 …… 145
二、被讯问人的选择：对抗与配合 …… 145
三、被讯问人对抗行为的应对 …… 148
四、对选择的认知控制 …… 152

第八节　对刑事责任的认知控制 …… 160
一、合理化 …… 161
二、责任投射 …… 164
三、对比原理 …… 164
四、暗示 …… 166

第九节　对自身权利义务的认知控制 …… 167
一、权利和义务的行为导向性 …… 167
二、我国讯问环节的告知规定和实践样式 …… 169

三、讯问环节的告知与认知控制 ………………………………… 174
第十节　对被讯问人自我认知的控制 ……………………………… 176
　一、自我认知与自我调节 ………………………………………… 176
　二、讯问中对被讯问人的自我认知控制 ………………………… 178
第十一节　对办案人员的认知控制 ………………………………… 182
　一、讯问人员的应然形象 ………………………………………… 182
　二、认知控制的策略 ……………………………………………… 187

第七章　被讯问人陈述引导

　一、陈述引导环节的根本任务 …………………………………… 195
　二、记忆信息的提取 ……………………………………………… 196
　三、主观心理状态的核实 ………………………………………… 198
　四、供述自愿性的构建 …………………………………………… 205
　五、引导陈述过程中的问话规范 ………………………………… 207

第八章　讯问中的话题管理

　一、被讯问人认罪前、后讯问的区别 …………………………… 212
　二、陈述引导中的话轮控制 ……………………………………… 213
　三、供述引导中的话题管理 ……………………………………… 214
　四、话轮与话题的协调 …………………………………………… 223

第九章　贪污犯罪讯问原理与技巧

　一、分析供述信息的不同视角 …………………………………… 225
　二、贪污罪的讯问 ………………………………………………… 230

第十章　贿赂犯罪讯问原理与技巧

　一、贿赂犯罪的类型与调查取证要点 …………………………… 247
　二、贿赂犯罪的关系网 …………………………………………… 269
　三、贿赂犯罪讯问的切入路径 …………………………………… 270
　四、贿赂犯罪其他关键问题与讯问 ……………………………… 283

第一章 监察讯问的目的和要求

明确讯问的目的,可以明确讯问工作的基本方向。只有方向正确,才不至于跑偏。同时,明确讯问的基本要求,则可以明确讯问手段的边界和底线,这样才能保证讯问不至于违法、违规,让整个讯问程序始终在正当的轨道内运行。如果把讯问比喻成赛跑运动的话,明确讯问的基本目的可以保证办案人员始终沿着正确的方向前进,明确讯问的基本要求可以保证办案人员始终在法治轨道内运行,不至于越界和犯规。

一、讯问的目的

监察讯问类似于侦查讯问,但又不同于刑事诉讼中审查逮捕和审查起诉中的讯问,更不同于庭审中的讯问。监察讯问和侦查讯问更侧重于收集证据,调查事实真相,而审查逮捕、审查起诉和庭审中的讯问则侧重于核实。侦查讯问的"主要目的是以一种道德的、合法的方式从被讯问人处搜集确凿的信息和真实的叙述"。[①] 这一观点对于监察机关在监察调查中讯问涉嫌犯罪的被调查人也同样适用。综合《中华人民共和国监察法》(以下简称《监察法》)的规定,讯问是一项特殊的调查措施,其目的是与整个监察调查的目的和任务紧密相关的。监察调查的目的就是查明事实真相,收集固定证据。讯问也应当服务于这一目的,始终围绕着查明事实真相、收集固定证据来进行。具体而言,监察讯问的目的可以归纳为:通过合法合规的讯问方法,从被调查人处获取确凿的案件信息和真实的陈述。

(一)讯问的核心目的是要得到真实的陈述

讯问的过程是办案人员从被调查人处探知案件事实真相的过程。讯问的结果就是把涉罪的被调查人供述和辩解固定下来形成笔录,从而在后续的程序中作为证据

---

① [英]古德琼森:《审讯和供述心理学手册》,乐国安、李安等译,乐国安审校,中国轻工业出版社2008年版,第31页。

使用。讯问结果的真实性制约着案件的质量。可以说，要想让自己办理的职务犯罪案件经得起历史的检验，首先要让口供经得起检验。因此，讯问必须确保所获取的供述和辩解是真实的、确凿的。

1. 讯问的目的是得到客观陈述，而不仅仅是口供

有人认为讯问的目的就是拿下口供。这种认识是片面的。从法律规定来看，讯问所记录的是被讯问人的供述和辩解。具体而言，就是有罪的供述和无罪的辩解。有罪的供述包括两个方面：一是承认有罪的态度表示；二是对所实施的职务犯罪过程的陈述。而无罪的辩解也包括两个方面：一是否认犯罪的态度表示；二是对自己无罪事实的陈述。无论是供述还是辩解，内容都可归为两类：是否认罪的意思表示和对相关事实的陈述。从证明案件事实的角度看，被讯问人的供述和辩解对于查明案件事实起核心作用的是关于事实的陈述。只有陈述的内容是真实的、可靠的，对于案件事实的证明才能发挥正向的证实作用。

在办案实践中，讯问的对象——被讯问人不一定就是有罪的，其所作的陈述也不一定就是有罪供述。由于案件情况复杂多样，无罪者有可能作有罪的供述，有罪者也有可能作无罪的辩解。从根本上讲，监察调查中的讯问是核实案件事实和收集能够证明案件事实情况的证据。如果认为讯问的目的是得到有罪的供述，就会以偏概全。因此，讯问的直接目的是得到真实的陈述，包括无罪的辩解和有罪的供述。讯问工作的核心应当始终着眼于真实，致力于探寻案件事实的真相。

2. 合法的供述未必是真实的

合法的供述不等于真实的供述。被讯问人陈述的合法性和真实性是两个不同的属性。真实的陈述可能是非法的，而合法的陈述也可能是虚假的。实践中，不能把合法的陈述等同于真实的陈述。尤其是在调查阶段，案件事实的真相掌握在被调查人的手里，而不是办案人员的手里。通俗来讲，被调查人有没有受贿，他自己最清楚，办案人员不清楚，或者没有被调查人清楚。监察讯问也是一场脑力对抗，办案人员可能拥有对抗的人力和法律优势，但被调查人拥有信息优势。有没有实施职务犯罪行为，关键信息在被讯问人那里。要想获取真实的陈述，必须让被讯问人产生配合讯问、如实陈述的真实意愿。办案人员要耐心倾听被讯问人的陈述，同时给被讯问人充足的发表意见的机会和时间。

强调陈述的真实性，既是为了保证查明案件事实的真相，切实防止冤假错案，也是为了降低办案人员自身的职业风险。根据监督执纪和监察执法的相关规定，监察机关在维护监督执法工作纪律方面失职失责的，予以严肃问责。建立办案质量责

任制，对滥用职权、失职失责造成严重后果的，实行终身问责。① 《最高人民法院关于完善人民法院司法责任制的若干意见》要求，法官应当对其履行审判职责的行为承担责任，在职责范围内对办案质量终身负责。

3. 陈述的真实性决定了案件的质量

对于职务犯罪案件来说，讯问对于案件质量的重要性与其他刑事案件是一样的。讯问的重要性源于供述在破案、定罪和量刑中所具有的极其重要的作用。关于供述对破案和定罪的重要性，古德琼森曾经引用过津巴多的研究成果来加以说明。津巴多的研究认为，"超过80%的案件仍然依靠被讯问人的供述破案，而且一旦作出供述，被讯问人就很难被判无罪"。②

从有关研究的成果看，虚假供述一旦形成，后续程序很难发挥纠正作用。有学者分析了采纳虚假供述的路线图，认为虚假供述被采纳有两个方面的原因：一是后续程序缺乏有效的非法取证发现机制；二是对于证据真实审查采用印证模式。尤其是在印证模式下，口供的真实性取决于口供中的信息是否能够得到其他证据的验证，得到验证的口供通常被视为真实可信的。③

在现有的办案机制和证据审查机制下，一旦调查讯问中出现问题，被调查人陈述的真实性存在偏差，那么出现虚假供述，错案的风险便会增加。被讯问人陈述的真实性在很大程度上影响着职务犯罪案件的质量。

在整个审查调查措施中，讯问是最重要也是最容易出错的环节，从职务犯罪案件整个办案流程来看，监察讯问也是防止错案的核心环节。只有办案人员在讯问中采用科学的讯问方法，确保被调查人陈述的真实性，最大限度减少虚假供述，案件质量才能得到保证。

4. 讯问不能过于依靠经验

对于讯问工作而言，经验是从多次讯问实践中得到的知识或技能。讯问需要经验的积累和技能的提升，讯问经验对于讯问具有很强的指导作用和借鉴意义，因此经验的传承是不可或缺的。但是，实践中关于讯问的经验更多的是感性经验，很多知识需要提炼，很多技能需要完善。实践中，有些经验能够为讯问工作带来启发，有些经验甚至可能会误导讯问。对于讯问工作而言，存在诸多变量，讯问经验对办案人员具有启发意义，但不能僵化。

---

① 《中国共产党纪律检查机关监督执纪工作规则》第73条。
② ［英］古德琼森：《审讯和供述心理学手册》，乐国安、李安等译，乐国安审校，中国轻工业出版社2008年版，第120页。
③ 李昌盛：《错案的轨迹：以虚假供述为中心》，载《中国人民公安大学学报（社会科学版）》2015年第6期。

经验能够提升办案的效率，但并不能完全保证案件的质量。经验是在过往办案过程中总结出来的办法和应对策略，若再次出现相同或者类似的问题时可以凭借经验加以解决。因此，在一般情况下，过往的经验有利于提升办案的效率。另外，情况又总是不断变化的，职务犯罪的样态也在不断更新，新的案件层出不穷，如果过于依赖经验就有可能导致办错案。

查办案件是对过去发生的案件事实的认知过程。在日常生活中，人们对周围世界的认知有很多发生错误的可能性。在认知心理学上，有这样的一种观点，即人们看待世界有时并不是基于真实的情况，而是基于自己的预判，有时看到的是自己预期的东西。查办案件是一种特殊的认知过程，也同样可能发生这种情况。而预判和预期往往就是基于经验而产生的。因此，必须辩证地看待讯问经验。一方面，要充分学习办案经验，积累讯问知识，提升讯问技能，灵活运用讯问经验；另一方面，又不能过于依赖经验，防止经验的干扰。

作为职务犯罪案件的调查人员，尤其是多年从事调查工作的人员，更应把每一起案件都当作新案来办理。无论从事多少年的办案工作，无论已经办理了多少案件，对于正在办理的案件，都应当保持一种"新手办新案"的心态。也就是说，办案人员应当将自己办理的每一起案件都当作自己人生的第一起案件来办理。只有这样，才能把办错案的主观风险降到最低。

（二）讯问的直接目的是要形成高质量的讯问笔录

在监察法中，讯问既是查明职务犯罪事实真相的调查措施，又是收集固定证据的重要手段。讯问不仅要从被讯问人那里获取真实的信息以查明事实真相，还要把这些信息固定下来，形成证据，用以证明事实的成立。如果被调查人如实陈述了相关事实，但办案人员没有形成笔录，或者笔录记载的信息有误，讯问的根本任务就无法完成，讯问的目的也就无法达到。因此，讯问工作的目的不仅是要获取被讯问人的真实性陈述，还要把这些陈述固定下来，形成高质量的证据。

1. 讯问工作既要注重案件突破，又要注重陈述的引导

如果只把精力放在案件突破上，就容易忽略突破后陈述的引导问题。讯问中如何突破被讯问人的心理障碍让其交代涉嫌犯罪的事实是办案的难点。对于职务犯罪案件而言，尤其是"一对一"的贿赂犯罪案件，如果案件陷入僵局，通常是讯问被"卡"住了，其实就是无法突破。因此，讯问中如何突破就成为实务工作者关注的焦点。

但实际上引导陈述和讯问突破同样重要。如果说讯问突破关乎能否得到陈述的话，引导陈述则关乎得到什么样的陈述。在疑难案件中，讯问突破是前提，但引导

陈述则关乎讯问目的的实现。换个角度看，讯问工作的好坏，最终体现在笔录的质量上。问得再好，如果没有记好，讯问的质量也是有瑕疵的。因为在后续的办案流程中，办案人员用以认定案件事实的是笔录，审查的对象也是笔录。

其实，引导陈述才能真正体现办案人员的专业水平。有办案经验的人通常都知道，讯问能否取得突破会受到诸多因素的影响，有很多偶然因素会决定审讯突破的时间和幅度。因此，实践中即使讯问人员水平很高，经验很丰富，但也可能就是突破不了。在特定情况下，没有什么办案经验的讯问人员，也可能突破案件。因此，是否能够突破某一个特定案件并不能完全体现一个人的办案水平。反过来，引导陈述倒是能真正体现一个办案人员的专业功力。一般而言，会办案的人引导的讯问笔录通常条理清晰，要素齐全，不缺项不漏项，后期不需要再次补充讯问。内行人一看引导陈述的笔录，就能基本判断出办案人员的专业水平和办案能力。一般来说，一个有十年办案经验的人引导出的陈述与只有三五年办案经验的人引导出的陈述有很大差异。

2. 引导陈述要着眼于笔录的证明作用

讯问笔录是讯问的最终成果。而笔录的功能就是用来证明案件事实的。笔录一旦形成，就会在后续的程序中不断被多方检验和审视，以确定是否可以作为证据使用，是否对案件事实具有证明作用以及证明力的大小。因此，在讯问笔录制作过程中，办案人员就应当着眼于笔录的证据能力和证明力，着眼于其对案件事实的证明作用。

供述和辩解是证明犯罪事实的重要证据。在很多职务犯罪案件中供述笔录甚至是不可替代的直接证据。这是因为被讯问人多数是职务犯罪的实施者、亲历者，所作的陈述信息量大，对案件事实往往能够发挥直接的证明作用。

要让讯问笔录发挥证明案件事实的功能，就需要办案人员引导被讯问人把相关的事实客观、全面、有序地交代清楚。客观就是要保证陈述的真实性，防止被讯问人员作虚假陈述。全面就是要保证陈述的信息的完整性，让被讯问人把与案件相关的信息全部交代干净，力争做到"知无不言，言无不尽"，避免信息缺项和漏项。有序就是要保证陈述的条理性，要尽量让被讯问人的陈述符合认知的规律，引导其根据合理的顺序把问题交代清楚。

在内容的把握上，需要办案人员着眼于案件处理和诉讼证明的需要引导陈述。对于与案件事实无关的陈述可以打断，对于与案件有关的事实则要引导被讯问人作重点陈述，对于证明案件事实具有重要作用的事实则需要特别关注。一般而言，需要特别关注的内容包括如下几个方面：一是能够证明案件事实发生、发展过程的各个述事要素；二是能够证明相关行为是否成立犯罪的各种主客观要件要素，如行为时的认知状态和意志状态，行为后果、行为方式中与法律评价有关联的信息等；三是能够证明量刑情节的关联要素。如能够证明自首、立功、坦白、主犯、加重犯等从轻、从重情节的信息等。述事要素和要件要素全面、有效，才能发挥供述和辩解的证明作用。只有把这些信息固定下来，落实到纸面上，才能形成高质量的笔录。

二、讯问的基本要求

讯问的基本要求是对监察讯问工作的底线性要求。这些要求是证据合法性的基本保障，也是对讯问工作最基本的规范性要求。违背这些要求，既可能造成非法取证，也可能造成对被讯问人基本权利的侵害。整体而言，讯问的基本要求可以概括为合法、合理。所谓合法，是指监察讯问要符合法律规范的要求，获得的供述和辩解要经得起法律的检验。所谓合理，是指讯问手段要符合伦理和情理，不能采用不道德的手段进行讯问。

（一）合法

依法讯问是办案的基本要求。讯问不仅要做到主体合法、程序和手段合法，还要做到所取得的供述和辩解的形式合法。这里的法，既包括与《中华人民共和国宪法》和《监察法》相关的法律规范，也包括与刑事诉讼相关的法律规范。这是因为职务犯罪案件在监察调查以后需要进入司法程序才能进行定罪量刑，同时《监察法》第33条第2款也明确规定，"监察机关在收集、固定、审查、运用证据时，应当与刑事审判关于证据的要求和标准相一致"。这里"刑事审判关于证据的要求和标准"主要规定存在于与刑事诉讼相关的法律和司法解释中。

1. 讯问手段合法

手段合法是讯问的最基本要求。《监察法》严禁以非法的方式收集证据，且明确了非法证据排除规则。对于以非法方法收集的证据应当依法予以排除，不得作为案件处置的依据。这一点与刑事诉讼法的要求是一致的。《中华人民共和国刑事诉讼法》（以下简称《刑事诉讼法》）第52条规定："……严禁刑讯逼供和以威胁、引诱、欺骗以及其他非法方法收集证据，不得强迫任何人证实自己有罪……"第56条规定："采用刑讯逼供等非法方法收集的犯罪嫌疑人、被告人供述和采用暴力、威胁等非法方法收集的证人证言、被害人陈述，应当予以排除……在侦查、审查起诉、审判时发现有应当排除的证据的，应当依法予以排除，不得作为起诉意见、起诉决定和判决的依据。"讯问中采用非法手段，不仅违背法律规范，严重的甚至要追究刑事责任，而且对于采用非法讯问方法获取的供述和辩解也要予以排除。对于调查工作而言，非法讯问方法不仅影响了调查程序的正当性，而且有可能导致冤案、错案。

要做到讯问手段合法，必须准确把握讯问谋略与非法讯问之间的界限。讯问中为了提高讯问效率，采用一些技巧和谋略是必要的，但要注意讯问技巧和谋略界限的把握，讯问谋略与非法讯问之间的界限本身是一个要靠诉讼机制解决的问题，完全列举哪些讯问手段是合法的，哪些是非法的也不太现实。

法律和法规明确禁止的讯问手段，不得使用。在实际操作过程中，讯问带有很强的策略性和灵活性，完成讯问任务也需要办案人员充分发挥主动性和创新思维，根据案情和被讯问人的实际情况创造性地设计出相对合适的讯问办法。但是讯问手段不是无限制的，必须遵守法律和法规的规制。为了保障案件公正处理和被讯问人的基本权利，法律规范对收集证据的手段进行了一些禁止性的规定。这些禁止性规定有的普遍适用于所有证据的收集，有的则特别适用于口供的收集。这些禁止性规定对于讯问工作而言是底线性的规定，办案人员不得违反。一旦触碰这些底线性的规定，可能直接影响证据的合法性，也可能需要对办案人员进行追责。

法律和法规明确禁止的手段既体现在监察法律规范体系中，也体现在刑事诉讼法律规范体系中。《监察法》第40条第2款明确规定："严禁以威胁、引诱、欺骗及其他非法方式收集证据，严禁侮辱、打骂、虐待、体罚或者变相体罚被调查人和涉案人员。"这一规定适用于整个监察调查活动，当然也适用于监察讯问。其所禁止的手段——"威胁、引诱、欺骗及其他非法方式""侮辱、打骂、虐待、体罚或者变相体罚被调查人和涉案人员"——主要发生在讯问过程中，因而对讯问更具有针对性。

由于监察机关调查的职务犯罪案件要移送人民检察院审查起诉并经人民法院依法审判才能定罪，刑事诉讼法律规范所禁止的行为，监察机关在讯问中也不得使用。根据《刑事诉讼法》第56条规定，采用刑讯逼供等非法方法收集的被讯问人、被告人供述和采用暴力、威胁等非法方法收集的证人证言、被害人陈述，应当予以排除。在侦查、审查起诉、审判时发现有应当排除的证据的，应当依法予以排除，不得作为起诉意见、起诉决定和判决的依据。根据《最高人民法院关于适用〈中华人民共和国刑事诉讼法〉的解释》第123条、《人民检察院刑事诉讼规则》第67条的规定，采用下列非法方法收集的被讯问人、被告人供述，应当予以排除：（1）采用殴打、违法使用戒具等暴力方法或者变相肉刑的恶劣手段，使被讯问人、被告人遭受难以忍受的痛苦而违背意愿作出的供述；（2）采用以暴力或者严重损害本人及其近亲属合法权益等进行威胁的方法，使被讯问人、被告人遭受难以忍受的痛苦而违背意愿作出的供述；(3) 采用非法拘禁等非法限制人身自由的方法收集的被讯问人、被告人供述。采用刑讯逼供方法使被讯问人、被告人作出供述，之后被告人受该刑讯逼供行为影响而作出的与该供述相同的重复性供述，除了法定的特殊情形之外，也应当一并排除。《最高人民法院关于建立健全防范刑事冤假错案工作机制的意见》第 8 条第 1 款规定："采用刑讯逼供或者冻、饿、晒、烤、疲劳审讯等非法方法收集的被告人供述，应当排除。"

根据《刑事诉讼法》的规定和相关司法解释，至少有几点需要注意。第一，讯问中不得使用冻、饿、晒、烤和疲劳审讯等手段。其中疲劳审讯不仅仅是指超过法律规定的期限长时间讯问，对于特定体质、年龄的被讯问人，即便没有超过 24 小时也可能构成疲劳审讯。第二，不得采用殴打、违法使用戒具等暴力方法以及肉刑或者变相肉刑等恶劣手段，使被讯问人遭受难以忍受的痛苦。第三，不得采用以暴力或者严重损害本人及其近亲属合法权益等进行威胁的方法，使被讯问人、被告人遭受难以忍受的痛苦。第四，不得采用非法拘禁等非法限制人身自由的方法进行讯问。第五，不得采用其他使被告人在肉体上或者精神上遭受剧烈疼痛或者痛苦的方法，迫使被告人违背意愿供述。比如，强光和强噪声干扰、让被讯问人长时间保持痛苦姿势、服用药物等手段，对被讯问人的强迫程度与刑讯逼供或者暴力、威胁相当，也应当不得使用。

2. 讯问的程序合法

讯问应当遵循法定的程序要求。根据《监察法》第 40 条第 1 款的规定，监察机关对职务违法和职务犯罪案件，应当进行调查，收集被调查人有无违法犯罪以及情节轻重的证据，查明违法犯罪事实，形成相互印证、完整稳定的证据链。第 41 条规定，调查人员采取讯问等调查措施，均应当依照规定出示证件，出具书面通知，由二人以上进行，形成笔录，并由相关人员签名、盖章。调查人员进行讯问以及搜查、查封、扣押等重要取证工作，应当对全过程进行录音录像，留存备查。第 44 条第 2 款规定，监察机关应当保障被留置人员的饮食、休息和安全，提供医疗服务。讯问被留置人员应当合理安排讯问时间和时长，讯问笔录由被讯问人阅看后签名。基于上述的规定，监察讯问应当遵循的基本程序包括：(1) 讯问人员必须二人以上；(2) 讯问被调查人应当依照规定出示证件，出具书面通知；(3) 应当对讯问全过程进行录音录像；(4) 讯问被留置人员应当合理安排讯问时间和时长；(5) 讯问笔录由被讯问人阅看后签名；(6) 讯问被留置人员，应当保障其饮食、休息和安全，提供医疗服务。

此外，《监察法》第 33 条第 2 款规定，监察机关在收集、固定、审查、运用证据时，应当与刑事审判关于证据的要求和标准相一致。据此规定，监察机关通过讯问收集的口供还应当符合刑事诉讼法和司法解释中关于口供的证据要求和标准的特殊要求和规定。违背这些特定的要求，取得的供述可能被作为非法证据而排除。如根据《最高人民法院关于适用〈中华人民共和国刑事诉讼法〉的解释》第94条的规定，讯问取得的供述具有下列情形之一的，不得作为定案的根据：（1）讯问笔录没有经被告人核对确认的；（2）讯问聋、哑人，应当提供通晓聋、哑手势的人员而未提供的；（3）讯问不通晓当地通用语言、文字的被告人，应当提供翻译人员而未提供的；（4）讯问未成年人，其法定代理人或者合适成年人不在场的。第95条规定，讯问笔录有下列瑕疵，不能补正或者作出合理解释的，不得作为定案的根据：（1）讯问笔录填写的讯问时间、讯问地点、讯问人、记录人、法定代理人等有误或者存在矛盾的；（2）讯问人没有签名的；（3）首次讯问笔录没有记录告知被讯问人相关权利和法律规定的。这些规定，明确了讯问规范的程序性后果，增加了讯问规范的刚性。因此，在讯问过程中对于这些规范也应当严格遵守。

3. 讯问的合法性能够得到证明

在以审判为中心的诉讼体制下，对证据的合法性和诉讼证明提出了更为严格的要求。职务犯罪案件经监察机关调查结束移送进入刑事诉讼程序后，需要遵循与其他刑事案件相同的证据规则和证明要求。这意味着调查人员不仅要能够做到合法讯问，还要能够证明讯问是合法的。

《刑事诉讼法》第59条、第60条明确了证据合法性的证明责任。根据规定，在对证据收集的合法性进行法庭调查的过程中，人民检察院应当对证据收集的合法性加以证明。现有证据材料不能证明证据收集的合法性的，人民检察院可以提请人民法院通知有关侦查人员或者其他人员出庭说明情况；人民法院可以通知有关侦查人员或者其他人员出庭说明情况。有关侦查人员或者其他人员也可以要求出庭说明情况。经人民法院通知，有关人员应当出庭。对于经过法庭审理，确认或者不能排除存在《刑事诉讼法》第56条规定的以非法方法收集证据情形的，对有关证据应当予以排除。这里所规定的"其他人员"应当包括在监察调查中进行讯问的调查人员。同时依据监察机关的相关规定，检察机关依法需要调取同步录音录像的，监察机关应当支持配合，在案件审理部门报监委主要负责人审批后，由承办的审查调查部门提供。案件提起公诉后，监察机关应当配合做好刑事审判工作，法庭审理过程中人民法院就证据收集合法性问题要求有关调查人员出庭说明情况时，监察机关应当根据工作需要予以配合。这些规定意味着监察机关对口供的合法性承担着辅助证明的义务。

显然，监察调查人员只是做到依法讯问并不够，如果不能证明讯问是合法的，收集到的供述也将可能被排除。这就要求监察人员在讯问中不仅要有依法讯问意识，还要有证明意识，在讯问时要全面、及时地固定证据。既要收集、固定被讯问人的供述和辩解，又要收集、固定能够证明讯问过程合法性的证据。

（1）带着证明意识进行讯问

从整体上看，监察调查过程是办案人员对案件事实真相进行探知的过程，也是收集证据为向别人证明做准备的过程。这一过程既有查明的因素也有证明的因素。查明主要是让自己明白事实真相，而证明主要是让别人明白事实真相。查明是基础，证明是最终的目的，两者相互关联和衔接。监察讯问一方面是为了查明案件事实，另一方面也是为了证明案件事实收集证据。基于证明的需要，调查人员应当带着证明的意识进行讯问。所谓证明意识包括两个方面的内容：一是证明案件事实的意识；二是证明口供合法性的意识。前者主要着眼于口供的证明力，后者主要着眼于口供的证据能力。

提升口供的证明力，需要围绕职务犯罪构成的相关信息进行讯问。一方面，注意陈述的全面性；另一方面，注意陈述内容的细致度。例如，被讯问人陈述中的细节越生动、细节信息越独特，其证明力就越高。

其实在讯问中不采用这样的方式也能够提升口供的证据能力。例如，在被讯问人陈述案件事实的时候引导其作一些真诚悔罪的陈述。被讯问人在讯问中痛哭流涕地忏悔，真诚且深入地剖析自己的错误，这些表现本身就是对供述自愿性的有效证明。类似的方法还有很多。

如果办案人员带着证明的意识进行讯问，适当设计一些能够证明被讯问人供述自愿性和合法性的问题，就会在着眼于提升口供证明力的同时提升口供的证据能力。

（2）讯问要为出庭作证做准备

由于情势变更，被调查人在审查起诉和审判过程中可能翻供。翻供既有非法讯问的因素，也有被讯问人趋利避害的本能选择因素。对于被告人和辩护人而言，质疑讯问的合法性比动摇口供的证明力更容易操作。而讯问人员的强制、引诱和欺骗，又是一个比较有道义基础的托词。在口供的合法性存在质疑的情况下，讯问人员出庭作证是必要的。这就要求监察机关的讯问人员做好出庭作证的准备。

讯问人员出庭的主要作用是证明讯问过程和讯问手段的合法性。讯问人员在法庭上作证的关键不在于"气壮"，而在于"理直"，"理直"的基础是讯问的合法性。在法庭上身份的转换可能会让一部分讯问人员无所适从。要避免在作证中过于被动，讯问人员既要做到依法讯问，又要在讯问的过程中固定一些对讯问手段有证明作用的证据。根据现有的制度规范，职务犯罪的监察讯问必须全程同步录音录像。讯问的录音录像是对讯问过程是否合法最好的证明材料，如果讯问操作规范，录音录像完整全面，是可以证明讯问的合法性的，甚至可以降低讯问人员出庭作证的必要性。即便出庭，讯问人员也可以结合讯问录音录像进行。此外，对于一些特殊的案件，必要时可以安排见证人见证讯问的过程，以便将来在法庭上证明讯问的合法性和供述的自愿性。

第一，调查组可以依照《监察法》等有关规定，经审批进行讯问。承办部门应当建立台账，记录使用措施情况，向案件监督管理部门定期备案。案件监督管理部门应当核对检查，定期汇总重要措施使用情况并报告纪委监委领导和上一级纪检监察机关，发现违规、违纪、违法使用措施的，应区分不同情况进行处理，防止擅自扩大范围、延长时限。

第二，调查工作应当依照规定由两人以上进行，按照规定出示证件，出具书面通知。

第三，调查应当充分听取被调查人陈述，保障其饮食、休息，提供医疗服务，确保安全。严格禁止使用违反党章党规党纪和国家法律的手段，严禁逼供、诱供、侮辱、打骂、虐待、体罚或者变相体罚。

第四，应当严格依规依纪依法收集、鉴别证据，做到全面、客观，形成相互印证、完整稳定的证据链。

第五，严禁以威胁、引诱、欺骗以及其他违规违纪违法方式收集证据；严禁隐匿、损毁、篡改、伪造证据。

不难看出，党规的规定与法律的规定在很多地方是一致的。这也体现了在中国特色社会主义制度下，党纪党规与国法在理念上的一致性。监察讯问的手段违反了法律的规定，也必然违背了党规的要求。

（二）合理

讯问人员"不违法"是最低要求，还应考虑是否符合社会伦理和公德。迫使被讯问人交代证据的去向，在突破口供方面能够收到一定的效果，但若以被讯问人长辈的身心健康为要挟，则违背了中华民族尊老爱幼的传统美德，会侵蚀办案的公正性。采用这样的手段办案，可能在实际成效上有所提升，但社会效果是负面的。讯问手段是否符合伦理，在一定程度上会影响社会效果，也会影响办案的法律效果和纪律效果。其实，在衡量证据合法性的时候，取证手段是否严重违背社会伦理和公德也是裁量的因素之一。

虽然法律没有明确规定取证是否应当符合伦理，但作为纪检监察人员，执法办案应当遵循自己的职业伦理。无论如何，纪检监察人员不是在真空中办案，办案与社会伦理具有内在的联系，不违背社会伦理是对纪检监察人员的内在要求。因此，讯问中对被讯问人进行激烈的人格辱骂，利用被讯问人的亲情进行过度要挟等手段，应当杜绝使用。讯问中对被讯问人总是软语温存是不可能达到理想的讯问效果的，但我们也应当明白，办案过程是明是非的过程，反腐败法治化、规范化是必然要求，手段干净才能强化反腐败的正当性。把握讯问手段合法性的界限，既要审视手段可能造成的后果，也要看讯问手段本身。不要使用极端违背伦理的讯问手段。

第二章 讯问的灵活性和规律性

一、讯问无定法

讯问有方法，但是没有固定的方法。到目前为止，还没有谁宣称已经发现或创造出一种能够让所有被讯问人在12小时内都如实供述的讯问技巧或方法。

（一）不要生搬硬套别人的讯问方法

在职务犯罪调查业务培训中，经常有一些业务专家讲授自己办案中运用的谈话或者讯问技巧，但这些技巧是否拿过来就管用，是值得斟酌的。

因为不同的人讯问风格不同，不同讯问对象的性格和秉性不同，即便这两方面是相同或者相似的，但被讯问人的认知状态、情绪状态、涉嫌的犯罪事实、案件发展的情势等也是不同的。此外，被讯问人与其他被讯问人之间的利益格局、被讯问人对办案人员掌握证据情况的预判、对犯罪后果的预期、讯问过程所传递的信息等诸多因素都会影响讯问的效果。

（二）影响讯问方法的变量是多样的

在某一种情形下，使用某种讯问方法是合理的，是符合讯问规律的，因而也在讯问中起到了积极作用；但在另一种情形下，可能就是不合理的，违背了讯问的规律，因而所起的作用也是负面的。这是因为在讯问中有很多的变量因素在发挥作用，而且这些变量也处在此消彼长、不断变化的状态中。如讯问人的气场、沟通能力、个人形象、年龄等；被讯问人的认知能力、判断能力、情绪状态、身体状况；讯问时的环境、情势；案件发展的趋势、利益格局等。这些变量都在不同程度上制约着讯问的进程，影响着被讯问人。这些变量的存在和消长决定了讯问的差异性。实践中，每一次讯问都是不同的。不同类型的案件讯问策略是有差异的，同一个案件中对不同涉案人员的讯问也是不同的，乃至对同一讯问对象在不同时间进行的讯问，也都是有差异的。

讯问人员必须根据具体的情形来设计相应的讯问技巧，这样的讯问技巧才具有针对性和实效性。由于制约讯问的因素众多，讯问的方法也需要不断变化，因此是没有固定的办法的。

如果办案人员固守某一个或几个具体的讯问办法或技巧，并不一定能够取得理想的讯问效果。这样做是一种僵化的工作套路。在实际讯问工作中，办案人员千万不要被某些看似精巧的讯问方法所固化，而是要发现这些方法背后的规律，分析具体的影响因素，然后再根据自己讯问时的实际情况，创造性地设计出自己适合个案的讯问方法。就讯问方法和技巧而言，唯一不变的就是变。唯有变，才能找到有针对性的讯问方法。

二、讯问有规律

讯问没有固定的办法，并不是说讯问没有办法。讯问的方法是多种多样的，而且讯问方法的设计和运用是有规律的。只有掌握了讯问的规律，才能创造性地设计出有针对性的讯问方法。

讯问的规律体现在哪里呢？可以通过办案实务中的现象来说明。笔者调研中发现：实践中一些有办案经验的讯问人员，在讯问的过程中不愿意让其他讯问人员插手。例如，讯问持续到了吃饭的时间，有的同事吃过饭来替换，他却宁愿先不吃饭也不让其他人员问。为什么？是因为不放心。他是担心别的人员打乱了讯问的连续性，影响讯问的效果。实践中不同的讯问人员发挥的作用不同。有的是正向作用，有的是反向作用；有的是积极的，有的是消极的。究其原因，有人采用的讯问策略符合讯问的规律，而有人采用的讯问策略却违背了讯问的规律，可能是在"拉倒车"。

为什么说讯问是有规律可循的呢？主要依据有如下几个方面：

（一）人的心理和生理反应是有规律的

被讯问人可能在心理上和生理上具有某些不同于一般人的个性特点，但任何人的心理和生理反应都是有共性规律的。人的心理活动都有一个发生、发展、结束的过程，心理过程包括认知过程、情绪和情感过程、意志过程。这些心理过程也会伴随着一系列的生理反应，其中有些反应是不可控的，如呼吸、心率、血压、皮电、脑电及内分泌等方面的反应和变化与情绪反应具有关联性。研究发现，个体呼吸的频率和深度与情绪变化有直接的关系。人在情绪激动时脸涨得通红，是血液循环加快的反应。皮肤电反应是由皮肤血管收缩和汗腺分泌变化引起的，皮肤电和脑电活动的变化也是情绪的生理反应。情绪状态的不同会引起各种腺体的变化，导致内外分泌腺的反应。从心理学的角度看，人体在受到外界某种刺激时，会不由自主地产生某种应激反应。这种反应与人的神经系统相关联。在人类的神经系统中有一部分神经是可以由意志自由支配的，叫作脑脊神经；还有一部分神经则是意识无法自由支配的，叫作植物性神经，如内脏、内分泌腺等。人体的呼吸、皮肤电、肌电、脉搏等会随着情绪、行为的变化而变化，是不为人的意志所控制的。其中体现的心理、生理反应相统一的原理就是一种规律。结合生理反应的可检测原理，通过检测个体的生理变化可以推断出个体的心理反应状态。测谎仪就是运用这两个原理而发挥作用的。这些规律在讯问中也是可以运用和借鉴的，如讯问中通过观察和研究被讯问人的微反应，来判断其心理状态，进而用来引导被讯问供述，辨别谎言和实话等。

（二）人的认知是有规律的

讯问的目的在于获取被讯问人对过去发生的案件事实的陈述。从案件事实发生到向办案人员陈述，案件的信息要经过被讯问人的感知、记忆、表述和办案人员的理解、记录等过程。经过这些过程，案件的信息会发生变化甚至扭曲。这些过程其实是人的认知过程，或者说是认知过程中的具体环节。基于相同的心理、生理反应机制，人的认知，即知觉、学习、记忆、思维也是有规律的。讯问也应当遵循和利用这些规律，而不能违背这些规律。否则就难以取得理想的讯问效果。

以记忆为例，认知心理学家通常认为记忆的主要过程包括三个阶段：编码、存储和提取。"编码（encoding）是指如何将一个物理的感觉输入转换成一种能在记忆中存储的表征。存储（storage）是指如何在记忆中保持编码后的信息。提取（retrieval）是指如何获取保存在记忆中的信息。"[①] 认知心理学家研究发现，存储过程中会因为信息衰减和干扰——包括前摄干扰和后摄干扰——而出现遗忘和记忆扭曲现象，而编码和提取又会受到内部和外部环境的影响。被讯问人陈述案情的过程实际上是对记忆中信息的提取过程。在被讯问人意志发生转化、开口陈述后，讯问人员在引导被讯问人陈述的过程中需要根据记忆的规律，让被讯问人根据记忆自动呈现案件信息。因此，在此阶段的讯问要避免打乱讯问对象的思维和记忆脉络，不能随意提问。在被讯问人出现遗忘，记不起来相关细节时，办案人员可以引导被讯问人回想案发时的外部和内部环境因素，利用编码时的环境因素唤醒被讯问人的记忆。由于被讯问人记忆的信息可能会受到后摄因素的干扰，其中也包括讯问行为的干扰，因此，在讯问过程中，向被讯问人出示证据需要评估误导被讯问人的可能

[①] ［美］斯滕伯格：《认知心理学》（第三版），杨炳钧等译，黄希庭校，中国轻工业出版社2006年版，第138页。

性。在评估被讯问人陈述真实性的过程中,也需要把前摄干扰因素和后摄干扰因素以及影响被讯问人记忆的可能性考虑在内。

（三）人与人之间的沟通交流是有规律的

讯问主要是以言语交流方式进行的。监察讯问的过程也可以看作办案人员与被讯问人之间以言语表达为主要方式的沟通交流过程。换言之,讯问过程是一种人与人之间特殊的沟通交流过程。这一过程也需要遵循人际沟通交流的基本规律。如谈话双方信息的传递、观点的表达理解、情感的传输与释放都需要遵循基本的规律,否则就无法顺利进行沟通。这是因为任何沟通都是从一个人的大脑出发到达另一个人的大脑,而大脑的生理构造和反射规律决定了信息的发出、传递、接收、反馈存在共性的规律。

例如,人际之间有效的沟通需要以信任为基础,这是一个基本的规律。正因如此,讯问也需要在讯问人员与被讯问人之间建立信任关系,有的讯问操作模型甚至主张讯问要从建立信任开始。[1] 有一些讯问规范和技巧正是基于建立信任而实施的,如讯问中尊重被讯问人的人格和自重感、消除或利用被讯问人的逆反心理、在讯问中建立讯问人员与被讯问人共同的理解平台等。这些讯问规范和技巧正是对人际沟通规律的运用,也是这些规律的体现。

（四）人的选择和决策是有规律的

讯问过程从不同角度审视会呈现不同的样态。从办案人员角度看,讯问的过程是办案人员对被讯问人施加影响的过程,但从被讯问人的角度看,这一过程却是一个不断选择和决策的过程。被讯问人从开始的抗拒到最后的配合,其实是其选择的结果。被讯问人的选择和决策会受到相关因素的制约,如被讯问人的认知因素、情绪和情感因素、意志状态等。讯问中,办案人员通过控制和影响被讯问人的情绪、改变被讯问人的认知和态度从而影响被讯问人的意志,进而制约其选择和决策,通过改变被讯问人的决策进而改变被讯问人的立场,从而让被讯问人产生如实供述的真实意愿。其中,情绪因素、认知因素对被讯问人的选择和决策的影响和制约是有规律的,办案人员掌握相应的规律可以提高讯问的效率,也可以缩短讯问持续的时间。

三、供述的理论模型

从渊源上看,监察讯问与侦查讯问两者在本质上是一致的。监察讯问的对象也

---

[1] 如 PRICE 讯问操作模型。

是涉嫌职务犯罪的被调查人，与侦查讯问中的被讯问人仅仅是名称上的不同。因而侦查讯问的基本理论同样适用于监察讯问，侦查讯问中关于被讯问人供述的理论模型对于监察讯问同样具有指导意义。

为了解释侦查讯问中被讯问人供述的机制和过程，国外学者构建了不同的理论模型。这些模型依据不同的理论，从不同的角度出发试图解释促使被讯问人供述的机制。这些模型不仅对认识被讯问人供述的心理过程有着深化作用，而且对讯问的谋略和技巧具有启发意义。

英国学者古德琼森对国外一些供述理论模型进行了总结和评价，并提出了自己的供述理论模型，这些理论模型对实践中的讯问具有参考价值。[①] 相关供述模型具体包括如下五种：

（一）里德供述模型[②]

1986 年，外国某测谎小组的指导员布莱恩·C. 杰恩基于里德等人的《刑事侦讯与自白》（第三版）完成了《刑事侦讯的心理原则》一文。该文以"九步讯问法"为基础，提出了一种"资料翔实的模型"，杰恩称之为"里德模型"。[③] 该模型试图解释为什么"九步讯问法"能够在引导供述中得以成功运用。

该模型认为，侦查讯问是一个拆解谎言的过程。被讯问人撒谎都有一个共同的动机，就是躲避说实话所可能带来的后果。现实的后果是自由受到限制或者金钱损失，个人的后果则是影响自我认同。如果被讯问人撒谎成功就有可能逃避惩罚。虽然撒谎有"好处"，但由于社会化的信条是撒谎不好，所以会产生内心的矛盾。矛盾冲突的效果就是会让被讯问人有深深的挫折和焦虑。焦虑可以通过行为减缓，也可以通过防卫机制减缓。防卫机制主要有两种，一种是合理化作用，另一种是投射作用。杰恩认为：

一个人之所以愿意认罪（说实话），应该是他认为与其继续撒谎而焦虑不安，倒不如认罪面对可能的后果。相反地，如果嫌犯认为宁可因为撒谎而焦虑也不愿意说实话，面对可能的后果，那么他就会继续撒谎下去。影响这两种不同决定的变项就是嫌犯要继续焦虑还是要接受惩罚；这两个变项在侦讯的时候都可在心理上加以操作。所以侦讯的目的就是要减缓刑责对嫌犯产生的压力，同时强化因为撒谎所造

[①] ［英］古德琼森：《审讯和供述心理学手册》，乐国安、李安等译，乐国安审校，中国轻工业出版社 2008 年版，第 109-119 页。

[②] 在不同的译文版本中，John E. Reid 的中文译名也不一样，有的翻译成"约翰·E. 莱德"，有的翻译成"约翰·F. 雷德"，也有的翻译成"约翰·E. 甲德"，实际是指同一人。本书采用"里德"这一译法。

[③] ［英］古德琼森：《审讯和供述心理学手册》，乐国安、李安等译，乐国安审校，中国轻工业出版社 2008 年版，第 109-111 页。

成的焦虑情绪。①

杰恩认为，就刑责结果与焦虑之间的关系，以及侦讯者应该如何操作来达成所追求的目标，有四个基本的概念应该注意：预期、劝说、信念和行为（自白）。其中劝说是一种沟通的技巧，凭借这种技巧来改变听者的态度、信念或观念。预期经由劝说的过程来加以改变。信念则是劝说的工具。在刑事侦讯中，事实是不可能改变的。但侦讯者可以借由改变嫌犯的信念来合法地改变嫌犯对认罪后果的认知，或者对因为撒谎所产生的焦虑的认知。

杰恩认为，减轻预期的后果通常透过合理化或推卸责任的论调来减轻。同情跟怜悯也是有效减轻后果的方法。

杰恩指出，增强预期的焦虑必须视被讯问人在侦讯环境中对自己的反应如何而确定。增强焦虑的陈述通常在话题的范围内被扩张，而且借由实例及证据予以补强。预期的后果与预期的压力并非互相排斥的现象。如果侦讯者只降低预期的后果，随着后果的降低，焦虑也会减轻。在增加焦虑的同时，不能增加预期后果。

对于杰恩所总结出的"里德模型"，古德琼森认为该模型似乎表明，讯问的成功依赖于讯问人员对被讯问人的心理弱点进行成功识别，并改变其信念和供认犯罪的结果认知，劝说其接受讯问人员的"事实"版本的程度。这也是讯问过程中的一条有效制服反抗的潜在途径。②

（二）希尔根多弗（Hilgendorf）和埃尔维因（Irving）供述决策模型③

除里德模型外，古德琼森还介绍了另外三种供述模型。其中之一是希尔根多弗和埃尔维因于1981年针对羁押讯问期间的被讯问人决策提出的供述决策模型。模型的基本假设是，当被讯问人接受讯问时就开始进入复杂、苛求的决策阶段。被讯问人必须作出下列基本决定：

1. 是说还是保持沉默。
2. 是否供认犯罪。
3. 是否告知真相。
4. 是告知全部真相还是只说部分。
5. 如何回答警方讯问人员的提问。

---

① ［美］佛瑞德·E. 英鲍、约翰·E. 莱德、约瑟夫·P. 巴克利、布莱恩·C. 杰恩：《刑事审讯与供述》（第5版），刘涛译，中国人民公安大学出版社2015年版，第428页。
② ［英］古德琼森：《审讯和供述心理学手册》，乐国安、李安等译，乐国安校，中国轻工业出版社2008年版，第111页。
③ ［英］古德琼森：《审讯和供述心理学手册》，乐国安、李安等译，乐国安校，中国轻工业出版社2008年版，第112-113页。

希尔根多弗和埃尔维因认为，决策的决定因素有：

1. 对可选行动方案的感知。
2. 对这些行动方案附带的将同时产生多后果的可能性感知。
3. 与这些行动方案相关的实用价值或收益。

这些因素表明，被讯问人必须考虑对他们有用的各种选择，然后评估这些选择可能产生的后果。被讯问人的决策并非基于可能发生的客观现实甚至实际情况，而是由其认知后果的"主观可能"所决定。被讯问人此时相信的内容就成为可能的后果并影响着他的行为。这意味着我们不能假定被讯问人会客观考虑供认犯罪的严重法律后果。一个无罪的被讯问人可能因误以为"自己无罪，法庭就不会判他有罪，真相最终会水落石出"的想法而供述。

被讯问人必须权衡选择某种行动方案可感知的价值（"有用性"）与潜在后果。例如，供认犯罪之后是否就会停止讯问并允许他回家？供认犯罪之后是否被允许与家人会见？希尔根多弗和埃尔维因认为，有时非常轻微、含蓄的威胁和诱导都会影响被讯问人的供述决策，因为他所感知到的警方力量已经超过情境和其言语的表面可信性。

后来，希尔根多弗和埃尔维因又发现，决策并不仅仅受功利得与失的感觉影响，还受到相关的个人、社会认同或不认同的因素影响。

希尔根多弗和埃尔维因假设，在实际警方讯问中，有许多社会的、心理的和环境的因素可能影响或者严重削弱被讯问人的决策能力，这些因素可能破坏被讯问人供述的可靠性。其中，包括下列几种重要因素：

1. 警方讯问人员可以控制讯问中的社会和自我认同效用来影响被讯问人的决策。
2. 警方讯问人员可以控制被讯问人既定行动方案的后果感知。
3. 警方讯问人员可以削弱被讯问人信息处理和决策的能力。

希尔根多弗—埃尔维因模型提出了"自愿和压制的法律概念"，并指出了可能使供述不可靠的许多重要因素。①

（三）里克等人的供述精神分析模型②

供述的精神分析模型是以弗洛伊德的精神分析学说和相关理论为基础而建立的。根据古德琼森的介绍，供述的精神分析模型的假设前提是"犯罪感是供述和虚

---

① ［英］古德琼森：《审讯和供述心理学手册》，乐国安、李安等译，乐国安审校，中国轻工业出版社2008年版，第113页。
② ［英］古德琼森：《审讯和供述心理学手册》，乐国安、李安等译，乐国安审校，中国轻工业出版社2008年版，第113~114页。

假供述的根本原因",即犯罪感是供述的心理动力。

对该模型表述最为详细的是里克。里克以20世纪20年代在德国所著的书和资料为基础建立了供述的精神分析模型。该模型试图表明,供述的潜意识冲动在神话、艺术、语言和其他社会活动包括犯罪中都起着重要的作用。

里克主要依靠弗洛伊德的自我、本我和超我的概念。在这个结构中供述被解释为"超我所承担的为了调和自我和本我矛盾的尝试"。此时超我在个体供述需求中居于重要地位。如果超我保持沉默,就会发展出强烈的犯罪感和自我惩罚的需要,从而导致供述的"冲动",但有时供述是虚假的。犯罪后形成的犯罪感和自我惩罚的潜意识作为个体的普遍特征对其情绪和行为产生重要的影响。人们只有在供述后,自我才开始接受行为的情感意义。这与理智接受行为不同,对罪犯而言往往先由情绪接受。依照里克的精神分析模型,对犯罪行为的情感需要数年才能接受。罪犯只有在供述后才能迈出回归社会的第一步。供述能使人们从犯罪感中得以解脱。根据古德琼森的介绍,罗格也认为供述建立在犯罪感基础上。罗格进一步提出,犯罪感由两部分组成:害怕失去爱和害怕复仇。那些触犯刑法犯罪的人总是处于焦虑之中,唯恐失去爱,如果想认罪的话,害怕遭到报复。

伯格瑞提出了一种心理模型,强调个体对其违反社会规范的供述需要。人们对犯罪的认知形成犯罪感,表现为压抑和抑郁。供述会产生一种解脱感,宣泄效果非常有效。

但古德琼森也指出,因其基础并未获得科学界的充分认可,这些精神分析模型中存在很多矛盾。没有实验研究关注到犯罪感能促使被讯问人供述的现象。罪犯可能由于早期的训练或习惯,犯罪后不再遭受良心上的痛苦。但精神分析的模型似乎忽视了犯罪后个体和群体间在悔恨感上的显著差异。

(四)史蒂芬森和威廉逊的供述相互作用模型[1]

根据古德琼森的介绍,史蒂芬森和威廉逊提出一个供述模型。该模型假设不管被讯问人是否与被调查案件相关,其最初的辩解反应受三大类因素相互作用影响:

1. 被讯问人和犯罪的背景特征,如犯罪类型,犯罪的严重程度,被讯问人的年龄性别和个性特征。

2. 案件的相关特征,如法律意见,警方证据的力度(要区别被讯问人对指控的最初反应及其后续反应)。

---

[1] [英]古德琼森:《审讯和供述心理学手册》,乐国安、李安等译,乐国安审校,中国轻工业出版社2008年版,第115页。

3. 讯问人员的讯问技术。

这个模型强调注意互动的系列变量，而不是孤立研究逐个变量。因此，讯问结果依赖于所包含因素的相互作用。该模型的一个重要含义是，被讯问人和案件的背景特征与其他相关因素共同作用，并影响讯问人员的信念、态度和讯问风格，进而影响被讯问人的行为。此外，案件的特征对被讯问人和讯问人员双方的行为产生重要的影响。

古德琼森认为该模型有助于解释被讯问人和案件的背景特征如何影响讯问人员的审问方式，并接着影响被讯问人的行为和讯问结果。该模型的主要缺陷是没有注意到被讯问人的心智状况和认知过程。

（五）古德琼森的认知—行为供述模型[①]

古德琼森在总结四个供述模型的基础上也提出了自己的供述模型，即供述的认知—行为模型。古德琼森认为，供述产生于被讯问人、环境和其他主要环境因素之间的特殊关系，也适用于虚假供述。该模型综合了其他模型的基本因素，提出了供述的社会学习理论方法。

该模型通过研究行为分析结构中供述行为的前因和后果来理解认知与行为之间的关系。"前因"是讯问前产生的各种因素。这些因素可能激发或有助于后来的供述。有许多因素可能与此相关，如疲劳、疾病、剥夺食物和睡眠、压力、社会关系孤立、犯罪感和丧失亲人等。被讯问人供述的后果主要有两种，即时或短期后果和长期后果。即时或短期后果会在被讯问人供述所犯罪行之后的几分钟或几小时内产生。而长期后果可能会在被讯问人供述后数天、数星期甚至数年内产生。无论是即时或短期的还是长期的后果，都依赖于案件的本质和情境，还有就是有关个体的心理特征。前因与后果因素又可以按照社会因素、情绪因素、认知因素、情境因素和生理因素来分类和解释。

1. 社会因素

古德琼森认为，可能促进供述的社会因素有两种：第一种是被家庭和朋友孤立。警方运用多种工具将被讯问人同外界相隔离会迫使其自愿供述。第二种是有关讯问自身的本质。社会历程也是获得被讯问人供述的重要因素。

2. 情绪因素

古德琼森指出，大多数被捕和被带回警察局的被讯问人无疑会感到紧张。一般

[①] [英]古德琼森：《审讯和供述心理学手册》，乐国安、李安等译，乐国安审校，中国轻工业出版社2008年版，第115-118页。

情况下，被讯问人将体验适度的焦虑和苦恼。不确定的情形会引起焦虑，如在警察局担心会发生什么事情、担心会被监禁、担心犯罪行为的相关后果。因冲动犯了严重罪行的被讯问人可能对犯罪行为本身苦恼，尤其当被讯问人被捕的同时丧失亲人，他会在痛苦情绪下变得异常脆弱。犯罪感和羞耻感是与供述有关的重要情绪体验。在供述过程中，羞耻是可耻和羞辱的体验，同时还常伴随着暴露感。相反，犯罪与意识内容有关（它与现实的或想象的违背个人内化价值标准的先前违法行为有关）。犯罪感和羞耻感之间有显著的动机和行为差异。然而犯罪感促使人们进行行为补偿（供述、道歉、赔偿）。羞耻感则有相反反应，它使人试图隐藏，并且不愿暴露实情。同时，犯罪感对罪犯承担犯罪行为责任的归因方法也有重要作用。

供述后即时压力消失，被讯问人会体验到情绪解脱，紧接着未来也更加确定。有罪的被讯问人还会体验到诉说罪行的解脱感。警察往往成为被讯问人第一个告知犯罪行为的人。不久以后，尤其当被讯问人必须面对不愿公开的和告知朋友及家人的犯罪时，羞耻感会加剧。

3. 认知因素

古德琼森指出，认知因素包含被讯问人与既定情境相符的想法、解释、假定和感知的策略。该因素能够对行为产生非常明显的影响。在讯问过程中，被讯问人的行为容易受到自己对目前情形的感知、解释和假设的影响，而非警方实际采取的行为。当被讯问人感觉到有罪证据非常强有力，根本无法否认犯罪行为时就很容易供述。无罪的被讯问人相信，即使他们在持续讯问中屈服，最终还是会真相大白，这种想法则可能会产生虚假供述。同样，无罪的被讯问人可能因讯问而困惑，并开始怀疑自己对事件的回忆，还可能接受讯问人员毫无根据的暗示，并相信自己确实犯了事实上并未犯的罪，即所谓的"压力内化型"虚假供述。

古德琼森认为，即时的认知后果可能会与压力缓解有关。无罪的被讯问人认为（或希望），他们的律师会办妥一切。被讯问人因被误导而开始相信自己犯下被指控的罪行后，可能对自己犯下如此恐怖的罪行却毫无记忆而感到奇怪。几天后，当他们逐渐平息了混乱的状态时，会非常确信自己是无罪的。供述的潜在长期后果最重要的认知因素，无疑就是供认犯罪的后果。他们开始考虑严峻的处境，这可能会使他们想收回先前的供述。

4. 情境因素

影响被讯问人供述的情境因素可以分为很多种。被讯问人被捕时的情况（如在凌晨突然被逮捕），尤其是当这种情况与生理周期的低谷（最低点）相一致时，会影响被讯问人在随后讯问中的处理能力。同样，在警察局的牢房里关上几个小时或几天会"软化"嫌疑人（削弱他们的抵抗），并使他们感觉更有义务接受讯问。同时，对警方程序和讯问的熟悉程度会为被讯问人提供一定的知识和经验，使他们更好地理解和主张自己的权利。

5. 生理因素

古德琼森认为，供述前的生理状态处于高度唤醒状态，包括心率增加、血压升高、呼吸加速且不规律、出汗。出现这些情况的原因是被讯问人处于普遍的恐惧、忧虑和害怕的状态。被讯问人一旦作出供述，就会因为对即将发生的事情更加确定而使生理和主观唤醒状态急剧下降。未确定的案件判决和后果可能导致主观和生理状态唤醒水平增长，但是，随后生理唤醒会恢复到正常水平。

第三章　讯问的构成环节和任务

讯问有环节的划分吗？《监察法》规定监察机关可以对涉嫌贪污贿赂、失职渎职等职务犯罪的被调查人进行讯问，要求其如实供述涉嫌犯罪的情况。至于如何讯问，《监察法》第41条、第44条第2款对讯问的流程作了概括性规定。《监察法实施条例》第81条至第84条对相关问题作了细化的规定。如讯问应当依照规定出示证件，出具书面通知，由二人以上进行、形成笔录，并由相关人员签名，讯问的全过程应当进行录音录像，讯问被留置人员应当合理安排讯问时间和时长，讯问笔录由被讯问人阅看后签名，等等。

《刑事诉讼法》第120条规定，侦查人员在讯问犯罪嫌疑人的时候，应当首先讯问犯罪嫌疑人是否有犯罪行为，让他陈述有罪的情节或者无罪的辩解，然后向他提出问题……侦查人员在讯问犯罪嫌疑人的时候，应当告知犯罪嫌疑人享有的诉讼权利，如实供述自己罪行可以从宽处理和认罪认罚的法律规定。显然，这样的规定只是明确了讯问开始和讯问过程中应当完成的几个规范行为，也就是所谓的"规定动作"。这些不是也不可能是讯问的全部内容，因为办案人员必须根据案情在讯问中设计和运用大量不同的"自选动作"。同时，这也不是对讯问进行环节划分，因为诉讼程序中没有明确每一具体环节开始和结束的标志点，也没有明确每一环节相对独立的任务。当然，从时间上看，也没有明显的时间点来区分侦查讯问的环节，很难说经过多长的时间讯问进入某一环节。

然而，要把握讯问的特征，深化对讯问规律的把握，就有必要对讯问的进程作进一步的区分。司法实践中，多数学者认为侦查讯问由初讯、续讯、结束讯三个阶段组成。[1] 有的认为讯问包括讯问初始（开始）、深入、结束三个阶段。[2] 有的则借鉴里德讯问技术，把讯问分为讯问的开始、纠正供述障碍、促使承认犯罪、查明犯

---

[1] 云山城：《侦查讯问主要理论研究述评》，载《湖北警官学院学报》2004年第6期。

[2] 杨迎泽、刘品新：《检察机关侦查讯问实务》，中国检察出版社2002年版，第72-150页。

罪细节和讯问的终结五个阶段。① 还有的将讯问过程分为导入、切入、铺垫、突破、过渡和结束六个环节。② 总体上看，这些划分是按照核实被讯问人身份、告知办案人员身份、告知被讯问人的权利和义务、提问是否有罪、听取辩解和供述、核实问题、核实笔录和签字等具体操作步骤依次推进的。笔者认为，这只能说是讯问操作的程式或步骤，而不是讯问的环节划分。

其实，监察讯问和侦查讯问都是可以进行阶段划分的，只不过这种划分是相对的，而不是绝对的。在讯问的进程中，讯问的目的、任务、侧重点和外在的表现随着时间的推进会出现变化。在不同的阶段，讯问的目的、任务和讯问工作的重心、讯问中讯问人员与被讯问人员说话所占的时间比例是不同的，根据这些区别可以对讯问的过程进行阶段划分，区分成不同的讯问环节。

第一节　讯问的核心环节

一、讯问环节的划分

讯问的环节是指在讯问过程中承担不同任务、前后相连、相对独立又彼此联系的组成部分。这些组成部分时间上前后相连，构成了整个讯问的过程，因此也可以称之为讯问的阶段。

划分讯问环节的依据主要有两个方面：一是讯问的具体任务。在不同的讯问环节，讯问的任务有所区分。如初始环节，侦查讯问任务侧重于程序性的权利告知和身份核实；态度转化环节则侧重于灵活运用各种讯问技巧和策略改变被讯问人的认知、态度和决策；陈述引导环节主要任务是引导被讯问人陈述案情，核实案件信息，形成笔录；回顾和评估环节的任务则是回顾讯问过程，发现遗漏问题和细节，为下一次讯问做准备。这些任务相互关联，但又各有侧重。

二是讯问活动的外在特征。由于讯问的具体任务、目的不同，不同的讯问环节表现出来的外在特征也不同。在不同环节，讯问人员的问话模式不同，讯问人员对谈话内容的掌控度不同，讯问人员与被讯问人的话语量分配不同，说话占用的时间比例也不同。这些外在的特征也是区分讯问环节的重要依据。

根据不同阶段的任务和外在特征，可以把讯问操作过程分为六个环节：准备与计划、讯问开始、态度转化、陈述引导、讯问结束和回顾评估。

---

① 王怀旭：《侦查讯问学》，中国人民公安大学出版社2004年版，第162-188页。
② 薛宏伟：《审讯过程论》，载《中国人民公安大学学报（社会科学版）》1999年第1期。

不同讯问环节在讯问过程中的地位和重要性也不同。有的讯问环节是必备环节，是每一次讯问都不可或缺的环节，如讯问开始环节，对每一个被讯问人的首次讯问，办案人员必须首先完成四个方面的任务：（1）填写讯问笔录首部信息；（2）查明被讯问人的基本情况；（3）告知与询问；①（4）讯问是否有犯罪行为。这些是法律明文规定的要求，操作中出现任何瑕疵都有可能影响讯问的合法性和正当性。不管案件的进程如何，开始环节是所有讯问中都不可或缺的环节。有的环节则是选择性的环节，在一些讯问中存在，但在另一些讯问中可能不存在，如态度转化环节。在有的案件中，被讯问人非常配合，如实供述自己的罪行，在这种情形下，不需要进行态度转化，可以直接进入供述引导环节，在讯问开始环节的任务完成后，直接引导被讯问人陈述案情。

根据不同讯问环节的重要性，又可以把讯问环节分为核心环节和辅助环节。核心环节是那些对讯问成果和质量起关键作用的环节。如被讯问人是否开口、开口后是否愿意说真话，取决于办案人员讯问的态度转化工作，态度转化环节决定了讯问能否取得供述，是讯问的核心环节；同样地，被讯问人愿意配合后，如何把记忆中的信息客观、全面地讲清楚，取决于办案人员的引导。供述引导环节决定了笔录的质量，也是办案人员应当重视的核心环节。辅助环节则是那些程式性的，在讯问中发挥铺垫、预设、过渡和总结作用的环节。如准备与计划环节是为讯问顺利进行创造有利条件；讯问开始环节虽然是必备环节，但主要是程式化的操作，不是获取核心信息的关键环节；讯问结束环节是为了核实笔录、修正错误、完善签名及签字手续；最后的回顾评估环节也是为了查找问题和虚假供述、发现新的线索，为下一次讯问做准备。这些都在讯问中发挥铺垫、总结、完善作用，对讯问的成果和质量不起决定性的作用，属于辅助环节。关于讯问中核心环节和辅助环节的划分，可以用图 3-1 表示：

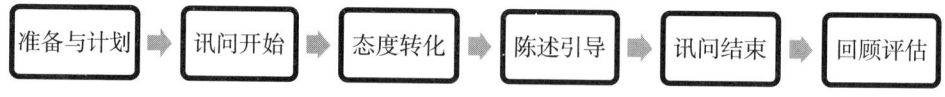

图 3-1　讯问中的核心环节和辅助环节

---

①　根据我国《刑事诉讼法》和相关司法解释的规定，告知内容包括四个方面：（1）告知被讯问人在侦查阶段的诉讼权利和义务，权利如自行辩护或委托律师辩护的权利、对无关问题拒绝回答的权利等，义务如对侦查人员的提问如实回答的法律义务。（2）告知侦查人员（书记员、翻译人员）的姓名、单位和职务。（3）告知被讯问人如实供述自己罪行可以从宽处理和认罪认罚的法律规定。（4）告知将对讯问进行全程同步录音、录像。询问是指询问被讯问人是否申请回避。

二、被讯问人的表现与讯问核心环节

如果暂不考虑讯问中发挥铺垫、预设、过渡和总结作用的辅助环节，讯问中发挥核心作用的环节主要有两个，即态度转化环节和陈述引导环节。这两个环节的划分与被讯问人在讯问中的表现有着内在的联系。被讯问人的类型不同在讯问中的表现也不同，讯问的两个核心环节在整个讯问中的地位以及发挥的作用也不同。

讯问中的被讯问人大致可划分为两种情形：一种是实施了涉嫌犯罪的行为，也就是所谓的"有罪者"；另一种是没有实施涉嫌犯罪的行为，也就是所谓的"无罪者"。同时，讯问中被讯问人的反应也可以大致分为两种情形：一种是配合，即愿意如实回答讯问人提出的问题；另一种是抗拒，即不回答或者不如实回答讯问人员提出的问题。至于被讯问人保持沉默，则需根据不同的情形来判断是配合还是抗拒。

把两者组合起来，则会出现讯问中的四种情况（如图3-2所示）：

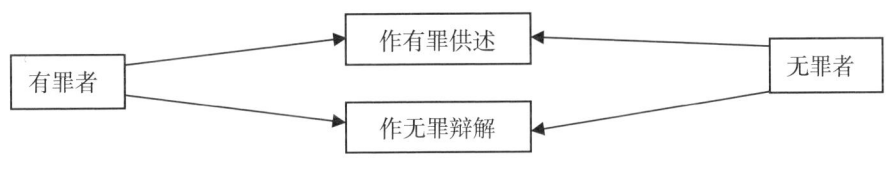

图3-2 不同类型被讯问人的表现

（1）有罪的被讯问人作有罪供述。在这种情形下，被讯问人从讯问的开始就是采取配合的态度，承认自己有罪，并如实供述自己的全部罪行，也有可能只供述了部分罪行，但没有供述的部分不是因为故意隐瞒，而是因为遗忘或者是其认为不构成犯罪以及办案人员没有问到等其他原因。

（2）无罪的被讯问人作无罪辩解。在这种情形下，被讯问人本身是无罪的，通常为了洗清自己的嫌疑，对讯问非常配合，如实回答讯问人的所有问题，但也可能因为紧张、害怕被误解而从自己理解的角度去陈述案件信息，而不是故意扭曲案件信息。

（3）有罪的被讯问人作无罪辩解。这种情形比较普遍，是多数案件中被讯问人的常见反应。被讯问人实施了涉嫌犯罪的行为，但因为害怕被追究刑事责任而全部或部分隐瞒对自己不利的案件信息。行为上表现为欺骗，态度上表现为抗拒，故意不如实回答讯问人员所提出的问题。

（4）无罪的被讯问人作有罪供述。这种情形比较罕见，但是一旦出现，办错案的风险极大。因为被讯问人明明是无罪的，没有实施涉嫌的犯罪行为，却故意做虚假的有罪供述。动机上可能是为了情感或者是其他利益，如毒品犯罪案件中贩毒的马仔替幕后老板顶罪、伤害案件中亲人之间相互顶罪等。在这种情形中，被讯问人其实也是一种抗拒态度，故意不配合，不如实陈述案件信息。

对于第一种和第二种情形，讯问的核心任务只有一个，就是引导被讯问人陈述案件信息，并对陈述内容加以核实。对于有罪的被讯问人需要引导其供述案件信息，根据犯罪构成要件要素构建案件事实；对于无罪的被讯问人需要认真听取其无罪辩解以及支持其无罪的事实信息。由于案件信息是在被讯问人的记忆中，这些信息要经过感知、记忆、表述、理解、记录、核实等多个环节，所以会出现各种出错的风险。如感知错误、记忆过程中遗忘和加工、表述错误、理解错误、记录中的遗漏、核对中的忽略等多种风险。为了防止出错，讯问必须围绕案件的相关信息进行核对，对于被讯问人遗忘的信息要想办法唤醒其记忆，对于记忆中无意识添附的信息要剔除。这两种情形下，被讯问人在讯问中积极配合，没有对抗的意志，无须进行态度转化，因此讯问的核心环节只有一个，那就是引导陈述。引导陈述之前的态度转化环节因被讯问人的配合而省略了。

而对于第三种和第四种情形，被讯问人从一开始就持不配合的态度，故意不说话或者不说实话。被讯问人态度上呈现对抗倾向，行为上选择故意撒谎。这种撒谎可能是编造不实的信息，也可能是故意遗漏相关的信息。在这两种情形中，讯问需要经过两个核心环节。

首先是态度转化环节。讯问人员要转化被讯问人的态度，引导被讯问人产生如实供述的真实意愿。如果被讯问人故意不说话或者故意不说真话，那么，后面的讯问工作就无法顺利进行。因此，办案人员必须想办法转化被讯问人的态度，让其配合办案人员的工作，如实陈述所知晓的案件信息。这是这种情形必须先进行的环节。这一环节的任务完成之后，被讯问人的态度发生了改变，讯问才能转入下一环节。

其次是陈述引导环节。在被讯问人对抗态度发生转变，愿意开口说真话之后，讯问人员要引导被讯问人陈述案情，形成证据，此时讯问开始进入引导陈述环节。这一环节与第一种、第二种情形是一样的。主要任务是通过对话轮和话题的控制，引导被讯问人陈述案情，构建案件事实，唤醒记忆，核对信息。

实践中，第三种情形（有罪的被讯问人作无罪辩解）较为常见。这主要是因为刑事案件都要经过立案程序的过滤，具有犯罪嫌疑的人才能进入侦查讯问程序。[①] 对于有罪者而言，如实供述就意味着要承担刑事责任，面临不利后果，撒谎作无罪

---

① 职务犯罪案件初核的甄别作用更为明显。

的辩解倒是有逃避惩罚的可能性。有罪的讯问对象在讯问开始作无罪辩解,既有趋利避害的心理驱动因素,又是理性选择的结果。剩余情形在办案中可能会出现,但比例相对而言较低。

由于第三种情形基数大,所以从数量上看,绝大多数案件的讯问要经过两个核心环节,即态度转化环节和陈述引导环节。其中,陈述引导环节是所有案件的侦查讯问必经环节,态度转化环节只是第三种(有罪者作无罪辩解)、第四种(无罪者作有罪供述)情形案件的必经环节。第一种情形(有罪者作有罪供述)、第二种情形(无罪者作无罪辩解)则不需要经过态度转化环节,可以直接进入陈述引导环节(如图 3-3 所示)。

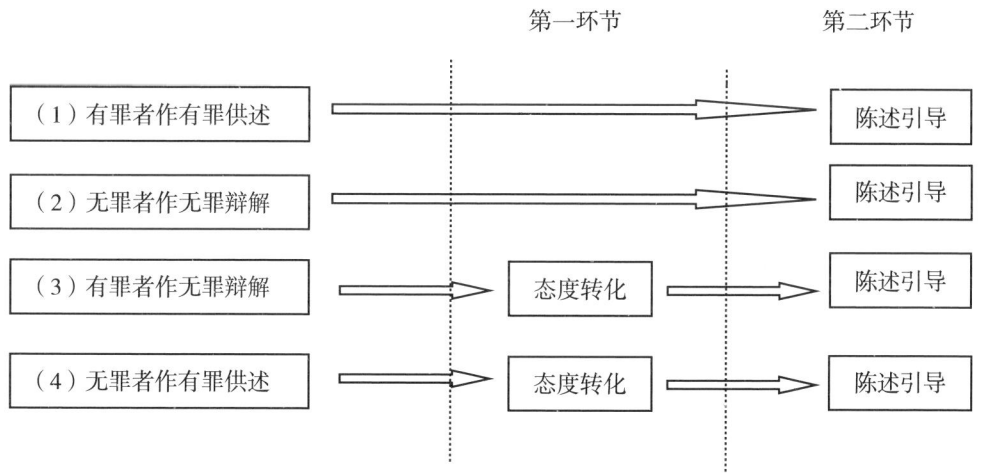

图 3-3 讯问的核心环节分布情况

三、讯问核心环节的任务

在不同的讯问环节,讯问工作的任务是不同的。讯问的根本任务不是简单地拿下口供,而是收集案件信息,核实固定言词证据。但在讯问实践中,这一根本任务需要根据不同的案件情况和不同的讯问环节进行分解和细化。在不同的案件中,讯问的任务和侧重点不同,在不同的讯问环节,讯问的任务和侧重点也有所不同。

(一)态度转化环节:转变态度,引导配合

在被讯问人对抗讯问、拒不配合的情况下,讯问人员的首要任务是转化被讯问人的态度,引导其配合。具体而言,办案人员首先要通过言语劝说的方式转变被讯问人的态度倾向,逐步引导被讯问人从对抗转向配合。强调言语劝说,是因为讯问实质上是一种言语沟通和交流，讯问只能动口而不能动手，否则就可能是刑讯逼供。在这一环节中，讯问的主要任务不是核实案件信息，而是要解决被讯问人愿不愿意开口说真话的问题。供述只有在自愿的状态下才是合法有效的，这是自白任意性原则的基本要求。如果被讯问人不愿意说话或者不愿意说真话，就不可能进行信息核实。而且，被讯问人作出对自己不利的供述，其诚实性风险也是最大的。这就需要先解决被讯问人的配合问题，目的是让被讯问人真心配合，否则就有可能办错案。因此，对于那些有罪而作无罪辩解的被讯问人以及明明无罪却作有罪供述的被讯问人，在讯问的第一个环节只能先转变他们的态度取向，弱化抗拒心理，引导配合。

被讯问人的态度是内在的心理倾向，配合则是外在的行为。心理学研究表明，态度和行为具有一定的关联性。态度会影响行为，行为也可能影响态度。[①] 在一定条件下，态度和行为具有高度一致性。[②] 改变态度可以影响和改变人的行为。讯问中引导被讯问人从抗拒转向配合的重要途径就是通过改变被讯问人的态度来改变其行为。而态度是包含情感成分（affective component）、行为成分（behavioral component）和认知成分（cognitive component）的持久反应倾向（ABC 态度模型）。[③] 特定的态度可以根据其基于的经验而分为三种类型：以认知为基础的态度、以情感为基础的态度和以行为为基础的态度。改变态度的不同技巧，其成功与否取决于我们想要设法改变态度的类型。[④] 显然，改变态度就必须在情感、认知和行为倾向等方面发挥作用。基于此，可以把这一环节的任务细化为控制情绪、改变认知、说服沟通和引导决策四个方面：

1. 控制情绪

讯问中通过影响情感来改变态度，实际上是从控制情绪开始的。这是因为情绪和情感是有机统一、不可分割的心理过程。情绪是情感的基础和外部表现，情感是情绪的深化和本质内容。情感是在多次情绪体验的基础上形成的，并通过情绪表现出来，影响情感需要从控制情绪入手。控制被讯问人的情绪，拉近办案人员与被讯问人的情感距离对于审讯突破具有铺垫和过渡作用。

被讯问人到案之后，内在的情绪反应通常都比较强烈，如焦虑、恐惧、愤怒、

---

① [美] 戴维·迈尔斯：《社会心理学》（第 8 版），侯玉波、乐国安、张智勇等译，人民邮电出版社 2006 年版，第 110 页。
② [美] 泰勒、佩普卢、西尔斯：《社会心理学》（第 12 版），崔丽娟等译，上海人民出版社 2010 年版，第 158 页。
③ [美] 泰勒、佩普卢、西尔斯：《社会心理学》（第 12 版），崔丽娟等译，上海人民出版社 2010 年版，第 132 页。
④ [美] 阿伦森：《社会心理学》（第 5 版）（中文第 2 版），侯玉波译，中国轻工业出版社 2007 年版，第 213-228 页。

羞耻等，有的甚至出现哭闹等现象。在这种情绪状态下，被讯问人是一种自我防卫心态，一般不会如实供述。被讯问人的情绪，有的对促使其供述是有利的，有的则是供述的障碍。办案人员首先需要控制被讯问人的情绪，或增加焦虑，或降低恐惧，或平复愤怒，或克服其羞耻感，以使被讯问人的情绪朝着有利于供述的方向发展。对于情绪反应比较强烈的被讯问人，控制其情绪是讯问的首要任务。即便办案人员开始平复了被讯问人的情绪，但在讯问中依然可能出现情绪波动和反复，这就需要办案人员根据被讯问人情绪波动的情况在讯问的全过程及时施加情绪控制。

2. 改变认知

态度与认知相关。态度本身包含人们对某一对象的认知成分，一些态度甚至主要依赖于支持它们的认知。① 认知也是决策的基础，被讯问人在讯问的开始阶段选择抗拒立场，实际上是在一定的认知基础上完成的。被讯问人对讯问情势的认知、对办案机关证据掌握情况的认知、对犯罪行为可能带来的不利后果的认知、对不同当事人之间利益格局的认知、对案件发展趋势的认知等，都在不同程度上影响着其在讯问中的态度和下一步的行为。因此，在讯问的态度转化环节，办案人员要想办法改变被讯问人对相关因素的既有认知。

在讯问情势上，办案人员要展现不突破案件绝不放手的态势，打消被讯问人对抗的信心；在证据展示上，办案人员要让被讯问人形成即便其不说也能够证明犯罪事实的认知，杜绝其侥幸心理；在责任后果上，办案人员要弱化被讯问人对不利后果严重程度的认知，减少其恐惧心理等。改变认知是改变态度的基础，在很多情况下，只有改变被讯问人对某些关键因素的认知，才有可能让其开口说真话。

3. 说服沟通

改变被讯问人态度的常用方法是说服。说服本身是一种人际沟通，也被称为说服性沟通。说服的手段通常包括陈述论据和事实、推理、做结论、说明结果等，目的是让受众相信并按照某种方式行事。说服主要是针对态度系统中的认知成分发挥影响作用的。

讯问中的说服在实践中也被称为"说服教育"，是一种特殊类型的沟通。其沟通者也就是信息源为办案人员，说服的目标对象为被讯问人，沟通的信息主要是以犯罪事实和刑事责任为核心的相关信息。影响说服效果的因素是多种多样的，既有说服者的因素，又有说服信息和说服对象的因素，具体如办案人员的可信度、被讯问人的认知状态、双方观点的差异性、沟通信息与被讯问人知识结构的契合度等。

---

① [美]戴维·迈尔斯：《社会心理学》（第8版），侯玉波、乐国安、张智勇等译，人民邮电出版社2006年版，第160-161页。

办案人员需要根据不同的情景，针对多种不同因素采取灵活的说服策略。影响因素的多样性决定了说服沟通策略的多样性和灵活性。然而不管说服沟通的策略如何变动，目的必须明确，方向必须确定，就是影响被讯问人的态度，使其由对抗转化为配合。

4. 引导决策

被讯问人在讯问中面临很多艰难的选择，如有罪者需要抉择是开口说话还是保持沉默，开口之后是说真话还是说假话，如果说真话是全部交代还是部分交代等这样的问题。讯问人员的目的就是让被讯问人选择彻底、如实交代。被讯问人选择的过程其实就是决策的过程。

从心理学上讲，合理的决策取决于两个方面的因素，一是个人的理性和决策能力，二是信息。其中，个人的理性和决策能力是前提，个人的理性越强，决策能力越强，作出的决策就越合理。但个人的理性和决策能力总是有限的，同时也是可以被施加影响的。信息则是合理决策的基础，信息越客观、全面、充分，决策就越容易。讯问中可以通过控制影响被讯问人决策的信息，来控制被讯问人的决策。

从有罪者的角度看，抗拒才有逃避惩罚的可能性，对办案人员撒谎是对其有利的选项。而对于办案人员来讲，有罪的被讯问人选择如实供述才是对办案最有利的。这就需要在讯问中对被讯问人的决策进行引导和干预，让被讯问人觉得如实供述才是最合理的决策。这种引导和干预通常是通过两个方面进行的，一是利用个人理性的有限性，二是控制被讯问人获取的信息。

总体而言，控制情绪、改变认知和说服沟通是从情绪和认知两个方面影响被讯问人的态度倾向，推动被讯问人形成供述动力，而引导决策则是对供述动力的启动和强化，选择的过程也是克服供述障碍、增强供述动力的过程。转变态度，引导配合的具体方法是多种多样的。不管如何操作，必须围绕转变态度、软化抗拒的目的来实施。

（二）陈述引导环节：引导陈述，形成证据

在被讯问人的态度发生转变，愿意开口说真话之后，讯问开始进入下一核心环节，即陈述引导环节。这一环节的主要任务是引导被讯问人作出陈述，收集信息，还原案件事实并形成证据。这一环节应当给被讯问人充足的说话时间，尽量让被讯问人多说，要让其知无不言，言无不尽。在被讯问人不知从何说起的时候，办案人员要进行适当的引导，或按照时间的顺序，或按照关系的远近等。这个时候办案人员讯问的重点是在"引"和"导"上，而不是在自己"说"上。这一环节，办案人员通常需要完成的任务有如下四个方面：

1. 提取记忆信息

在陈述引导环节，首要的任务就是引导被讯问人陈述与犯罪相关的各种信息，从而构建案件的基本事实真相。这是讯问人员通过被讯问人的记忆和陈述探知案件事实的核心环节，也是让讯问笔录形成证明力的最关键环节。这一环节的任务是导引出被讯问人记忆中的犯罪信息并加以固定。具体而言，在讯问中引导被讯问人根据记忆陈述与涉嫌犯罪事实相关的各种信息，并通过笔录、录音或者录像的方式加以固定。其中的关键部分是引导被讯问人陈述犯罪事实的基本要素和细节，具体包括：何人（who）、何事（what）、何时（when）、何地（where）、如何（how）、为何（why）、结果（consequences）、因果关系（causality）以及相关细节。有多个犯罪事实的，每一起犯罪事实的构成要素和细节信息都应当核实清楚。办案人员要根据具体情形引导被讯问人按照一定的顺序陈述多起犯罪事实信息，避免因陈述内容混乱而导致信息遗漏和碎片化。

办案人员在提取记忆信息的过程中，要力争做到三点：一是客观。要尽量引导被讯问人讲述案件客观事实的相关情况。具体来讲，就是要让被讯问人说"事"，陈述案件的事实经过。如果发现被讯问人撒谎，要及时纠正，并在态度上进行适当的引导。二是全面。要引导讯问对象尽量把事情交代周全，力争做到知无不言，言无不尽。凡是与案件有关的事实和信息能讲多少就讲多少。三是有序。在客观、全面的基础上，尽量让讯问对象有条理地呈现记忆信息，让笔录形成有序的述事。在引导的时候，尽可能让被讯问人按照记忆的规律、认知的顺序或者时间、空间的顺序和内在的联系把记忆中的信息表述出来。

当然，客观、全面和有序这三者可能出现冲突。为了有序，可能会影响陈述的全面性，为了让被讯问人说得全面，有可能忽略客观性的审查。因此，在引导陈述的过程中必须进行取舍时可以依据前者优先的原则作出选择。客观是第一位的，全面是第二位的，有序则是第三位的。也就是说，要先保证讯问对象的陈述为事实真相，在真相的基础上力争说得全面，在全面的基础上尽可能做到有序。因为这三者之间，相对于前者，后者更容易补救。

2. 核对心理状态

犯罪主体实施犯罪时主观心理状态是犯罪构成的基本要件，刑法学上称之为主观方面。主观方面是指犯罪主体对自己危害行为及其危害结果所持的心理态度。犯罪主体实施犯罪行为时的心理状态既可以通过客观方面加以推理，也可以通过事后讯问进行核对。犯罪心理状态既包括认知状态，也包括意志状态，两者都是主观的。办案人员根据客观方面的信息只能推断出部分结论，难言准确。因为实施危害行为时的认知状态和意志状态，行为人自己最清楚，所以通过讯问，让被讯问人把行为时的心理状态表述出来，并结合客观方面的证据进行对照和核实，是认定犯罪主观方面的重要方式，也是较为可靠的认定途径。在多数犯罪案件中，这种方式是不可或缺的。因此，在被讯问人愿意配合讯问并如实陈述的情况下，办案人员在提取记忆信息的同时，还要核对被讯问人实施行为时的主观心理状态。讯问被讯问人对危害行为和危害后果的认知状况和主观意志状态。认知状况具体包括：对危害行为的认知、对危害后果的认知、对行为产生后果可能性的认知。主观意志包括对行为及后果的发生是积极追求、放任还是极力避免。

3. 唤醒记忆

犯罪事实发生在过去，离发案已经过去一段时间。尤其是职务犯罪隐蔽性更强，有的被讯问人讲述的犯罪事实是发生在十几年甚至是几十年前的事情。被讯问人对自己实施的犯罪行为发生遗忘是正常的事情。实践中，很多被讯问人在讯问时宣称记不清了。这种"记不清"，有的是托词，有的确实是回忆不起来了。二者通常都表现为笼统地宣称"记不清了""想不起来了"。真正因遗忘而记不清的情况也是客观存在的，既有对整体事实的遗忘，也有对细节的遗忘。一般而言，如果被讯问人笼统地说"这件事已经过去这么长时间了，我记不起来了""一点印象也没有了"，这种表达是托词的可能性比较大。这种情况通常是由被讯问人态度转化不彻底造成的，对于这种情况可以转入态度环节，继续进行态度转化。如果被讯问人说行贿人的名字记不清了，或者时间、地点、收受贿赂的具体钱数记不清了，则有可能是事实。

在被讯问人记忆模糊的情况下，办案人员就要想办法唤醒被讯问人的记忆。如果对行贿人记不清，可以拿出其通信录或相关单位工作人员名册让其查找；如果记不清时间，则可以引导被讯问人回想当时的热点新闻事件，通过查找有关事件的新闻报道来核实时间。由这个确定的时间可以推出相对确定的犯罪行为发生的日期。这些只是讯问实践中用以唤醒记忆的一种方法，叫作重大事件联想法。其实可以唤醒记忆的方法还有许多，有待进一步开发和探讨。

遗忘对每个人来说都是经常发生的事情，被讯问人遗忘犯罪相关的记忆也是很正常的。在这种情况下，唤醒记忆就成为讯问工作的一部分，也是完成讯问任务不可或缺的环节。

4. 核实信息

对于被讯问人陈述的信息，办案人员在讯问中要进行及时核实，也是这一环节的任务。办案人员在倾听和记录被讯问人供述的同时，要注意对其陈述内容的真实性进行核对。具体包括：陈述的内容与其他证据之间的印证情况、陈述中的细节之间相互的印证情况、陈述是否符合常情常理和经验法则等。对于不能相互印证的矛盾和细节，要进一步追问，进行核对和确认。国外同行在讯问操作规程中进行的核对（Check）和确认（Conform）往往都是发生在这一环节。

四、不同环节在讯问中的地位

不同的讯问环节，在讯问中承担不同的任务，发挥不同的作用，因而也具有不同的地位。在讯问的实践工作中，办案人员对其重视的程度也有所不同。

（一）态度转化是讯问的难点

讯问中常见的现象是有罪者作无罪辩解。在这类案件中，讯问的难点集中在态度转化这一环节。讯问中出现的僵局（实践中也称之为"卡壳"）现象多见于态度转化过程中。在这一环节中，讯问人与被讯问人之间的对抗氛围比较强。被讯问人以一种防卫姿态，面对办案人员的提问，或采取硬对抗，或采取软对抗。前者如不断地争吵、哭闹、指责；后者如从头至尾一句话不说。也有的被讯问人对办案人员的提问直接回应："你们说我有问题，你们拿出证据来证明就是了，别问我！"被讯问人的防卫态势会给办案人员的讯问带来障碍。办案人员则需要寻找合适的突破口，若找不到关键点，讯问就无从切入。这种情况下，双方的僵持会导致出现僵局。

态度转化环节持续的时间相对较长。对办案人员而言，讯问是工作职责，这一阶段没有突破就拿不到口供，工作任务就无法完成。对被讯问人而言，关系到个人最根本的利益和荣誉，这一阶段坚持不住，就意味着要被追究刑事责任而变成阶下囚，生命、自由、金钱可能被依法剥夺，个人荣誉就会丧失殆尽。因此，这一环节有言语的对抗，有认识观点的对抗，也有意志力的对抗。被讯问人的意志力越强，对抗的时间就会越长，讯问持续的时间也就越长。对双方而言，都要耗费相当的精力和时间。

对于讯问工作而言，这一环节是基础，是关键，也是难点。这一环节直接影响后面的讯问。这一环节不突破，后面的讯问工作就无法推进。被讯问人的态度转变得越彻底，随后的讯问工作就会进行得越顺利。而要有所突破，既需要时间，也需要能力、经验、智慧、证据等多种因素和条件的支持。突破不成，讯问就会僵持下去，甚至有可能导致整个案件陷入僵局。

正因如此，实践中办案人员的关注点也多集中于此。办案人员总结出的讯问经验和技巧也多是关于这一方面的。所谓"攻心夺气"之术，"造势用势"之法，"权益置换"之妙招，其实都是用来转化被讯问人的意志、引导其配合的具体方法。究其原因就在于讯问的难点在这里，人们的关注点也在这里。

由于讯问工作的难点和挑战主要存在于这一环节，讯问实践中的问题也多发于这一环节。

（二）陈述引导决定讯问的质量

态度转化环节的任务是促使被讯问人开口说话，但被讯问人说的是否为真话，被讯问人陈述的案件信息与案件事实是否有出入，还需要进一步核实，这正是接下来的讯问环节所要完成的任务。从整个讯问的功能和作用来看，陈述引导直接影响被讯问人陈述的真实性和条理性。陈述引导环节关系到讯问目的的实现，也直接决定了讯问工作最终成果——被讯问人供述和辩解的质量。

侦查中讯问的目的不仅仅是获取被讯问人的有罪供述，而是要获取被讯问人真实的陈述。如果被讯问人作虚假陈述或者遗漏了与案件有关的重大信息，那么这样的陈述对于查明案件事实具有误导作用。因此，讯问的核心不在于拿下口供，而在于获取诚实客观的陈述。如果忽视陈述引导和信息核实，只停留于获取供述，最终会弱化口供的证明力甚至增加办错案的风险。因此，讯问的这一环节关系到讯问目的的实现，也是被讯问人供述和辩解真实性的根本保障。

此外，讯问中进行信息核实，是所有类型案件讯问工作都必须经过的环节。有些案件，如有罪者作有罪供述、无罪者作无罪辩解这两类案件可以不经过上一环节，而直接进入这一环节，但绝不能跳过这一环节，否则就不能叫讯问。

实践中，由于态度转化环节是难点，往往会耗费掉办案人员大量的时间和精力，于是个别案件的办案人员到这一环节进行引导供述和核实信息的时候便有些放松。这其实是对这一环节的重要性重视不够造成的。从讯问的规律看，通过上一环节的讯问工作，转化了被讯问人的态度，让其愿意开口说话，这仅仅是讯问工作的开始。提取记忆信息、核对心理状态、唤醒记忆、核实信息这四个方面的工作才是讯问工作的实质。供述的真实性和证明力在一定程度上决定了讯问工作的价值。

五、不同讯问环节的外在特征

讯问是一场发生在办案人员与被讯问人之间的会话。与一般的会话不同，说话者的角色是法律预先设定和分配好的。办案人员是会话的权力方，也是问话方；被讯问人是权力的作用方，也是回答方。从会话分析角度看，讯问的两个核心环节不仅存在任务上的差异，而且在信息流向、会话模式、办案人员与被讯问人的话语量、话题控制等外在方面也存在诸多差异。

（一）信息流向

信息流向是指讯问过程中，信息传递的方向。从外在形式上看，信息流向是由谈话中信息的输出方和输入方决定的，但是在实质上，信息流向取决于不同环节讯问的任务。

1. 态度转化环节：办案人员→被讯问人

讯问的态度转化环节是办案人员向被讯问人施加影响的环节。在这一环节中，办案人员不仅要通过言语劝说、坐姿矫正等方式对被讯问人的情绪施加影响，同时要传递信息改变被讯问人的认知、纠正被讯问人的观念，这些都是办案人员施加给被讯问人的。在这一过程中，信息是从办案人员一方流向被讯问人一方，即办案人员是信息的输出方，被讯问人是信息的输入方。这一环节，办案人员向被讯问人传递信息的目的在于说服。所谓说服，是通过提供信息、做出推理、提出解决方法、做出推断和结论等一系列手段，使自己的观点、意见对信息接收方产生效果。[①] 因此，办案人员向被讯问人输入的信息是可以改变被讯问人认知和判断的信息，不一定与案件事实相关。同时信息的输入会伴随着观点和意见的传递。

2. 陈述引导环节：被讯问人→办案人员

陈述引导环节，是办案人员在态度转化的基础上对被讯问人的陈述进行引导和核实的环节，这一环节是被讯问人向办案人员陈述案情的环节。在这一环节中，讯问的侧重点不是对被讯问人施加多大的影响，而是让被讯问人把自己知道的案件信息全部、真实地表述出来。从信息流向上看，被讯问人是信息源，信息从被讯问人一方流向办案人员。被讯问人是案件信息的输出方，办案人员是信息的接收方。在这一环节中，被讯问人提供的信息的可信度决定了讯问的质量，也制约着信息传递的方式（如图3-4所示）。

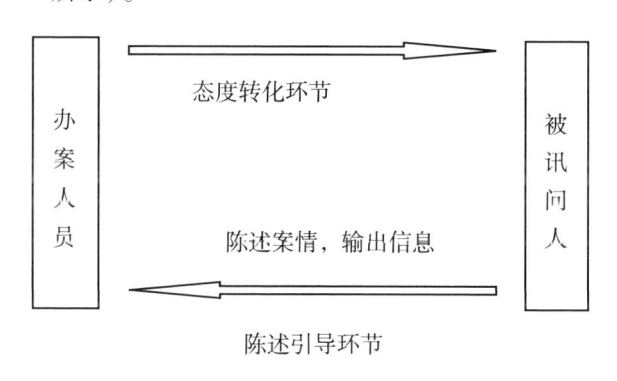

图3-4 不同讯问环节中的信息流向

[①] 郑洁：《侦查讯问话语的对抗性与信息势能的选择》，载《政法学刊》2014年第3期。

（二）话语量

话语量是指讯问中讯问人员与被讯问人双方话语的数量，具体表现为双方在讯问中所用语词的数量。在人际交往中，话语是信息的载体。讯问中问答双方的话语量体现了交谈的信息量和信息的流向。话语量是衡量讯问信息量的指标，也是衡量信息流向的指标。在不同的讯问环节，问答双方的话语量也会存在差异。

1. 态度转化环节："问多答少"

在态度转化环节，讯问的目的主要在于施加影响，说服被讯问人。因此，讯问人员说的话通常要多于被讯问人员。有时候为了阐明观点，讯问人员需要说很长时间。从形式上看，办案人员问得多，被讯问人答得少，办案人员说话的时间长，被讯问人说话的时间短，办案人员提问和说话比较繁复，被讯问人的回答比较简洁，甚至闭口不说。这种情形可以归结为"问多答少"，即办案人员说得多，被讯问人说得少。

话语量上的"问多答少"现象其实是信息的流向决定的。办案人员是信息的流出方，要把问题表述清楚，因此要多说、细说，甚至在必要的时候重复说；被讯问人是信息的接收方，对其言语应当控制在是否听清楚、是否明白这样的反馈上。在时间分配上，讯问人员说话的时间要占绝大部分比重，被讯问人说话的时间通常短于讯问人员。

2. 陈述引导环节："问少答多"

在陈述引导环节，讯问的主要目的是引导被讯问人根据记忆作出诚实陈述，从被讯问人记忆中提取案件信息，并对信息内容进行核实。为了获取全面、真实的信息，办案人员要激发被讯问人的表达欲望，让其多说。在讯问要领上，办案人员在这一环节首要的是"听"而不是"说"。"听"是主要的，讯问人员要耐心倾听被讯问人的陈述，听事实，听细节，同时要听出问题。"说"是次要的，办案人员要让被讯问人说，而不是自己说。即便办案人员说话，也是为了帮助被讯问人说。办案人员在这一环节也需要问一些话，但重点不在"讯"，而在"引"和"导"上。最理想的状态是让被讯问人"知无不言，言无不尽"。因此，从话语量上看，这一环节是"问少答多"，即讯问人员说得少，被讯问人说得多。在时间分配上，被讯问人说话的时间要占绝大部分比重，讯问人员说话的时间通常短于被讯问人（如下页图3-5所示）。

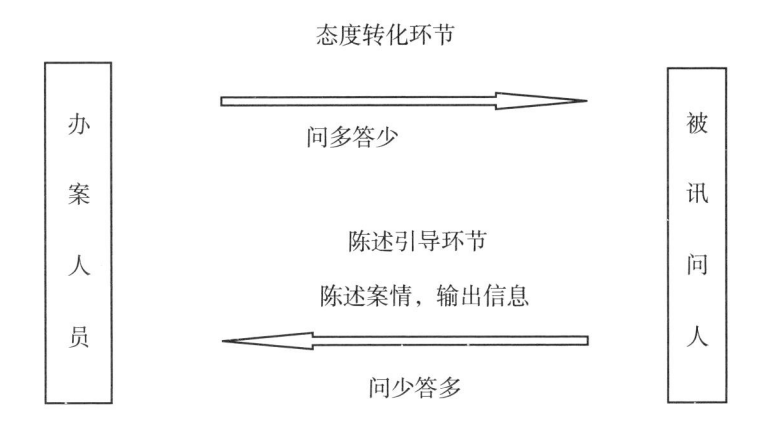

```
办                态度转化环节                    被
案          ━━━━━━━━━━━━━━━▶          讯
人               问多答少                     问
员                                          人
              陈述引导环节
            陈述案情,输出信息
          ◀━━━━━━━━━━━━━━━
               问少答多
```

图 3-5　不同讯问环节中的话语量

（三）话轮和话题控制

讯问也是一种会话，这种会话模式主要采用的是问答模式。通常一问或一答，构成了讯问中的一个话轮（Turn）。[①] 话轮的交替过程也是双方信息交流和沟通的过程。同时交流话题的转换也是在话轮交替中完成的。新话题的引入、启动和新旧话题的转换是衡量会话控制权的重要指标。讯问中，话轮的转换和话题控制与管理是一种技术性讯问手段，也是讯问工作的一项重要内容。

在讯问的话语体系中，法律对话轮顺序预先进行了分配，即第一个问的话轮分配给了办案人员，回答的话轮分配给了被讯问人。由于话轮的预先分配和讯问的职权因素，办案人员在话题的引入、启动和转换中具有控制权。但在不同的讯问环节，办案人员对话轮和话题的控制也有所区别。

以话题控制为例，在态度转化环节，新话题的引入、启动以及新旧话题的转换，主要围绕着说服被讯问人这一目的，话题的管理和控制着眼于被讯问人态度的转变。因此，在这一环节办案人员需要绝对掌控讯问双方会话的话题，要让被讯问人被动接受办案人员引入的话题并跟随话题的转换而转换谈话的内容。就被讯问人而言，几乎没有机会启动新的话题，即便偶然启动某些话题，也会被办案人员主导的问答模式所淹没。

但在陈述引导环节，话题的控制和管理服务于案件信息的收集。在这一环节，办案人员是信息的索取者，被讯问人是信息的源头。话题的管理会受到被讯问人陈

---

① 话轮和话轮转换是美国社会学家萨克于 20 世纪 60 年代末提出的理论概念。话轮是话语互动中的一个基本单位，通常表示两个方面的含义：一是指在会话过程中的某一时刻成为说话者的机会；二是指一个人作为讲话者时所说的话。

述故事的影响。新话题的引入和启动以及新旧话题的转换要根据被讯问人陈述的情况而定。因此，虽然办案人员主导着讯问话题的走向，但被讯问人的陈述对话题有一定的制约作用。办案人员对话题控制的度与态度转化环节有所区别。

（四）打断与重叠

打断与重叠是会话中转换和控制话题的手段。打断指的是在会话过程中，一方没有等到另一方完成自己的话轮，就打断对方的话语，抢过话轮的话语行为，其目的和功能是控制会话的发展方向。[①] 如果一方插入话语后，说话方不停止的话，就是重叠（Overlapping）。[②]

在态度转化环节，如果被讯问人的会话偏离了办案人员的目的，办案人员会不停打断被讯问人说话，甚至故意不让其说话，这也是允许的，有时也是必要的。尤其是被讯问人无根据的异议和争吵，只会强化其对抗心态，办案人员在这一环节应当及时制止，可以尽量不给其发表异议和争吵的机会。当办案人员打断被讯问人的话轮，而被讯问人又不停止说话时，就会出现会话重叠现象。由于这一环节问答双方的对抗性和冲突性比较突出，讯问中出现打断与重叠的现象比较普遍。

而在陈述引导环节，办案人员是信息的接收方，讯问的主要目的是收集犯罪相关信息。因此，只要是与案件相关的事实，就应当让被讯问人把话说完。只要被讯问人的会话不偏离讯问的目的，就不能中途打断被讯问人的话轮，这是因为"被讯问人以叙事方式作出的供述是达到收集信息目的最理想的手段"。[③] 对于没有讲清楚的地方，办案人员要适时提问引导，把关键点问出来。无论是无罪的辩解还是有罪的供述，只要是与案件事实相关，都应当让被讯问人说清楚，不要轻易打断。在被讯问人把能讲的话全部讲完之后，办案人员再针对遗忘的地方唤醒记忆，对矛盾的地方进行核实。所谓"有效的讯问应该允许篇幅较长的、不被打断的被讯问人叙述"，[④] 主要就是发生在这一环节。在这一环节，当被讯问人以叙事方式回答问题时，打断其话轮会严重影响讯问的质量，甚至构成胁迫式讯问。因此，这一环节打断和重叠的现象相对较少，办案人员打断被讯问人的话轮主要是为了催问和确认，而非阻止信息传递。

（五）会话模式

米斯勒在分析医患机构话语时，提出了问—答—评（Question – Response – As-

[①] 郑洁：《侦查讯问话语的对抗性与信息势能的选择》，载《政法学刊》2014年第3期。
[②] 曾范敬：《警察讯问话语批评分析》，2011年中国政法大学博士学位论文，第293页。
[③] 曾范敬：《警察讯问话语批评分析》，2011年中国政法大学博士学位论文，第101页。
[④] 曾范敬：《警察讯问话语批评分析》，2011年中国政法大学博士学位论文，第102页。

sessment/Acceptance，Q-R-A）的话语结构单位，认为这是医患会话的基本结构单位。有学者通过对警察讯问话语语料的分析发现：警察讯问话语中经常采用的对应结构是 Q-R 的问答模式，其变体为 Q-R-q1-r2……qn-rn 的问答模式，Q-R-A 对应模式则相对较少。[①] 而根据笔者对职务犯罪讯问的跟踪和调研发现，Q-R-A 模式在职务犯罪讯问中存在的数量虽然不及 Q-R 和 Q-R-q1-r2……qn-rn 模式那样多，但依然是重要的会话模式，并发挥着重要的功能和作用。Q-R-A 模式通常出现在两种场合：一是办案人员在初核末期接触调查对象时的谈话中；二是在讯问的态度转化环节。在陈述引导环节，主要的会话模式是 Q-R 模式及其变体 Q-R-q1-r2……qn-rn 模式。

在态度转化环节，讯问的会话中较多出现 Q-R-A 模式。在这一环节，讯问的对抗性比较强，被讯问人的配合度不高。在办案人员提问后，被讯问人答非所问、拒绝回答甚至偏离话题的情形比较多，办案人员需要及时进行调整和校正。因此从话轮转换上看，在一问一答（Q-R）之后，办案人员会及时就被讯问人的回答做出反馈。反馈的方式包括：

（1）接受，对被讯问人的回答以简短的方式予以肯定，通常用语为"嗯""没错""是这样的"。

（2）反驳，指出被讯问人回答中的错误和虚假成分。

（3）评价，对被讯问人的态度和心理进行评价，通常是指出被讯问人态度不够认真，抱有侥幸心理等。

（4）要求配合，直接向被讯问人提出改变对立立场，配合讯问工作的要求。

（5）说服，对被讯问人宣讲政策或道理，向被讯问人表明办案人员的态度或者观点。

（6）信息输入，出示证据或者告知被讯问人某些信息，以期望改变被讯问人的认知和判断。

这种会话模式可能会出现变体，如连续问答之后评价反馈，即 Q-R-q1-r2-A 模式，或者反馈伴随新问题"A+新问题"（A+Q2），即 Q-R-（A+Q2）模式。这两种变体总体上依然可以归为 Q-R-A 模式。

在陈述引导环节，被讯问人的态度和意志发生改变，对办案人员的提问持配合态度。因此会话中评价环节需要压缩、简化甚至省略。此时会话模式主要有两种，即 Q-R 模式和 Q-R-q1-r2……qn-rn 模式。Q-R 模式即一问一答模式，问话

---

① 曾范敬：《警察讯问话语批评分析》，2011 年中国政法大学博士学位论文，第 102 页。

用于话题引导和案件事实构建。在话题引导和转换中，通常是标准的 Q-R 模式。而在案件事实构建中，通常采用漏斗式问话，即先采用开放式问话，然后转向半封闭式问话和封闭式问话，被讯问人回答的自由度会越来越小。这种问话表现为大问题套着一系列的小问题，会话模式就转变成 Q-R-q1-r2……qn-rn 模式。这也是在这一环节讯问的任务所决定的。

六、讯问环节的反复

由于被讯问人在讯问过程中会出现情绪波动，对多个方面因素的认知会出现反复，案件本身利益格局也可能会发生变化，这可能导致被讯问人在第二阶段出现态度上的反复和意志反转，这种变化进而会导致被讯问人翻供或重新进入对抗状态。翻供和意志反转其实是被讯问人的正常反应，在不同的诉讼阶段都可能会出现。如在审查起诉、庭审中出现翻供和反悔是常见现象。在办案中出现翻供、反悔也很正常。在讯问中前后阶段出现翻供，要么前面的陈述确实是假的，要么被讯问人的态度出现了转变，作出了与之前相反的决策。因此，对于被讯问人的翻供办案人员要倾听并进行核实。如果翻供的是事实要及时固定形成新的笔录，如果是因为态度转变，故意扭曲案件真实真相，则需要跳回第一阶段，进行态度转化。这就会出现两个环节的循环和交替，办案人员与被讯问人之间再次进行信息的输入和输出。这时候讯问过程呈现这样的情形：办案人员施加影响→被讯问人陈述案件信息→被讯问人反悔翻供→办案人员施加影响→被讯问人陈述案件信息→被讯问人反悔翻供→办案人员施加影响……这一过程是讯问环节的循环和反复。不管重复多少次，办案人员施加影响环节的任务是一样的，时间特征、外在表现也是一样的。同理，引导被讯问人陈述案情时讯问的任务、时间分布、外在表现也是一样的（如图 3-6 所示）。

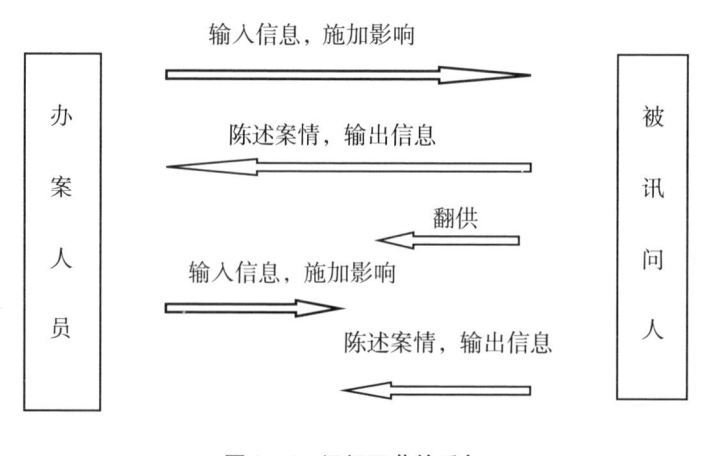

图 3-6　讯问环节的反复

第二节 讯问的技术操作流程

讯问操作流程是指讯问操作环节和执行方式有序组成的程序。讯问操作流程由前后相衔接的讯问环节构成。我国《监察法》没有规定讯问的操作过程，但规定监察机关在收集、固定、审查、运用证据时，应当与刑事审判关于证据的要求和标准相一致。由于讯问是重要的证据收集措施，在证明职务犯罪过程中的作用极为特殊，且监察讯问与侦查讯问在技术操作层面基本是一致的，因此，《刑事诉讼法》关于侦查讯问的操作对于监察讯问具有借鉴和指导意义。在监察法律规范没有明确规定的情况下，参照《刑事诉讼法》规定的相关操作流程有助于办案的法治化和规范化。

根据我国相关法律规范、实际讯问工作的操作过程、讯问不同阶段的任务和外在特征，讯问操作流程可分为六个环节，即准备与计划、讯问开始、态度转化、陈述引导、讯问结束和回顾评估。这六个环节前后相继，相互衔接，构成了讯问的基本流程。具体如图 3-7 所示：

准备与计划 ➡ 讯问开始 ➡ 态度转化 ➡ 陈述引导 ➡ 讯问结束 ➡ 回顾评估

图 3-7 讯问的基本构成环节

一、准备与计划

准备与计划是指讯问正式开始之前的准备和讯问计划的制订。具体工作包括选取讯问场所、确定讯问人员、阅卷、收集整理信息、研究讯问对象、拟定讯问计划和提纲、安全检查等多个方面的工作。

（一）讯问环境选择和讯问室布置

讯问环境选择和讯问室布置主要是解决在哪里讯问的问题。这里需要解决讯问大环境和小环境问题。

所谓讯问大环境，是指讯问的地点和场所。《监察法》没有对讯问场所进行明确限定，通常是在办案点或者留置点进行讯问。《刑事诉讼法》对讯问场所进行了相应的规定。根据《刑事诉讼法》第 118 条和第 119 条的规定，被讯问人被送交看守所羁押以后，办案人员对其进行讯问，应当在看守所内进行。对不需要逮捕、拘留的被讯问人，可以传唤到被讯问人所在市、县内的指定地点或者到他的住处进行讯问。对在现场发现的被讯问人，经出示工作证件，可以口头传唤。从理论上看，讯问的场所有四种：一是看守所讯问室；二是被讯问人所在市、县内的指定地点；三是被讯问人的住处；四是犯罪现场。在监察机关调查工作中，讯问被留置人员的场所主要是在留置点，讯问被羁押的被调查人和未被限制人身自由的被调查人，地点并没有明确限定。

基于讯问工作的需要，讯问场所的选择应当考虑如下四个因素：

（1）安全。讯问场所应当具有绝对可靠的安全保障，既要防止安全事故的发生，又要防止被讯问人脱逃。

（2）安静。讯问需要相对安静的环境，因此讯问的地点应当远离工地、避免临街，周边没有噪声干扰。

（3）便利。讯问地点的选择应当考虑办案人员往返交通、被讯问人医疗救助、押解工作的便利性。因此，讯问地点应当交通便利，与办案机关、医院、还押地距离不宜太远。

（4）效果。在被讯问人住处讯问，环境相对宽松，有助于营造良好的沟通氛围，通常适用于问题较轻、无对抗心理、配合度较好的被讯问人。对于罪行严重，没有配合意愿的被讯问人，住处熟悉的环境是一种心理支撑，对于被讯问人态度转化是一种障碍。看守所讯问室实行物理隔离，隔离设备本身对办案人员与被讯问人的交流会形成障碍，同时会构成被讯问人防卫的心理屏障，客观上不利于审讯突破。因而实践中多将看守所讯问室的讯问用于突破后对供述的核实。

所谓讯问小环境，是指讯问室及其内部摆设。办案区的讯问室、看守所讯问室多已经过设计，房间结构、讯问桌椅摆设相对固定，在其他指定地点的讯问则需要考虑讯问室的布置和摆设问题。从讯问操作技术层面看，需要着重注意如下因素：

（1）窗户。讯问室最好不带窗户，一是出于安全考虑，二是避免干扰造成被讯问人分心。对于已经有窗户的房间，如果用于讯问，则需要把窗户做好安全封闭并拉上窗帘。窗帘的颜色与墙壁的色调尽量一致，窗帘最好不要有图案。在摆放桌椅时，尽量让被讯问人背对窗户，避免被讯问人直面透光的窗户或反光墙面。

（2）桌椅摆设。讯问室不是储藏室，为了避免造成安全隐患和分散注意力，凡是与讯问无关的东西都不应当在讯问室出现。被讯问人座椅在确保安全的同时，应当避免支撑感和依靠感。讯问桌最好有一定的遮挡，避免被讯问人轻易看到案卷和证据材料。

（3）墙壁。颜色最好用淡色调，不带图案。墙面除软包外不需要其他装饰，尤其要避免反光和挂件。

（4）光线。讯问室的光线不能过强或者过弱，避免直射眼睛。

（二）确定讯问人员和分工

确定合适的讯问人员并进行合理的分工，对于讯问的质量起着至关重要的作用。不同办案人员的讯问风格和控场能力不同，讯问的效果也不同。确定讯问人员主要解决的是具体由谁来讯问的问题。在确定具体案件的讯问人员时，一般需要考虑四个方面的因素：

1. 办案人员自身因素

具体包括讯问人员的能力、社会阅历、知识储备等因素。就讯问能力而言，既要考虑讯问工作的实际需要，又要考虑人员素质的培养和提升。对于复杂案件可由经验丰富、能力强的人员进行讯问，对于相对容易的案件则应当考虑给年轻办案人员锻炼的机会。在确定讯问人时还要考虑办案人员的社会阅历等与被讯问人的匹配度。根据案件需要，既可以采用正向对应关系，也可以采用反向对应关系。办案人员的知识储备也非常重要，讯问不同系统、不同行业职务犯罪案件，需要不同的行业知识。讯问人员如果具有相关领域知识的储备，更有利于在讯问中与被讯问人沟通和交流，同时也有助于发现、揭露被讯问人的谎言。

2. 被讯问人因素

具体包括被讯问人的性格、受暗示性、背景、职位、心理状态、性别、认知能力、判断能力等因素。被讯问人的这些相关因素制约着被讯问人在讯问中的反应和表现。在职务犯罪案件中的被讯问人，既有儒雅型的，也有草莽型的；有的在原岗位上是正职，有的是副职。不同的被讯问人认知能力、判断能力、受暗示性也不相同。在确定讯问人的时候，也应当根据被讯问人的相关因素和讯问的谋略有针对性地在办案人员队伍中挑选。

3. 讯问的具体环节

讯问的不同环节，讯问任务不同，操作要求不同，对讯问人的要求也不同。在讯问的开始环节，主要讯问的任务是告知法律规定和权利、调查程序性事实、营造氛围和铺垫后续讯问，这一环节的操作通常要严格按照法律规定的程序走，一般人员都可以胜任。

在转化被讯问人意志环节，讯问的对抗性强，需要办案人员具有较强的控制能力，无论是讯问中的话轮控制还是话题控制，都需要相应的技巧和魄力。在控制讯问对象情绪、改变认知、影响讯问对象选择和决策方面，更需要经验和智慧，因而需要讯问能力较强的人员来操作。

在引导陈述环节，讯问话题的切入、引导与过渡至关重要，陈述引导关系到证据的证明力和证明能力，需要办案人员具有较强的证据意识和证明意识，因而对讯问的技巧和技术要求更高,需要既有法律素养又有讯问能力的人员来操作。

在结束环节,讯问工作的主要任务是查漏补缺,仔细核实供述的细节,形成内容完整、形式完善的笔录,因而需要细心且具有耐心的工作人员进行操作。

4. 案件特点

案件特点也会制约讯问人员的选择。不同性质的案件,讯问中的关键点不同。如渎职案件的讯问,需要特别关注被讯问人的职位、被讯问人对危害后果的认知以及因果关系等问题,被讯问人也通常会从这些方面进行辩解。而贿赂案件的讯问,则需要关注赃款赃物从哪里来、到哪里去等因素。这就需要办案人员对不同性质案件讯问关键点拿捏到位。不同领域的案件,讯问中需要的知识储备不同,如医疗卫生领域、建筑工程领域、工商管理领域、环境保护领域,这些领域在业务流程、管理规范、人员分工、岗位职责等多个方面差异巨大,发生职务犯罪的节点、涉嫌人员、作案的手段各不相同。讯问不同领域的被讯问人,就需要与之对应的知识储备和相关经验。在确定讯问人员的时候需要考虑办案人员与案件性质、涉案领域和犯罪特点之间的匹配度。

在职务犯罪讯问中,办案人员团队分工和协作至关重要。单个人的精力、智力、决策能力都是有限的,由于职务犯罪的复杂性,讯问工作离不开团队的有机协作。有团队就必然有分工,合理的分工决定了讯问团队的工作效能。讯问的分工包括场内和场外两个部分。

所谓场内分工是指讯问室内的相关工作人员之间的分工,其中主要是讯问人员之间的分工和配合。然后是讯问人员与记录人员的协调和配合。讯问的节奏与记录的速度要相互协调搭配。此外还有办案人员与测试人员的配合。

场外分工则是指讯问室之外的人员分工,包括讯问的场外指挥、录音录像的观察和判断、讯问过程中的外围辅助调查等。场外指挥人员可以及时根据收到的信息、证据和被讯问人的表现研究讯问对策,并对讯问人员提出指导性意见。外围观察人员可以根据同步录音录像分析被讯问人撒谎的表现和节点。辅助调查人员则可以通过外围同步调查及时核实供述的真实性,到场核实好或提取证据。在必要的情况下,这些都需要提前做好部署和分工。

(三)熟悉案情

熟悉案情是讯问必须做的准备工作。办案人员必须在讯问前掌握案件信息和证据情况,做到心中有数才能有效掌控讯问过程。熟悉案情必须解决两个方面的问题:已经知道的信息和证据有哪些,讯问需要完成的具体任务是什么。

对于第一个问题,需要梳理两个方面的情况,即已经掌握的证据情况和收集到的案件相关信息情况。一是已经掌握的证据情况。主要是讯问之前已经收集到的证据和掌握的证据线索情况。讯问人在准备时既要审查已经掌握的证据，核实证据的来源和真实性，又要关注前期已经掌握的证据线索材料。证据线索材料在讯问中能够为讯问的方向提供参照和借鉴。二是已经收集到的案件相关信息情况。对于案件信息的掌握越全面越好，既包括与案件直接相关联的信息，也包括间接关联的背景信息。如被讯问人的个人兴趣爱好、活动规律、交往的圈子、既往经历等。这些信息可能在证明案件事实方面发挥不了作用，但在讯问中影响控制被讯问人、识别谎言、帮助办案人员探知犯罪事实真相等方面具有重要作用。因此在梳理案件相关信息时，一定要对相关信息作最广义的理解，办案人员掌握的信息量越大、质量越高越好。

此外，案件的信息和证据是两个不同的概念。证据虽然也包含案件的信息，但不包括全部案件信息。在职务犯罪讯问实践中，首次讯问前能够掌握的证据无论是质量还是数量都是有限的，但可以掌握的案件信息却是无限的。讯问前的初核工作一方面是收集相关证据，另一方面是掌握案件相关信息，包括有证据证明的信息和无证据证明的信息，甚至不需要证据证明的信息。

对于第二个问题，办案人员需要根据掌握的证据和信息确立讯问的具体目标和任务。如讯问的重点是对被讯问人施加影响、改变其对抗意志，还是要引导陈述、从被讯问人那里获取案件信息。讯问的任务不同，需要使用的证据不同，可能要用的信息也不同。因此，办案人员在全面掌握证据和信息的同时还需要根据讯问的任务有侧重地对相关信息和证据进行整理。

（四）分析背景和关系

讯问之前，讯问人还需要对案件背景和背后的关系进行分析和研判。所谓背景是指案件发生的背景，所谓关系是指案件背后的社会关系网络。由于职务犯罪案件的犯罪行为与职权相关联，被讯问人身份相对特殊，案件发生后更容易引起各方面关注，办案人员更容易受到各种关系的困扰。因而掌握和分析案件背景情况和社会关系网络，可以提前发现问题，便于做好应对。一般而言，讯问人需要提前掌握的背景和关系信息包括如下几个方面：

1. 舆情趋势

与办理案件相关联的舆情会影响案件发展的趋势，尤其是网络舆情的发展趋势会对调查办案产生一定的影响。对于办案人员而言，一方面要掌控舆情，引导舆情朝着有利于办案的方向发展；另一方面也要避免被舆情所左右。同样地，案件的舆情也会对被讯问人的认知和判断产生重要影响。办案人员提前分析舆情及其发展趋势，有助于在讯问中利用舆情改变被讯问人对案件发展趋势的认知和判断。

2. 被讯问人背后的社会关系网络

被讯问人在讯问中有可能寄希望于亲属、领导借助关系网络帮助其"脱困"或"摆平"。现实中，提前掌握被讯问人背后的关系网络，一方面，可以对可能的说情和干扰提前做好应对准备；另一方面，也可以在讯问中利用被讯问人寄希望于关系网络的心理，或掐灭其希望或利用关系引导其陈述案情。

3. 行业案件特征

对于讯问借鉴意义最大的是其他地方已经办理的同行业同系统的案件。比如，同是医疗系统，一个省份与另一个省份的发案规律是一样的，调查方式也具有借鉴意义。对于讯问人员而言，在讯问前系统研究涉案行业的案件特征，对于讯问具有现实启发意义。

4. 专业领域相关知识

在讯问之前办案人员还应当补充涉案领域的专业知识。了解和掌握涉案领域的相关知识在讯问中可以发挥如下作用：第一，便于在讯问中及时甄别和发现被讯问人的谎言。第二，熟练掌握涉案领域专业知识可以改变被讯问人对办案人员的认知，增强讯问人员的可信度。第三，讯问中展示办案人员在相关领域的知识是对前期调查工作扎实程度的暗示，可以在一定程度上改变被讯问人对案件发展情势的判断。

（五）研判被讯问人

讯问之前应当对被讯问人进行分析研究。研究的目的是准确把握被讯问人的个性特征和心理特征，对被讯问人在讯问中可能出现的反应进行预判。对被讯问人进行准确预判可以提升讯问的针对性，有助于提高讯问的效率。研判被讯问人时，一般可以从如下六个方面入手：

1. 职位

这里主要了解被讯问人的社会关系和职权。所谓社会关系，即被讯问人在单位的任职、兼职情况等，通过这些因素可以判定其社会地位和活动的大致圈子。至于被讯问人的家庭情况则可以通过其家庭关系予以确认。所谓职权主要是指被讯问人的岗位、权力和职责事项。对于职务犯罪而言，犯罪行为与职权紧密联系，职权又与人紧密联系。社会关系和职权会影响一个人的知识储备和行为特征，也会影响被讯问人在讯问中的初始反应。

2. 思维特征

不同的人，思维特征是不同的，而不同的思维特征也会影响其意志和行为。有的人是发散型思维，有的人则是直线型思维；有的人以理性思维为主，有的人则以感性思维为主。提前了解和把握被讯问人的思维特征，可以有针对性地采用讯问策略，提高讯问效率。

3. 行为倾向

行为倾向即采取行动前的一种准备状态，是人们做出某种反应的意向。提前研究讯问对象行为倾向性，把握其意向特征，有助于办案人员对被讯问人进行行为控制和态度拿捏。

4. 情感类型

人的情感、思维和意志是有机联系的。情感对人的思维和态度具有内在的影响作用，掌握一个人的情感类型和特征，可以为影响其行为提供突破口。

5. 辩解角度

被讯问人针对办案人员的指控往往不是被动接受的。有的被讯问人在进讯问室之前就已经想好了应对的策略和辩解的托词。因此，在讯问之前，办案人员也需要揣度被讯问人可能会从哪些角度去辩解，再根据这些辩解的角度想好应对之策。

6. 撒谎节点

被讯问人面对指控意图通过谎言进行掩饰、隐瞒是一种正常反应。对于办案人员而言，必须在讯问中识别这些谎言，并采取有针对性的应对策略。对谎言识别和应对需要相应的技能也需要事前的准备。讯问之前对被讯问人可能撒谎的节点进行预判，可以减少被欺骗的机会，有助于办案人员在讯问中把握主动性。

（六）讯问提纲

讯问准备中的一项重要工作是列讯问提纲。对于讯问人员而言，列讯问提纲的意义重在过程而不在结果。由于实际讯问中的变量很多，办案人员需要灵活应变，有可能所列的提纲在讯问中用不上，但列提纲的过程不可替代也不可或缺。这是因为办案人员动手列讯问提纲的过程也是强迫自己梳理案情、对被讯问人行为进行预判的过程，通过列提纲可以让办案人员的思路更加系统，更具有条理性。这一过程是别人无法替代的，因此讯问提纲必须自己动手，不可让别人替代。

列提纲和使用提纲是两个不同的环节。列提纲要动手，而在讯问中用提纲则要用心。细言之，讯问中办案人员应当把提纲牢记在心中，根据讯问的变化灵活运用。讯问中办案人员千万不要一边提问一边对着提纲看。讯问中反复查看提纲是讯问工作准备不充分的表现，这种行为会给被讯问人以负面暗示，增强其对抗的信心。因此，讯问中办案人员应当对提纲形成腹稿，牢记于心，这样才能在讯问中灵活应对。

（七）讯问前的铺垫

在正式开展讯问之前，还需要根据讯问的谋略和计划进行相应的前序铺垫工作。这些铺垫工作是为正式讯问预设或创造条件。讯问前的铺垫工作一般包括如下四个方面：

1. 传递信息

这里所谓的传递信息是指基于对被讯问人认知控制的需要，在正式讯问前通过非正式途径向被讯问人传递可以改变其认知状态的信息，从而为正式讯问创造有利条件。所传递的信息以改变被讯问人认知状态为目的，主要是在正式讯问前起暗示和适度刺激作用，所以传递的方式不需要那么正式，信息也不需要非常准确，信息量也不需要过大。例如，在到案途中办案人员不经意地提出问题来传递信息，类似的问题包括："你交往的朋友怎么一个个都靠不住呢？""搞那么多的钱自己又花不上，图什么呀？""你在单位的人缘看来真是不怎么样呀！"等。这些案件相关或不相关的问题会让被讯问人对讯问中可能被提出的问题产生猜测和遐想，也会改变被讯问人对办案人员掌握案件信息的认知，对正式的讯问起到铺垫作用。实践中，操作的方法还有很多，如押解人员看被讯问人时的特殊眼神等。

2. 渲染氛围

在讯问前渲染氛围也是为了改变被讯问人的认知或者影响其情绪。

3. 情绪铺垫

在讯问前也可以根据情况对被讯问人的情绪施加相应的影响为正式讯问作铺垫。对于焦虑情绪不足的被讯问人可以通过环境和办案人员的表情、态度增强其焦虑，对于需要舒缓焦虑情绪的被讯问人也可以通过讯问前办案人员对其同情、怜悯的表情、貌似理解的态度减轻其压力。除焦虑情绪的铺垫外，也可以对被讯问人的犯罪感、羞耻感、暴露感、解脱感等情感施加相应的影响，为正式讯问进行铺垫。

4. 造势借势

被讯问人对案件发展情势的认知也可以通过讯问前的准备工作施加影响。如刚进办案区时戒备状态的提升会让被讯问人感受到相应的压力。讯问前较高级别办案人员的非正式会面会让被讯问人感受到案件被重视的程度。这些非正式的设计能够让被讯问人体验到某些压力和信息，在一定程度上有利于改变被讯问人对案件发展趋势的判断。

（八）安全检查

在正式讯问开始前，办案人员还需要进行安全检查，排除可能的安全隐患。讯问中的安全隐患有两个方面：一是讯问室中存在的安全隐患；二是被讯问人自身携带的安全隐患。讯问之前，办案人员应当对讯问室进行安全检查，检查讯问室是否存在可能的逃跑通道和讯问对象自杀、自残的工具。具体检查事项一般包括：

（1）门窗的位置和封闭情况；

（2）电门、电线、电器的设置情况；

（3）是否存在可以成为工具的尖锐物、坚硬物，如座椅上的螺丝钉、钉子等。

为了排除讯问对象自身携带的安全隐患，讯问前也需要对被讯问人进行人身检查。具体事项一般包括：

（1）装饰物，如眼镜、戒指、手表等；

（2）带状物，如鞋带、腰带等；

（3）化妆品和工具，如刮眉刀、修眉笔、口红等；

（4）口袋隐藏物，如硬币以及其他小型工具等；

（5）自带药物。对于被讯问人的自带药物，一般应当询问药物的来源和用途，对于被讯问人在讯问中要求吃药的，应当由专门的医务人员检查和许可。

二、讯问开始

《监察法》没有对讯问如何开始进行规定。《刑事诉讼法》和《人民检察院刑事诉讼规则》对自侦案件讯问的初始环节作了一些具体的程序规定，同时也限定了一些具体的任务。刑事诉讼法律的这些规定让讯问的初始环节具有了程式化特点，也使其具有相对的独立性。对于监察讯问而言，对讯问开始环节进行必要的规定有利于讯问工作的规范化。从讯问的操作来看，一系列的初始工作流程构成了讯问的开始环节。为了保证讯问的规范性和讯问笔录的质量，讯问开始环节的任务主要包括如下四个方面。

（一）填写讯问笔录首部信息

讯问笔录是对讯问情况的记录，也是记录被讯问人供述和辩解的重要书面材料。讯问笔录目前并没有统一的样式，从文书规范的角度看，一般包括首部、正文、尾部等基本组成部分。对于讯问而言，应当从完善和核实讯问笔录的首部内容和信息开始。首部一般由标题、讯问时间、地点、讯问人、记录人、被讯问人等内容组成，主要是由记录人员填写。

从办案的实践看，填写首部内容需要注意如下六个方面：

（1）标题名称完整，字体规范。

（2）应当标明是第几次讯问。讯问可能出现多次，不同次的讯问应当表示清楚。

（3）讯问的开始和结束的具体时间都应当记录，不能只记录开始时间，而不记录讯问结束时间。

（4）讯问地点应当标明第几讯问室。实践中，个别笔录只标明地点，如"某某管理中心""某某办案点"，但不标明第几讯问室，容易引起误解。

（5）讯问人员应当具有办案资格，且不少于两人。

（6）标题和内容相符。有的笔录题目是讯问笔录，但首部记载的内容却是谈话地点、谈话人、被谈话人。这样会造成谈话与讯问混同的问题，不符合规范化要求。

（二）查明被讯问人的基本情况

讯问一般应先查明被讯问人的基本情况。基本情况包括：姓名、出生年月日、籍贯、身份证号码、民族、职业、文化程度、政治面貌、工作单位及职务、住所、家庭情况、社会经历，是否为党代表、人大代表、政协委员，是否受过刑事处罚或者党纪处分、政务处分、行政处理等情况。

根据讯问实践中的问题，第一次讯问，应当注意以下几个方面：

（1）姓名部分，不仅要问明现用姓名，还需要查明别名、曾用名。

（2）出生年月日应当写明出生的具体日期，标明是公历还是阴历，不能只写年龄数字。被讯问人的出生年月日具有法律意义，讯问笔录只写年龄数字，法律意义不大。

（3）职业问题时常被忽略，需要问明白。

（4）住所可能有多个，需要逐一问明。

（5）性别、政治面貌、联系方式等内容虽然没有明确要求，但是对于办案有影响的，一般也应当问明。

（6）对于职务犯罪案件而言，家庭情况、社会经历，是否为党代表、人大代表、政协委员至关重要，需要仔细核实。

（7）是否受过刑事处罚或者政务处罚、行政处理等情况对定罪和量刑有影响，是否受过党纪处分对监察处置有影响，也都应当问明。

（三）告知与询问

核实被讯问人基本情况后，要进行相应的告知和询问工作。告知内容包括如下四个方面：

（1）告知被讯问人的基本权利和义务。有的地方给被讯问人发放权利义务告知书，并让被讯问人签字。从笔者调研的情况看，不同地方权利义务告知书的内容有所差异。

（2）告知办案人员（书记员、翻译人员）的姓名、单位和职务等基本情况。

（3）告知被讯问人如实供述自己罪行可以从宽处理和认罪认罚的法律规定。

（4）告知将对讯问进行录音、录像。

询问通常是问询两个方面的情况：一是问询被讯问人是否申请回避；二是问询被讯问人身体状况是否能够接受讯问。

基于讯问合法性证明的需要，讯问中告知和询问情况应当在录音、录像中予以反映，并记明笔录。

（四）讯问是否有犯罪行为

《刑事诉讼法》第120条规定，侦查人员在讯问被讯问人的时候，应当首先讯问被讯问人是否有犯罪行为，让他陈述有罪的情节或者无罪的辩解，然后向他提出问题。因而在侦查讯问中，进入正式讯问环节，应当首先讯问被讯问人是否有犯罪行为，让被讯问人陈述有罪的事实或者无罪的辩解，并允许其连贯陈述。从证据角度看，讯问中这一操作能够起到体现陈述的自愿性、提升口供的证据能力的作用。在监察讯问中可以借鉴这一做法。

三、态度转化

在讯问案件事实的过程中，如果被讯问人没有配合意愿，拒不交代相关事实，讯问则进入态度转化环节。这一环节讯问的具体任务主要包括四个方面：控制情绪、改变认知、沟通说服、引导决策。在具体策略和措施方面则是多样化的，办案人员可以根据讯问的对象、情景、案件特征和证据情况等诸多因素灵活设计。实践中，诸多讯问的策略和谋略大多围绕这部分展开，主要是解决被讯问人开口的问题。本书前面已经将此作为讯问的核心环节予以论述，在此不再赘述。

四、陈述引导

陈述引导是在被讯问人开口问题解决之后，愿意如实陈述的情况下进行的讯问引导工作。这一环节主要解决的是"怎么说"的问题。引导的目的就在于让被讯问人把要说的和该说的讲清楚，力争做到条理清晰，信息准确全面。一般认为，解决被讯问人开口的问题是难点，被讯问人愿意说，问题就好解决了。实际上这一环节也是技术含量很高的环节，它直接关系到证据的质量。在这一环节，既有犯罪事实构建问题，也有话题的监控和管理问题，话题如何引入、不同话题之间如何过渡和转换，对被讯问人在陈述中的表现如何反馈等，都需要相应的法律知识和专业素养。对不同犯罪的引导、不同对象的反馈都需要在实践中不断探索、总结和提升。

五、讯问结束

在被讯问人交代犯罪事实之后，讯问进入结束环节。结束环节包括如下方面的任务：

（一）总结梳理案件事实

在讯问结束环节，办案人员应当根据被讯问人对案件事实的陈述情况，引导被讯问人对案件事实根据一定的逻辑或者空间顺序作一个总结性陈述，从而形成一个相对完整、有条理的陈述。这一部分对于以后的证据审查具有铺垫作用，也是保证笔录证明力的关键环节。在以后的程序中，这一部分内容往往是审理人员、检察官、法官甚至是辩护律师主要关注的部分。这部分总结性的陈述可以说是讯问工作的亮点，也是讯问笔录发挥证明作用的关键点。因此，在最后环节引导被讯问人做总结性陈述十分必要。这部分工作的关键是要让总结陈述做到全面、准确、有条理。

（二）核对或宣读笔录

讯问笔录应当忠实于被讯问人的原话，字迹清楚，详细具体，并交被讯问人核对。被讯问人没有阅读能力的，应当向他宣读。如果记载有遗漏或者差错，被讯问人有权补充或者改正。其中，讯问笔录交被讯问人核对或者宣读是必备环节。在此环节需要特别注意如下问题：

第一，笔录的粘贴复制问题。个别书记员在记录时把前面的笔录进行粘贴复制，再根据讯问情况进行修改。这种做法可以省人力，但如果不细致操作会造成证据合法性问题：如不同时间、不同地点讯问的笔录表述一致，甚至是标点符号和错别字也是一致的。这种情况需要在核对的时候特别注意，否则会严重影响笔录的证据能力和证明力。

第二，讯问笔录和录音录像不一致的问题。对此，我们认为对人工制作笔录的效率和准确性不能与同步录音录像做同等要求，笔录和录音录像存在一些差异是不可避免的，也是允许的。但是在制作讯问笔录时应当坚持"不多"和"不少"原则。所谓"不多"是指录音录像中没有的陈述，笔录中不能有。也就是笔录不能无中生有。所谓"不少"是指与案件事实紧密相关的陈述，笔录不能缺少和遗漏。对于与案件无关的一些过渡性话语在时间紧迫的情况下是可以省略的。

对于被讯问人请求自行书写供述的，可以允许，但在核实的时候尤其要注意被讯问人在供述中藏头、嵌字的现象。发现有藏头、嵌字的，应当问明原因，核实真实意思，并提问核实情况记录。

(三) 逐页签名、签字

对于核对和修改后的笔录，被讯问人和办案人员都应当签名。根据《监察法》第44条的规定，讯问笔录应当由被讯问人阅看后签名。实践中，被讯问人不仅要在讯问笔录的结尾处签名，还要在讯问笔录的每一页签名。除了签名之外，还应当在结尾处签字，确认笔录的页数和核对笔录的事实。通常签字的内容是"以上笔录共__页，我看过（向我宣读过），和我说的相符"或者"以上笔录我看过（或向我宣读过），和我说的相符"等。

关于捺指印的问题，《监察法》没有要求，但《公安机关办理刑事案件程序规定》第206条和《人民检察院刑事诉讼规则》第188条均要求被讯问人在签名的同时要捺指印。实践中，监察讯问的笔录也大多要求被讯问人在签名、修改的地方捺指印。对于被讯问人拒绝签名、捺指印的，办案人员应当在笔录上注明。

对于被讯问人的签名，办案人员需要仔细核实，实践中个别被讯问人签名时写上"以上笔录我看过（向我宣读过），和我说的不相符"，故意把"不"字写得很小或者很潦草，因此办案人员在核对时应特别注意小写或者草写的"不"字。

(四) 对被讯问人的配合态度予以肯定

在讯问结束，根据讯问情况和被讯问人的表现对其配合态度予以肯定，有助于安慰被讯问人的情绪，也有助于强化被讯问人的配合意识。对于下一次讯问而言，这种肯定有助于形成一种行为定式，强化其配合。

(五) 对被讯问人提出要求

在讯问的结束环节，可以根据下次讯问的任务和需要，对被讯问人提出具体的要求，如仔细回忆某些犯罪细节等。这种要求也被称为给被讯问人"布置任务"。在讯问结束时给被讯问人提出某些具体的要求可以在两次讯问的间隙占用被讯问人休息时的精力，在一定程度上可以减少其考虑后果和思考应对下一步讯问的时间。

六、回顾评估

在讯问笔录核实无误，被讯问人签名、捺指印完成并被带走之后，讯问工作并没有结束，而是进入回顾与评估环节。具体而言，讯问中的回顾与评估环节的具体任务包括如下七个方面。

(一) 复盘讯问过程

即对讯问的全过程进行回顾和复盘，有录音录像的，可以回放或者选择性回放。重新对讯问过程进行检视，查找和发现问题。

（二）评估讯问对象状态

在被讯问人带走以后，通过回放对被讯问人的状态进行评估。具体包括被讯问人的情绪状态、认知状态。评估的目的在于分析被讯问人的状态与陈述案件事实的匹配度。对情绪状态的评估主要是分析被讯问人陈述案件事实时的情绪反应是否正常，是否与正常情感体验相一致或者成比例。认知状态的评估主要是就陈述的内容与被讯问人的感知能力、认知条件、注意程度是否相对应，查找可能存在的疑点和问题。

（三）分析撒谎的可能性和具体表现

在面对面讯问结束后，办案人员还应当结合被讯问人陈述的内容分析其撒谎的可能性和具体表现。具体包括如下三个方面：

（1）撒谎的动机分析，分析研判被讯问人是否存在撒谎的内在动因和心理取向。

（2）查看被讯问人的语音、语气和微反应情况，查找与撒谎相关联的微反应。

（3）与其他证据核实比对，查找被讯问人供述和辩解中与其他证据不一致的地方和原因。

（四）查找遗漏的问题

对本次讯问中相关的问题进行梳理，查找漏遗的问题和问得不透的问题，列出清单。一方面，要检视系列问题的全面性，查找是否有没有问到的问题和事实；另一方面，要查找讯问中出现的新问题，尤其要特别注意被讯问人在回答和陈述过程中出现的与其他犯罪事实相关的线索。

（五）审核引导陈述中的问题

主要是审核引导被讯问人陈述犯罪实施过程中话题管理和话轮控制情况。查找核实引导供述过程中是否存在指供、诱供的现象。包括出示证据过程中是否存在信息污染现象，评估信息污染导致虚假供述的可能性。

（六）审核笔录是否有瑕疵

对讯问笔录的首部、正文和尾部进行核对，查找是否有遗漏项和可能存在的错误和瑕疵。事后的核对在于查找和发现问题，保证证据的质量。

（七）分析下一步讯问的方向

根据回顾和评估过程中发现的问题和线索，整理下一次讯问需要查明的问题和注意事项，在此基础上确定下次讯问的方向。评估和回顾的目的不仅仅在于发现问题，更重要的是为下次讯问做准备。

第四章 讯问中的心理学原理

转变被讯问人的意志,使其从对抗转向配合是讯问的重要环节。在这一环节中,对被讯问人进行情绪控制是讯问工作的重要组成部分,情绪控制的效果对被讯问人态度的转化起着至关重要的作用。情绪控制原理在这一讯问环节中对诸多讯问技巧和谋略的使用具有指导意义,也是一些重要讯问操作规范的依据。

第一节 讯问过程的心理解读

一、讯问是引导被讯问人从撒谎到如实陈述的转化过程

讯问的态度转化环节主要针对两种人,一种是有罪而作无罪辩解的被讯问人,另一种是无罪却作有罪供述的被讯问人。职务犯罪案件大多数在立案之前便进行了初步核实,办案人员对被讯问人是否有罪已经有了初步判断,并且掌握了一定信息和依据。通常是对那些嫌疑度比较高的人才进行立案。在这种背景下,讯问实践中绝大多数情况是被讯问人明知自己实施了犯罪行为,是有罪的,却故意作无罪的辩解。实践中也存在无罪的被讯问人作有罪供述的情形,这种情形虽然极少发生,但因为职务犯罪的复杂性,也是客观存在的。如下属替上司顶罪,亲属之间出于亲情顶罪等也时有发生。这种情况虽然比例很低,但是一旦出现,办错案的风险就比较大。

这两种人其实都在撒谎。有罪者作无罪辩解是故意隐瞒事实真相,无罪者作有罪供述则是在故意编造谎言,虚构案件信息。这两种被讯问人在言语行为上表现为撒谎,对待讯问则是一种抗拒态度,在讯问中对办案人员的问题和要求也不配合。

针对这两种被讯问人的讯问,既是一个态度转化过程,也是一个不断拆解被讯问人谎言的过程。讯问一开始,被讯问人的态度是抗拒,采取不配合的姿态,而行为上则表现为撒谎。讯问的理想结果是让被讯问人配合,让有罪的被讯问人如实供

述自己的罪行，让无罪的被讯问人承认自己替人顶罪的事实。简言之，就是让被讯问人如实陈述。这一过程中必然伴随着对被讯问人谎言的拆解和揭露，唯有谎言和欺骗被拆解干净，被讯问人才有可能开口说实话。

二、影响态度转化的两方面因素

被讯问人由抗拒到配合这一转化过程受制于内、外两方面的因素。内因是指被讯问人的内在情绪状态和对与案件相关问题的内在认知。情绪因素包括焦虑、恐惧、愤怒、吃惊、悲哀、喜悦、担忧等。情绪对行为有一定的制约和影响作用，被讯问人的情绪状态会影响其认罪的态度和在讯问中的配合度。情绪本是一种复合状态，有多种情绪因素和种类，其中对于被讯问人而言，焦虑情绪起着至关重要的作用。

认知因素包括对犯罪后果的认知、讯问情势的认知、案件利益格局的认知、自身能力的认知、法律知识的认知、案件程序走向的认知等。被讯问人对相关因素的认知影响其在讯问中的决策，决策制约其行为。在认知因素中，被讯问人对犯罪后果的认知对有罪者所起的制约作用较大。

外因则是指讯问人员和讯问环境对被讯问人施加的影响。讯问不能强制，办案人员只能动口劝说而不能动手，因此，办案人员施加外在影响的方式主要是言语劝说。即通过言语劝说的方式，影响内在因素，引导被讯问人配合。一方面是通过言语交流，对被讯问人输入观点和信息，改变被讯问人的认知；另一方面是通过交流沟通控制被讯问人的情绪，改变被讯问人的情绪状态。在言语劝说方面，讯问人员的言语表达能力、对被讯问人的心理鉴别能力、情绪状态的观察能力、自身的知识储备以及根据讯问情况及时调整策略的应变能力都至关重要。

除了言语劝说之外，讯问人员还可以通过衣着、行为举止增加自身的可信度，也可以通过态势语言的运用对被讯问人施加影响。

此外，讯问环境的设置和变化也会影响被讯问人的情绪、认知和判断。不同的讯问环境会向被讯问人传递不同的信息，这些信息进而会改变被讯问人的认知和判断，对被讯问人态度和决策的转化起着催化作用。讯问人员的言语劝说和讯问环境都是从外部对被讯问人施加影响的，属于外在因素（如下页图4-1所示）。

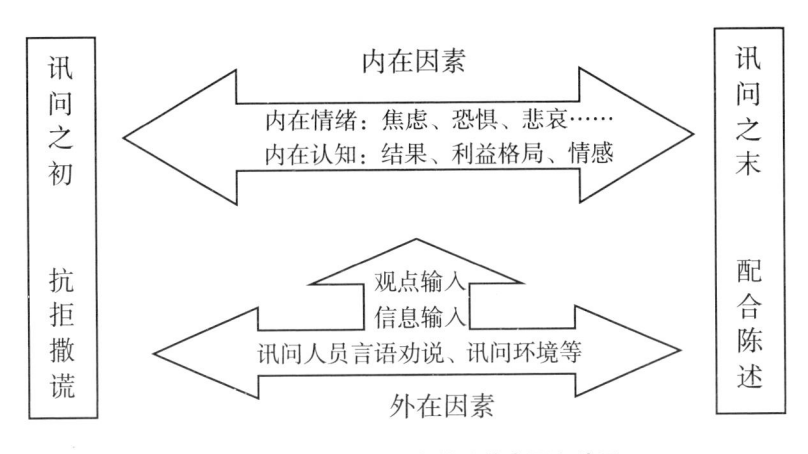

```
        讯                    内在因素                    讯
        问      ┌─────────────────────────────────┐      问
        之      │  内在情绪：焦虑、恐惧、悲哀……  │      之
        初      │  内在认知：结果、利益格局、情感  │      末
        
        抗              ↑ 观点输入                       配
        拒              │ 信息输入                       合
        撒      ┌─────────────────────────────────┐      陈
        谎      │  讯问人员言语劝说、讯问环境等    │      述
                                外在因素
```

图 4-1　影响被讯问人供述的内因和外因

外因往往需要通过内因来发挥作用。无论是办案人员的言语劝说还是讯问环境的影响，通常从两个方面对被讯问人输入。一是观点输入，即办案人员通过言语劝说的方式向被讯问人输入某些观点和看法，用以影响被讯问人的判断和决策；二是信息输入，即通过环境选择和布置传递信息或者办案人员直接向被讯问人告知某些信息，用以影响被讯问人对与案件相关因素的认知。无论观点输入还是信息输入，都是在试图改变被讯问人的认知、判断、决策以及被讯问人的情绪，进而影响被讯问人的意志，把被讯问人导向如实陈述。

至此，讯问过程可以作如下解读，即讯问其实就是办案人员以言语劝说的方式对被讯问人施加影响，通过控制被讯问人的内在情绪状态，改变被讯问人对相关因素的认知，引导被讯问人从抗拒到配合，从撒谎到如实陈述的转变过程。

需要指出的是，讯问人员的言语沟通是影响被讯问人是否如实陈述的重要因素之一，而不是唯一因素。在有的案件中，讯问人员的讯问经验很丰富，口才很好，讯问能力很强，但不管其如何努力，被讯问人就是不开口；而在有的案件中，讯问人员的能力并不是很强，甚至言语表达都不那么利落，但稍加努力，被讯问人却顺利开口如实陈述了。实际上这是很正常的现象。正是由于其他因素的存在，才会出现这样的现象。因此，讯问中，不仅要考虑讯问人员的因素，选择合适的讯问人选，还要关注讯问人员以外的多种因素，只有把讯问人员的因素和其他因素有效结合在一起，才能有效设计和运用讯问谋略，真正提高讯问的效率和效果。

三、撒谎是有罪者的正常反应

在讯问中撒谎其实是有罪者的一种理性选择，也是一部分被讯问人（有罪者）的正常反应。有罪的被讯问人之所以选择撒谎，其实是为了规避说实话可能带来的不利后果。其被讯问人的思考力、执行力和沟通能力整体上强于一般案件中的被讯问人。这类被讯问人懂得利弊权衡，有预见能力。面对侦查和讯问，有罪且有理性的被讯问人通常都会选择撒谎。具体原因包括如下几个方面：

（一）对刑事责任的畏惧

有罪的被讯问人说实话就会直接面临刑事责任的追究。追究刑事责任可能给被讯问人带来三个方面的不利后果：

1. 生命有可能被剥夺

刑法对职务犯罪的处罚包括死刑，根据《刑法》第 383 条和第 386 条的规定，贪污和受贿，"数额特别巨大，并使国家和人民利益遭受特别重大损失的，处无期徒刑或者死刑，并处没收财产"。这也意味着一些职务犯罪案件的被讯问人有可能被判处死刑，被剥夺生命。对于那些已经实施了犯罪行为，且情节特别严重的被讯问人而言，在讯问中如实供述自己的罪行，就有可能被剥夺生命，而选择撒谎从表面上看还有生存的机会。

2. 有可能被判处有期徒刑

根据我国《刑法》的相关规定，对职务犯罪的量刑除了死刑之外，还包括有期徒刑、无期徒刑、管制或者拘役。这些都是对被讯问人自由的剥夺。即便是宣告缓刑，也是对自由的部分剥夺。对于有罪的讯问对象而言，说实话还意味着自由被全部或者部分剥夺。

3. 经济上有可能遭受损失

有罪的被讯问人如果如实供述，除了生命和自由有可能被剥夺之外，还有可能面临金钱上的损失。职务犯罪有可能被并处没收财产、罚金等财产刑，即便免予刑事处罚，也可能受到政务处罚或者党纪处罚，其中包括被开除公职或者责令赔偿等。这些处罚都有可能让被讯问人把侵吞的财物和金钱再一次吐出来。

"夫安利者就之，危害者去之，此人之情也。"无论是生命、自由还是金钱，都是人们普遍珍视和追求的基本价值目标，当然职务犯罪者也不例外。

（二）对心理负担的规避

职务犯罪案件的被讯问人所面临的心理负担要远大于一般治安犯罪的被讯问人。相对而言，职务犯罪案件的被讯问人心理落差更大。没有出问题的时候，这些人通常是担任公职的人员，有着良好的自我认知和个人形象的认同感。而一旦被定罪，荣誉被剥夺，自尊受打压，个人形象被毁坏，同时也会丧失自我认同感。这种心理落差会让一部分职务犯罪者难以承受。

实践中，有一些职务犯罪案件的被讯问人在办案期间选择自杀，原因之一就是其中的一部分被讯问人对现实后果可以面对，而对心理上的负担则难以承受。这些人对自己将要面临的处境觉得丢人、难堪，心里也难以释怀，最后选择自杀或者自残。这种心理上的负担是被讯问人供述的障碍，也是被讯问人选择撒谎的内在动因。

实践中，有经验的讯问人员通常会强调要给被讯问人以台阶下，这些其实都是在照顾职务被讯问人的心理障碍，降低其心理落差。有的办案人员强调要给被讯问人进行必要的"心理置换"，或者给被讯问人"心理支撑"，其实也是在避免被讯问人的心理落差，降低其心理负担。

（三）对惩罚的逃避

对于有罪的被讯问人而言，选择配合和如实陈述，结果是确定的，就是面临刑事责任的追究；有罪者选择撒谎，结果是不确定的，反而有逃避惩罚的可能性。对于一个已经实施了犯罪行为的人而言，坦白虽然可以从宽，但并不一定能免除处罚，尤其是对于那些实施了非常严重犯罪行为的被讯问人，坦白就意味着"牢底坐穿"，甚至意味着死亡。而选择撒谎，对有罪者而言结果是不确定的，有可能会被追究刑事责任，也有可能成功逃避追究。因此，撒谎对有罪者是有利的，至少有逃避惩罚的可能性。这种可能性会导致有罪者产生侥幸心理，让有罪者产生某种希望和尝试的动机。

四、讯问应当从被讯问人撒谎开始

正因为撒谎是有罪的被讯问人的正常反应，讯问工作才应当从被讯问人撒谎开始。办案人员应当把被讯问人撒谎当作讯问工作的起点。讯问工作在准备阶段就应当预设被讯问人会撒谎，然后做好拆解谎言的准备。详言之，讯问在开始之前，就应当先预设被讯问人会撒谎，设想被讯问人将会从哪几个方面去撒谎，然后针对每一个可能撒谎的方面准备应对的方法和套路，如何拆解谎言，如何出示证据质疑谎言等。唯有如此预设，才能把讯问的准备工作做到位，在讯问时才能够从容应对，提高讯问的效率。

真正的讯问工作不能寄希望于被讯问人一开始就会如实供述，这反而不正常。被讯问人一开始就承认自己的罪行，有可能是避重就轻，也有可能是干扰侦查的对抗策略。对于这种情况，办案人员更需要仔细斟酌，查找其认罪的原因，判断其认罪的理由是否充分，否则很容易造成错案。

第二节　撒谎与焦虑情绪

如果把讯问看作拆解谎言的过程，办案人员要顺利拆解谎言就必须先了解撒谎的心理机制、谎言的类型以及撒谎与情绪之间的内在联系。唯有如此才能够甄别谎言，改变撒谎者的心理动机，控制情绪，进而转化被讯问人的态度。

一、谎言、实话与事实真相

在职务犯罪案件中，被讯问人的供述和辩解是常见的言词证据，也是比较特殊的证据种类。这类证据在证明案件事实过程中可能会发挥重要作用，但也最有可能出现错误。这类言词证据都是被讯问人个人对过去感知事项的记忆和表述，这类证据的形成需要经过感知、记忆、表述、记录、识别、判断等诸多环节和过程。在这一过程中，与案件有关的信息会被过滤、加工、遗忘甚至扭曲。在案件办理过程中，监察调查人员、公诉人、法官要对这类证据进行判断，如被讯问人是否在撒谎，说的是不是实话，能否据此认定案件事实。在讨论案情时，办案人员往往基于这样的定式或前提，即实话就是事实真相，谎言与实话的区分是明确的。但实际上，实话并不完全等于事实真相，谎言与实话的区分并不那么明晰。

（一）实话并不等于事实真相

1. 实话是没有故意歪曲和欺骗的陈述，但并不完全等于事实真相

实话通常是指说话的人没有歪曲和欺骗的故意，根据自己的感知、经历和记忆对事实所作的陈述。实话传递了案件事实真相的相关信息，但并不等于事实真相。被讯问人在陈述前，要经过对案件事实的经历和感知环节，这是构成被讯问人的基本条件，在讯问时被讯问人对自己经历和感知的信息、内容保留有记忆，这是进行讯问的前提。被讯问人陈述案情的环节，是对记忆的提取和表述的环节。笔录的制作和对被讯问人陈述的审查判断则是对案件相关信息的理解和判断环节。这一过程实际上是案件相关信息经过被讯问人向调查人员、检察人员、审判人员进行流转的过程。这一过程的最前端是案件发生的基本事实，最末端是关于案件事实的信息和对事实真相的认定。这一过程也是案件信息不断发生衰减、变化和扭曲的过程，每一环节都有出错的风险和可能。

感知是人通过感官对事实或事件的认知过程，由于感官的灵敏度、感知的能力、注意力的范围和持续性、所处的位置和角度不同，人们对同一事实所感知到的信息不是完全一样的。人们所感知到的是案件事实的全部或部分信息，而不是整个

事实的真相。

即便人们感知到的是事实真相的全部信息，这些信息在记忆过程中也会发生遗忘和扭曲。记忆是在头脑中积累和保存个体经验的心理过程，是人脑对外界输入的信息进行编码、存储和提取的过程。在记忆过程中，大脑记忆功能会消除或失去一部分信息，这就是遗忘。而且记忆是主动的，遗忘则是被动的。人能够主动选择记住某件事，而不能选择去忘记某件事。时间越久，遗忘的信息就越多，记忆保留的信息就越少。大脑在记忆过程中还具有加工功能，会把一些其他信息添加到感知事实记忆中，或者对记忆的信息进行修改，这样就会造成信息扭曲。因此，即便是被讯问人没有歪曲信息的故意，记忆过程中也可能会发生信息的遗漏和扭曲。

表达也是容易出错的环节。被讯问人可能对某些事实感知得很清楚，记忆也很清晰，但在表达的时候出现信息遗漏和扭曲。例如，关于动作的描述，用词表意未必恰当，想说的话未必能够准确地说出来，而说出的话所表达的意思未必就是说话人所要表达的意思。

同时在表达环节还存在诚实性风险。被讯问人可能记得很清楚，但未必愿意说真话。谎言和实话只是在表达环节才出现分化，感知和记忆的过程是一样的。所谓实话其实只能表明说话人其诚实性没有问题，并不能够保证感知无差错，记忆没有遗忘和加工，表述不会出现词不达意。而即便被讯问人的表达很准确，办案人员也未必能够准确理解。

关于案件事实真相的信息传达到办案人员那里，至少需要经过五道风险，即感知风险、记忆中的遗忘和加工风险、诚实性风险、陈述人的表达风险和办案人员的理解风险。实话只表明陈述人在诚实性上没有问题，没有故意歪曲和虚构其所感知的案件信息，但并不能保证在其他环节没有差错。只有经过这五道风险而没有遗忘、扭曲的真实信息，才有可能反映案件事实的真相，而且这些真实的信息因为信息量和反应的角度有差异，也未必就能够全面反映事实真相（如下页图4-2所示）。

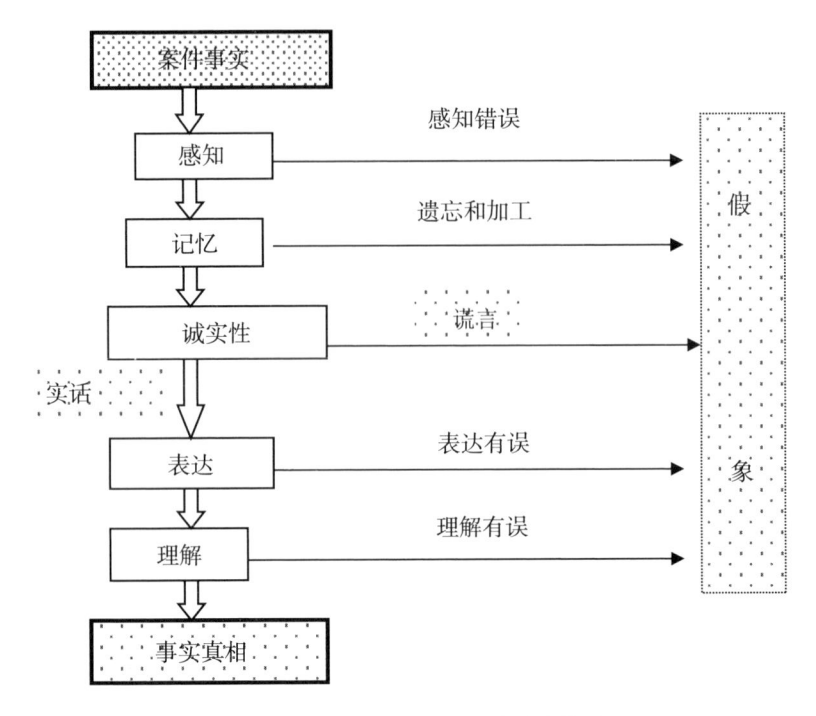

```
┌─────────────┐
│  案件事实   │
└──────┬──────┘
       │
       ▼
   ┌───────┐      感知错误           ┌───┐
   │ 感知  │─────────────────────▶  │   │
   └───┬───┘                        │   │
       │                            │   │
       ▼                            │ 假 │
   ┌───────┐     遗忘和加工         │   │
   │ 记忆  │─────────────────────▶  │   │
   └───┬───┘                        │   │
       │                            │   │
       ▼                            │   │
   ┌───────┐      谎言              │   │
   │诚实性 │─────────────────────▶  │   │
   └───┬───┘                        │   │
       │实话                        │ 象 │
       ▼                            │   │
   ┌───────┐      表达有误          │   │
   │ 表达  │─────────────────────▶  │   │
   └───┬───┘                        │   │
       │                            │   │
       ▼                            │   │
   ┌───────┐      理解有误          │   │
   │ 理解  │─────────────────────▶  │   │
   └───┬───┘                        └───┘
       │
       ▼
┌─────────────┐
│  事实真相   │
└─────────────┘
```

图 4-2 案件信息经过被讯问人的流转过程

2. 有可能两个人的陈述相互矛盾，但都是实话

生活中两个感知同一事件的人所做的陈述也不一定完全一致，有的甚至相互矛盾。例如，两个人走在大街上，同时目睹了一起交通事故，在办案人员调查时，两个人都作了陈述。但因为所处的位置不同、光线差异、注意的时间不同以及两人的文化背景、健康状况、感官的敏锐度、年龄等内在因素不同，两个人陈述的内容完全是不同的版本。两个版本有可能是相互矛盾的，但双方说的都是实话。

在审查判断供述时，"谁说"的至关重要。同一个事实，"犯罪嫌疑人说"和"被害人说"是不同的，同是被讯问人，"行贿人说"和"受贿人说"也是不同的。一个贿赂案件，行贿方说受到索贿，受贿方否认索贿。从表面上看似乎相当简单，一方在说真话，另一方在撒谎，但实际上有可能双方说的都是实话。这类案件有四种可能性：

（1）行贿方在撒谎而受贿方在说实话；
（2）行贿方在说实话而受贿方在撒谎；
（3）双方都在撒谎；
（4）双方都在说实话。

如果对双方进行测谎，则有可能得出双方都在说实话的结论。最终的结果可能是：受贿人和行贿人在一起时，给一位朋友打电话借钱买车。行贿人以为这是受贿人在向他要钱，是索贿。而受贿人则确实是购车缺钱，在向另一位亲戚借钱。只是行贿人碰巧在场，并没有向行贿人索要的意思。对双方而言，各自感知的都是事实，都是在说实话。

（二）谎言与实话的区别

实话与谎言是两个相对的概念，也是人们日常生活中经常讨论的问题，但到底什么是实话，什么是谎言，两者的区分在哪里，并不是很清晰。从字面上看，说实话和撒谎都应当是通过语言表达来完成的，但实际上不通过语言也能撒谎，一个手势、一个微笑、一个书面的意思表示也照样可以完成。在讯问工作中，必须对被讯问人说的是谎言还是实话进行判断，正确判断的前提是要明确区分谎言和实话的概念。

把谎言和实话仔细对比可以发现，两者有许多一致的地方。(1) 两者都是对信息的传播，而且传播的信息都有真有假。实话所传播的信息未必就是真实的，而谎言所传播的信息也未必就全是虚假的。(2) 信息传播的方式是一样的，可以通过言语，也可以通过表情、动作、书面等方式进行。

谎言和实话的区分主要在信息传播者主观态度和认知方面，而不是在信息的真伪。(1) 说实话的传播者在态度上是诚实的，不存在扭曲事实真相和误导别人的主观故意，而撒谎者在态度上是不诚实的，存在扭曲事实真相或误导别人的主观故意。(2) 在认知上，说实话的人相信其所传播的事情存在或已经发生，而撒谎者则是相反，将明知道或者认为不真实的事情故意传播，或者明知道信息不全而故意诱导。实话所传播的信息有可能是假的，但传播者认为或者相信其是真实的，而谎言所传播的信息可能是真实的，但传播者认为其是不真实的，或者不愿意客观、全面地展示真实的信息。信息的真假需要信息接收者进一步去判断，既不能把实话等同于真实信息，也不能把谎言等同于虚假信息。

明白这一点至关重要。只有了解撒谎者和诚实者主观心态和态度上的差异，才能明白测谎的机理。正是说话者主观心态不同，才导致诚实的人和撒谎者生理反应上的差异。测谎仪测的是生理上的反应，而不是直接检测所说话语中真实信息的含量。进言之，测谎实际上是通过测试被测试者的生理反应来识别其态度，然后通过被测试者的态度来判断陈述信息的真伪。测谎只能测出被测试人在哪些问题上有反应，在哪些问题上没有反应。这样的结论不等同于哪些话所传递的信息是真实的，哪些话是虚假的。正因如此，把测谎结果直接用于证明案件事实是存在风险的。

二、谎言的类型

谎言根据其危害程度和撒谎的方式不同，可以划分为不同类型。

（一）有害谎言与无害谎言

根据谎言是否会造成伤害，可以分为有害和无害两种类型。在诚信与谎言之间，诚信是占主导的社会价值。尽管如此，谎言依然存在。虽然在伦理和道德上，撒谎是错误的，但实际上有一些谎言是能够被容忍和接受的。例如，医生对于已经发现患有绝症的病人故意隐瞒检查的结果。这种行为本身是撒谎，但因为是为了病人的康复和情绪，在伦理上是可以接受的。即便是在日常生活中，人们对自己的家人、朋友、同事也经常会说一些善意的谎言。例如，夫妇之间，丈夫总是夸奖妻子越来越漂亮，妻子可能明明知道这是假话，但很爱听。家长总是教育孩子要诚实，不能说假话，但有可能让孩子接电话时小声告诉孩子"要是谁谁找我，就说我不在家"。在某些情况下，我们都可能会撒谎。这类谎言在道德上是必要的，同时也是有益无害的。不管是对听话的一方还是对说话的一方，都不会威胁到他们的福祉。有的甚至会起到减少人际摩擦，促进关系和谐的作用。这类谎言无论是对社会还是对个人都是有益无害的，具有道德上的容许性，可以叫作无害谎言。

另一类型的谎言则是有害的。不管是损人利己的，还是损人不利己的，都有可能威胁或损害一方或第三方的利益，甚至也有可能危害社会福祉。这类谎言才是人们通常所关注或谴责的对象。这类谎言极可能危害听话一方，也可能给说话一方带来麻烦，通常也最容易暴露。

（二）编造、遗漏和扭曲

根据撒谎的方式不同，谎言可以分为编造、遗漏和扭曲三种类型。一旦一个人决定撒谎，能用的手段通常有三个：一是编造虚假的信息；二是故意遗漏某些真实的信息；三是既不编造也不遗漏，而是通过交流的语气、表情、陈述的顺序等因素改变和扭曲所要表达的意思。

编造是一种主动的欺骗手段，通过添加或捏造信息来完成。编造需要耗费比较多的认知精力，脑力活动要更为复杂。同时这类谎言被揭穿的风险比较大。一旦提供的信息被证明是虚假的，就会露馅。另外，提供新的信息会增加与前面信息相矛盾的风险。

某人夜里晚归，妻子问他干什么去了。他说下午一直在单位加班，然后和同事一起出去吃饭，饭后又回单位取了一个文件，所以回来很晚。而实际上他根本没有在单位加班，也没有和同事一起吃饭。晚饭是和情人一起出去吃的，完事之后又返回单位取了文件回家。他在话语中虚构了部分没有发生的事情，属于典型的编造。①

遗漏是一种被动式的欺骗方式，撒谎者通过故意遗漏相关信息达到欺骗的目的。这是一种相对容易且风险较小的撒谎方式。撒谎者从事实的真相出发，没有任何编造信息的行为，但否认或漏掉相关的信息。这种隐性的欺骗所需要耗费的精力相对较少。因为没有编造，所以不需要担心出现矛盾，也不需要忧虑所说的信息将来会被证明是虚假的。这种欺骗的方式被揭穿的风险要明显小于编造，而且因为撒谎所产生的心理负担也要小一些。

某人夜里晚归，妻子问他干什么去了。他告诉妻子，他下午开了一个会，晚上和朋友吃了饭，后来又回了一趟办公室，取完文件就回家了。实际上，他下午确实开了一个会议，但下午4点就结束了，他继续工作，然后6点去和朋友吃饭，但只用了一个小时。然后去和情人见面，到9点半回办公室取了一个文件就回家了。他告诉妻子的都是实话，但省略了最关键的细节，其实也是在撒谎，这种撒谎的方式就是遗漏。如果他编造一个理由，说饭后和另一帮朋友一起唱歌直到很晚才回家，那他就是在主动撒谎，被揭穿的可能性就会大一些。

扭曲是一种更为巧妙的撒谎方式，撒谎者没有遗漏信息也没有编造信息，而是通过说实话撒谎。

在上面的例子中，妻子问他干什么去了这么晚才回来。他用诙谐的语气说："出去见情人去了。"他说的是实话，却通过说实话撒谎。妻子可能认为他很幽默，开了个玩笑，因而不去当真。他是通过说话的语气和方式来扭曲话语的意思，以达到误导对方的目的。

这种撒谎方式虽然巧妙，但必须运用表达的方式、语气、语调、表情并结合特定的语境才能完成。在日常生活中可能出现的比较多，在讯问中由于特定的环境和相对严肃的氛围，被讯问人很难发挥出来。而且语气、语调、表情的掩饰作用较小，即便被讯问人以这种方式撒谎，也比较容易识别。因此，实践中被讯问人撒谎的主要方式是遗漏和编造。

三、撒谎者的内心反应

谎言与实话的区分主要在于信息传播者主观的态度和认知。由于这方面的差异，也导致了撒谎者和说实话的人在说话时的心理和生理反应有所不同。正是这些反应上的差异为谎言的识别提供了依据。因此有必要进一步研究撒谎者的内心反应。

---

① 本书所收录案例除有标注外，均为作者根据工作经验等为具体说明相关法律问题编辑加工而得。以下不再标注。

（一）撒谎的负担

在讯问中，面对办案人员的讯问，被讯问人的选择有两个：说实话告知事实真相或者撒谎。说实话不需要太多的精力，按照事实呈现的样态陈述记忆的信息，这种陈述相对简单。但被讯问人如果选择撒谎，面临的情况就会比较复杂。撒谎者比诚实者将面临更多的心理和生理负担，具体表现如下：

1. 应对更多问题的心理压力

一旦被讯问人选择撒谎，额外的选择和顾虑就会随之产生。如编造什么样的信息？程度上如何把握？如何避免与前面信息的矛盾？如果被识破该怎么办？办案人员发现撒谎会不会加重处罚？这些问题都会相伴而来。因此，相对于说实话的被讯问人，撒谎者要面临应对更多问题的心理负担，这些负担会让被讯问人更加紧张。

2. 违背主导价值目标的道德负担

撒谎要应对更多问题，这只是其诸多负担中的一方面。撒谎者还面临社会化过程中产生的更多的道德负担。人是社会化的动物，也是社会化的产物。在社会化过程中，会一直受到所处环境中主导价值目标的熏陶。无论是家庭环境、学校教育环境还是社会环境，其主导价值目标一直是诚信而不是虚伪。试想家长发现孩子撒谎，会怎么办？在学校老师发现学生撒谎会如何处理？社会上消费者发现某一产品是假冒伪劣产品会如何选择？不容否认，社会上依然存在某些虚伪的人，依然存在弄虚作假的现象，但主导的价值倾向一直是诚信，而不是撒谎。在这种环境的长期熏陶下，人们在严重撒谎时会习惯性地产生道德上的罪恶感。①

3. 担心谎言被揭穿的恐惧

人在社会化过程中，之所以遵从诚信，是因为选择诚信通常会受到嘉许，同样，不愿意撒谎或者不敢撒谎是因为选择严重撒谎会伴随惩罚。一般人都会有这样的经历，在家中撒谎被揭穿要承受家长的惩戒，在学校撒谎被识破会面临老师的批评，在社会上撒谎被揭露可能会在竞争中被淘汰。这种经历会形成一种思维定式或习惯，即撒谎—揭露—惩罚。在这种思维定式下，撒谎往往意味着惩罚，撒谎者一旦撒谎就会产生被惩罚的忧虑和担心，不管这种惩罚会不会来，什么时候来，对惩罚的恐惧便随着撒谎而产生。这是因为既往的生活经历形成了一种条件反射，即多次"撒谎—揭露—惩罚—恐惧"模式经过强化之后会直接把撒谎和恐惧联系起来，

---

① 不容否认的是，有一部分被讯问人抑或犯罪分子是没有罪恶感的。这种人通常被称为"价值无涉"。这种人在撒谎甚至干坏事的时候毫不内疚，还可能会有某些快感。这种人的心理不属于常态，常出现在某些变态的犯罪中。对于职务犯罪案件而言，这种人格和心理变态的人通常走不到管理岗位，很少有机会去实施职务犯罪。因此，在职务犯罪中撒谎而毫无道德负担的人极为罕见。

形成一种更为直接的对应关系,即"撒谎—恐惧"。

（二）被讯问人撒谎时的内心矛盾

对于有罪的被讯问人而言,撒谎是一项看似较为有利的选项,但选择撒谎就会面临更多的心理负担,同时会面临更为复杂的矛盾。只有撒谎他才有逃避惩罚的可能性,实话实说则意味着必然受到惩处。基于趋利避害的本能,被讯问人通常会选择撒谎。

另外,大多数职务犯罪案件的被讯问人其实都有一个内化的信条,那就是"撒谎不好"。其实被讯问人也不愿意撒谎：一是因为撒谎会产生违背伦理道德的罪恶感、被惩罚的恐惧感和应对更多问题的认知压力；二是因为每个人都有现实的诚信需求。因为每一个人都希望生活在别人都诚实、都值得信赖的环境里。当一个人对别人撒谎的时候,会意识到别人也会对自己撒谎,当他对所有人都撒谎,心理负担是极其严重的。因为有可能所有人也都对他撒谎,如果周围人都在撒谎,他所获得的信息就无法判断真伪,因而就无法作出合理的决定。因为合理的决定除主观的理性外,还需要客观、充分、全面的信息。没有了真实的信息做基础,人们在作决定的时候,心里必然不踏实。

这样一来,有罪且选择撒谎的被讯问人会面临一种困境,即一方面因为对自己有利而不得不撒谎,另一方面撒谎又伴随着要应对更多问题的紧张、罪恶感、恐惧感和莫名其妙的不安,这种复杂的心理状态会让撒谎者产生相应的生理反应,因为人的心理反应和生理反应是互动的,有时是一致的。基于心理生理反应原理,发现生理反应可以推测出人的心理反应,这为谎言的识别提供了基本前提。

四、撒谎的副产品——焦虑

撒谎者,尤其是严重的撒谎者,会产生一种不同于诚实者的复杂心理状态,这种心理状态在情绪上的反映就是焦虑。

（一）何谓焦虑

焦虑是一种复合的情绪状态,人们在日常生活中都有可能感受到焦虑,甚至被焦虑所困扰。但对于什么是焦虑,明白的人并不多。美国讯问心理学研究人员布莱恩·C. 杰恩认为,焦虑其实是个比较模糊的状态,通常就是莫名其妙地觉得不安。[1] 也有人指出,焦虑是一种未来取向的情绪状态。人们通过拥有焦虑性的担心

---

[1] [美] 佛瑞德·E. 英鲍、约翰·E. 莱德、约瑟夫·P. 巴克利、布莱恩·C. 杰恩：《刑事审讯与供述》（第5版）,刘涛译,中国人民公安大学出版社2015年版,第424页。

或者一种预兆甚至肌肉紧张的感觉了解焦虑。①

有的心理研究认为,焦虑是一个复杂的心理过程,包括四个因素:(1) 生理上:提高自主系统的警觉性,准备采取逃避或保护措施来应对面临的危险。(2) 行为上:采取实际行动来应对面临的危险,以进行自我保护。(3) 情感上:产生恐惧感或忧虑感。(4) 认知上:出现感官——知觉上的症状、不现实感、过分警惕感或反省自我;思维困难、难以集中精力、无法控制自己的行动、推理困难;认知歪曲、害怕、恐惧和经常性的无意识思维,这些因素是一个特殊的信息加工的结果。②

现代的研究认为,我们所称为"焦虑"的心理状态实际上是由三个彼此相关的方面构成的,它们是:生理、认知和行为。生理方面的焦虑是通过身体感受体验的,这些感受包括:心跳加快、呼吸急促、精神恍惚、手心出汗、烦躁不安、疲惫、身体颤抖、肌肉紧张、喉咙哽咽、头痛、胃痛、背痛以及其他与压力相关的各种症状。认知方面的焦虑是通过对未来充满担忧的思想表现出来的——想象出各种可能发生的灾难,并想出一些方法来避开它们。行为上主要涉及逃避性行为。人们总是会试图避开那些导致不愉快生理反应和思想的情况。③

从相关的解释看,有一些是焦虑的外在表现,如生理上的变化,认知能力的下降,行为上试图采取某些规避危险、自我保护的动作等。这些都是人们在焦虑情绪状态下的表现或反映。实际上焦虑是由紧张、焦急、忧虑、担心和恐惧等多种感受交织而成的一种复杂的情绪反应。

从讯问心理角度看,我们除了要了解焦虑在不同方面的表现以外,更需要掌握焦虑产生的原因和焦虑情绪释放环节的途径,以便更好地控制被讯问人的焦虑情绪,顺利完成讯问任务。

(二) 焦虑产生的原因

导致焦虑情绪的产生因素有多个方面,归纳起来包括:生物学因素(如遗传影响与生理因素)、心理因素(不良的认知等)、社会因素(如居住空间拥挤、工作压力过大等)、应急事件重现等。对于被讯问人而言,拥挤的关押环境、封闭的讯问环境都有可能导致被讯问人产生焦虑情绪。但这些都是外在的心理诱发因素,除此之外,还有一些内在的心理诱发因素。

---

① [美] 福赛思、艾弗特:《晚安,我的不安:缓解焦虑自助手册》,王怀勇等译,四川人民出版社2010年版,第35页。
② [法] 皮尔吕奇·格拉齐亚尼:《焦虑与焦虑性障碍》,邹媛媛、李俊仙译,天津人民出版社2010年版,第19页。
③ [美] 西西格尔:《正念之道:每天解脱一点点》,李迎潮、李孟潮译,中国轻工业出版社2011年版,第114页、第115页。

1. 内在的冲突

内在的冲突会产生情绪上的焦虑。奥地利精神分析学家威廉·斯泰克尔曾经指出"焦虑是心灵的冲突"。弗洛伊德认为,潜藏于焦虑之下的冲突,是个人本能需求与社会禁制夹缝下的产物。冲突持续得不到解决,终将使当事人压抑冲突的某一部分,于是导致神经性的焦虑。而焦虑反过来会引发一连串的无助和无能感受,以及造成或增强心理冲突的行动瘫痪。①

内在的冲突是多种多样的。对于被讯问人而言,撒谎造成的内心矛盾就是一种内在的冲突,也是造成被讯问人焦虑的原因之一。布莱恩·C. 杰恩认为,期望和任职的不一致或冲突就会产生焦虑。"只要当事人所想的和实际上有冲突或认知上有不一致的时候,就会产生焦虑。一旦所期望的和现实的距离越拉越远,认知上的差异越来越大,就会产生更大的焦虑。"② 结合讯问中被讯问人的状况可以发现,被讯问人不希望承担因犯罪所带来的不利后果,所以才在被讯问的时候撒谎,但在认知上他又明明知道自己实施了犯罪行为。因此,被讯问人撒谎必然会产生内在的矛盾和冲突,这种冲突进而引发焦虑情绪。而且,被讯问人撒谎得越离谱,其期望和认知的差距就越大,造成的焦虑越大,他心里也会越没有底。

除了期望和认知之间的冲突,认知因素之间的冲突也会造成焦虑。认知上的冲突会造成感知信息的矛盾,相互矛盾的信息会造成选择上的困难,进而增加不确定感。这种不确定感本身就是焦虑的一种表现形式。

2. 价值受到威胁

当一个人所珍视的根本价值目标受到威胁时,也会产生焦虑情绪。罗洛·梅认为,"焦虑是因为某种价值受到威胁时所引发的不安,而这个价值则被个人视为是他存在的根本"③。他认为,威胁可能是针对肉体的生命(死亡的威胁)或心理的存在(失去自由、无意义感)而来,也可能是针对个人认定的其他存在价值(爱国主义、对他人的爱,以及"成功"等)而来。④ "焦虑的情境因人而异,人们所依赖的价值亦然。但焦虑不变的是,威胁针对某人认定的重要存在价值,及其衍生的人格安全感而来。"⑤ 罗洛·梅的观点阐释了焦虑与价值之间的内在关系,对于讯问中一些现象的解释具有启发意义。

---

① [美] 罗洛·梅:《焦虑的意义》,朱侃如译,广西师范大学出版社2010年版,第189页。
② [美] 佛瑞德·E. 英鲍、约翰·E. 莱德、约瑟夫·P. 巴克利、布莱恩·C. 杰恩:《刑事审讯与供述》(第5版),刘涛译,中国人民公安大学出版社2015年版,第424页。
③ [美] 罗洛·梅:《焦虑的意义》,朱侃如译,广西师范大学出版社2010年版,第172页。
④ [美] 罗洛·梅:《焦虑的意义》,朱侃如译,广西师范大学出版社2010年版,第172页。
⑤ [美] 罗洛·梅:《焦虑的意义》,朱侃如译,广西师范大学出版社2010年版,第173页。

被讯问人被追诉，其生命、自由和金钱等基本的价值目标受到威胁，因而会产生焦虑。同时，不同的被讯问人所珍视的价值目标是不一样的，及时发现不同的被讯问人所珍视的价值目标，有利于讯问人员更好地控制被讯问人的焦虑情绪。

3. 恐惧

恐惧是一种与焦虑相关联但又不同的情绪体验。从心理学的角度来讲，恐惧是一种有机体企图摆脱、逃避某种情景而又无能为力的情绪体验。恐惧通常是因为生物体受到威胁而产生，并伴随逃避的愿望。当有机体受到威胁时，身体便会发生反应和变化，好让有机体能够对抗或逃离危险。因此，恐惧常伴随有心跳猛烈、口渴、出汗和神经性发抖等，皮肤导电性和呼吸速度等也有所增加。

恐惧和焦虑两种情绪往往相互伴随出现，恐惧会产生焦虑，而焦虑也会产生恐惧，甚至焦虑情绪体验中本身就包含恐惧的因素。两者谁是基础的，谁是衍生的，在心理学上有不同的见解。

讯问中，可能发生的惩罚会让被讯问人产生恐惧，讯问人员的威胁或刑讯也会让被讯问人产生恐惧。这种恐惧会进一步加重被讯问人的焦虑情绪，对惩罚的恐惧会让被讯问人撒谎或拒不开口，同时会产生严重的内部焦虑情绪。而对讯问人员的威胁和刑讯则会让被讯问人产生逃离当下处境的愿望和内在的焦虑，进而会导致被讯问人屈从。

（三）无罪者和有罪者的焦虑变化方向

有罪的被讯问人撒谎会产生焦虑，而诚实的无罪者在讯问中也会产生焦虑。但两者焦虑产生的根源不同。前者的焦虑是因为撒谎造成额外的认知负担和道德压力，后者则是因为担心办案人员不称职，让其受到无辜追诉。讯问中，无罪者和有罪者在讯问中焦虑的发展方向是不同的。无罪者"怕出错"，而有罪者"怕不错"。如果办案人员从外在的衣着和表现看上去很专业、很称职能干，无罪被讯问人的焦虑会逐步缓解，而有罪的被讯问人焦虑情绪会增加。反之，如果被讯问人言谈举止和外在表象表现得很不专业，无罪的被讯问人会越来越焦虑，有罪的被讯问人的焦虑会因而得到缓解。正因如此，讯问人员在衣着服饰、言谈举止等方面都必须表现出专业性，一定要给被讯问人一种称职、干练的印象。所以在讯问中，讯问人员应穿着职业装，避免在讯问中穿奇装异服，佩戴复杂配饰。被讯问人面对专业的讯问人员和不懂讯问的人员，其感觉和反应是完全不同的。

对于有罪的被讯问人而言，在讯问的开始阶段通常是抗拒不配合的，但在这一阶段被讯问人的情绪状态是焦躁不安的。这是因为在这一阶段，一方面被讯问人想要躲避不利后果；但另一方面撒谎造成的内部焦虑在煎熬着他，让他难以忍受。当被讯问人如实供述自己的全部罪行之后，通常会出现一种舒缓放松的状态。这是因为被讯问人通过认罪供述，缓解了内部矛盾和焦虑，使自己从沉重的压力下获得了解脱。当然，这不是说焦虑会驱使撒谎的被讯问人自动从抗拒转化到配合，如实供述。这种转化的条件是讯问人员控制好被讯问人的焦虑情绪，防止焦虑从其他途径舒缓掉了。

第三节　讯问中施加心理作用的基本原理

布莱恩·C. 杰恩以英博的"九步讯问法"为基础，提出了供述的"里德模型"。他认为：

一个人之所以愿意认罪（说实话），应该是他认为与其继续撒谎而焦虑不安，倒不如认罪面对可能的后果。相反地，如果嫌犯认为宁可因为撒谎焦虑也不愿意说实话，面对可能的后果，那么他就会继续撒谎。影响着两种不同决定的变项就是嫌疑人要继续焦虑还是要接受惩罚，这两个变项在侦讯的时候可以从心理上加以操作。所以侦讯的目的就是要减缓刑责对嫌犯产生的压力，同时强化因为撒谎所造成的焦虑情绪，如图4-3所示。①

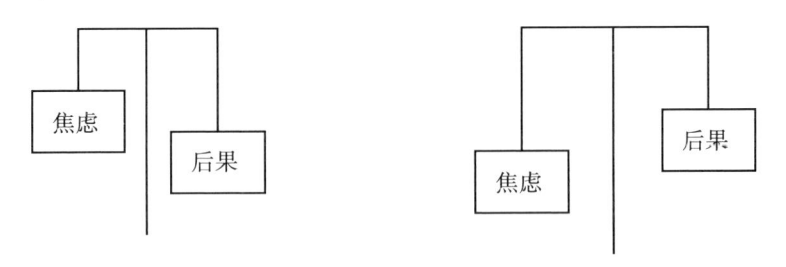

图4-3　供述的"里德模型"

布莱恩·C. 杰恩的供述模型阐释了焦虑与后果在被讯问人心中的对比关系，以及这种对比关系对被讯问人的影响。这一讯问模型来源于对讯问实践的总结，从特定的角度揭示了讯问的部分规律，对于讯问工作具有非常重要的指导意义。实际上，布莱恩·C. 杰恩所说的焦虑是被讯问人的一种复合情绪状态，既有焦躁不安，也伴随有恐惧和忧虑，而后果并不是法律所规定的，而是被讯问人对可能承担的不

---

① ［美］佛瑞德·E. 英鲍、约翰·E. 莱德、约瑟夫·P. 巴克利、布莱恩·C. 杰恩：《刑事审讯与供述》（第5版），刘涛译，中国人民公安大学出版社2015年版，第428页。

利后果的认知或预期。因此，布莱恩·C.杰恩所总结的"里德模型"，实际上是通过讯问改变被讯问人的情绪与后果认知之间的对比关系，以达到让被讯问人供述的目的。其中，被讯问人焦虑情绪的改变关系到情绪控制原理，而改变被讯问人对犯罪后果的认知，则牵涉认知控制原理。在"里德模型"的基础上，我们可以换个角度对情绪控制原理进行如下总结。

一、心理影响的基本原理

（一）被讯问人抗拒时的心理状态

被讯问人在讯问中选择撒谎，拒不交代所知道的事实真相时，其对办案人员的讯问所持的是一种抗拒态度。这种状态通常出现在讯问的开始阶段，在讯问的过程中也可能会反复出现。在这种状态下，被讯问人的焦虑情绪没有积累起来，或者积累得不够，对被讯问人没有形成足够的压力。同时，被讯问人更担心的是如实供述后可能带来的不利后果。例如，供述是不是会被判刑？可能被判处什么样的刑罚？会不会带来经济上的损失？是否会被开除公职？个人荣誉是否会受影响？等，这样的问题会形成被讯问人供述上的障碍。

如果被讯问人的焦虑情绪积累得不够，而因犯罪可能带来的不利后果给被讯问人产生的压力大于焦虑情绪的作用，在这种状况下，被讯问人会选择忍受焦虑情绪的煎熬，规避不利后果。被讯问人就会在态度上表现为抗拒，在行为上选择撒谎，拒不交代。换言之，如果被讯问人觉得情绪上的压力不是那么大，自己可以忍受，而如实供述可能带来的不利后果却让他不敢面对，那么，他就会选择抗拒和欺骗。这种心理状态如图4-4所示。

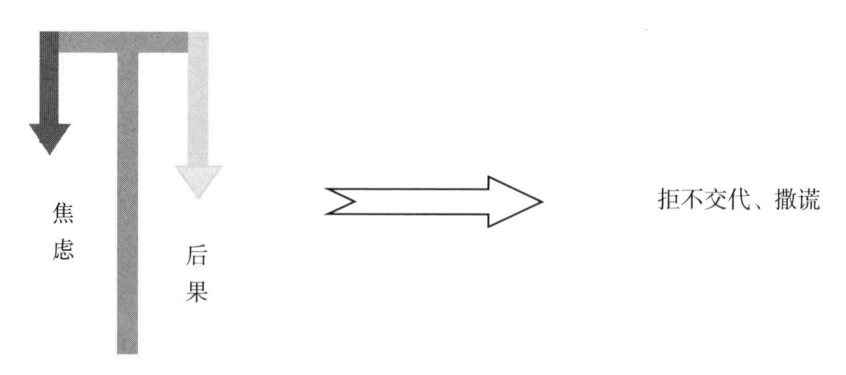

图4-4 被讯问人抗拒时的心理状态

（二）被讯问人供述时的心理状态

当被讯问人选择如实供述时，其对于讯问所持的是一种配合态度。这时被讯问人的心理状态与抗拒时的心理状态完全相反。被讯问人的焦虑积累得比较多，焦虑情绪形成的压力比较大，而犯罪后果在被讯问人看来就是那么回事儿，至少在心理上可以面对和承受。在这种状态下，被讯问人会选择如实供述来释放焦虑，以减轻情绪上的压力。这时，犯罪后果所产生的压力可能依然存在，但其作用力相对于焦虑情绪而言，将产生如图4-5所示的那样的效果，只是没有那么大而已。

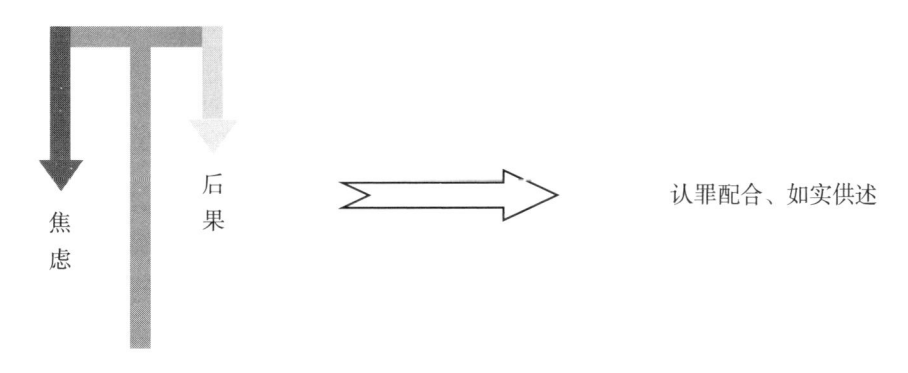

图4-5　被讯问人供述时的心理状态

（三）心理影响的方向

如果把被讯问人抗拒和供述时的心理状态加以对比，就可以发现被讯问人由抗拒撒谎到配合供述转化时，情绪和认知两个方面因素的变化方向。即焦虑情绪在增加，而对犯罪后果的认知上，被讯问人的压力在减轻。这也正是讯问人员对被讯问人情绪控制和认知控制的方向。用布莱恩·C.杰恩的话说，就是"要减缓刑责对嫌犯产生的压力，同时强化因为撒谎所造成的焦虑情绪"①。详言之，办案人员不管采用什么样的讯问策略和技巧，都必须在正反两个方面起作用，要么积累和增加被讯问人的焦虑，强化情绪上的压力，要么降低被讯问人对犯罪后果严重性的认知，减轻犯罪后果给被讯问人的压力；或者是同时起作用，既增加焦虑情绪，又减轻犯罪后果的压力。否则，讯问的效果就是负面的，讯问的效率就会降低。即将图4-6中的A，转化为B。讯问中，单独采取所谓的"加压"或"减压"都是不全面的，讯问的关键在于改变被讯问人的焦虑情绪和对犯罪后果认知之间的对比关

---

① ［美］佛瑞德·E.英鲍、约翰·E.莱德、约瑟夫·P.巴克利、布莱恩·C.杰恩：《刑事审讯与供述》（第5版），刘涛译，中国人民公安大学出版社2015年版，第428页。

系。只有朝着正确的方向改变二者之间的对比关系，才能有效引导被讯问人放弃对抗立场，转向配合和供述。

应当说，这种控制方向为讯问措施、讯问策略和技巧的适用提供了一个评价的指标。如果所采取的讯问措施是在增加焦虑情绪，减轻犯罪后果的认知，对于引导供述是有利的，则可以采用。反之，如果讯问措施是在释放被讯问人的焦虑情绪，增加被讯问人对犯罪后果的担心，使两者的对比关系朝相反的方向发展，对引导供述是不利的，则应当避免。

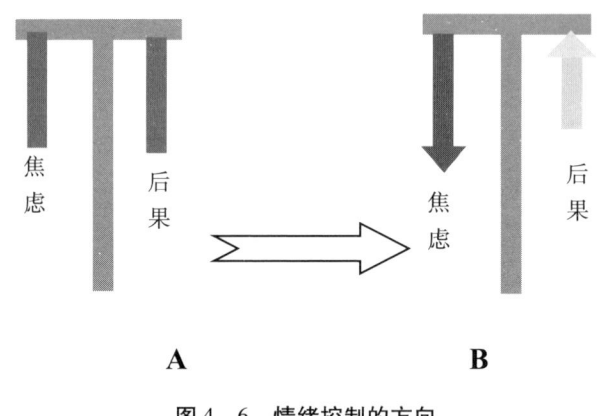

图 4-6　情绪控制的方向

（四）讯问效果与讯问的连续性

讯问中情绪控制的原理，为我们衡量讯问效果提供了两方面的评价指标，即讯问对被讯问人焦虑状态和对犯罪后果认知状态的改变。基于这两个方面的指标，我们不仅可以对实践中的每次讯问进行评价，而且可以对整个讯问过程进行评价。这种评价虽然不能进行定量分析，但可以进行定性分析。办案人员可以在定性分析的基础上进行归类，进而对讯问手段和策略进行调整。

1. 单次讯问效果的评价和分类

由于每个办案人员采用的方法不同，所产生的效果也存在差异。基于上述两个方面的指标，可以对每一次讯问效果进行定性评价和归类。具体而言，基于效果上的差异，可以把单次讯问分为如下五种类型：

（1）加压型讯问

如下页图 4-7 所示，办案人员所采取的讯问措施既增加了被讯问人的焦虑情绪，又增加了被讯问人对犯罪后果的担心。这种讯问客观上能够增加被讯问人的压力，但并不能突破被讯问人。这是因为被讯问人觉得后果很严重，其不敢认罪。虽然焦虑情绪让其难以忍受，但对犯罪后果的认知压力迫使其不敢供述。

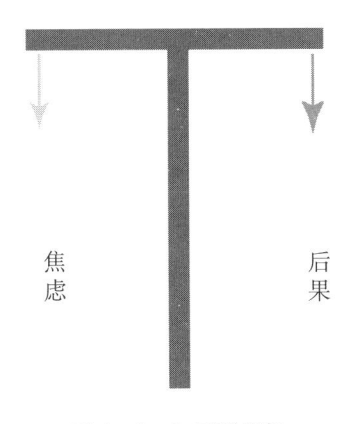

图 4-7　加压型讯问

（2）突破型讯问

如图 4-8 所示，办案人员所采取的讯问措施增加被讯问人的焦虑情绪，同时也减轻了被讯问人对犯罪后果的认知。这种讯问在两个方向上都是正确的，可以推动被讯问人心理状态的改变，使讯问朝着有利于突破的方向发展。但需要注意的是，实践中并不是只要采用这种突破型讯问就能让讯问对象交代问题。这是因为被讯问人是否交代取决于整个讯问的综合效果。有的办案人员能力很强，采用的方法也很正确，作用上也发挥着突破讯问的效果，但是被讯问人在其讯问期间就是不交代问题。如果前面的讯问人员导致被讯问人对犯罪后果认知压力过大，势必会增加后面办案人员减轻认知后果的难度；反之，如果前面的讯问人员过多释放了被讯问人的焦虑情绪，势必会增加后面的办案人员强化被讯问人焦虑情绪的难度。

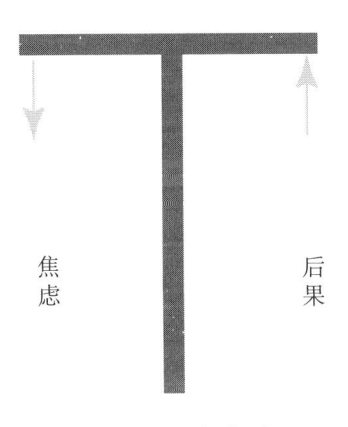

图 4-8　突破型讯问

（3）减压型讯问

如图4-9所示，办案人员所采取的讯问措施既释放了被讯问人的焦虑情绪，也减轻了被讯问人对犯罪后果的认知。这种讯问在情绪和认知两个方面都发挥着压力释放作用，但并不能让被讯问人转化态度。这是因为被讯问人虽然降低了对犯罪后果严重性的认知，但焦虑情绪的释放也降解了其供述的动机。如果持续这种方式的讯问，只会让被讯问人越来越轻松，压力越来越小，却不能有效转化被讯问人的态度。从外在表现上看，被讯问人会逐步适应办案人员的讯问，但突破的时间却遥遥无期。

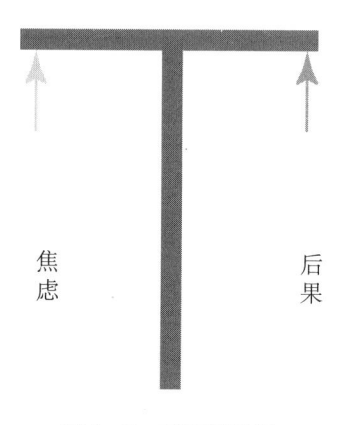

图4-9 减压型讯问

（4）拉倒车型讯问

如下页图4-10所示，办案人员所采取的讯问措施既释放了被讯问人的焦虑情绪，又增加了被讯问人对犯罪后果严重性的认知。这种讯问在两方面都朝着相反的方向发挥作用，对讯问突破有害无益。释放焦虑情绪的压力让被讯问人越来越舒服，增加对后果严重性的认知，会让被讯问人越来越坚定地选择对抗。这种讯问模式表面上看可能有声有响，动静很大，但从效果上看完全是在拉倒车。这种讯问持续的时间越久，运用得越多，被讯问人的对抗就会越坚决，突破的难度就会越大。实践中应当尽量避免采取这种讯问措施。

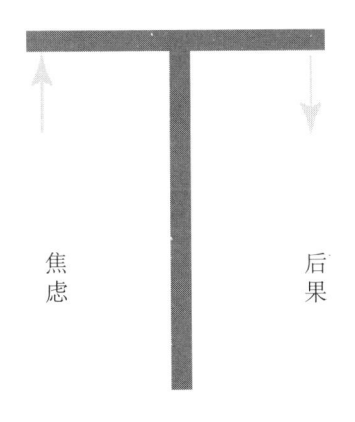

图 4 – 10　拉倒车型讯问

（5）无效型讯问

如图 4 – 11 所示，办案人员所采取的讯问措施既没有改变被讯问人的焦虑情绪状态，也没有改变被讯问人对犯罪后果的认知。这种讯问对于案件突破没有积极推进作用，当然也没有阻碍作用。其唯一的作用就是耗费时间和精力，不仅耗费被讯问人的精力，更重要的是会耗费办案人员的宝贵时间和精力。这种无效讯问会影响办案的效率，同时也会影响办案的效果，实践中也应当尽量避免。

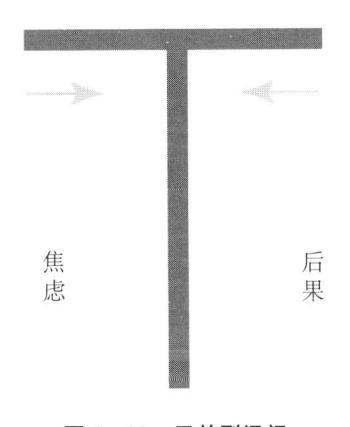

图 4 – 11　无效型讯问

2. 整体讯问效果的分类

讯问通常不是一次就能够达到目的的，多数案件需要多人多次讯问才能取得效果。讯问的次数有多有少，讯问的时间有长有短。在多次的讯问中，尤其是在多人多次的讯问中，不同讯问之间的连续性和衔接性决定了讯问的效率和效果，也影响整个讯问所持续的时间。这是因为对被讯问人的情绪控制和认知控制是一个连续性的过程，可能需要多次施加影响，才能使被讯问人的心理达到预定的状态。根据不同次讯问之间的内在连续性，可以把整个讯问过程分为不具连续性的讯问和连续性的讯问。

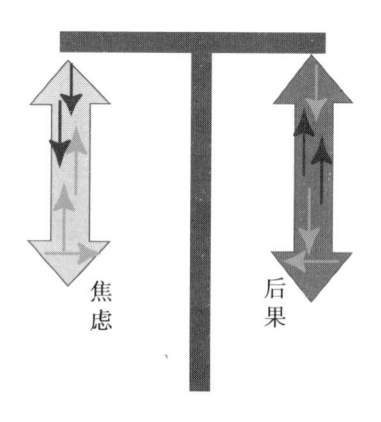

（1）不具连续性的讯问

不具连续性的讯问是指同一讯问人员或者不同讯问人员对同一个被讯问人进行的多次讯问之间，对被讯问人焦虑情绪控制的方向和犯罪后果认知上相互抵消，不具有内在的承继性和连续性。这种不具连续性的讯问的外在表现就是不同的讯问人在讯问时一人一套讯问方法，或者一次一套讯问方法，每一次的方法都不同，讯问的方向也不同，多次讯问作用的方向不一致甚至相反，导致讯问的作用相互抵消。

如图 4-12 所示，讯问经过多次，并且由多人先后参与，但发挥的作用各不相同，有的加压，有的减压，有的拉倒车，有的耗费时间和精力，其中虽然有的单次讯问客观上是有效的，但其积极作用被其他人的讯问中和或者抵消了，导致整体效果并不明显。

图 4-12　不具连续性的讯问

这种不具连续性讯问的结果就是虽然参与讯问的人数量众多，但效果非常有限。讯问的方法看似精妙，但就是不起作用。究其原因，就是每次讯问的方向不明确，前后讯问不具有内在连续性，导致前后讯问的效果相互抵消。虽然每次讯问都是在对被讯问人施加某种影响，但被讯问人的焦虑情绪时而增加时而降低，被讯问人对犯罪后果的担心时而增加时而降低，如果把多次讯问过程结合起来看，在改变焦虑情绪和犯罪后果认知的关系方面所起的作用却是有限的。由于对比关系并没有发生实质性改变，被讯问人的心理状态没有发生根本变化，所以必然会一直处于抗拒状态，让其开口说实话就比较难。因此，要想提高讯问的效率，就必须变不连续性的讯问为连续性的讯问。

(2) 连续性的讯问

所谓连续性的讯问不是指时间上不间断地连续进行讯问，而是指先后多次进行的讯问之间，在增加焦虑情绪、改变犯罪后果认知方面方向一致，作用相互承继，具有内在的连续性。在外在表现上，每一次讯问都考虑发挥作用的方向是否正确，注重讯问的承继性，了解前一次讯问的进程和被讯问人的心理状态，在前一次讯问的基础上发挥作用。

如图 4-13 所示，第一个讯问人是在增加被讯问人的焦虑情绪，同时减轻被讯问人对犯罪后果的认知和担心；第二个讯问人在第一个人的基础上继续增加焦虑情绪，减轻被讯问人对后果的担心；第三个讯问人、第四个讯问人也都是如此进行。每一个人所采用的都是突破型讯问策略，作用的效果可能存在量上的差异，但方向是一致的，在作用的本质上是相同的。

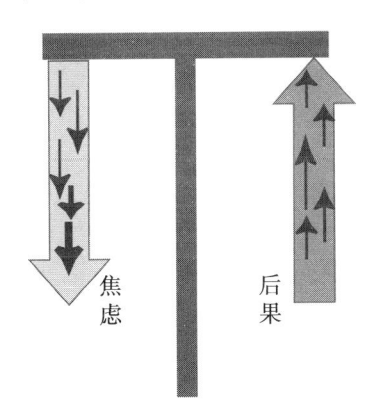

图 4-13　连续性的讯问

这种连续性的讯问，虽然在时间上是短暂的，但由于多次讯问之间内在衔接，被讯问人焦虑情绪的发展方向是明确的，就是逐步增加，而其对犯罪后果的担心则在逐步减轻。可能每次讯问施加的影响并不是很强烈，但每次讯问都或多或少地朝着正确的方向改变被讯问人焦虑情绪和对犯罪后果认知的对比关系，多次讯问积累起来，效果就会比较明显。因此，连续性的讯问，效率会明显增加，整体的讯问时间会明显缩短。

在讯问实践中，要做到连续性的讯问，必须做到两点：第一，加强讯问的团队建设，注重讯问人员内在的配合和默契。第二，在讯问上要防止个人英雄主义。

3. 讯问连续性与讯问团队建设

由于个人的精力和能力是有限的，要提高讯问的效率，就必须凝聚群体的智慧，发挥集体的力量。就职务犯罪讯问工作而言，由于被讯问人的思考力和执行力通常高于其他类型的被讯问人,所以讯问团队的打造至关重要。

组建讯问团队的前提是每一位参与讯问的人员都要懂得讯问的基本知识和基本原理。在此基础上再根据讯问人的生活经历、知识储备、性别、资历形成某些相对具有特点的讯问套路,而且不同讯问人之间能够互补。

在实际操作上,根据被讯问人和案情的不同特点有针对性地进行分工和配合,分别参与不同的讯问环节,完成不同的任务。例如,讯问的开始,主要任务是核实身份、告知权利、告知相关法律规定、讯问是否有犯罪行为,讯问人员要完成法律规定的必备动作,这一环节不需要太多的技巧,可以安排经验稍浅、年轻一些的人员进行讯问。在转变态度、改变认知环节,根据被讯问人的特点和证据情况,安排经验相对丰富的讯问人员分别负责不同任务;在引导供述、核实信息环节,则可以安排与被讯问人性别相同、经历和资历相似的讯问人员进行,以增加被讯问人的认同感。合理的分工可以分解讯问工作的劳动强度,降低讯问人员的体力消耗。分工安排不是一概而论的,要达到这样的目的,团队人员之间的默契和配合至关重要。

讯问团队的关键不在于人多,而在于讯问人员之间内在的默契和配合。这就要求团队的每一个成员都必须具有团队意识、配合意识,明白自己在讯问中承担的任务和扮演的角色。团队之间需要通过沟通和协调形成内在的默契,即便办案人员没有参与上一次的讯问,也能通过简短的交接明白其团队成员在讯问中所用的套路和方法,进而在本次讯问中延续和拓展上次讯问的效果。这样的操作可以让办案人员分工协作,该休息的时候休息,该讯问的时候讯问,不仅有利于提升办案效率,而且有利于降低工作压力,提升办案人员的生活质量。通常讯问团队的打造需要一定时间和实践磨合,也需要组织制度上的支持。在组建办案组时,也必须考虑到讯问工作的团队协作要求。

团队协作需要特别重视讯问交接的重要性。办案人员进行讯问,不能各管自己的一段。每次讯问都需要与前后的讯问协调一致。要发挥协调作用,就必须在每次讯问的间隔进行有效交接。每次参与讯问的人员要在讯问结束后与下次参与讯问的人员进行交接,告知其讯问的进展、被讯问人的情绪状态、认知状态以及需要特别注意的事项。这样承接讯问工作的人员才能在既有基础上朝着正确的方向推进。

4. 讯问连续性与个人作用

与讯问连续相关联的另一点就是如何认识个人在讯问工作中的作用。在讯问中可能出现这样的情况,别人长时间多次讯问毫无进展,而某一个讯问人员进入讯问室不到半个小时就取得了重要突破。在这种情况下,是谁的讯问工作取得了成效?讯问是这一个人的功劳吗?

从图 4-13 可以看出，答案是"不一定"。没有前面讯问人员的工作，就不可能有后面的突破。有可能最后进行讯问的这个人只是压死骆驼的最后一根稻草而已。可能是在其讯问的时候被讯问人的焦虑情绪正好达到了承受的极限，心理状态出现了实质性的变化才开口说实话的。因此，根据情绪控制的连续性原理，讯问人员要正确认识个人在讯问中的作用。因为这不一定是自己的功劳，况且被讯问人开口交代问题并不意味着讯问的结束，而是下一个讯问环节（陈述引导、核实信息）的开始。同时，即便在自己讯问的时候没有任何突破，也不必气馁，只要方向正确，讯问的作用也是客观存在的。对于整个团队而言，讯问工作绝不是个人的功劳。

二、讯问策略的界限

在强化被讯问人焦虑情绪，缓解刑事责任压力的过程中，可以采用的措施和方法是多种多样的，但是讯问人员不能不择手段，不能逾越法律规定的界限。同时也应当注意，两方面有时是互动的，如果方法不当，在降低刑事责任压力的同时可能会附带释放被讯问人的焦虑情绪，增加焦虑情绪的同时会强化刑事责任的压力，同样达不到讯问的效果。这就需要在讯问中把握一些界限，有所为有所不为。

（一）增加焦虑情绪需要合法合规

强调合法合规，其实是对办案人员自身的保护。况且有些案件着急是没用的，必须耗费一些时间才能达到讯问目的。而如果采用威胁和刑讯等非法取证手段，对办案人员来讲是违法和犯罪问题。

实际上，除了威胁、刑讯之外，还有无数种可以合法增加被讯问人焦虑的方法，而且效果也不差。办案人员其实根本没有必要拿自己的职业生涯去冒险。因此，办案人员应当把威胁和刑讯看成不可触碰的高压线，否则不仅伤人害己，而且会影响办案的社会效果。

（二）减轻犯罪后果的压力不能在定罪和量刑上进行承诺

在减轻刑事责任压力方面，办案人员的承诺是最有效的办法，但也是非法的方法。办案人员在讯问的时候，在定罪和量刑上对被讯问人所作的任何承诺都有诱供的嫌疑。这是因为被讯问人将来会被定什么罪、被确定什么样的刑罚，不是办案人员能够最终决定的。定罪和量刑的问题必须由法官在庭审之后，根据证据并参考控辩双方的意见来确定。因此，办案人员在讯问过程中对被讯问人在定罪和量刑上所作的任何从轻处罚的承诺都是非法的，都是在诱供。以这种方式取得的供述也极有可能在庭审中作为非法证据而被排除。

在讯问实践中需要注意，办案人员能够改变的是被讯问人对刑事责任和犯罪后果的认知，而不能改变被讯问人的刑事责任。被讯问人应当承担的刑事责任是由其实施的犯罪行为和刑事法律规范决定的，办案人员在讯问中无法改变。办案人员只能在讯问中对被讯问人施加影响，改变其对刑事责任和将要承担的不利后果的认知。被讯问人将要承担的刑事责任与被讯问人对刑事责任的认知是两个完全不同的概念。

办案人员在定罪量刑之外的其他方面能否进行承诺也需要审慎把握。一方面，需要考虑许诺的利益是否合法、合伦理；另一方面，要考虑是否会诱导被讯问人违背个人意志作虚假供述。例如，个别办案人员对被讯问人说："从目前的情况看，你所涉及的罪行并不严重，如果你认罪态度好，如实供述自己的罪行，我们可以考虑对你做断崖式处理，不移送司法机关。"这种许诺对被讯问人来讲是极具诱惑力的。应当明确的是，如果对被讯问人做断崖式处理，也需要审慎把握法律和政策的界限。滥用这种承诺，有可能诱导被讯问人为了获取断崖式处理而作虚假供述。

在被讯问人极其关注犯罪后果，希望从办案人员处获取承诺的情况下，办案人员可以告知从宽处罚的法律规定，引导被讯问人通过检举揭发等争取立功的机会，或者引导被讯问人通过坦白、认罪认罚、主动挽回损失、退赃退赔等途径争取从宽处罚的机会。绝不可以逾越法律和刑事政策的底线在定罪和量刑方面做不切实际的承诺。

（三）增加焦虑情绪的同时不能增加刑事责任的压力

讯问时，可能出现这样的情况，即办案人员所说的话增加了被讯问人的焦虑情绪，但同时也增加了被讯问人对不利后果的担心。如图4-14所示，这种情况虽然增强了被讯问人的压力，起到了加压的效果，但由于没有从实质上改变焦虑和后果之间的对比关系，使得被讯问人的心理状态不会发生根本性改变，依然不会说实话。这种讯问属于上面所说的加压型讯问。

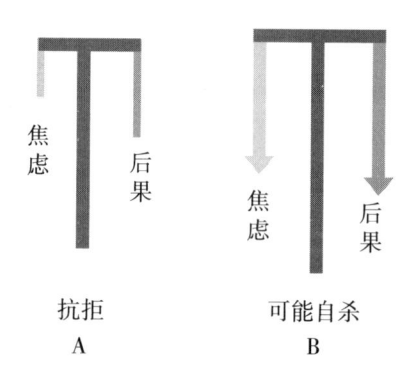

图4-14 增加焦虑不能同时增加对后果的担心

既增加焦虑情绪又增加对犯罪后果的担心，会让被讯问人陷入一种绝境。一方面，犯罪后果让被讯问人不敢面对，如实供述对他来说如同死路一条；另一方面，不如实供述，焦虑情绪的煎熬让他难以忍受。这样，被讯问人就会处于一种进退两难的状态。在这种境地中，有的被讯问人会一夜白头，有的会选择自杀。其实焦虑在导致自杀方面的作用和抑郁几乎是一样的，抑郁症患者自杀的原因之一就是长期的焦虑得不到有效的缓解。

　　如果被讯问人有自杀的念头，办案人员是很难防范的。因此防止自杀事故的发生，首先要防止被讯问人产生自杀的念头。具体途径有两个：其一，在增加被讯问人焦虑情绪的同时，降低其对将要承担后果严重性的认知，至少不能增加不利后果的压力。其二，如果无法减缓不利后果给被讯问人带来的压力，那么就要暂缓强化焦虑情绪，在必要的时候甚至要主动减缓被讯问人的焦虑情绪。毕竟人的生命是最宝贵的，讯问的进程可以推进得慢一些，不能不顾及被讯问人的生命安全而一味强化其焦虑情绪。因此，在情绪控制原理中，并不是要一味地强化被讯问人的焦虑情绪，而是要根据具体情况灵活运用。

第五章　讯问中情绪控制原理与方法

在心理学上，焦虑是与恐惧相伴随的复合情绪状态。每一个人在生长和社会化的过程中都形成了相应的情绪调节机制，其中也包括焦虑情绪的调节机制。被讯问人的情绪调节机制一般不会与正常人有太大区别。讯问人员对被讯问人施加影响也需要运用这些调节机制，所不同的是情绪调节的方向。焦虑通常是一种不良情绪体验，一般人需要释放和缓解焦虑，而讯问中办案人员对被讯问人的情绪调节正好相反，需想方设法阻止被讯问人焦虑的缓释。虽然方向有时相反，但运用的机理是一样的。

焦虑情绪的调节可以分为内在调节和外在调节等不同类型，调节的方式和途径各种各样。内在调节如通过心理防卫机制减缓，外在调节如通过行为减缓。就讯问而言，办案人员既要了解焦虑的减缓机制也要了解焦虑的生成机制，这样才能对被讯问人的焦虑施加双向调节。要想有效强化被讯问人的焦虑情绪，一方面要了解人的焦虑情绪是如何减缓的以及阻止减缓的渠道，另一方面要明白人的焦虑情绪是如何产生的，有哪些刺激因素，以便增加被讯问人的焦虑情绪。本章结合讯问实践，对具体操作途径进行分析。

第一节　切断焦虑情绪释放的渠道

强化焦虑情绪，首先要控制焦虑情绪减缓的途径和渠道，防止已经积累起来的焦虑情绪通过相关渠道释放和缓解。形象一点，就像一个储水的池子，要想让水池盛满水，首先要堵漏。焦虑情绪的控制也是如此，只有有效控制被讯问人焦虑情绪减缓的渠道，才能有效强化其焦虑。

一般而言，焦虑情绪的缓解主要是通过行为、情境转移、心理防卫机制及其他方式，要想阻止焦虑情绪的释放，就必须在讯问中控制被讯问人的行为，防止其注意力扩散，并打乱其心理防卫机制。其中，心理防卫机制的控制方式特殊，比较复杂，牵涉的讯问技巧也比较多，本书将其单列进行阐述。

一、行为矫控

移动位置和适当的肌肉运动是释放焦虑情绪的有效办法。这种办法也就是通过行为释放焦虑。如在焦虑症的治疗方法中，有一种叫作雅各布森疗法。这种疗法就是通过收缩和松弛的方法使肌肉变得柔软。① 这种办法简单实用，而且非常有效。

通过行为释放焦虑有其内在的生物学基础。研究焦虑的神经生物学基础的理论家杰弗里·格雷认为，焦虑的生物学基础是人体对新异事物或惩罚的刺激信号以过度抑制做出反应的行为抑制系统。

他所提出的模型的主要系统是包括膈膜区、海马、Papez 回路在内的行为抑制系统（BIS）。这一系统包括进入膈膜—海马趾系统的新皮质传导纤维，进入前额叶皮质的多巴胺上行传导纤维，进入膈膜—海马趾系统的酰胆碱能上行传导纤维，进入下丘脑的去甲肾上腺素能传导纤维，以及蓝斑处的去甲肾上腺素能下行传导纤维。在特定刺激（尤其是惩罚、无奖赏，以及新异事物的刺激信号）输入以后，抑制系统抑制住当下的行为并将注意转向相关的刺激……在格雷看来，一个能够对新异事物或惩罚的刺激信号以过度抑制的方式做出反应的活跃而敏感的行为抑制系统是焦虑的生物学基础。②

关于焦虑的心理生理学表现，有研究发现长期处于焦虑和压力下的个体，其自主神经系统的灵活性会相对降低。临床或非临床人群中的焦虑患者都表现出高度的唤醒和警觉，并且通常处于一种"过度准备"（over-preparedness）的状态中，这种状态可由生理测量得到的数据体现出来。在被测试的个体中，焦虑状态中出现过高的交感神经活性。③

无论是过度的抑制还是过度准备中过高的交感神经活性，都需要通过行动来缓解和释放。有时个体会无意识地通过行动来释放和缓解焦虑情绪。在外在表现上，我们通常可以发现，当某个人处于高度焦虑状态时，总是坐卧不安，在办公室来回走动，或者躺在床上辗转反侧。这其实是在无意识地通过来回走动和翻动身体释放焦虑。同样，被讯问人撒谎往往也会情不自禁地扭动身体，这也是无意识释放焦虑

---

① ［法］皮尔吕奇·格拉齐亚尼：《焦虑与焦虑性障碍》，邹嫒嫒、李俊仙译，天津人民出版社 2010 年版，第 118 页。
② ［美］戴维·H. 巴洛：《焦虑障碍与治疗》（第 2 版），王建平等译，中国人民大学出版社 2012 年版，第 33 页。
③ ［美］戴维·H. 巴洛：《焦虑障碍与治疗》（第 2 版），王建平等译，中国人民大学出版社 2012 年版，第 144 页。

情绪的表现。

在讯问中，如果办案人员要控制和强化被讯问人的焦虑情绪，就必须留意焦虑情绪释放的各种渠道，观察各种细节，控制可以减缓焦虑的任何渠道。因此，在讯问中有大量细节和操作规范需要注意。

（一）坐姿矫正

实践中，通常认为讯问被讯问人的第一步是核实身份，第二步是告知权利，第三步是对犯罪问题进行发问。《刑事诉讼法》《公安机关办理刑事案件程序规定》《人民检察院刑事诉讼规则》对讯问的顺序都作了这样指导性的规定。但从讯问的心理学原理看，第一步绝不是核实身份。讯问的第一步不是"问"，而是"控"。所谓"控"就是控制被讯问人的情绪状态，使其符合讯问沟通和交流的需要。而"控"的多种手段中，首要的是坐姿矫正。也就是说，从被讯问人进入讯问室的那一刻开始，应当告知他该坐在哪里，同时告诉他要坐好，不要乱动。这一过程看似细微，但极为重要。

第一，让被讯问人直接坐在椅子上，这些动作是在宣示其被追诉的被讯问人身份，必要时锁上安全锁扣，意味着其应当受到约束。

第二，告知其不要乱动，实际上是在给被讯问人立规矩。这种定身份、立规矩的过程可以增加被讯问人的被约束感。

第三，直接把被讯问人引导到讯问椅上，可以避免被讯问人站着观察打量讯问环境的机会，尤其是在首次讯问中，可以增加陌生讯问环境所带来的压力。

坐姿矫正还包括诸多具体细微行为动作的制止。在讯问开始时和讯问过程中，任何可以缓释被讯问人焦虑情绪的细微动作都要想办法制止。具体包括如下方面：

1. 腿脚动作矫正

讯问一开始可以引导被讯问人双脚平放，身体重心稍微靠前，让其两脚都放实。讯问中一定要注意不要让被讯问人"跷二郎腿"，被讯问人做这一动作时会不断晃动双腿，以此来释放焦虑情绪。如果发现被讯问人用脚尖或脚跟无意识轻敲地面，或者晃动腿部肌肉，也要及时制止。还有一种情况也需要办案人员留心观察：有的被讯问人的脚看似固定在地上没有任何动作，但其实际上是在偷偷地用脚指头刨鞋底部。这其实也是一种释放焦虑的方法，应当予以矫正。

2. 手部动作矫正

不要给被讯问人把玩手指、抠手茧、咬指甲、揉搓手掌、按摩手心手背、做干洗脸等活动的机会。被讯问人做这些动作可能是无意识的，但讯问人员应当有意识且用相对自然的方式去制止。有的被讯问人在讯问时无意识地摩擦虎口，这其实也是在无意识舒缓焦虑情绪，应当及时予以矫正。

3. 头颈躯干动作矫正

被讯问人摇头晃脑、扭动脖颈、摇晃身体、做上身舒展动作等细微行为，办案人员也应当注意观察，及时矫正。

坐姿矫正的目的就在于最大限度地控制和减少被讯问人肌肉的活动量，减少其通过肌肉收缩、松弛释放焦虑情绪的机会。而且，坐姿矫正不限于讯问的开始环节，它应当贯穿于讯问的全过程，在讯问中只要有矫正的必要，就可以随时随地进行。矫正的方式不要太牵强，最好采用相对自然的方式，以免引起被讯问人的警觉和对立。

需要注意的是，坐姿矫正不是禁止被讯问人做任何活动，也不是让被讯问人长时间固定一个体位姿态，不让其放松。让被讯问人不做任何动作是不可能的。坐姿矫正应当通过言语进行，是一种引导和言语制止。

（二）减少做动作的机会

除坐姿矫正外，讯问中还应当尽量减少被讯问人的活动范围和走动机会。一般而言，不能让被讯问人在讯问室内来回走动，对于必须允许的行为，也应当尽量减少其走动的机会。讯问中被讯问人要求去卫生间、要求喝水，这些都是正常的生理需求，必须允许，否则就是侵犯被讯问人的合法权利。但需要注意的是，被讯问人去卫生间要有人陪同，同时要防止被讯问人在廊道逗留和反复走动。这样要求，一方面是为了安全，另一方面则是减少其走动的机会。

被讯问人要喝水，最好不要让其自己起身取水，而是把盛着温水的纸杯递过去，待其喝完之后，再把纸杯取走。强调温水和纸杯是基于安全考虑。热开水可能造成烫伤，玻璃杯可能会给被讯问人自伤自残的机会。除了纸杯，软塑料杯也可以。给被讯问人一瓶矿泉水虽然也可以，但矿泉水瓶的盛水量大，被讯问人一时半会儿喝不完。如果把水瓶留在被讯问人手中，很多被讯问人会在讯问中拿着半瓶矿泉水在手中把玩，这其实也是在无意识舒缓焦虑情绪，讯问中应当尽量予以避免。实践中，有的办案人员在讯问中给被讯问人泡茶喝，这种方式能够体现人文关怀，在被讯问人比较配合或者需要拉近讯问人与被讯问人心理距离的时候可以使用。但如果被讯问人不配合，需要增加其焦虑的时候，最好不要给其喝热茶水。一方面，茶水比较烫，被讯问人小口品茶会释放其焦虑情绪；另一方面，喝完茶被讯问人可能会不停地上厕所，这无形中会增加其释放焦虑的机会。

（三）防止哭闹

被讯问人在讯问中哭泣和打闹也是时常发生的现象。有的被讯问人一进讯问室就躺在地上不起来，鼻涕一把泪一把地哭泣，还有的甚至与讯问人员推拉撕扯。这种现象在女性被讯问人中更为常见。

对于被讯问人的哭泣，办案人员的通常做法是予以劝说。实践中也存在这样的现象，讯问人员越是劝说，被讯问人哭得越厉害，不停地用纸擦鼻涕和眼泪。虽然被讯问人最终在办案人员的劝说下止住了哭声，回到座椅上，但经过这样的劝说过程之后，办案人员可能发现，被讯问人哭完之后更舒服了，但讯问也更困难了。为什么？被讯问人已经通过哭泣把焦虑情绪全部舒缓释放出去了。其实从情绪控制角度看，被讯问人用纸擦掉的不仅仅是鼻涕和眼泪，同时擦掉的还有焦虑。

对于被讯问人的吵闹，办案人员的通常做法是予以制止。从心理学角度看，被讯问人的吵闹其实是一种表现敌意的方式，吵闹中的拉扯和表现敌意正是被讯问人宣泄焦虑的方式。因此在制止被讯问人吵闹的过程中，需要注意两方面的事项：第一，越有效越快越好，尽可能减少被讯问人表现敌意的时间。第二，尽量避免拉扯。拉扯会让被讯问人释放焦虑情绪。

对于被讯问人的哭闹，最好提前做好预案。与其在被讯问人哭闹开始后进行劝解和制止，还不如提前准备，采取转移注意力或其他方式消除其哭闹的机会。

二、集中注意力

在情绪调节和控制上，分散个体注意力，进行情景转移是一种有效办法。所谓情景转移是指受挫者为了摆脱不良情绪的困扰，暂时避开挫折情境，把注意力从引起不良情绪反应的刺激情境上转移到其他事物上。情境转移在于减轻或消除受挫者的苦闷心理，淡化消极、悲伤的情绪，使其重新振作起来。焦虑本身就是一种不良情绪，情景转移也同样适用于焦虑情绪的缓解。情景转移可以分为被动转移和主动转移两种类型。被动转移是由外在因素的引导和干预，即从外吸引和转移个体注意力；主动转移是由个体内在转移，如通过走神回想一些愉快的过往情景，或者主动转移注意力，不去想当前让其焦虑的事情。这些都是人们在进行正常情绪调节时所采用的舒缓焦虑的方式。

对于讯问工作而言，办案人员对被讯问人焦虑情绪控制的方向正好相反。讯问中强化被讯问人的焦虑，就必须尽可能防止被讯问人进行情景转移，既包括防止被动的情景转移，也包括防止主动的情景转移。具体而言，可以从如下几个方面进行。

（一）保持专注

在讯问中让被讯问人保持专注是很多讯问规范的要求。如"九步讯问法"中的步骤五就是"诱导嫌犯的注意力"①，在英国警察讯问培训的理论模型中，PEACE模式的第二步就是"解释"与"占用"，其中，"占用"就是强调吸引被讯问者参与交流。② 从情绪控制角度看，强调吸引被讯问人的注意力，让其保持专注，就是为了不让被讯问人进行情景转移，避免其释放焦虑。

在操作中，讯问人员要时刻吸引被讯问人的注意力，引导其思考案件，或者注意力一直围绕案件问题打转，不让其分神。讯问中可能会出现被讯问人出神发愣的情形，这时被讯问人的注意力已经游离案件，开始思考与案件不相干的问题，这种情况有可能会导致之前的讯问工作和努力付诸东流。引导被讯问人保持专注的方法有很多，如讯问中始终保持与被讯问人的目光接触，始终努力不让被讯问人的目光转向其他方向；围绕谈论的主题不停地提出问题，让问题引导被讯问人思考，以问题吸引被讯问人的注意力；发现被讯问人走神的时候，及时打断并将其注意力拉回；必要时讯问人走到被讯问人跟前提问等。有时候还可以通过布置作业的方式让被讯问人保持专注。如讯问过程因为某些突发因素被打断，被讯问人无事可干的时候，或者在办案人员进行讯问交接的时候，给被讯问人布置任务，让其思考与案件有关的问题，可以占用其思想精力，让其把注意力集中在案件上。这种方式也可以防止被讯问人释放焦虑。

（二）减少干扰

被讯问人可能因为外在因素的干扰而走神，从而通过被动的情景转移释放焦虑。因此，讯问中必须尽量减少可能存在的任何干扰媒介，避免所有可能让被讯问人走神的因素。办案实践中，讯问环境的选择、讯问室的布置、讯问人员的服饰及证据材料、设备的摆放等都应当考虑可能给被讯问人带来的影响。哪些是有用的，哪些是无关的，哪些是应当避免的，办案人员都应当做到心中有数。从强化被讯问人焦虑情绪角度看，应当尽可能地减少和去除不相关的干扰。

1. 讯问环境的选择

讯问需要一个相对安静、私密的外围环境，因此讯问场所的外围应当尽量避免噪声干扰和形成围观效应。第一，讯问室应当远离交通、建筑等噪声污染。如果不能避免则应当在讯问室安装隔音设备。第二，讯问室外要避免无关人员观望和走来走去。讯问过程中不能有人探脑袋张望，或者在过道里来回走动，这样不仅会影响

---

① [美]佛瑞德·E.英鲍、约翰·E.莱德、约瑟夫·P.巴克利、布莱恩·C.杰恩：《刑事审讯与供述》（第5版），刘涛译，中国人民公安大学出版社2015年版，第212页。

② [英]古德琼森：《审讯和供述心理学手册》，乐国安、李安等译，乐国安审校，中国轻工业出版社2008年版，第50页。

被讯问人的注意力,而且会给被讯问人造成被围观的感觉,增加供述的心理压力。因为没有人愿意在大庭广众下承认错误。第三,避免电话干扰。讯问人员在讯问中应当关闭手机。除非故意安排以接打电话的方式向被讯问人输入某些信息,在讯问过程中,无论是在讯问室内还是在讯问室外都应当避免有人接打手机或固定电话。同时讯问室外也不要有电话铃声的干扰。无论是接打电话的声音还是电话铃的响声,都有可能给被讯问人带来干扰,分散其注意力。

2. 讯问室的布置

讯问室是进行讯问的物理空间,讯问室的装修和布置会影响讯问的效果。第一,讯问室也应当营造安静、私密的氛围。因此,讯问室的墙壁应当隔音,讯问时门窗应当关闭。第二,为了避免分散被讯问人的注意力,讯问室最好不要留窗户。有窗户的应当关闭并拉上窗帘。同时在座位摆设时让被讯问人背对窗户,并远离窗户。尤其避免被讯问人面向窗户。如果被讯问人对面有一扇窗,就会在被讯问人的心里开一扇窗。第三,讯问室的墙壁、天花板、窗帘尽量用淡色调,色调一致或相近,且不要有图案。第四,讯问室内除了讯问所必需的桌椅设备之外,不要堆放其他任何物品。桌子上应避免摆放任何摆件和装饰品。总体而言,讯问室的装饰和布置应当尽量达到如下效果:让被讯问人看不到与案件无关的东西,听不到与案件无关的声音。

3. 讯问人员的服饰

讯问人员的穿着和服饰也影响到讯问的效果。首先,着装和服饰要尽量体现职业性。办案人员的外在职业性会影响不同被讯问人焦虑情绪的走向。因此,除讯问工作特殊需要,一般应当穿着职业装。[①] 在讯问的时候,对办案人员衣着装束的基本要求应当是合适。其次,避免服饰成为分散被讯问人注意力的媒介。过度的化妆、奇异的发型、奇形怪状的饰品以及其他任何能够激发被讯问人好奇心的服饰和装扮,都应当避免。同时,讯问中双方眼神交流至关重要,办案人员如果戴眼镜最好用透明眼镜或者隐形眼镜,不要佩戴有色眼镜。

4. 证据材料、设备的摆放

讯问时需要有必备的记录、打印设备和录音录像设备,同时讯问人员也可能需要把与案件有关的案卷或证据材料带进讯问室。这些设备和材料的摆放也应当尽量避免成为被讯问人分心的媒介。

第一,讯问人员的桌子或摆放设备的案台可略高于被讯问人的水平视线,并设

---

① 具体原因本书在谎言与焦虑的关系中已经有所论述。

置适当的围挡。围挡的高度以被讯问人看不到桌面上的东西同时又不影响双方目光交流为准。设计上可以让被讯问人的眼睛、桌面的外沿、讯问人员的肩部在一条直线上，这样既可以让讯问人员和被讯问人双方都能够看到对方的面部，不影响彼此沟通和交流，又能够避免被讯问人看到讯问人员桌面上的具体设备和案卷材料，避免其分心。

第二，证据材料的摆放服务于讯问中出示证据的需要。证据材料在讯问中可根据讯问的需要向被讯问人出示，但每次出示的证据以具有必要性为前提。不需要出示的证据材料不要带入讯问室；需要在后面出示的证据不能提前让被讯问人看见。因此，证据材料除非有特殊需要，一般应当摆放在被讯问人视线之外。在出示书面证据材料的时候，应单页出示，如果证据材料被装订在一本案卷中，出示时要避免让被讯问人看到其他证据材料。一定要注意，讯问中出示证据材料不是出示案卷。

第二节 增加焦虑的途径

一、揭谎与导谎

及时发现并揭露谎言可以增加被讯问人的焦虑。人们在成长过程中，时常被教导的做人准则就是不能撒谎。无论是在家庭、学校还是社会，一旦谎言被揭穿，撒谎者就会面临道德上的负面评价甚至惩罚，可能的谴责和惩罚又会导致撒谎者紧张和焦虑。因此，在社会化过程中，作为社会个体的人会长期处在这样的因果反应链条中：撒谎→揭露谎言→道德谴责或现实惩罚→紧张焦虑（如图5-1所示）。长期的社会化，会让社会成员在撒谎与焦虑之间建立直接的条件反射，即撒谎、紧张和焦虑。一旦撒谎，即便没有被揭露和惩罚，撒谎者也会产生焦虑。不仅如此，撒谎的每一环节都会形成这样直接的条件反射，而且会越来越强。即揭露谎言→紧张焦虑，道德谴责或现实惩罚→紧张焦虑（如下页图5-2所示）。

| 撒谎 | → | 揭露谎言 | → | 道德谴责或现实惩罚 | → | 紧张焦虑 |

图5-1 撒谎的反应链条

```
撒谎 ----> 揭露谎言 ----> 道德谴责或现实惩罚
                                    |
         _____> 紧张焦虑
```

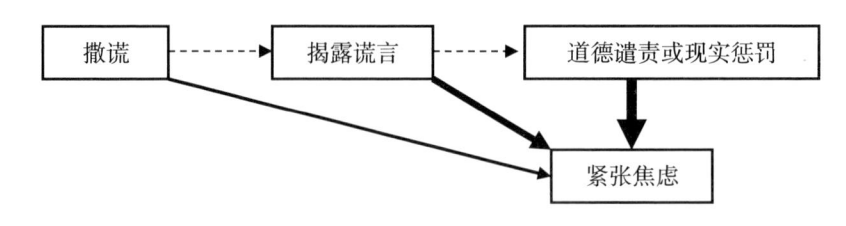

图 5-2　撒谎的条件反射链条

从图 5-2 可以看出，即便不通过现实的惩罚，撒谎也会让被讯问人产生焦虑，揭露谎言更会让被讯问人产生焦虑，同时，对撒谎的道德谴责也会让被讯问人产生焦虑。正因如此，讯问中"揭谎"和"导谎"是增加被讯问人焦虑情绪的有效办法，也是实践中常用的讯问技巧。

(一) 揭谎

所谓揭谎，是指在讯问中直接当面揭穿被讯问人的撒谎伎俩，并对撒谎行为施加道德谴责的讯问方法。在瓦解被讯问人对抗心理方面，揭谎是一种行之有效的讯问方法。揭谎通常能够起到让被讯问人脸红心跳、无地自容的效果。

1. 揭谎方法

讯问中揭露谎言的方法主要有三种类型：一是指出撒谎者谎言中的错误，即"揪错"；二是揭示事实真相，用真相验证撒谎者的陈述是虚假的，即所谓的"示真"；三是追加问题，通过连续追加问题，让被讯问人补充信息，并进行信息确认，使谎言暴露。

(1) 揪错

撒谎的途径主要是三种，编造、遗漏和扭曲。其中，编造也是人们通常所说的无中生有或者虚构，相对于故意遗漏关键信息的办法而言，编造需要更多的认知精力才能完成，而且被识破的风险也比较大。实践中，多数编造式的谎言是在真实信息的基础上进行的部分编造，把虚假信息夹杂在真实信息之中更具有欺骗性，而且对撒谎者而言，耗费的认知精力也较少。因此，具有欺骗性的谎言通常都是虚实结合的，而且谎言中含有大量真实的信息。对于讯问人员而言，需要在讯问中对被讯问人陈述的信息进行仔细甄别，及时捕捉虚假的信息，发现并纠正陈述中的错误。

编造的谎言背离事实真相，被讯问人在撒谎时需要根据经验和认知因素进行编造。由于个人经验和认知能力是有限的，在撒谎时不留漏洞非常困难。因此，揭露编造的谎言，最有效的办法就是指出谎言中的漏洞和错误。谎言中的错误通常表现为多个方面，可粗略列举如下：

第一，细节错误。在编造式的谎言中，撒谎者编造的信息通常是其没有真正经历的事件或信息，因此，认知基础相对薄弱。编造自己没有经历过的事情，通常难以兼顾细节，因为故事编得越细，需要考虑的问题就越多，耗费的精力也就越大。因此，验证谎言比较有效的办法就是看细节。

受贿人否认见过行贿人，可以问行贿人向其行贿的时间段他干什么去了，然后再问具体的细节。如果他说一个人去看电影了，那么就可以问他乘坐什么交通工具去电影院的，检票员是男的还是女的，电影是何时开始的，放映前插播哪些广告，他坐的位置在哪里，当时看电影的人是多还是少，电影是何时结束的等这样的细节问题。对于一个没有亲自去看电影的人来说，很难编造出与每个细节相一致的故事。一旦发现细节错误，则可以指出错误，并加以道德谴责，以达到增加焦虑的目的。

第二，逻辑错误。编造的谎言往往会超出日常生活的逻辑，不符合日常生活的经验法则。面对这种违背生活逻辑的谎言，可以直接指出其逻辑错误，并施加道德谴责。

如被讯问人辩称自己的巨额财产是剪彩所得，每次剪彩都会有 2000 元至 5000 元的红包，而市里有好几个区，时隔不久就有剪彩活动，有时每天要剪彩好几次。绝大部分收入都是剪彩的红包，是合法的收入。对此，讯问人员质问，在其任职的两年里，不能说出合法来源的财产是 852 万元，而一个月一般情况下的平均工作日是 22.75 天，一年则是 22.75 天 × 12 月 = 273 天。这样算的话，其每个工作日的剪彩收入是 3.12 万元，按每次 5000 元的最大红包计算，每个工作日至少要剪彩 6 次。如果每天至少剪彩 6 次，那么他还能干其他的事情吗？

第三，前后矛盾。虚构谎言是一种创造性的脑力劳动，编造的情节和故事在大脑中的印象远没有亲身体验的事实记忆那么深刻。在撒谎者没有准备的情况下，谎言中虚构的情节在第二次讲述时出现变动的可能性比较大。因此，讯问中突然重复问一些已经问过的问题，让被讯问人把已经讲过的事情再重复一遍，往往能够起到让谎言暴露的效果。如果被讯问人前后的陈述情节有出入，或者相互矛盾，不管是事实上的矛盾，还是逻辑上的矛盾，都可以揪住这些矛盾让被讯问人解释，进而揭露谎言。这种重复提问的方法可以强化被讯问人的焦虑，便于讯问人员发现陈述中的问题。

但需要注意，重复提问可以偶尔为之，并不能多次反复。重复提问并不是重复讯问。如果多次重复讯问，会强化被讯问人对虚假陈述的记忆，甚至在多次重复之后，被讯问人自己都有可能相信自己所说的是事实。这种虚假供述叫作强迫内在化虚假供述，是一种很容易导致事实认定错误的欺骗性谎言。

第四，违反规律。虚构的谎言常常会超出常情和常理，违背自然或社会规律。如果讯问中发现被讯问人的陈述与常规有违背的地方，可以用来揭谎。常见的类型包括：时间错误，同一时刻完成不可能同时完成的事情；空间错误，同一事物同时出现在两个空间里；法律及规章错误，某一行为明显违法或违规，相关人员不可能去实施。此外还包括违背天文地理、自然条件、风俗习惯、科学规律等方面的常识性错误。这些规律和常识一方面可以用来检验陈述的真实性，另一方面也可以用来揭露谎言，增加焦虑。

（2）示真

谎言是对事实真相的扭曲，揭谎最有效的办法就是直接告诉撒谎者事实的真相是什么。虽然全部的事实真相不好确定，但在讯问中，办案人员可以用一些实物证据来展示事实真相的局部，也可以用其他证据来展示事实真相的概貌，揭示被讯问人陈述中的错误。这种方法就是示真。常用的方法包括：

第一，出示物证、书证等实物证据，指出被讯问人的陈述与实物证据之间的矛盾，进而戳破其谎言，进行道德谴责。

第二，指出同案犯的陈述、被害人的陈述、证人证言内在一致，而被讯问人的陈述与同案犯的陈述、被害人的陈述、证人证言的内在矛盾，因而推出被讯问人撒谎的结论，并进行道德谴责。

第三，指出被讯问人的陈述与勘验、检查笔录中记载的情况相互冲突，不符合事实的真相。

这种方法需要把握出示证据的时机和度。告知被讯问人事实真相的同时会向被讯问人泄露一些真实的信息，可能会造成跑风漏气的后果。因此，出示证据必须注意把握时机，通常在被讯问人交代了主要事实之后，或者在唤醒记忆核实信息的时候出示要好一些。如果用来揭露谎言，出示的证据只要确保能够达到目的即可，不一定要求全部都出示，也不一定要求全部出示真实的证据。必要时在这一环节融合某些虚假的情节和证据，用以揭露谎言或者顺势由揭谎转向导谎也是可以的。

（3）连续追问

连续的追问可以让谎言暴露。对于虚构的谎言，由于人的认知精力是有限的，难以在短时间内兼顾所有细节。当办案人员感觉到被讯问人有可能撒谎时，可以抛出一连串的问题进行追问，造成被讯问人思维短路，从而让谎言暴露。以追问为策略，在操作时，需要注意几个要点：

第一，问题要多、要快。追问的目的在于用问题打乱被讯问人思维的连续性，不给其思考的时间，从而让被讯问人只能凭借记忆回答问题。因此，在这种状况下提出的问题数量必须多，问话的语速要快，留给被讯问人思考的时间尽量缩短，甚至可以不给被讯问人思考和回答的时间。这种追问实际上是一种问题轰炸，以便在被讯问人大脑中形成一种风暴，让被讯问人顾此失彼，无暇全顾，从而暴露事实真相。

第二，问题要细、要碎。谎言往往疏于细节，越往细处，耗费的认知精力越多。讯问中办案人员提出的问题越细，对被讯问人形成的认知压力越大，越能起到增加焦虑的效果。在对实施的真实陈述中，展现事实真相的诸多要素彼此之间的联系也是现实的，不管是时间关系、空间关系还是因果关系，都是客观存在的，这种联系在记忆中通常也是比较稳固的。而谎言则不同，构成故事和情节的诸多要素之间的联系也是不存在的，因此，在被讯问人的脑海里，这种要素间的内在联系也是不确定的。这种情况可以通过一些琐碎的问题让其暴露。这里所谓琐碎的问题，就是指讯问中所提出的问题从一个要素的某一方面突然跳跃到另一个要素的某一方面，这些问题是针对不同的认知片段来提问的，彼此之间看似毫无联系。讯问中提出这样琐碎的问题，目的就在于让被讯问人的思维在杂乱的认知片段中不停跳跃，让其力不从心。

第三，追问可以不按正常的顺序和逻辑。撒谎者编造谎言时思考的维度是有限的，如果打乱正常思考的维度，会让其形成思维错乱。因此，在追问的时候，可以不必顾及问题之间的内在逻辑。不同问题之间的顺序可以颠倒，逻辑也可以颠倒。必要的时候可以故意颠倒，以打乱被讯问人思维的架构。关于事实真相的陈述中，各因素之间内在的逻辑关系和时间顺序也是客观的，不管先问什么后问什么，这种客观的联系都是稳固的，不会变动的。而谎言则不同，被讯问人需要在大脑中虚构一些情节要素，并以这些要素为材料根据逻辑、时间、空间关系构建情节。这种虚构的关系是不稳固的，有的撒谎者是根据问题边回答边虚构，因此，虚假的陈述比较容易受提问者问题的影响，先问什么，后问什么，可能得到的陈述就不同。如果办案人员在讯问中不按照正常的逻辑和顺序提问，诚实的被讯问人只需按记忆回答就行了，可以不去考虑回答问题的逻辑和顺序，事实真相和内在逻辑会自动呈现。而撒谎者则需要考虑答案中的内在逻辑和顺序，如果问题是无序的，没有逻辑的，最终陈述的内在逻辑也可能是杂乱的，如果撒谎者去思考这些问题，则会造成更大的心理负担。

2. 注意问题

揭露谎言需要先发现和识别谎言。发现谎言的途径有多种，可以分析陈述中的矛盾和错误，也可以借助已掌握的事实真相。除此之外，也可以借助被讯问人在讯问中的微反应来判断。利用微反应判断被讯问人是否撒谎在操作上需要注意一系列的问题。同时，谎言和正常的错误是不同的，但又具有某些相似的地方，很容易混淆。办案人员在揭谎时需要注意区分谎言和正常的错误。

（1）被讯问人的微反应

人类是进化存留的物种之一，同时也是社会化的产物。在长期进化和社会化过程中，人类逐步建立了一些应激反应。有些应激反应并非理智所能够完全控制的。一些研究发现，人类对自己的语言功能掌握熟练，控制度高，而对于一些情绪化的表现则无法完全有效控制。撒谎者可以有效控制语言逻辑清晰地进行虚假陈述，但撒谎时所产生的应激情绪却不能被理智所左右。这种应激情绪也是社会化过程中产生的条件反射。因此，撒谎的人在做虚假陈述时会有一些细微的反应，包括微表情、微动作、微语义。讯问中办案人员可以借助这些微反应更好地了解和把握被讯问人的心理。掌握微反应规律对发现和识别谎言具有辅助作用。在分析和甄别被讯问人是否撒谎的过程中，将被讯问人在讯问中的行为特征和微反应结合起来判断，更有利于讯问工作的进行。

但需要注意，微反应是通过人的外在细微行为和表现来推断其内心状态，这种推断有一定的科学基础，但准确性和必然性依然不足。如果这是一门科学的话，这门科学还处在初始发展阶段，许多科学依据和反应原理还需要进一步明晰。同时把这一原理用于识别谎言，也需要经验的积累。在实践中如果尝试利用微反应来判断谎言，需要注意，不能将某种行为直接与是否说谎等同起来。

美国心理学家约翰·葛瑞德和理察·班德勒研究发现人的目光动向与内心活动的关系。[①]（如图5-3所示）根据这一发现，当人的目光向右上方移动时是在进行视觉创造，向左上方移动时是在进行视觉回忆。目光向右平移时是在进行听觉创造，向左平移时是在进行听觉回忆。人们在沟通交流的时候，目光向右上方移动或向右平移撒谎的可能性就比较大。

[①] 约翰·葛瑞德和理察·班德勒是神经语言程序学（Neuro-Linguistic Programming，NLP）的创始人。

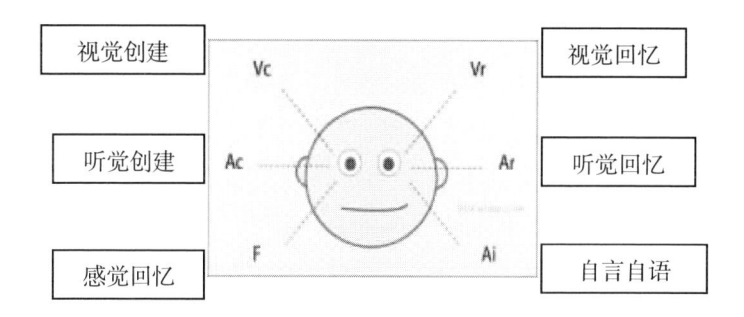

```
视觉创建    Vc    Vr    视觉回忆
听觉创建    Ac    Ar    听觉回忆
感觉回忆    F     Ai    自言自语
```

图 5-3　研究发现人的目光动向与内心活动的关系

如果依照这一理论，发现被讯问人在讯问时目光向其右上方移动，或向右方平移，就认为被讯问人是在撒谎，显然有些问题。因为这样的推论不具有必然性，一个习惯于用左手的人，反应的方向可能正好相反。微反应绝不是这些简单的因果关系推论。

（2）谎言和正常错误

谎言是因为被讯问人在讯问的时候不诚实而故意作出歪曲事实真相的陈述。主观上看，是故意的。而诚实的被讯问人在陈述的时候也有可能出错，导致陈述与事实真相有出入。实践中常见的错误包括：认知错误，即被讯问人在感知事实的过程中出现错误，被讯问人自认为感知到的是事实，但其实不是。记忆错误，感知的信息没有错误，但在记忆过程中进行了无意识加工或者遗忘，导致信息发生了扭曲。表述错误，是指被讯问人想说实话，但表达不够准确或者因为个人表达能力有限，找不到合适的词汇表达，导致所陈述的内容不是其所想要表达的意思。理解错误，是指被讯问人的表述没有问题，而讯问人员的理解出现了差错。这几种错误，都不是被讯问人故意造成的。这种陈述与谎言有明显的区别，办案人员应当仔细区分。对于正常的错误，要进行核实，而不能对被讯问人进行谴责。如果因为正常错误而对诚实的被讯问人进行谴责，会让其产生排斥心理。从被讯问人角度看，他进行了如实陈述，但却不被理解和相信，这会让其从心理上对讯问人员产生敌意。被讯问人的这种状态对于讯问而言是一种障碍。

（3）时机和分寸

办案人员可以根据讯问的需要把握不同的时机进行揭谎。从时机把握上看，揭谎有两种：一种是"见谎就拆"，发现被讯问人撒谎就予以揭露和批驳。这种方式有利于打消被讯问人的侥幸心理，同时可以矫正被讯问人的敷衍态度，引导其配合。另一种是"欲擒故纵"，发现被讯问人撒谎之后，暂不拆破，让被讯问人继续往下撒谎，积累到一定程度之后放在一起逐一指出被讯问人的谎言。这种方式可以形成轰击效应，有利于打击被讯问人的自信心。具体操作需要根据被讯问人的情绪状态、个人特征、心理压力和案件走势的需要灵活确定。

揭谎的目的在于增加焦虑、转变态度，因此办案人员在揭谎的时候也需要把握分寸。一般而言，揭露被讯问人的谎言就是要让其感到羞愧，达到脸红心跳的效果。但如果把握不当，可能会让被讯问人恼羞成怒，产生敌意。而敌对情绪是讯问的障碍。因此，揭谎的时候需要注意，凡是发现虚假的陈述都应当或迟或早地指出来，但在方式上可以灵活把握，张弛有度。

3. 揭谎与讯问准备工作

准确揭露谎言的前提条件是能够及时发现谎言，如果发现不了谎言，就无法揭露谎言。如果被讯问人撒谎没有被发现，不仅会增强其继续撒谎的信心，而且会减缓其焦虑情绪。因此，要增加被讯问人的焦虑，就必须尽量降低其撒谎成功的概率。

要及时发现谎言，就必须在讯问前做好充分的信息准备工作。讯问的准备是必要的，也是必需的。没有准备的讯问，成功率不可能提高。就讯问工作而言，应当强调这样的理念，就是"没有金刚钻，别揽瓷器活"。如果不是紧急情况，准备不充分，就不要急着进讯问室。讯问的准备是多方面的，就揭露谎言而言，讯问前必须做好信息准备。讯问人员要尽量储备好客观、全面、充足的信息。具体而言，包括如下几个方面：

（1）吃透案情

讯问人员在讯问之前必须吃透案情。如果讯问人员连基本的案件信息都不掌握，就不可能判断被讯问人所说的信息是否真实，更无从发现谎言。讯问人员吃透案情不是为了告诉被讯问人办案机关已经掌握了什么，而是用于判断被讯问人所说的是否真实。被讯问人会在讯问中说些什么具有不确定性，因此，对于办案人员而言，对案情信息掌握得越多、越细越好。

基本案情包括：

①举报的基本事实和线索来源；

②初步核实的信息、新获取的信息及证据材料；

③被讯问人的身份、职位、职权信息，包括具体职位、任命情况、行政级别、分管事项、行使职权所涉及的具体事项和工程；

④被讯问人的财产情况，包括存款、持有的有价证券、期货、期权、房产、正当的收入来源等；

⑤涉嫌的犯罪事实，包括涉嫌的具体罪名、犯罪行为、时间、地点、数额等；

⑥共犯或可能的同案被告人情况，包括具体人员信息、采取强制措施情况、与本案被讯问人的关系等；

⑦涉案款项、财物的存放位置、转移方式、路径。

如果基本案情掌握不到位，不仅难以发现谎言，甚至会向被讯问人泄露案情，给讯问带来负面影响。

汪某突然失踪，后发现有贪污、受贿后外逃的重大嫌疑，且数额巨大。其犯罪所得多数交给其情妇刘某保管和使用。后来公安机关通过技术手段将其抓获。在讯问中，被讯问人拒不交代犯罪事实。办案人员对被讯问人说："今天问你主要是看你认罪的态度，你的犯罪事实我们已经掌握得比较清楚了。你不说也没关系，刘某已经告诉我们了！"办案人员本来以为一提到刘某，被讯问人会有所触动。结果却发现，被讯问人不仅没有触动，反而反应更加平静。回答道："那你们还问我干吗？直接问刘某就是了，我不知道。"后来才发现，汪某在逃跑前已经将刘某骗回到老家的旧宅基地中，用锄头将其杀害掩埋。

在这个案例中，讯问人员的话恰恰告诉被讯问人汪某，刘某的命案还没有被发现。因此，在讯问人员说"刘某已经告诉我们了"之后，被讯问人反而压力减轻了。

（2）全面了解外围信息

讯问不仅要准备案件基本信息，还要准备与案件有关的外围信息。这些外围信息可能不属于具体的犯罪构成要件，但与案件的人、事、物有着直接或者间接的联系。这些信息可能与案件事实或者证据无关，但在讯问中对案件信息具有对比和核实作用。了解外围信息的目的在于两个方面：一是用于发现在讯问中可以继续深挖其他犯罪事实的线索；二是根据掌握的外围信息和细节，办案人员可以更好地核实被讯问人陈述信息的真实性。

外围信息主要是与案件中的人、事、物相关的信息。具体包括：

①被讯问人的兴趣爱好、活动轨迹和规律、工作绩效、完成的著作；

②被讯问人的家庭成员、亲属、关系密切的同事、情人以及其他与其有特定关系人员的信息；

③被讯问人所属单位的性质、职能、所属行业；

④涉嫌犯罪的具体领域、业务流程、规章制度、工作机制等相关信息；

⑤案件的影响情况，包括可能造成的网络舆情、群众的反映等；

⑥与涉嫌犯罪行为相关的工程、事件、项目等相关的信息与技术；

⑦与证据相关的物体、文件等实物信息；

⑧与犯罪行为相关联的场景和其他背景信息；

⑨被讯问人及其关系人的水、电、气、暖、交通、通信、住宿、购物等缴费和消费信息；

⑩被讯问人交往的圈子和社会关系网络。

4. 揭谎后焦虑的强化

揭露谎言本身会强化被讯问人的焦虑，如果运用方法得当，在揭谎的基础上还可以将这种焦虑情绪进一步放大。具体而言，讯问人员发现并指出被讯问人陈述中有虚假内容之后，不要急于转移话题，而是要继续在撒谎这件事情和话题上稍作停留，以强化被讯问人的焦虑。具体方法包括两个方面：一是对被讯问人的撒谎行为施加适当的道德谴责；二是继续追问其撒谎的原因和心理想法。

（1）适当的道德谴责

单就人们对撒谎的心理反应过程而言，撒谎后的道德谴责和实际惩罚是产生焦虑的最直接原因。如果揭露谎言后直接转移话题，刺激焦虑产生的只有撒谎行为和揭露谎言这两个因素，增强焦虑的作用是有限的，实际上道德谴责和实际惩罚的刺激作用更大。讯问中因为被讯问人撒谎就对其施加实际惩罚可能违法，甚至有刑讯逼供的嫌疑，但在发现被讯问人撒谎后对其撒谎行为进行道德谴责并不违法。在增加焦虑方面，道德谴责可以起到与实际惩罚相类似的效果。在发现和指出谎言之后，继续对被讯问人的撒谎行为施加适当的道德谴责是增加被讯问人焦虑情绪的绝好机会。道德谴责也需要把握界限，道德谴责是对撒谎行为从道德上进行负面评价，绝不是就此对被讯问人进行辱骂或人格侮辱。

（2）追问撒谎的原因和心理想法

在发现和指出谎言之后，继续追问被讯问人撒谎的缘由和心理想法也可以强化其焦虑情绪。具体操作上就是继续追问被讯问人为什么在这个问题上撒谎？撒谎要达到什么目的？要掩盖什么问题？撒谎时是怎样想的？提出这些问题，一方面，是要了解被讯问人撒谎的动机和心理过程；另一方面，是为了让被讯问人撒谎的错误心态进一步暴露，让其内心产生被扒光的感觉，从而强化其焦虑情绪。

（二）导谎

揭谎的适用范围是有限的。实践中把讯问准备工作百分之百做到位是不可能的，一方面，是由于办案人员的精力有限；另一方面，也是因为讯问之前办案人员掌握的信息本身就是有限的。因此，完全发现被讯问人的谎言是不现实的。发现不了谎言，就无从揭谎。

同时，被讯问人即便不编造假话也同样能够实现欺骗办案人员的目的。例如，被讯问人可以通过遗漏关键信息和内容的方式来欺骗办案人员。在这种情况下，被讯问人所说的话可能句句都是实情，单从他所说的话中，找不出任何虚假的破绽。由于被讯问人没有编造虚假信息，通过揭谎来增加焦虑的策略就无从实施。

在没有发现谎言或被讯问人没有主动撒谎的情况下，办案人员可以通过"导谎"来增加和强化被讯问人的焦虑。

所谓导谎，是指讯问中办案人员故意设立某种因素，让被讯问人以此编造谎言或扩大谎言，进而以此设立的因素来揭露谎言的方法。从外在形式上看，导谎就是故意引导被讯问人撒谎，然后再揭露其谎言的讯问技巧。

所谓"设立"，就是根据具体犯罪的情境、生活经验和逻辑进行的合理虚构。虚构的因素可以多种多样，通常包括人、物、事和环境因素四类。

1. 导谎的方法

（1）设立人

设立人是指虚构存在举报人、竞争者、旁观者、潜在受害人、其他知情人或者利益相关者。

（2）设立物

设立物是指虚构存在特定的物体、痕迹、书信、通信记录、设备等。

（3）设立事

设立事是指虚构发生某件特定的事件、事故，如停电、交通堵塞、管道检修、飞机晚点、通知开会、上级检查、朋友聚会等。

（4）设立环境因素

设立环境因素是指虚构某些环境因素，如光线的明暗、天气的变化、噪声的大小、特定的气味、温度的高低、方位的移动、背景音乐等。

2. 导谎与诱供的界限

从操作上看，导谎其实是在揭谎的前面增加了诱导的环节，设立人可能会以证言、被害人陈述、鉴定意见等形式出现；设立物可能会以物证、书证、音像资料出现；设立事可能会以能够证明事件发生的相关证据出现；设立环境因素可能会以能够证明特定环境因素存在的证据出现。但这些所谓的"证据"都是虚构的或者假造的，并不一定是客观真实存在的。这样做是否为诱供呢？

其实，导谎和诱供还是有本质区别的。

第一，目的上有所区别。导谎的目的在于让被讯问人谎言暴露，进而增加焦虑，引导被讯问人如实陈述，方式上是以虚击虚，目的在于以虚取实（实话）；诱供的目的在于让被讯问人按照讯问人员的意图供述，从而获取供述，不顾及被讯问人陈述的真假虚实，方式上是以虚引虚，目的在于以虚取供（供述）。

第二，方式上有所区别。导谎通常是前面虚设人、物、事、环境因素等，引导被讯问人撒谎，然后又以这种虚设的因素来揭谎。以此揭谎，必须先告知被讯问人设立的人、物、事、环境因素是假的，这样才能釜底抽薪，让被讯问人的谎言暴露。因此，导谎是先出示假的材料或者假的信息，待被讯问人撒谎后，又告知被讯问人先前出示的材料或信息是假的。也就是先示假，后又告知所示是假的，即先假后真。而诱供则不然，没有告知被讯问人真相这一环节，被讯问人也不知道讯问人员出示的材料和告知的信息是假的。

第三，结果不同。诱供客观上会增加虚假供述的可能性，甚至让无辜的人作有罪的供述，而导谎则是增加虚假供述暴露的概率，降低了虚假供述的机会，客观上会减少虚假供述。因此，导谎是一种讯问谋略，而诱供则是非法讯问方法。

二、打乱心理防卫机制

有一些被讯问人在讯问中既不动又不分神，但照样没有焦虑情绪。这种被讯问人实际上是通过心理防卫机制达到了内心的平衡。对于这种类型的被讯问人，要想增加其焦虑情绪，就必须在讯问中打乱其心理防卫机制。

布莱恩·C.杰恩认为被讯问人有可能会通过心理学上所称的防卫机制来纾解焦虑。"防卫机制就是个人为了纾解焦虑或罪恶感或维持自尊而采取的反应。"布莱恩·C.杰恩指出，"防卫机制可能在人的心智活动当中扭曲或否定现实的情况"。第一种防卫机制是合理化作用，"行为人对他所作的行为重新提出一套不同的解释以规避后果所可能给予行为人的责任"。第二种防卫机制是投射作用，"借由投射作用，个人会把自己的想法，或者行为所受到的责备推卸给另外一个人，或是地点、事物种种情景"。①

杰恩的这种理论对于讯问具有启发意义。既然被讯问人可以通过心理防卫机制来舒缓焦虑，办案人员就可以在讯问中打乱这种防卫机制防止其舒缓焦虑，甚至可以用来增强其焦虑，而对于焦虑情绪过强的被讯问人，讯问人员则可以通过这种心理防卫机制来舒缓其焦虑，以便将其焦虑情绪控制在合理范围内。

心理防卫机制来源于弗洛伊德的心理分析防御机制，是指自我对本我的压抑，这种压抑是自我的一种全然潜意识的自我防御功能，是人类为了避免精神上的痛苦、紧张焦虑、尴尬、罪恶感等心理，有意无意间使用的各种心理上的调整。心理

---

① ［美］佛瑞德·E.英鲍、约翰·E.莱德、约瑟夫·P.巴克利、布莱恩·C.杰恩：《刑事审讯与供述》（第5版），刘涛译，中国人民公安大学出版社2015年版，第427页。

防卫机制的技巧包括：否认、反向解释、转移、投射、摄入、合理化等。在弗洛伊德的心理分析防御机制基础上，史凯和马特札提出了犯罪心理上的中立化理论。该理论认为犯罪人通常会用五种技巧来摆脱社会规范对自己的约束，以达到心理上的平衡。具体包括：（1）否认自己的责任；（2）否认造成伤害；（3）否认有被害人；（4）责备掌权者；（5）诉诸更高的情操或者权威。中立化理论基于心理防卫机制对犯罪者平衡心理压力的方式进行了进一步阐释，对于我们研究职务犯罪者的心理平衡机制有积极的借鉴意义。

（一）职务犯罪者常见的心理防卫机制

对职务犯罪现象的研究发现，一部分职务犯罪者在犯罪之初有内疚感和负罪感，甚至感到非常紧张，但时间久了之后，这种内疚感和负罪感就会消失。有的由原来的被动式腐败转为主动式腐败，如有的受贿者开始是推脱不掉而受贿，后来就变成了主动索贿，不给就直接要。在这种心理变化过程中，心理防卫机制起了重要的作用。调查发现，职务犯罪者常见的防卫机制有两种类型：一种是合理化；另一种是投射。具体分析如下：

1. 合理化

所谓合理化是指犯罪者在心里用一套歪理来解释自己的职务犯罪行为，以便达到内心的正当化。职务犯罪者的正当化途径包括五个方面。

（1）强调主观动机的正当性

如某高校实验室原负责人徐某贪污公款90余万元，其中30万元给她在国外读书的女儿支付学费。对自己的贪污行为，她说"是为了给国家培养人才"。[①] 另有，张某钰对受贿辩称，"他在我办公室里谈完事后放下5万元就走，如果我追出去拒收，很有可能伤害我们县民营企业家的自尊心，万一导致项目夭折，我岂不是成了人民的罪人"。这些例子中，被讯问人的辩解都是在为自己的腐败行为寻找一个貌似合理的动机，以其自以为正当和高尚的动机来弥补其行为的违法性和不正当性。

（2）否认行为的危害性

如谷某称："我拿这些钱去炒股、借贷、投资都是为了钱生钱，是在为国创收，不仅无罪而且有功。"[②]

[①]《教师贪污公款送女留学 称为国家培养人才》，载人民网，http：//edu. people. com. cn/GB/5548629. html，最后访问日期：2014年8月12日。

[②]《腐败官员挪用340多万炒股炒房，称是在"为国创收"》，载中国新闻网，http：//big5. chinanews. com. cn：89/gate/big5/www. chinanews. com/cj/cggs/news/2008/06 – 27/1295071. shtml，最后访问日期：2021年6月1日。

（3）提出自认为行为正当的原因或理由

有的行为人辩解说："我最初不敢收钱，怕东窗事发；后来我不敢不收钱，因为如果不收钱，就是和其他收了钱的人过不去。"有的行为人则称："客观地说，我前半辈子受苦，后半辈子也该享福了。"两者都是为自己的行为提出正当化的托词和借口，以理由的正当性掩盖犯罪行为的不正当性。

（4）提出负面榜样

更有甚者狡辩说："皇帝还有三宫六院，我有两三个相好算什么？"提出反面榜样实际上是一种从众心理的体现，其背后的逻辑是"别人做了，我也能做"。

（5）提出自认为正当的逻辑

有的行为人错误地认为："权有多大，利就有多大。"行为人实际上是以自认为正当的逻辑来解释职务犯罪行为，以期赋予行为以正当性，从而达到心理的平衡。

合理化作用是被讯问人用来平衡自己内心的，而不是用来说服别人的，因此，合理化的理由不需要符合客观规律，也不需要绝对正确，只要其自己相信就可以。所以很多合理化的理由在其他人看来其实非常荒谬，但这并不影响被讯问人在心里对自己的行为进行正当性的解释。因为合理化过程其实是一个自我说服的过程，只要自己相信，自己说服了自己就可以达到目的。

2. 投射

所谓投射实际上是主观上推卸自己的错误，也是一种外归因策略。详言之，行为人否认自己的过错和责任，并将自己所犯的错误和责任归责为自己以外的人、事件、场景、事物等。职务犯罪者通过投射作用平衡心态的途径通常有如下四个方面：

（1）责备行贿人

有的受贿人把自己的受贿行为归结为行贿人的公关太厉害，说："我不想要，可不敢不要。"也有的说行贿人的来头太大，自己不敢拒绝。某县水利局原局长张某昌对于收受多位下属钱物的辩解是："行贿的人都是含着眼泪让我把钱收下的，我觉得我不收就对不起他们。"某区委组织部原部长郑某云的理由是："他们总认为是我帮了他们，都拿着钱到家里来感谢。我推都推不掉，双方有时甚至推上半个小时，全都红了脸。"

（2）责备社会风气不好或运气不好

例如，某市公路局原局长李某蔚说："我犯这事，是因为社会风气不佳。查到我头上，算我运气不好。"

（3）责备上级和领导

例如，某乡镇企业培训中心原副主任王某弟说："我贪污，全怪上级领导让我当领导。"

（4）责备其他人

如某市医院原院长刘某涛说："有很多女人喜欢我，我也没办法。"

（二）心理防卫机制的反向运用

被讯问人是通过心理防卫机制来缓解焦虑，在讯问中如果办案人员要增加被讯问人的焦虑，就必须反向运用心理防卫机制，阻止被讯问人缓解焦虑。具体操作可以从如下几个方面进行。

1. 反驳合理化的借口和托词

对于强调动机正当性的，讯问人员可以反驳并分析其行为的不正当性。对于否认行为危害性的，讯问人员可以正面指出其行为的危害性。对于被讯问人自认为正当的理由和逻辑，讯问人员则需要调整被讯问人的思维角度，指出其理由的牵强和逻辑上的错误。对于提出负面榜样的，则要指出榜样的错误。

对于合理化作用，讯问人员需要把握一个基本的要领，就是"拆"。把被讯问人所有的托词和借口都予以有力的反驳，让其用来自我安慰的任何依托都没有正当性的支撑。对被讯问人的任何托词和借口不仅要拆，而且要尽力拆彻底、拆干净。要从被讯问人推论的前提、条件、逻辑、周延性甚至所使用的数据、遣词造句、语气语调等所有方面进行让人信服的反驳。这种反驳其实是破解被讯问人的合理化基础，拆除其抗拒心理的支撑因素，以增加其焦虑。如果被讯问人在内心实现犯罪行为正当化是"立"的话，讯问人员对其立论要进行彻底的"破"。

2. 由外归因转向内归因

对于投射作用，讯问人员则需要反向引导，即由外归因引向内归因。如果被讯问人说是制度的错，办案人员则要引导说，再好的制度也要人来执行，如果执行制度的人有问题，制度的作用是发挥不出来的。归根结底还是自己有问题。不管被讯问人把责任推卸给行贿人、领导还是社会风气、运气等其他客观因素，讯问人员都要尽力引导被讯问人把责任找回到被讯问人自己身上。形象一点说，对于被讯问人的投射作用，讯问人员要把握一点，就是"不管千错万错，都是被讯问人自己的错"。不管是主观的错误，还是客观的错误，总之被讯问人自己是有过错的。

（三）心理防卫机制的正向运用

对于心理防卫机制，可以反着用，也可以正着用。因为讯问无定法。在增加焦虑情绪的时候，可以反着用，不断拆解被讯问人的托词和借口，引导其向内找原因。而在被讯问人极度焦虑或压力过大，需要释放焦虑软化其对抗情绪的时候，讯问人员也可以正着用。办案人员可以主动帮助被讯问人找借口和托词或者主动引导被讯问人推卸道义上的责任。如讯问中指出被讯问人的动机是正当的，说明其主观恶性并不是很严重；适当地谴责被害人、行贿人、权威人士，适当地指出制度的漏洞和危害，适当地指出社会风气等方面的原因，并对被讯问人表示适度的同情和怜悯等。运用这些技巧和方法的主要目的是在被讯问人嫉妒焦虑或者出现所谓"激情状态"的时候，减轻被讯问人的焦虑，缓和气氛，拉近讯问人与被讯问人员之间的心理距离。这种做法有利于促进参与讯问双方的沟通和交流。因此，对于被讯问人的心理防卫机制，讯问中是正用还是反用，要看控制被讯问人焦虑情绪的需要。讯问人员应当根据具体讯问的情形来定，操作中不能僵化。

三、强化情感

情感能够激发心理活动和行为动机，也是人际交流和沟通的重要手段。在讯问中，办案人员合理运用情感因素可以有效控制被讯问人的焦虑，同时也可以影响被讯问人的思维和行为。

在心理学上，情绪和情感虽有所区别，但又是紧密相连的。情绪和情感都是人对客观事物所持的态度体验，只是情绪更倾向于个体基本需求欲望上的态度体验，而情感则更倾向于社会需求欲望上的态度体验。也有的观点认为，情感是指对行为目标目的的生理评价反应，而情绪是指对行为过程的生理评价反应。不管怎样，两者是内在相连，相互影响的。强化情感体验的同时也能够强化某些情绪体验，其中就包括焦虑情绪的体验。实践中，把情感强化用于讯问的方式多种多样，常见的方法如下。

（一）强化犯罪感

在重大责任事故调查中，有的被讯问人极力否认自己的责任，或者否认自己的行为与危害后果之间存在因果关系。而责任范围的界定、因果关系的认定和证明通常是渎职犯罪案件中非常棘手的问题。对此，有的办案人员先通过录音录像设备摄录事故现场被害人死难的凄惨景象或者死难者家属撕心裂肺的痛苦场面，如果被讯问人极力否认自己的责任，拒不交代罪行，则播放这些影像让其观看。这种办法通常比较有效，很多被讯问人看不了多久就看不下去了，因为场面非常震撼，让其产生了良心上的自责。这种方法其实就是利用影像强化了被讯问人的犯罪感，增强了其焦虑情绪。

（二）利用亲情

亲情也可以影响被讯问人的焦虑状态。尤其是当被讯问人在较长一段时间内被采取羁押措施，与亲人分离之后，情感需求更加强烈。

四、借助价值目标

人的情绪和情感以价值为基础。当人们所推崇的价值受到威胁的时候，便会引发不安，这种不安就是焦虑。① 正因如此，讯问中也可以借助价值目标让被讯问人产生焦虑。要借助价值目标来增强被讯问人的焦虑，必须注意两点：

（一）摸清被讯问人所珍视的基本价值目标

不同的人有不同的价值目标，同样的事情，不同的人有不同的看法。因此，必须首先搞清楚被讯问人看重的是什么。就职务犯罪案件的被讯问人而言，有的人看重金钱，有的人看重面子和荣誉，也有的人看重诚信、忠诚、责任、成就等特定品质，还有的人是信仰发生改变。只有搞清楚被讯问人看重的是什么，才能针对其价值目标施加相应的影响。

（二）让被讯问人感知到核心价值目标受到威胁

要强化被讯问人的焦虑，就必须让其感知到核心价值目标受到威胁，否则就达不到增强焦虑的目的。具体策略包括：

1. 指出被讯问人的行为与其所珍视的价值目标之间的矛盾

针对被讯问人的行为进行评价，指出其行为违背了其珍视的价值准则或与其价值目标相背离，可以起到增加焦虑的效果。

2. 对于看重情感的被讯问人，指出亲人痛苦、情人背弃的事实

有的被讯问人看重的是亲情或某段个人情感，对于这样的被讯问人，讯问人员可以指出其亲人痛苦、情人背弃的事实来施加影响。

有报道说，某省某局长李某"抗"了108天，终于开始交代自己的问题，原因是这时办案组从李某的情妇那里获得了关键性证据。李某说："谁都可以供出我的问题，唯独她不该。在和专案组'抗'的108天中，我想到了可能会从100个人身上获得200条线索，但绝对不会从她身上得到任何一条线索。她起码也得咬紧牙关不吐一个字。"② 从李某的话可以看出，他非常珍视与其情人之间的感情。影响李

---

① 详见本书关于焦虑产生原因的论述。
② 参见《李某的痴情为何换不来情妇忠贞》，载中国网，http://www.china.com.cn/law/txt/2007-06/13/content_8380826.htm，最后访问日期：2021年6月1日。

某彻底交代的关键因素可能不是从其情人那里获取的证据,而是其情人的背弃这一事实让他备受打击。

五、调整讯问的空间距离

讯问中办案人员适当调整其与被讯问人之间的距离,可以对被讯问人的焦虑情绪产生影响。在不同文化中,可以进入给定区域的人和距离各不相同,但这个区域的存在本身没有区别。研究发现,人类具有领地感,并且不同的领域暗示着他们与在这个区域里与其互动的人不同的接受程度和不同的舒适程度。在人际交往中,这种个人空间的科学和个人空间的明智使用被称为"空间关系学"。讯问中合理运用空间关系学原理,通过动态调整办案人员与被讯问人之间的空间距离来增加或降低被讯问人的焦虑是可行的。

空间关系原理的运用,需要结合我国的法律规范和具体的讯问环境。我国法律对讯问的规范进一步明确,讯问场所和操作规范在一定程度上为这种技巧的使用带来某些限制。这种限制主要表现在两个方面:第一,在看守所讯问室进行讯问时,为了防止刑讯逼供,应施行物理隔离。在讯问人员与被讯问人之间有物理隔离设施的情况下,限制了两者之间的空间范围,办案人员是不可能采用这一讯问技巧的。第二,职务犯罪案件的讯问必须全程同步录音录像。有的录像设备就装在讯问桌的正前方,如果讯问人员把椅子挪过去与被讯问人面对面近距离交谈,可能会挡住摄像头,造成摄像盲区,同时在现在的执法环境下,近距离接触会造成刑讯逼供的嫌疑。此外,还存在一个设备上的问题,在讯问室配备的椅子都是不带脚轮的,讯问时不方便移动。对于这种情况,可以从如下方面予以变通。

(一)适用范围

基于上述情况,这种技巧可以在专门办案区的讯问中使用,也可以在没有物理隔离设施的其他办案区讯问室使用。对不需要采取留置的被讯问人的讯问,通常是在办案区或其他法律允许的地方,在这些地方讯问也没有强制物理隔离的要求,因此也可以使用。

(二)操作方式

在调整空间距离时,办案人员移动位置,同时保持被讯问人的座椅不动。让被讯问人不动是为了防止其通过行为缓解焦虑。为了移动便利,办案人员可以配备一把带有脚轮的椅子。椅子的高度适当高于被讯问人的座椅,以便形成压迫感。

办案人员也可以不用椅子,直接走到被讯问人跟前进行讯问。一方面,办案人员走过去站立在被讯问人跟前可以形成高度上的优势,俯视的目光有助于形成压迫感；另一方面，法律没有明确禁止，这样做也不违反任何规定。

办案人员移动位置的目的在于对被讯问人形成一种入侵感，造成其焦虑，因此通常的移动方向是逐渐向被讯问人逼近，不能反反复复，时远时近。同时，移动时尽量不要引起被讯问人的注意。

因为要同步录音录像，办案人员无论是站着还是坐着，都应当注意不能遮挡摄像镜头，以避免造成任何刑讯逼供的嫌疑。

第六章　讯问中的认知控制原理

第一节　讯问中对被讯问人施加影响的途径

讯问的目的是让被讯问人如实陈述自己所知道的案件事实。而对于有罪的被讯问人而言，在讯问的开始阶段通常是抗拒和撒谎。引导被讯问人由抗拒撒谎到如实陈述转化实际上是一个行为导向过程。控制一个人的行为通常有两种方式：一是通过外在的强制；二是通过内在的影响。就讯问而言，外在的强制是违法的，只能通过内在的影响来实现。内在的影响所施加的对象有两个，一个是被讯问人的思维，另一个是被讯问人的情绪。这是因为在心理学上人的思维、情绪和行为是相互关联、相互影响的（如图6-1所示）。"这三个方面是不可分割的，在考察人类行为的运作时，忽略其中的任何一个方面都是荒谬的。行为、情绪和思维不仅相互联系，而且三个方面存在连锁反应。"① 因此，既然不能强制控制被讯问人的行为，在此情况下只能影响被讯问人的思维和情绪，通过改变被讯问人的思维、情绪以及其中某些因素的对比关系来控制行为，引导被讯问人如实陈述。

思维（认知）　　情绪（情感）

行为（陈述）

图6-1　思维、情绪和行为之间的关系

人的思维活动包括认知、判断、推理和决策，在讯问中对被讯问人是否如实供述影响较大的是认知因素；情绪则包括焦虑、恐惧、痛苦、喜怒哀乐等体验，其中

---

① ［英］马吉尔：《解读心理学与犯罪：透视理论与实践》，张广宇等译，中国人民公安大学出版社2009年版，第71页。

焦虑对被讯问人的态度和行为影响较大。因此，讯问中对被讯问人施加影响的合法途径主要有两个：一是改变被讯问人对相关因素的认知，进而影响其判断和决策，从而导向如实陈述；二是控制被讯问人的焦虑和其他情绪因素，主要是改变焦虑和认知因素之间的对比关系，从而导向如实陈述。与前者相关的是认知控制原理，与后者相关的是情绪控制原理。关于情绪控制原理以及与情绪控制原理相关的讯问技巧在前面已经进行了详细探讨，本部分主要探讨被讯问人的认知控制原理。

第二节　讯问中被调查人的决策与选择

一、讯问对被讯问人来说，是一个复杂的决策选择过程

讯问可以从不同角度进行解读。从被讯问人的角度看，讯问的过程是一个复杂的甚至是痛苦的决策选择过程。实践中，有办案人员形象地把讯问的过程称为出选择题和做选择题的过程。即在职务犯罪讯问中，办案人员不停地给被讯问人出选择题让被讯问人选择，题干是办案人员出的，选项也是办案人员给定的，让被讯问人根据自己的认知和利益去选，选完之后，接着再出第二道、第三道、第四道。直到最后，让被讯问人发现原来如实陈述是对自己最有利的选择。

这种比喻是有一定道理的，这种出选择题的方式其实是把被讯问人的决策和选择以出题的方式进行了具体化。即便不以这种方式呈现，被调查人在讯问中也不得不在诸多问题上作出选择。从被讯问人的角度看，面对办案人员的讯问，其不得不作出抉择的问题包括：

（1）是否交代？
（2）什么时候交代？
（3）全部交代还是部分交代？
（4）部分交代的话，哪些交代，哪些不交代？
（5）面对办案人员具体的问题，该如何回答和应对？

这些问题对于被讯问人来说是不可回避的，在讯问过程中不得不去考虑。这些问题会迫使被讯问人作出决策和选择。因而，不管决策是否合理、选择是否恰当，对被讯问人而言，讯问的过程就是一个不断决策和选择的过程。

二、合理决策的前提和基础

不管是被讯问人还是其他社会成员，合理的决策是需要一定条件的。凭空决策

是很难保证合理性的。一般而言，要做到理性决策必须具备两个条件：第一，决策者的主观理性；第二，客观、全面、及时、充分的信息。这两个条件相辅相成，没有主观理性再全面的信息也不管用，只有理性没有客观、全面、及时、充分的信息，决策就没有依据。决策者主观理性是合理决策的前提，客观、充分、及时、全面的信息是合理决策的基础。

决策者的主观理性包括生活经验、储备的知识以及推理的周延性和判断的准确性等因素。信息基础则包括信息反映的情况是否真实、收集到的信息是否全面、信息量是否充足等等。从整体上看，人们的决策只能做到相对合理，而不能做到绝对合理。这是因为决策前提和基础都受到限制。

首先，人的理性是有限的。人们进行判断、推理的主要前提是经验和知识。其中经验来源于生活，推断往往把生活中的经验法则作为前提。经验法则的特点之一就是不具有绝对确定性，即根据经验法则推断出来的结论不具有百分之百的确定性。这一特点导致依据经验法则进行的推断时常出错。在人们学到的知识中，有一部分公理和必然性的规则具有必然性，但这些必然性的规则在讯问中未必能够用得上，而用得上的知识，被讯问人又未必具备。这是因为人的知识是有限的。

其次，信息通常是有限的。人们进行决策时所依赖的信息很难做到绝对客观和全面，通常也是有限的。不仅信息量是有限的，而且掌握的信息通常也是有真有假，或者是片面的。因此，包括被讯问人在内的所有人的主观理性其实都是有限的，在判断中不犯错误是不正常的，犯错误是正常的。

对于有罪的被讯问人而言，最终所作的决策未必是最合理的决策，办案人员引导决策的方向也不是对被讯问人最有利的。从被讯问人的角度看，最合理的决策可能就是撒谎骗过讯问人员，逃脱罪责。而讯问人员的目的却是要得到真实的陈述。因此，办案人员要达到讯问的目的，就必须在被讯问人决策的前提和基础上施加影响，利用被讯问人决策的局限性，不断改变其决策。

三、被讯问人认知和决策的局限

在讯问中，被讯问人发生决策错误其实是很正常的。这是因为被讯问人的认知和决策比一般人更具有局限性。

（一）信息有限

被讯问人虽然对自己是否实施了犯罪最为清楚，在办案对抗中有一定的信息优势，但是其掌握的信息依然是有局限性的。被讯问人所了解的是自己所经历的案件信息，而对于未曾经历的信息了解是有限的。例如，办案人员掌握了哪些证据、其他同案人员如何反应、利害关系人如何运作、案件的下一步走势等信息，被讯问人并不一定能够全面了解。这种有限性表现在两个方面，第一，来源有限，办案中被讯问人获取信息的渠道可以通过法律手段予以控制。第二，信息质量有限，办案中被讯问人获取的信息可以通过技术手段加以控制，让其真假难辨。办案中实现对被讯问人的信息控制，需要做好以下两方面工作：

1. 调查的保密性

就职务犯罪案件调查工作而言，保密应当是原则，公开才是例外。强调调查工作的保密性，主要是对调查对象保密，目的之一就是保持和强化办案人员对被讯问人的信息优势。把调查工作的进展情况和收集到的证据情况的知情范围进行严格控制，可以防止在调查中泄密，也在客观上防止了被讯问人了解调查信息。这可以为讯问中的认知控制创造有利条件。

2. 留置的封闭性

留置客观上有助于讯问。这是因为留置措施把被讯问人与外在环境隔离开来，阻断和控制被讯问人与外部的信息沟通和交流，进而影响和控制其掌握的信息，为改变其决策引导供述创造了有利条件。一方面，留置可以防止被讯问人逃跑、自杀或者出现安全事故；另一方面，也切断了被讯问人与外界的信息沟通。

（二）认知能力有限

人的认知包括对客观事物和周围形式的感知、解释、假设。感知、解释和假设都具有主观性，受制于客观情况，这一过程本身就容易出现差错。这是因为人的感知能力和解释判断能力是有限的，出错在所难免。被讯问人和正常人一样，出现认知错误也是正常的。在讯问中，被讯问人对所处的环境和案件形势的认知对于其是否配合办案人员的讯问有重要影响。而被讯问人这部分的认知是可以控制的。

（三）个人决策能力有限

决策以信息为基础，同时也受制于主体的决策能力，其中对风险的预见能力和果断决策的能力尤其重要。对于被讯问人而言，理性的决策必须有一定的风险预见能力，而被讯问人对案件结果的预见能力很大程度上依赖于其储备的法律知识和分析能力，除精通法律知识的人员外，一般职务犯罪人员对法律的了解并不专业。同时，即便被讯问人具备了较强的预见能力，也需要果断决策的勇气和能力。在社会活动中，人们通常借助集体的智慧和力量进行决策来弥补个人风险预见能力和风险决策能力的不足。而在讯问中，被讯问人是孤立的，办案人员往往是团队作战。因此，相对于办案中的讯问团队而言，被讯问人的个人决策能力是有限的。办案中，决定办案人员胜算的一个重要因素就是团队作战，利用集体智慧进行决策。

（四）决策时间有限

合理的决策需要充足的时间去考虑和权衡，而讯问中留给被讯问人思考的时间是有限的。讯问的节奏把握在办案人员手里，不可能等被讯问人想好对策之后再回答。更多的是快问快答，不给被讯问人思考琢磨的时间。在有限的时间里，要做到周全考虑、合理决策是非常困难的。

由于信息、个人认知能力、决策能力和决策时间的有限性，被讯问人出现决策错误是正常的，通过改变被讯问人的认知因素来改变其决策也是可以做到的。

四、影响被讯问人决策的认知因素

所谓认知是指对目前情形的感知、解释和假设。讯问中影响被讯问人决策的认知因素由诸多方面构成，其中最主要的认知因素包括如下几个方面：

（1）对案件情势的认知：如果被讯问人从案件的情势感觉到案件的形势压力很大，自己无力抗拒，则其选择放弃抗拒、如实供述的可能性就比较大。反之，如果被讯问人从讯问的情形感觉不到压力，或者压力不够，则会产生侥幸心理。

（2）对办案机关已经掌握事实和证据的认知：如果被讯问人觉得办案人员掌握的事实很清楚，案件事实已经完全暴露，掩盖于事无补或者发现办案人员已经收集到的证据非常有力，根本无法否认，那么其选择如实陈述的概率比较大，反之则会选择抗拒和撒谎。

（3）对讯问人员的认知：如果被讯问人觉得讯问人员非常专业、可信而且友善，其在讯问中选择如实供述的概率会上升，反之则会下降。

（4）对办案目标和方向的认知：如果被讯问人知道办案机关调查的方向和目标，对抗的信心会增加；反之，如果搞不清调查的方向和目标，讯问中与办案人员对抗时心里会更没底。

（5）对利害关系人的认知：被讯问人对行贿人、请托人、同案犯以及其他知情人员和利害关系人在诉讼中的表现觉得越可靠，抗拒的信心就越足；反之，越觉得靠不住，对抗的信心就越不足。

（6）对自己下一步行动方案的认知：被讯问人对自己将要做的选择和行动方案越觉得合理，对抗的信心就越足；反之就越不足。

（7）对行为结果的认知：被讯问人对犯罪后果的感知越严重，如实供述的压力就越大，选择如实供述的可能性就越低。

（8）对供述机会的认知：如果被讯问人觉得如实陈述的机会越少越珍贵，如实供述的概率就越高。

（9）对个人权利义务的认知：被讯问人对自己的权利越明晰，对抗意识就越强；对自己的义务越明晰，配合的意识就越强。

（10）对个人能力的认知：被讯问人觉得自己的个人能力越强，对抗的意志就越强，选择对抗的可能性就越高；反之，觉得自己的能力越弱，对抗的意志就越低，选择配合的可能性就越高。

除此之外，还有其他一些认知因素，需要在实践中进一步总结和探索。

第三节　对案件情势的认知控制

案件情势是指案件发展变化的趋向。被讯问人对案件发展变化趋向的判断对其在讯问中的态度和表现具有十分重要的影响作用。如果被讯问人觉得案件必然朝着揭露真相、追究责任的方向发展，无论其想什么办法也是改变不了的，那么其放弃对抗，选择配合的可能性就会增加。反之，如果被讯问人觉得案件发展的趋向有可能出现转机，那么其选择拖延时间等待时机的可能性就会增加。

实际上案件发展的趋向是由多种因素决定的，被讯问人对案件发展趋势的判断必然以各种因素的感知和认识为基础。虽然影响案件发展趋向的因素是客观的，但被讯问人对案件发展趋势的感知和认识是主观的。在办案过程中，可以通过对相关因素的控制来改变被讯问人对案件发展趋势的认知，进而改变其决策，引导供述。

对被讯问人而言，案件发展趋向是一种判断，判断的依据是案件相关因素展现出来的具体情形和样态。改变这些相关因素呈现的情形和样态，也就有可能改变被讯问人对案件发展趋向的认知和判断。

讯问中可以用来改变被讯问人对案件发展趋向判断的认知因素有多个，利用这些因素可以设计出很多讯问的技巧，实践中很多讯问技巧也是利用这些因素而发挥作用的。

一、讯问的场所和空间设置

讯问场所的选择、讯问室的空间布置、讯问室内部的摆设以及讯问时的外围环境也可以用来改变被讯问人的认知和判断。例如，选择让被讯问人感到相对陌生的讯问环境、营造相对紧张的讯问氛围、讯问室外出现一些忙碌的工作人员、讯问室内摆放某些专业的讯问辅助设备等，都可以影响被讯问人的认知和判断。从认知控制角度看，凡是被讯问人能够感知到的外部空间和内部空间都可以利用。讯问的外部空间因素有讯问场所的选择、讯问室外走动的人员以及讯问室外的人员对话等。

内部的空间因素有讯问室的桌椅摆设方位、故意堆放的案卷和材料、测谎仪的摆放、录音录像设备的布置等等。

这些都可以进行设计并用来向被讯问人传递信息。例如，在办案机关专设的办案点讯问室讯问与在监察机关办案区讯问室讯问会让被讯问人猜想自己的案件是专案还是普通案件；外围辅助人员的多少和忙碌状态会影响被讯问人对案件重要程度的判断；案头摆放材料的厚度会影响被讯问人对办案人员准备工作的判断。

在控制方向上可以按照常规进行设计也可以反常规设计。例如，明明是普通的职务犯罪案件，却可以故意选择在专案点讯问室讯问，让被讯问人觉得办案人员在办专案；可能案件本身不是重大案件，但在外围安排较多而且故意忙碌的辅助人员，以便让被讯问人觉得案情重大；即便办案人员准备得不是很充分，也可以在案头摆放稍微厚一些的案卷材料，让被讯问人觉得我们办案人员准备得很充分。诸如此类的细节设计，可以因案不同、因人不同、因讯问的阶段而变。

在具体设计的时候，需要注意几个事项。第一，被讯问人能否感知到这些因素的存在。如果被讯问人感知不到这些因素，再精巧的设计也发挥不了作用。第二，被讯问人是否能够明白这些因素所传递的信息是什么。同样的设计，在办案人员看来是一种意思，但被讯问人可能会作出另一种判断。第三，所传递的信息对被讯问人的讯问能发挥什么样的作用。事先要对所要传递的信息发挥作用的方向作出判断，要看是正向作用还是反向作用。不管如何设计，基本的原理是改变被讯问人的认知因素，进而改变对讯问情势的判断，导向如实陈述。

二、办案人员的意志和信心

办案人员在讯问中表现出来的意志和信心是影响被讯问人是否供述的重要因素。讯问既是讯问人员与被讯问人的言语沟通，也是一场心理对抗和意志较量。被讯问人是否会如实陈述，取决于其自己的信心和意志，也受制于办案人员的信心和意志。两者之间有时会呈现出此消彼长的变化关系。当被讯问人意识到办案人员意志坚决，不查出缘由决不罢休时，自己动摇的可能性就大；反之，当被讯问人发现办案人员的信心不足、意志不够坚决时，自己动摇的可能性就小。因此，讯问中一个极其关键的要领就是：无论讯问人员是否有把握，都要表现出满满的信心和顽强的意志，至少要让被讯问人感知到讯问人员的信心和决心。

例如，在实践中有的办案人员在讯问的时候不关手机，甚至又当着被讯问人的面接电话。这不仅会打断讯问的连续性，而且会改变被讯问人对讯问情势的认知。

三、讯问人员的人数和级别

参加讯问人员的人数和级别也会影响被讯问人开口的时间和态度转化的速度。一般而言，现场参加讯问的人员不宜太多，一般是两个办案人员即可。这是因为人员太多容易形成围观效应，给被讯问人供述事实提供障碍。道理很简单，没有人愿意在大庭广众面前承认错误。尤其是在讯问的第二阶段（引导供述阶段），当被讯问人准备开口承认自己的罪行时，往往需要营造一个相对私密的氛围。不过，在讯问的开始阶段，当被讯问人根本没有开口说真话的意愿的时候，讯问人员多于两人也未尝不可。必要的时候可以三人到五人参与讯问，摆出一副案情很重大的阵势。这样设计在于向被讯问人传递这样的信息：案情很重大，办案机关很重视。同时，这种设计还有一个好处，那就是在被讯问人进行狡辩的时候，可以形成群体压力。当然这种设计在控制被讯问人的认知，转变其态度的时候是可行的，一旦被讯问人态度转变，则要及时减少讯问人员，形成相对私密的氛围。

同理，讯问人员的职位也会向被讯问人传递不同的信息。一般而言，参加讯问的人员职位不同，意味着案件重要程度不同。为了改变被讯问人对案件重要程度的认知和对办案机关重视程度的认知，可以根据认知控制的方向选取相应职位的讯问人员。对于一些小的案件可以故意设计某些高级别的讯问人员出场，以示重视。对于一些行政级别较高的被讯问人可以选取对应级别的办案人员讯问，以示尊重或重视程度，也可以故意选取级别很低的办案人员出场，故意形成落差，让其意识到其已经不被重视。如何安排取决于要传递的信息和对被讯问人认知控制的方向。

四、讯问中的用势、借势与造势

讯问中要改变被讯问人对案件发展情势的认知和判断，不可避免地要利用相关因素甚至要虚构某些因素营造一定的态势。实践中，有人套用中国古典军事谋略把这类办案策略总结为"用势""借势"和"造势"。在现代汉语中，"势"有两种含义，一是指事物的演变趋向，如局势、态势、情势、水势、火势、涨势、跌势等；二是指影响力，如权势、地势、势力等。讯问中所说的势，一般包括态势、条件、环境、时机等因素。

讯问中的"用势"，是指利用与案件直接相关的既有条件、环境、时机等因素，形成一定的影响力，从而影响被讯问人对案件发展趋势的认知和判断。所谓"借势"，往往是指利用没有直接关联的外部因素或其他因素。而所谓"造势"，则带有人为制作和虚构成分。实践中的"用势"和"借势"是利用既有的条件、环境和态势，不存在虚构欺骗的因素，而"造势"则带有虚构因素和欺骗成分，在讯问中需要审慎把握，以免陷入欺骗嫌疑。

不管是用势、借势还是造势，基本的方向是一致的。讯问方处于攻势，被讯问方处于守势。在讯问中营造的态势应当是这样的：讯问方处于强势状态，且事情正朝着有利于办案机关的方向发展；被讯问人一方处于弱势，且事情正朝着不利于被讯问人的方向发展。简言之，就是所有的因素都表明案件正朝着"攻强守弱"的方向发展。

至于实践中如何用势、借势和造势，则需要根据案件的具体情况进行精心设计。下面就收集到的一些方法作简单介绍。

（一）开会造势

在查处窝串案件或涉及人员比较多、影响比较大的事件引发的职务犯罪、职务违法案件中，不少地方的办案人员采用开会造势的策略，收到了比较好的效果。具体操作办法基本上可以归结为以下三步：

第一步，在经过初核，有明确办案目标的情况下，与涉案单位进行沟通，由涉案人员的单位领导出面召开全员大会或全体中层人员会议，公开通报对某事件追责或查处关联职务犯罪，然后由办案机关人员在会上宣布通知，要求有问题的人员或者有关联的人员在限定的期限内（三天、一周等）交代问题。

第二步，在限定的期限到期后，再次召开全员会议，模糊通报主动交代问题的情况。交代问题不只是一类，有人交代了受贿问题，有人交代了行贿问题，也有人交代了贪污问题。同时宣布下一步将找一部分人谈话。

第三步，如果具体涉案人员主动到监察机关交代问题，按自首处理，同时进行深挖；如果不主动到案，则将其带到办案机关开展讯问。

这种办案策略的前两步，其实就是通过召开会议进行造势，第一次会议能够让涉案人员感觉到办案的压力，第二次会议则会让涉案人员产生一种认知，有其他涉案人员已经交代了与自己相关的问题，如行贿、受贿问题等。即便是前两次会议没有一个人主动交代问题，或者交代的问题完全与正在办理的案件无关，这种策略也可以让被讯问人在两个方面产生不确定的认知。一是有多少人交代了与自己有关的问题；二是办案机关到底掌握了多少关于自己的违法、犯罪事实。如果运用恰当，设计到位，这种造势谋略可以为谈话和讯问打开方便之门。

（二）门诊式谈话

门诊式谈话也是实践中出现的一种造势策略。通常是在贿赂案件中涉及大量受贿人、行贿人，需要规模取证的情形下采用。例如，在查办某一重大工程中的职务犯罪、违纪和违法案件时，把工程的项目法人单位、主管单位、贷款单位、全部投标方、中介机构、工程承包商、分包商、监理单位、设计单位、评标专家、招标代理机构等所有与工程有关联和关系的工作人员同一时间通知到同一个地方报到候谈。通常根据办案的力量确定通知的人数，分区分房间谈话，谈完话的可以走，没有谈话的分别候谈。以此故意营造出一种让大家都来的"大动静"氛围。

这种策略也可以运用于其他项目的职务犯罪案件中，通常把立项规划、招投标、设备材料采购、转分包、款项拨付、变更设计、交竣工验收以及其他关联环节的人员同时通知到同一地点候谈。

运用这种策略时需要注意一些问题。一是同一时间同一地点接待多人，需要投入比较多的办案力量。二是防止彼此之间串供。有时候熟人之间彼此一个眼神就能暗示某些信息。因此要对通知来的人员进行妥善安排和分区，甚至要进行路线规划，例如，哪些人在楼上、哪些人在楼下、如何进、如何出等都需要考虑到位。二是牢牢控制局面。防止出现群体性事件。

从操作上讲，这种策略也可以进一步改进，如分时分批次安排谈话，前后衔接，让彼此知道有关联的人员都来过，但不知道说些什么，怎么说的。这样也同样能够达到造势的效果。

第四节 对办案人员掌握事实和证据的认知控制

被讯问人对办案人员了解案件情况和掌握证据情况的认知是决定其是否如实供述的重要因素之一。被讯问人对自己是否实施过犯罪行为是最清楚的，不管是有罪而作无罪辩解还是无罪而故意作有罪供述，其实都是在隐瞒事实真相。在被讯问人不配合讯问的情况下，办案人员是案件信息的探知者，被讯问人则是事实真相的隐瞒者。这种情形类似于捉迷藏游戏。一旦隐藏的一方发现自己已经暴露，再躲下去也就没有意义了。在讯问中也是如此，当被讯问人发现办案人员已经掌握了案件事实，掩盖于事无补时，其如实陈述的可能性就比较大。反之，被讯问人会心存侥幸，如实陈述的可能性就会降低。对于证据的认知也是如此，当被讯问人认为办案人员掌握的证据非常有力，自己根本无法否认时，其如实陈述的可能性就会提高，反之则会增加其继续纠缠的信心。

被讯问人对办案人员掌握案件事实和证据的认知，具有可塑性。事实是难以改变的，但人的认知具有主观性，是可以改变和塑造的。办案人员在讯问中通过精心设计和采用合理手段可以合法改变被讯问人对办案人员掌握事实情况和证据的认知，进而引导被讯问人从对抗走向合作，从撒谎转向如实陈述。

一、对办案人员掌握事实的认知控制

办案人员掌握的案件事实与被讯问人对办案人员已经掌握的案件事实的认知是两个不同的概念。前者是一种事实状况，后者则是被讯问人对这种事实状况的认知。前者是客观的，后者则是主观的。同时，两者又是相互关联和相互影响的。前者可以用来改变后者，后者发生改变又可以为办案人员提供案件信息，从而让办案人员更全面地掌握案件信息。从讯问的实际操作层面来看，办案人员掌握案件事实的状况直接影响对被讯问人就此认知的控制，前者是后者的基础。

（一）控制基础：充分全面地掌握案件关联信息

要有效控制被讯问人对办案人员已经掌握案件事实的认知，办案人员首先要尽最大可能充分全面地掌握与案件相关联的信息，吃透案情。只有吃透案情，才能明确认知控制的方向，同时避免在讯问中"漏气"。

1. 需要掌握的信息内容

在这里，需要掌握的案件信息范围应当作最广义的理解，既包括与案件事实直接相关的信息，也包括与案件具有间接关系的各种信息。

一般而言，讯问中需要提前掌握的信息包括如下方面：

（1）被讯问人的个人信息。具体包括被讯问人的兴趣、爱好、成长经历、生活习惯、穿着特色、生理特征、忌讳、价值观、世界观等方面的信息。

（2）被讯问人的社会关系信息。具体包括如下方面：第一，被讯问人近亲属相关信息，如父母、配偶、子女及其配偶的工作、财产情况等；第二，是否有情人，如果有，掌握情人的相关信息；第三，身边人员相关信息，如下属、秘书、司机；第四，交往的圈子，即与被讯问人往来密切的同学、战友、老乡等相关信息；第五，人脉，即被讯问人的人际关系和网络，如政府人脉、金融人脉、行业人脉、技术人脉、思想智慧人脉、媒体人脉、客户人脉、高层人脉（如老板、上司）、低层人脉（如同事、下属）等。

（3）被讯问人的财产状况。包括被讯问人的收入、财产、开支、负债等情况；被讯问人持有的动产、不动产和知识产权的情况；不在被讯问人名下但为其所控制的动产、不动产和知识产权的情况。

（4）被讯问人的职权分工。职务犯罪与被讯问人的职权、岗位具有关联性，因而在讯问之前需要掌握被讯问人的职权分工情况与职权行使情况。职权分工情况包括被讯问人在机关、企业事业单位的岗位、职责、分管领域和范围、具体的权限等

情况。职权行使情况包括被讯问人在相应岗位上具体行使职权的情况,如审批的工程项目、决定的具体事项、操办的具体活动等。

(5)被讯问人的活动规律和范围。具体包括被讯问人的作息规律、运动规律、出行的路线、时间、活动的区域和范围等相关信息。

(6)行业信息,被讯问人所在的行业领域的相关知识和信息,如工作流程、特定的专业知识、测量方法、计量单位等。

2. 了解掌握信息的途径和方式

办案人员了解相关信息的途径和方式主要包括如下三个方面:

(1)初核。初核是对案件情况的初步核实。初核不同于立案后的调查,可以采取的措施相对有限,但核实的信息范围相对广泛。初核既要着眼于证据的收集,更要着眼于案件信息的收集和判断。通过初核获取的信息越多越好,初核获取信息的质量在一定程度上决定了审查调查中谈话和讯问的效率。

(2)网络搜索。除初核外,办案人员还可以通过互联网获取相应的信息资源。通过互联网可以获取被讯问人及其相关单位已经公开的信息,同时也可以获取被讯问人所在行业和系统的职务犯罪案例。

(3)信息平台查询。对于已经建立调查信息平台和数据库的地方,可以登录平台查询或者在数据库进行查询。这类平台可以查询的信息包括被讯问人的金融数据信息、水电气暖缴费信息、不动产信息、高速缴费信息等。这些信息对于讯问具有辅助作用。

(二)认知控制的原理

对于被讯问人的认知控制包括明示和暗示两种方式。明示相对直白、明确,暗示则相对委婉、模糊,目的都是改变被讯问人对办案人员已经掌握案件情况的认识。

1. 明示

所谓明示是指办案人员在讯问中采用积极的、直接的、明确的方式告知被讯问人,办案人员已经掌握了被讯问人的犯罪事实。明示的方式通常是直接的言语告知,或直接指出被讯问人所犯的罪行,或直接告知"你干的事我们已掌握"。明示的优点是简单、直白,便于理解,对被讯问人的冲击力较强,通常是在办案人员对犯罪事实了解比较到位的情况下使用。但需要注意的是,在办案人员信息掌握不到位的情况下采用明示的方式有可能跑风漏气。同时,在明示之后,还应当继续观察被讯问人的反应,根据反应采取下一步讯问方法。

2. 暗示

所谓暗示是指办案人员不明说，而是采用含蓄的话语、行为举动或者营造某种氛围、情景让被讯问人去领会。暗示的效果与被讯问人的受暗示性呈正向变量关系，被讯问人的受暗示性越高，则越容易受到影响。在职务犯罪案件中，对被讯问人的暗示可以从多方面进行。

（1）暗示的时机

对被讯问人的认知控制和影响，可以不局限于讯问室。在办案人员与被讯问人开始接触的时候就可以进行。除可以在讯问的过程中进行暗示外，还可以在押解的过程中，讯问的休息间隙，甚至被讯问人吃饭的时候进行暗示。由于被讯问人在讯问室的戒备性较强，在讯问室外的暗示效果反而会更好。在操作中不一定非得通过讯问的办案人员来暗示，有时候书记员、辅助人员反而能够起到更好的效果。例如，在押解的过程中，安排参与办案的辅助人员莫名其妙地对被讯问人说一句："搞那么多钱干什么呀，自己又花不上。"或者称赞被讯问人："你放钱的地方一般人还真想不到！"剩下的时间参与办案的辅助人员可以一句话都不说，让被讯问人自己去体会即可。这样不经意的一句话会让被讯问人意识到自己的赃款可能被办案人员起获了。让被讯问人带着这样的认知状态到讯问室，显然对于突破被讯问人的财产问题是有利的。

（2）暗示的人、事、物

认知控制中可以暗示的事物多种多样。具体包括：第一，财产，如钱、房子、金融证券等；第二，与职务犯罪行为或者案件相关的特定物，如存放赃款的箱包、特定的行贿物品、健身卡、美容卡等；第三，与案件相关联的特定事件；第四，与被讯问人和案件相关联的人脉关系网络；第五，与被讯问人或者案件具有特定关系的人，如被讯问人的情人、司机、下属、同案犯等。具体选取哪一种来暗示，因人、因案不同，可以根据具体情况灵活选用。基本目的在于改变被讯问人对办案人员掌握案件情况的认知，基本方向是让被讯问人觉得与案件有关的人、物或者事都已经被办案人员掌握了，自己无从隐瞒。

（3）暗示的方式

暗示的方式也是灵活多样的。基本方式包括：

第一，言语暗示。实践中使用较多也比较容易把握的是言语暗示。以下就多数情况下的可能性进行举例。

"现在房价跌了不少，要是按当时的房价算数额，你可亏大了。"（暗示房子）

"你的艺术造诣不错啊？"（暗示受贿艺术品）

"老兄，你大手笔啊?"（暗示特定的事情）

"你交往的圈子挺杂的呀?"（暗示被讯问人的关系人脉）

言语暗示包括两种类型，第一种是模糊言语暗示。即对被讯问人所说的话具有多义性，让被讯问人根据自己的语境来体会和理解特定言语的含义。

第二种是片面信息暗示。即讯问人员所说的话包含的信息是不完整的，被讯问人难以通过办案人员的言语信息直接进行具体判断。从信息质量上看，办案人员传递的信息是局部的、零碎的、片面的，被讯问人根据这些信息可以推出多种可能性结论。

第二，环境氛围暗示。即通过讯问环境布置和营造特定的审讯氛围，让被讯问人感受和猜测讯问的环节和氛围所传递的信息。如办案区外有序而忙碌的工作人员、讯问室外看守防卫的武警以及等待采访的媒体记者，这些既会让被讯问人感受到案情的影响，也会让被讯问人猜测调查工作进展的情况。

第三，表情暗示。即通过办案人员、辅助人员特定的表情引发被讯问人联想和猜测，以改变被讯问人的认知和判断。如办案人员胸有成竹的表情和语气、书记员同情的眼神等。

二、对办案人员掌握证据的认知控制

证据在刑事诉讼中具有不同的作用。在诉讼证明中证据是证明案件事实的工具，在调查中证据是发现和查明案件事实的线索，而在讯问中证据则是办案人员影响被讯问人的工具。在讯问中合理使用证据可以改变被讯问人的认知状态，影响被讯问人的判断，进而也可以改变被讯问人的对抗态度，转化其意志。在讯问中改变被讯问人对办案人员已经掌握证据的认知过程，是讯问中认知控制的重要内容。

（一）证据认知控制的方向

被讯问人对办案人员掌握证据的认知包括办案人员发现证据的可能性、已经发现证据的数量、证据的证明作用和重要程度等内容。这种认知是被讯问人的主观感知，并不代表办案人员实际掌握的证据情况。正是由于被讯问人的认知是主观的，因而也是可以在讯问中被改变和被塑造的。办案人员通过外在的影响来改变和塑造被调查人对办案人员已经掌握证据的认知状态，使其朝着有利于供述的方向发展，这便是证据认知控制。

证据认知控制的基本方向是让被讯问人觉得办案人员已经掌握足够的证据来证明其犯罪事实。只有让被讯问人觉得办案人员掌握的证据非常强有力，足以让被讯问人无法否认，才能打消被讯问人的侥幸心理，促使其作认罪供述。反之，如果被讯问人觉得办案人员收集不到相关证据，或者案件事实虽然已经暴露却无法用证据来证明，那么被讯问人就会心存侥幸，拒绝如实陈述。因此，办案人员在讯问中不仅要让被讯问人明白案件事实真相已经暴露，还要让被讯问人相信办案人员已经或者能够掌握相关的证据来证明其犯罪。如果相反，则会形成被讯问人供述的障碍。

（二）讯问中证据的使用

改变被讯问人对办案人员掌握证据的认知状态，可以通过多种方式进行。实践中，最常见的方式就是在讯问中用证据改变被讯问人的认知。相对而言，这是一种比较直接、有效的控制方式。

1. 使用证据的目的

办案人员在讯问中使用证据的目的包括两个方面：一是改变被讯问人对办案人员掌握证据的认知，直接向其证明办案人员已经掌握了相关证据；二是用来纠正被讯问人的谎言。即在被讯问人作虚假陈述意图欺骗时，讯问人员出示证据纠正被讯问人的谎言。出示证据纠正被讯问人的谎言，一方面可以印证陈述的虚假性，另一方面也可以改变被讯问人对证据的认知。

2. 使用证据的方式

讯问中使用证据的方式主要有三种：暗示、直接出示、证据的虚构与夸大。其中暗示和直接出示证据，法律的界限比较容易把握，而在讯问中夸大证据或者出示虚假的证据，则有诱供和欺骗的嫌疑，需要慎重把握。

（1）暗示证据

所谓暗示证据，是指在讯问中办案人员不直接出示证据，而是采用隐晦的方式表示其已经掌握了相关的证据，让被讯问人自己领会。这种方式由两部分组成：一是办案人员对掌握证据情况的间接或者模糊表示，二是被讯问人的领会和反馈。前者是办案人员施加的刺激，后者是被讯问人对刺激的反应，只有两者结合，才能起到改变被讯问人证据认知的效果。实践中并不是一次就能见效，通常需要多次证据暗示被讯问人才能产生办案人员所预期的反馈，所有在讯问谋略上这方面的操作手段通常被称为"引而不发"。证据暗示的方法有多种。常见的方法有：

第一，提示证据线索。

向被讯问人提示证据的线索来暗示办案人员已经掌握该线索所指向的证据。在讯问操作中往往是办案人员只出示能够导向犯罪证据的线索，并不表明已经收集到哪些证据，进而让被讯问人自己意会。

在查办陈某受贿案中，办案人员在陈某办公室搜到一个挂有保险柜和防盗门的钥匙串，但被讯问人家中没有保险柜，且防盗门的钥匙与被讯问人居住的房屋不匹配。在讯问中，办案人员拿出保险柜的钥匙对陈某说："你仔细看一下这把钥匙，好好想一下里面的东西是怎么来的？"

陈某仔细看了一下钥匙问："哪一件？"

办案人员："先说最贵的那件。"

……

后来根据陈某的交代，办案人员发现了陈某在另外一个小区购买了带有储藏室的地下车库，并取获了隐藏于车库储藏室中的保险柜以及受贿的赃款和赃物。之前发现的钥匙正是开启车库储藏室防盗门的。

此案中，办案人员只是确认钥匙是开保险柜的，但并不知道保险柜放在哪里，也不知道防盗门的钥匙是开哪一套房子的。但在讯问中出示该钥匙，让陈某觉得办案人员已经查获保险柜并掌握了保险柜中的全部证据，因而才开始交代与保险柜所藏物品相关的犯罪事实。其中保险柜的钥匙只是其他证据的线索，不是证据本身。出示钥匙所起的作用就是让被讯问人认为相关证据已经被查获。

第二，提示证据的局部信息。

不出示全部证据，只是向被讯问人提示证据的形式、数量或者证据所包含的某一个信息点，让被讯问人认为办案人员已经掌握了相关证据。

在邬某贪污案中，办案人员从在逃共犯骆某某的办公桌台历缺页上发现一个"邬"字，还有739、556两组数字。经调查分析发现可能是邬某与骆某某的分赃比例。办案人员在讯问中发现邬某心存侥幸，就直截了当地问邬某："骆某某办公室台历上的739和556，是不是你和骆某某的分赃比例！"听到这话，邬某的脸色"顿时一变"。随后交代了相关犯罪事实。

在此案中，556是邬某所分贪污款556万元的数字信息，办案人员说出"739和556"这两个数字，会让讯问对象认为其所得赃款的相关证据已经被掌握或者相关证据必然会被发现。这组数字在客观上起到了改变被讯问人对证据认知的作用。

第三，提示同案犯、证人到案情况。

在职务犯罪案件中，同案犯和证人是案件信息的重要来源，同案犯的供述以及证人证言对案件事实的证明起着重要作用。对被讯问人而言，同案犯到案或者证人出现不仅意味着犯罪事实的败露，而且意味着办案人员已经或者必然获取相关的言词证据。但在调查中，同案犯和证人有一个认知和意志转化的过程，同案犯到案也并不意味着其马上就会如实陈述，证人也不一定马上就如实作证。为了提高调查的效率，在同案犯、证人到案但没有如实陈述的情况下，也可以借此改变被讯问人对证据掌握状况的认知。

在查办马某某贪污、受贿案中,办案人员发现马某某在负责某开发区工程招标及建设过程中,违反规定擅自成立招标办公室,委托郭某推荐的招投标公司为招标代理单位,指定采用"综合评标法"评标并授意相关单位和工作人员对郭某挂靠的建筑公司给予关照,帮助郭某先后承揽多个工程项目。郭某所做的工程预算明显高于市场价格,但马某某均予以认可并多次催促开发区管理委员会负责人及财务人员尽快给郭某挂靠的施工单位支付工程款。在开始的讯问中,马某某声称是按照正常招投标流程办理,没有收受郭某任何款物。郭某在案发时试图逃跑,到案后也拒不承认对马某某有行贿行为。办案人员先向马某某展示了郭某接受办案人员讯问和签字的视频片段,但没有声音。然后问马某某:"这个人你总该认识吧?实话告诉你,他已经回来了。你看看他正在做什么?"马某某看到郭某在讯问室接受讯问的视频后,开始交代与郭某有关的贿赂行为。随后办案人员又将讯问马某某的视频片段放给郭某看,郭某又交代了马某某尚未供述的部分贿赂。最终查明马某某先后9次收受郭某贿赂的款、物共计479万元,共同贪污320万元公款。办案人员在讯问中展示的是共犯接受讯问的视频片段,由于没有声音,被讯问人听不到对方在讯问中具体说了什么。视频的作用在于提示被讯问人同案犯已经到案,办案人员已经获取或者迟早会获取对方的供述。即便办案人员没有实际获取同案犯的供述,被讯问人也会产生这样的认知。

实践中,类似的做法还包括将两个被讯问人分别安排在不同的讯问室接受讯问,故意让被讯问人听到对方路过的动静或者说话的声音,但听不到具体说话的内容。这种方法也能起到类似的效果。

对于没有共犯或者共犯尚未到案的案件,可以提示证人信息以改变被讯问人对证人作证情况的认知。通常提示的信息包括证人到案信息、关键证人的去向信息、证人证言的特定信息点等。

在查办孙某受贿案中,办案人员发现被讯问人孙某将一部分受贿财物交由其情妇徐某保管,但徐某在案发前失踪。调查发现,徐某用自己的身份证购买了去沈阳的火车票,但徐某到沈阳以后的行踪无法确定。办案人员通过查询消费记录发现在徐某出发前一周,孙某网购了一个新秀丽拉杆箱,收货人正是徐某。在讯问中,当办案人员问到徐某时,孙某声称与徐某只是认识,没有任何来往。办案人员对孙某说:"你对上个月买的新秀丽拉杆箱还有印象吧?这只箱子先是到了沈阳,它的主人是谁你清楚吗?"

孙某:"你们怎么找到她的?"

办案人员:"以现在的技术手段,找一个人还费事吗?"

孙某:"她是怎么说的?"

办案人员:"她说的每一句话我们都会仔细核实。现在就是向你核实一下钱和东西的来源。具体是怎么来的?"

孙某:"我记不清了。"

办案人员:"记不清不要紧,我们一起慢慢想。"

随后在办案人员的引导下,孙某承认了与徐某的关系并交代了给徐某保管的财物和来源。在本案中,徐某并没有到案,但讯问人员借助箱子提示徐某的行动轨迹,让孙某误以为徐某已经到案,进而让孙某认为与徐某相关的证据已经被办案人员掌握。

第四,提示证据来源。

从一般社会生活经验上看,任何证据一定有其来源,办案人员只有通过一定的途径才能发现和收集证据。在很多情形下,办案人员在讯问时只告知被讯问人证据的来源就可以改变被讯问人对证据的认知。因为在日常逻辑中,办案人员能说出证据的来源,也就意味着办案人员已经掌握了该证据或者必将掌握该证据。在特定的情境中,即便办案人员没有真正收集到相应的证据,但根据相关信息能够推断存在相应的证据,在讯问中也可以通过提示证据的来源让被讯问人认为办案人员已经掌握了相关证据。

在查办迟某某涉嫌受贿、贪污案件中,办案人员搜查时在迟某某家中的垃圾篓里发现一个被折弯且用醋浸泡过的手机。办案人员发现迟某某有三个手机号,其中有一个手机号的SIM卡无法找到,但通话记录显示主要是和胡某某通话,通话时间多集中在上班以外的时间。办案人员由此推断手机中一定存储有迟某某想隐瞒的某些信息,并且和胡某某相关。在讯问中,办案人员出示了提取该手机时的照片和数据提取设备的照片,并告知迟某某:"你不要以为把手机用醋泡了、折弯了,我们就没办法了。你看一下这个芯片,它是陶瓷的、耐高温、防腐蚀,手机信息都储存在这里。这就是我们的手机数据提取设备,用它提取芯片里面的数据是很容易的。"

迟某某:"既然你们都提取了,还问我干啥?"

办案人员:"现在是向你核实。你的手机,里面有什么你最清楚。现在要问的,就是你这个手机里面相关信息的问题。"

迟某某:"我不知道你们要问哪方面的信息。"

办案人员:"你用这个手机和哪些人联系?"

迟某某:"本单位和本系统以外的人。"

办案人员:"你为什么要用单独的手机和手机号和这些人联系?"

迟某某："有些事不想让别人知道。"

办案人员："哪方面的事情不想让人知道？"

迟某某："也没什么不想让别人知道的事情。主要是自己接电话方便，哪个手机响就知道是哪方面的人打过来的，可以判断接还是不接。因为我这个位置打电话请帮忙的人太多。这你们都明白。"

办案人员："你说的可以理解。这个手机的电话你是经常接还是不经常接？"

迟某某："不好说。有的电话接，有的电话不接。"

办案人员："哪些电话接，哪些电话不接？"

迟某某："我记不清楚了。你们不是把数据都弄出来了吗？你们应该都知道了，为什么还问我。"

办案人员："看来你是不见棺材不落泪。你说用这个手机和本系统以外的人联系，这是实话。你说记不清了那是假的。不可能都记不清。我帮你提示一个。胡某某的电话你是接还是不接？"

迟某某："……"

办案人员："你和她不在上班时间联系，为什么？"

迟某某："……"

办案人员："直说吧，胡某某和你是什么关系？"

迟某某："……，比较密切。"

办案人员："应该不是一般的密切吧，说具体些。"

迟某某："就是特别好的那种。"

随后迟某某交代了自己与胡某某是情人关系，也交代了经胡某某之手收受贿赂的事实。在此次讯问中，办案人员利用出示被折弯浸泡的手机来提示手机芯片中的信息，同时结合通话记录相关信息让被讯问人觉得办案人员已经掌握了破损手机的内部信息。当然从技术上讲这些信息是可以提取的，但采用提示证据来源的方式改变被讯问人的认知，不仅节约了时间，而且提高了办案的效率。

（2）出示证据

即在讯问中直接向被讯问人出示办案人员已经收集到的证据。讯问中可以出示的证据既包括实物证据，也包括言词证据，通常以实物证据居多。在职务犯罪中受贿、贪污、挪用公款等贪财类犯罪占绝大多数，因而在讯问中出示相关财务凭证、查询记录以及赃款、赃物的比较多。所出示的证据通常与赃款赃物的来源、去向、获取手段具有关联性。

在李某、夏某、马某涉嫌挪用公款案件中，李某为某公司结算科科员，负责保管单位承兑汇票,在夏某的参与和介绍下,其先后5次将公司1010万元承兑汇票挪用给马某用于个人煤炭销售经营。李某在马某无法归还的情况下主动投案,交代了相关犯罪事实。办案人员在讯问夏某和马某时,先后出示了公司财务处出具的转账凭证、收款证明单、银行承兑汇票复印件等证据。夏某很快便交代了自己参与4次,共计挪用公款710万元的犯罪事实。马某除了供述挪用公款的事实之外,还交代了给李某行贿10.9万元、给夏某行贿4万元的事实。

本案中,银行承兑汇票的复印件、转账凭证、收款证明单等证据,能够直接证明挪用公款的来源和挪用的方式,讯问中出示这样的证据对被讯问人具有冲击作用。同时这类证据信息明确,不易引起误解,也不会误导被讯问人,在讯问中直接出示能直观展示办案人员对案件证据的收集情况,打消被讯问人的侥幸心理。

在贪污和挪用公款案件中,证明公共财物或公款来源的书面证据相对多一些。其中像财务凭证或复印件这样的证据,来源明确,信息具体,与贪污或者挪用行为具有直接联系。在讯问中直接出示,在纠正被讯问人谎言和改变被讯问人证据认知方面效果十分明显。而在贿赂案件中,这样的证据资源并不是很多,往往要依靠间接出示的方式来改变被讯问人的认知。

(3) 证据的虚构与夸大

证据的虚构是指讯问中向被讯问人出示虚假的证据,以便让被讯问人认为办案人员已经掌握了相关的证据,但实际上办案人员所说的证据并不存在或者办案人员并没有真正掌握。证据的夸大是指在讯问中,办案人员出示真实的证据但故意夸大已经掌握的证据数量或者证据能够证明的事实,从而改变被讯问人对办案人员已经掌握证据的认知。

从法理上看,判断讯问手段是否合法需要根据具体的情形来分析,无法通过立法确定具体的标准,只能确定判断的原则。讯问具有特殊的对抗性,讯问中使用证据具有策略性和灵活性,不能机械地要求办案人员出示的证据或者证据材料都必须是真实的。只要办案人员在讯问中使用证据不会误导无辜的人做有罪供述,且使用证据的方式本身不违背社会伦理道德,一般不能认定为非法。在实践操作中,为了避免对讯问合法性产生争议,办案人员在通过证据虚构或夸大获取被讯问人供述后要告知被讯问人所出示的证据是虚构的或者故意夸大的。看被讯问人是否翻供,对于翻供的,进一步核实翻供的理由。这种先"示假"随后告知的方法可以在一定程度上降低虚假供述的比例,也可以增加讯问的合法性,更容易被认定为讯问谋略,而非欺骗或诱供手段。

3. 使用证据应注意的事项

在讯问中使用证据，需要注意以下几点：

（1）注意"查明"和"证明"之间的差异

讯问中使用证据的目的是查明事实真相，而不是诉讼证明。诉讼证明在证据的质量和数量上都有相对严格的要求。就质量而言，所提出的证据应当是合法、真实的证据，而且与要证明的案件事实具有相对紧密的关联性。就数量而言，要达到证明的标准需要多个证据，至少不能是孤证。而调查讯问中出示证据不是为了向被讯问人证明什么，而是为了改变被讯问人的对抗意志，从被讯问人那里获取案件信息查明案件事实真相。因而在合法的范围内具有较大的操作空间。要不要出示证据、是直接出示证据还是进行证据暗示、出示什么样的证据，一切以达到讯问目的为必要。只要能够达到讯问目的，能不出示就不出示，能少出示就不多出示，能片面出示就不全面出示。

（2）避免"漏气"

对于被讯问人而言，证据具有多向提示作用。有的证据能够让被讯问人觉得办案人员已经掌握犯罪事实，但有的证据也会让被讯问人觉得办案人员只掌握了部分犯罪事实，或者只是掌握了外围的信息，而不是全部犯罪事实。后者在实践中被称为"漏气"或者"漏底"，即泄露了办案人员掌握证据的实际情况，让被讯问人觉得讯问人是在虚张声势。

（3）防止信息污染

在一些错案中，被讯问人本来是无辜的，但办案人员所出示的证据让被讯问人觉得自己无论如何辩解都不起作用。于是在证据的影响和办案人员的强制双重作用下开始交代所谓的"罪行"。这种虚假供述叫作"强制—顺从型虚假供述"。在这种类型的虚假供述中，有的内容细节生动、独特，且与其他证据相互印证，在后续的诉讼程序中很难辨识。从逻辑上看，无辜的被讯问人本来没有实施犯罪行为，如何作出与其他证据相互印证的供述呢？这是因为在讯问中，讯问人员出示的证据给被讯问人提供了编造虚假供述的原始信息材料。也就是说被讯问人对案件事实的信息感知不是源于对犯罪过程的亲身经历，而是源于讯问中的证据出示以及事后指认现场的感知。这种事后对无辜被讯问人输入的信息是真实的，但对无辜者的认知却是一种污染。这种事后的信息输入可以称为信息污染。

在讯问中，需要特别注意信息污染问题。办案人员出示的证据越多、越具体，向无辜者输入的信息就越多、越具体。在审讯强制的作用下，被讯问人编造的虚假供述就愈加生动，细节也就愈加具体，其结果就是供述与其他证据的印证点越多，让这种虚假的供述更加难以辨识。正因如此，要保证案件质量防止出现错案，办案人员在讯问中使用证据就必须尽量避免信息污染。

（4）注意把握界限

在讯问中使用证据，需要把握讯问谋略与欺骗、引诱之间的界限。

第一，在使用证据时尽量对被讯问人"示真"而不"示假"。在暗示证据时，尽量使用真实的证据材料。不管是暗示证据线索的材料、证据来源的材料还是证据所包含的局部信息，都尽可能是真实的。在出示证据时，也尽可能出示真实的证据，而不要出示伪造的证据。一方面，"示假"会增加漏气的可能性；另一方面，办案人员故意出示假证据材料或假证据，这种方式符合欺骗和引诱行为的外在特征，更容易被认定为欺骗或引诱。

第二，"示假"之后要告知。为了改变被讯问人对证据的认知，有时确有必要在讯问中进行证据的虚构和夸大，也就是在对被讯问人使用证据时"示假"。但要注意尽量在改变被讯问人对抗意志环节使用，而不要在引导供述环节使用。同时在被讯问人供述之后应当告知被讯问人先前所出示的证据是虚构的或者带有夸大的成分，然后进一步核实陈述的真实性。后面的告知行为不仅可以减少虚假供述的可能性，而且会让讯问呈现"先假后真"的样态，更符合讯问谋略的形式要件。

第三，综合判断导致虚假供述的可能性。区分讯问谋略和欺骗、引诱最重要的标准是结果。如果讯问中出示的证据更容易导致被讯问人作虚假供述，即便出示的是真实的证据，也有可能是欺骗、引诱。反之，如果出示的证据或者证据材料有虚假的成分，但绝对不会导致被讯问人供述自己没有实施的罪行，也很难被认定为非法讯问。因此，在使用证据时，要综合判断导致被讯问人作虚假供述的可能性，如果使用证据导致被讯问人作虚假供述的可能性比较大，就不要使用。

第五节　对办案方向的认知控制

纪律检查和监察调查是针对违纪、职务违法和职务犯罪事实而进行的，办案的目的就是要调查清楚涉案人员违纪、违法和犯罪事实的实施者和犯罪行为相关情况。无论是违纪、违法还是职务犯罪，相关事实都是由人和行为两个方面因素构成，且不可分离。因而办案的目标就必然指向特定的人和事，简言之，就是查清楚"什么人犯了什么事"。在职务犯罪案件中，"人"和"事"都必须符合法定的构成要件，且两者之间的关联性更为特殊。国家工作人员的身份和职权决定了职务犯罪的行为和方式。因而在职务犯罪案件中，查"人"和查"事"都至关重要。有的案件是先发现犯罪后果，由后果倒查职务犯罪人员，即所谓的"由事到人"办案模式；更多的案件则是先发现某个人有"问题"，但具体的犯罪事实不清楚，办案是根据"人"调查"事"，即所谓的"由人到事"办案模式。

由于职务犯罪主体的特殊性以及职务犯罪行为与职权的关联性，不管是"查人"还是"查事"都会影响案件的走向。在具体的案件中，调查某个人也就意味着调查其背后与职权相关的一个或者多个犯罪事实，而调查某个犯罪事实其实也意味着调查与之关联的一个或者多个被讯问人。在办案过程中要查的人和事开始都处于相对模糊状态，具有不确定性。因此，"查谁？""查什么事？""往哪里查？"这些问题都是办案人员在初始阶段必须考虑的。同时这些问题是职务犯罪案件办案的方向性问题，会直接影响案件的结果。

对于被讯问人而言也是如此，办案的方向会影响其对案件发展趋势的判断，这种判断进而会影响其在讯问中的行为取向。在讯问中，办案人员可以通过明示或者暗示的方式改变被讯问人对案件办案方向的认知，并以此改变被讯问人的选择和判断，使其改变对抗态度，陈述案情。关于被讯问人对办案的方向认知控制包括三方面内容，即人、事和具体调查方向。

一、对调查指向"人"的认知控制

在查办"窝串案"中，要查谁或者要查什么事情，从被讯问人的角度看是有很大的伸缩余地的。对于被讯问人而言，自己当然是被调查的对象，但调查主要针对谁也是其急着要搞明白的问题。办案人员要查一个人还是多个人？要查下属还是要查上级？要查受贿人还是要查行贿人？这些也是被讯问人在进行利益权衡的时候要考虑的问题。如果调查对象认为办案人员不是针对其上级官员，那么作为下属的被讯问人可能会寄希望于上级领导找关系想办法将其捞出去。如果调查对象认为办案主要是查受贿人，那么作为行贿方的被讯问人在诉讼中的身份就有可能会转化为证人。这些都会让被讯问人从中看到某些所谓的"转机"。在有些案件中，知道了调查指向"谁"也会让一部分被讯问人丧失退路，打消侥幸心理。

在讯问实践中，办案人员可以利用调查指向人员的不确定性来改变被讯问人的认知状况。

在查办石某贪污、受贿、巨额财产来源不明案件中，办案人员发现边某曾收受开发商胡某的巨额贿赂。胡某到案时已经打听到相关的信息，专案组正在调查石某，并对与石某相关的问题做好了应答准备。在讯问中，胡某要交代送给石某贿赂的问题，但办案人员故意绕开石某的问题，对胡某说："关于你与石某的问题，我们已经查清楚了。今天的重点不是配合调查石某的问题，而是你自己的问题。在石某的问题上，你已经构成了行贿罪，需要追究刑事责任。现在重要的是你要不要立功的问题。你行贿的人不是石某一个人，我们要调查的人也不是石某一个人，我们要调查的是一群人。你现在要先讲一下给其他人送钱的情况。"

本案中，办案人员故意搁置石某受贿问题，转而让胡某交代给其他人行贿的问题，让胡某觉得被调查的人员不仅仅是石某，而是指向更多的人。这种问法改变了胡某对调查方向的认知，一方面可以收集到更多职务犯罪的线索和证据，另一方面对胡某也可以起到声东击西的效果。当胡某思考要不要交代给其他人行贿的问题时，就没有时间在给石某行贿的问题上撒谎。

二、对调查指向"事"的认知控制

对于被讯问人而言，通常的选择是：哪些犯罪事实暴露了或者必将暴露，就交代哪些事实；哪些事没暴露或者暴露的可能性较低，就先不交代或者抱着走着瞧的心态静观其变。在事实没有暴露的情况下，其主动交代的可能性就比较低。被讯问人判断要不要交代的一个重要参照因素就是调查工作的指向。调查工作指向什么事，被讯问人在没有办法的情况下就供述什么事，调查没有指向的事情，被讯问人很少会供述。在讯问中，办案人员可以利用被讯问人的这种心理，改变其对调查工作所指向的犯罪事实（事）的判断，改变其认知，转化其意志。此即所谓的对调查指向"事"的认知控制。

（一）从"一事"到"多事"

在职务犯罪案件，尤其是贪污贿赂案件中，"一人多事"或者"多人多事"的情况比较常见。所谓"多事"就是指多个犯罪事实。有的被讯问人涉嫌多个犯罪行为构成多个罪名，如受贿、滥用职权等；有的被讯问人涉嫌罪名单一，但有多个相同性质的犯罪行为，如多次贪污、多次收受不同人员的贿赂等。对于多个犯罪事实，办案人员已经知道哪些事情？要调查哪些事情？这样的问题会影响被讯问人的认知和判断，也会影响被调查人在讯问中的配合程度。

在调查的初始，办案人员掌握的信息并不全，通常只是被讯问人的一两个犯罪事实或者线索。在这种情况下，不能局限于已知的事实或者线索信息，调查的方向应当是发散的、多元的。尤其在讯问中，办案人员应当运用发散思维，立足于已知的事实着眼于未知的事实，从"一事"到"多事"。在认知控制上，要让被讯问人摸不透调查指向的具体事项，或者让被讯问人认为调查指向的是其全部犯罪事实。

（二）从"职"到"事"

职务犯罪与国家工作人员的职权紧密相关。在讯问的初始阶段，被讯问人涉嫌的犯罪事实处于不确定状态。办案人员所掌握的信息是否真实有待核实，被讯问人的犯罪事实具体有多少有待进一步发现。而被讯问人作为国家工作人员其职责是确定的。基于职务犯罪与国家工作人员职责的关联性，办案人员可以在讯问中以被讯问人职责和职权为切入点，逐步关联到相关的犯罪事实。

笔者在调研中发现实践中的"分轮讯问法"，就是基于职务犯罪职权的确定性和调查阶段犯罪事实的不确定性而采用的应对办法。具体操作包括如下环节：

第一轮：普遍撒网

在讯问的开始不告知被讯问人所涉嫌的具体犯罪事实，也不告知具体原因。故意让被讯问人摸不着头脑，让他猜不出要调查的事实和方向，进行看似漫无目的的漫谈式讯问。从被讯问人的职责和权限开始，引导被讯问人陈述职权、财产等多个信息。相关话题和任务包括：

（1）对被讯问人职权范围内的所有事项事无巨细地全部问一遍；

（2）对被讯问人的财产状况详细核实一遍；

（3）对被讯问人所有交往密切的人详细核实一遍；

（4）对被讯问人个人成长经历详细核实一遍。

在核实的过程中，事无巨细，每一个问题点都要力争问透彻。在细问的同时进行相应的暗示。对于被讯问人可能想到的、确定性的东西，要突出暗示其不确定性；对于被讯问人没有想到的问题和事情要尽量发现和突出，暗示其理性的有限性。这一轮讯问的核心任务并不是核实具体的犯罪事实，而是打乱被讯问人的认知，让其摸不清调查指向的具体事情。对被讯问人而言，知道调查的方向，防一个点相对容易，但当其不知道调查的方向时，就不知道办案人员的攻击点在哪里，防不胜防。

第二轮：重点攻击

在第一轮讯问的基础上，对可能出问题的节点进行重点讯问，如最可能出问题的工程、最可能出问题的环节、最可能出问题的人、最可能暴露问题的财产等。对相关的节点问得更加深入、更加透彻，有问题的关键节点要问，没问题的关键节点也要问。在讯问人员安排上，通常选择比第一轮经验、资历更丰富的办案人员讯问。讯问前，对第一轮讯问的信息进行梳理，集体商量确定攻击的方向和节点；讯问中，注意与第一轮讯问的衔接；与被讯问人的距离步步靠近，尽力形成一种逐步深入、收缩被讯问人防卫范围的态势。本轮讯问的主要目的依然不是问具体事实，而是增加焦虑，施加压力；因而在讯问过程中尽力强化被讯问人受压迫感。此外，本轮可以根据情况适当增加，如果被讯问人焦虑情绪不到位，可以再来一轮。

第三轮：引导供述

在前两轮的基础上促发、引导被讯问人陈述所有犯罪事实。在讯问人员安排上，选择与被讯问人年龄、资历、级别、性别、长相、爱好、关注问题点等方面相似点多的人进行讯问。相同点或相似点越多，越容易与被讯问人建立认同感，越容易激发其倾诉欲望。在讯问中注重与被讯问人培养认同感和建立良好的沟通关系。在促发供述过程中既要堵退路又要给出路；在被讯问人开口后，则注意引导供述，给被讯问人充足的回答和叙述的时间；对被讯问人记忆不清的问题和事情，通过谈话技巧唤醒记忆。这一环节的关键在于激发被讯问人倾诉欲望，促发供述；在被讯问人开口以后则重在引导被讯问人如实陈述事实，得到真实的供述。

第四轮：核实查漏

在第三环节被讯问人的供述基础上，仔细核实陈述内容，发现细节问题，继续进行追问。目的在于核实和发现虚假供述，查找遗漏的犯罪事实。在这一过程中，对部分关键问题可以重复提问，前后比对。也可以结合其他证据和材料进行核实。

实践中，这种分轮讯问法不是从具体的犯罪事实开始，而是从被讯问人的职责和权限开始，详细核实被讯问人在职权范围内的所有履职事项以及与具体事项相关的人员和财产情况，这种普遍撒网式的讯问，会让被讯问人搞不清调查的具体方向，打乱讯问前的应对策略。这种从"职"到"事"的讯问策略，基于"职"与"事"的关联性，进行发散式讯问，有助于打乱被讯问人对调查方向的认知，也便于彻底查清被讯问人的全部犯罪事实。

（三）从"纪""法"到"罪"

从表现样态上看，职务犯罪开始往往与领导干部违纪、公职人员职务违法交织在一起，一部分案件因违纪而发案，也有的案件因为涉嫌职务违法被调查后发现涉嫌职务犯罪，当然也有的案件开始以涉嫌职务犯罪立案最后发现只违纪、违法不构成犯罪。对于违纪、职务违法、职务犯罪相互交织的案件，讯问的任务更加艰巨，但同时也给讯问提供了更多的回旋空间。

在违纪、违法、职务犯罪相互交织的情况下，讯问工作绝不能局限于涉嫌的犯罪事实，而应当从更广阔的视野着眼，力求发现更多的犯罪事实。

从行为方式上看，违纪、职务违法与职务犯罪具有同质性，涉及的人员、职务关系、利益转移的手段等方面都具有关联性。多数案件，违纪只是其"表"，犯罪才是其"里"。违纪的事实大多是涉嫌犯罪的线索。如与他人发生不正当性关系是违纪行为，但与之相关联的是权色交易或者钱色交易则是职务犯罪。出入私人会所是违纪行为，但一同出入私人会所或者买单的人，则可能是职务犯罪的共犯或者关联人员。

由于违纪、职务违法的责任要轻于职务犯罪，对于被讯问人而言，交代违纪、违法的事情相对容易，交代职务犯罪的事情，心理障碍则比较大。在讯问中可以先突破被讯问人违纪、违法的事实，再从违纪、违法的事实逐步引导出职务犯罪的事实。

在调查的胡某贪污、受贿案件中，办案人员在初核中发现胡某包养情妇，且多次在私人会所接受工程承包商屈某的招待。在讯问过程中，办案人员先核实胡某的违纪行为。先让胡某交代其与情妇徐某的交往过程和彼此之间的财产关系。在核实徐某所居住的房产、财产状况和来源情况的基础上，讯问胡某转移给徐某的财产情况和财产的来源问题，进而由财产来源引出胡某收受杨某、吴某、戴某、于某等人贿赂共计128万元的事实。在出入私人会所问题上，办案人员先核实胡某出入的私人会所的具体情况，包括去了哪几个私人会所、与会所老板的关系、经常在私人会所会见的人、消费情况、买单情况等。通过调查胡某在私人会所一同出入的人员，办案人员发现了胡某收受承包商郭某、屈某贿赂之外的犯罪线索，进而通过讯问让胡某交代了办案人员尚未掌握的受贿事实，共计272万元。

本案中，犯罪事实的调查是从违纪事实入手的。对于违纪问题，被讯问人通常已有心理准备，核实违纪事实相对比较容易。以此切入，不容易冷场。由于被讯问人将注意力集中在违纪事实上，对于办案人员下一步要调查什么并不清楚。即便被讯问人可能意识到违纪行为与犯罪行为的关联性，想搞明白办案人员要调查的犯罪事实，但由于违纪事实摆在那里，其想掩盖往往也是无能为力。

（四）从此罪到彼罪

职务犯罪案件中，贪污贿赂与渎职犯罪具有内在的关联性。有的国家工作人员先收受贿赂，然后在履职过程中不正当行使职权，构成受贿罪的同时也构成渎职类犯罪；也有的人因为渎职犯罪而发案，但同时也有贪污或者受贿行为。由于渎职犯罪在认定犯罪主体、危害后果、因果关系等方面争议性问题较多，有的案件调查后被判处无罪的概率要高于贪污贿赂犯罪。自转隶以后，在监察机关移送的职务犯罪案件中，渎职犯罪案件的占比下降明显。其中一个重要原因，就是渎职类案件查处和证明的难度更大。从反腐败整体效果上看，贪污贿赂类案件要查，渎职侵权类案件也要查。把两类案件综合在一起调查，效果会更好。即便渎职犯罪无法认定，至少还有贪污贿赂犯罪可以兜底。这是因为多数渎职犯罪和贪污贿赂犯罪之间有某些内在的关联，如有的官员先收受贿赂进而滥用职权，也有的官员在渎职犯罪中夹杂着贪污受贿行为。同时，贪污贿赂犯罪尤其是贿赂犯罪普遍犯罪黑数较大，在一定范围内具有普遍性，涉嫌渎职犯罪的人员，存在贪污贿赂犯罪的概率也很高，通常也都是抵不住查的。

基于多个职务犯罪行为之间的内在关联，职务犯罪案件在调查过程中可能出现多样的走向。以渎职犯罪立案，可能查出贪污罪、受贿罪，以受贿罪立案，可能查出渎职罪或者贪污罪。讯问中，审讯人员可以利用这种变化现象来改变被讯问人对调查指向罪名的认知。在涉嫌渎职犯罪的案件中，突然讯问被讯问人贪污贿赂犯罪的事情，或者在贪污贿赂犯罪案件中突然切入渎职犯罪的话题，往往会让被讯问人措手不及，收到意想不到的效果。

在石某滥用职权的案件中，石某是户籍警。其在得知所辖区一村即将拆迁的消息后，以家人名义购买该村一废旧厂房，原址改建成四处住宅。然后利用管理户籍的便利，将自己和另外三位交警家人的户口迁至该村其所建住宅落户。在拆迁过程中，石某骗取拆迁补偿款2000多万元。在调查过程中，办案人员发现石某所在派出所时任所长孙某和政委吴某有渎职和受贿问题。当接到办案人员要求孙某协助调查的通知时，已经调任其他岗位的孙某显得非常紧张。他事前得知的消息是协助调查石某的事情，但搞不清楚是要调查石某渎职方面的事实，还是要调查自己在贪污受贿方面的事实。讯问中办案人员没有从石某的滥用职权事实入手，而是直接讯问孙某收受贿赂的问题。孙某以为收受石某贿赂的问题已经被曝光，于是承认石某曾向其行贿。办案人员进而借助孙某收受贿赂后为石某牟利的手段和方式引出了孙某渎职犯罪的事实。本案中办案人员就是根据贪污贿赂行为与渎职行为的关联性，通过受贿过渡到渎职犯罪的。

第六节　对利害关系人的认知控制

在职务犯罪案件的讯问中，利害关系人的情况对被讯问人是否供述具有影响作用。通常具有影响作用的利害关系人包括贿赂案件中的行贿人、请托人、情人、近亲属以及其他同案犯等。这些人在办案过程中或明或暗地发挥作用，在一定程度上会影响案件的发展趋势。例如，从人情社会中人际关系的作用和影响看，请托人能够在一定程度上影响案件的调查。有的被讯问人落马后寄希望于请托人能够发挥作用将其"捞出来"。又如，贿赂案件的行贿人是否到案、行贿人交代了哪些问题对办案人员查明案件事实具有影响作用，对于被调查人在讯问中的表现也具有影响作用。多数职务犯罪案件的调查对象在讯问时已被采取留置措施,与外界断绝联系,处于信息封闭状态,这种状态为办案人员在讯问中控制和改变被讯问人对相关人员的认知提供了便利条件。在讯问中合理改变被讯问人对相关人员的认知,可以控制被调查人在讯问中的表现,改变其对抗态度。

一、贿赂案件中对相对人的认知控制

在贿赂案件中,行贿和受贿是对合关系,有收受行为必有给予行为。在行为表现上,行贿人与受贿人互相利用,各有好处。正因如此,行贿人和受贿人都是案件信息的来源渠道,也是讯问的重点对象。在贿赂犯罪案件中,行、受贿双方对查明案件事实具有决定性作用。同时,一方是否到案以及到案后的行为和表现对于另一方也具有影响作用。当以受贿方为调查对象时,对行贿人的认知控制对于突破受贿人具有重要意义。同样地,在突破行贿人时,对受贿人的认知控制也具有重要意义。

(一) 对行贿人的认知控制

在讯问受贿人时,对行贿人的认知控制至关重要。通常要控制的认知内容包括以下两个方面:

一是行贿人到案情况。一般而言,行贿人到案也就意味着办案人员会突破行贿人的供述或者获取行贿人的证言。[①] 在有的案件中,办案人员以明示或者暗示方式告知行贿人到案的情况,就可以让受贿人意识到行为已经暴露,迫使其供述与之相关的贿赂行为。

二是行贿人的陈述情况。在有的案件中,行贿人到案信息并不足以让受贿人开口,还需要进一步的信息,那就是行贿人开没开口,开口之后是如何陈述的。

关于这两个方面的内容在控制方向上需要准确把握。对于行贿人到案情况的认知控制分为两种情况。对于行贿人已经到案的,要让受贿人知道到案情况,并强调行贿人开口陈述的必然性;对于行贿人尚未到案的,要突出行贿人到案的必然性或者暗示行贿人已经到案。对于行贿人陈述情况的认知控制,要突出行贿人的不可靠性。这是因为在受贿人看来,行贿人越不可靠,其交代贿赂行为的可能性就越高。

在查办采油厂厂长吴某受贿、巨额财产来源不明案中,办案人员发现吴某有巨额财产,但在讯问中其拒不交代具体来源。办案人员初核发现,吴某在采油厂产

[①] 某些行贿人可能不构成行贿罪,如国家工作人员索贿,行贿人为谋取正当利益而被动给予索贿人财物的,不构成行贿罪。

能建设期间，先后私下邀请大学教授鄢某、吴某某到采油厂做技术服务项目，并将多个科研项目外委给二人。其中的科研经费可能存在问题。另外，吴某与采油厂物资供应商钟某（某压缩机公司负责人）、应某（某机电设备公司负责人）以及挂靠某建筑公司的个体承办商刘某关系密切，经初核发现吴某有收受该三人贿赂的迹象。于是办案人员先后通知钟某、应某和刘某协助调查，并进行录音录像，同时到鄢某、吴某某单位了解科研经费的开销情况。在调查中，五人均否认与吴某有经济往来。在讯问中，办案人员先出示钟某到案接受谈话的录像片段，然后对吴某说："这个人你应该认识吧，你看他在哪儿？实话告诉你，就是在这个讯问室的隔壁。他说他自己挣点钱也不容易……"吴某看到录像，随即交代自己以办事为由向钟某索要20万元的事实。办案人员在问出向钟某索贿的事实后，紧跟着说："我们调查的可不止钟某一个人，你不要等我们放一个人的录像你就说一个。"吴某依然不信。办案人员又放出一段刘某的录像说："你再看看这个人，认识吗？"吴某刚要交代刘某的问题，办案人员打断吴某的话说："别总是让我们点一个你说一个，放一段录像你就交代一点儿。你与刘某的事现在不需要你交代。先说其他人的事！"吴某："我没其他事，和其他人也没什么关系。"办案人员："是吗？你的网铺得太开了，哪儿都是事儿。外委的科研项目，程序上虽然合法，但鄢教授他们科研经费的开销情况我们已经做了调查，你应该明白的！"

于是吴某交代了向鄢某、吴某某索要科研课题感谢费49.7万元的事实。之后又交代了收受刘某、应某等人民币10万元、金条5根的事实。本案中，虽然几位行贿人没有积极配合调查，但借助提示行贿人到案协助调查让被讯问人吴某认为行贿人已经交代相关事实。讯问中通过提示科研经费开销情况，暗示行贿人已经交代事实真相。

需要注意的是，本案的讯问手段和策略，与欺骗的非法手段是有区别的。主要在于：第一，办案人员只是告知讯问对象行贿人到案的情况，或者行贿人辩解的只言片语，所说的是事实情况，并没有特意虚构事实。第二，受贿人对行贿人到案的信息并没有发生错误的理解，而是对行贿人的可能反应作出了错误的判断，这种判断主要是基于过去事实的记忆而进行的推断，主因并非办案人员的故意诱导。第三，办案人员有选择性地告知信息，从常理上看一般不会导致无辜的人做有罪供述的结果。第四，虽然办案人员告知信息时带有某种误导和欺骗的动机和因素，但因为贿赂犯罪的隐蔽性和危害，这种讯问方式本身依然有一定的伦理正当性。

（二）对受贿人的认知控制

在贿赂犯罪案件中，确有一部分行贿人比受贿人都要坚强。实践中受贿人交代了,但行贿人拒不交代的情形也经常见到。要突破行贿人,一般需要改变其对受贿人的认知。一般而言,控制的方向包括以下两个方面:

第一,通过明示或者暗示的方式,让行贿人明白受贿人已经交代犯罪事实。明示的方式如直接告知受贿人的供述内容,让行贿人意识到受贿人已经认罪。暗示的方式如让行贿人观看受贿人在审讯时回答问题的录像或者悔罪的表现,但不让其听到具体的内容。这种方式类似于讯问受贿人时对行贿人的认知控制,其中的道理是一样的。

第二,打消行贿人对受贿人的期望。一些行贿人拒不交代问题是寄希望于受贿人有机会脱身,将来可以继续合作,也有的行贿人是不希望背负出卖朋友的骂名。

在李某受贿案中,行贿人董某是一个私人公司的老板,同时也是区政协委员,其长期经营建立了相对稳定的政商关系。董某到案后,拒不交代对李某行贿的问题。办案人员甚至找到其情妇刘某,让刘某带着其与董某的私生子面见董某进行规劝,董某依然无动于衷。即便被羁押,董某也一直坚持了四个多月不开口。直到后来,办案人员向董某出示李某被双开以及李某的上级领导曹某也被调查的新闻报道,其才开始动摇、交代行贿事实。事后办案人员得知,董某之所以能坚持那么久是因为他知道李某从政多年,相信李某会度过"危机"。当他发现李某的上级曹某也被纪委调查,才相信李某及其背后的一群人是真正地"倒了"。

二、对受托人的认知控制

所谓请托,是指以私事相托,找关系、走门路、通关节。请托人向被请托人付出一定代价,以换取被请托人的帮助,从而实现请托人一定目的的行为。请托人向被请托人付出的可能是金钱、物品等物质代价,也可能是人情、权力交换等非物质代价。

要改变被讯问人对受托人的认知,必须首先搞清楚被讯问人心里的受托人是谁。在有的案件中,确有被讯问人家属或同事找关系打招呼的。这些出面探听消息、打招呼的人,正是被讯问人信任或者相信的受托人。在有的案件中,没有人打招呼或探听消息,但被讯问人心里寄希望于关系请托,在这种情况下就需要推断出其心里相信的请托人是谁。这需要根据被讯问人的关系网络信息来推断。

对受托人的认知控制,主要是消除被讯问人试图通过找关系摆平案件的希望。

三、对近亲属的认知控制

在职务犯罪案件中,被讯问人的近亲属对其是否供述具有影响作用。有的被讯问人不供述是寄希望于近亲属找关系想办法摆平案件，有的被讯问人不供述是想避免对近亲属造成伤害，也有的被讯问人是因为其与近亲属之间的情感关系而不愿意或者不敢供述。近亲属对被讯问人的影响既有认知因素的作用，也有情感因素的作用。两方面相互作用，会改变被调查人在讯问中的表现。例如，被讯问人对其近亲属状况和特定行为的认知既会激发其情感反应，又会影响其对案件的判断。

对近亲属的认知控制主要包括三个方面：

（一）供述对近亲属造成伤害

有的被讯问人不敢供述罪行是害怕定罪会给近亲属带来不利影响。在职务犯罪案件中，有的被讯问人是家庭的主要经济支柱，一旦被判有罪，不仅自己失去人身自由和工作，更重要的是会让家庭失去生活依靠和来源。例如，父母的养老、子女的上学、配偶的工作等。除了物质上的影响，还有精神上的伤害。如有的被讯问人的子女正处于升学或者人生成长的关键时期，父母被定罪可能会直接影响子女的精神状态和性格养成。对于被讯问人而言，定罪给近亲属带来负面影响甚至伤害是必然的，也是被讯问人所极力避免的。

在讯问中，办案人员应当尽力减轻被讯问人对这种不利后果的认知和判断，必要时可以实际帮助和降低这种负面影响，以减轻被讯问人的后顾之忧。例如，对于被讯问人家属确实有生活困难的，帮助解决一些救济；对于抓捕、搜查等行为可能对子女造成负面影响的，适当注意方式。把被讯问人近亲属的关怀因素融入办案中，不仅会让办案具有人性关怀，也会促发被讯问人供述。实践中把这种做法叫作"人性办案"。

（二）近亲属活动情况

在职务犯罪案件中，被讯问人近亲属在案发前和案发后都扮演着重要的角色。有的近亲属利用被讯问人的影响力私自谋取利益或者收受贿赂，单独构成犯罪；有的近亲属与被讯问人共同犯罪，构成共犯；有的近亲属不构成犯罪，却是赃款赃物的经手者、保管者或者处理者，属于犯罪事实的知情者；也有的近亲属在案发后处理、转移赃款赃物，帮助串供或者毁灭证据；更有的被讯问人案发前把关键证据和材料交由近亲属携带潜逃，以求能与办案机关进行博弈。正因如此，近亲属的活动情况可能会影响案件的侦办，也会影响被讯问人的认知和判断。

以发案为时间点，近亲属案发以前的情况被讯问人比较了解，但近亲属案发以后的情况是被讯问人最想了解的。近亲属的活动情况和相关信息会影响被讯问人对整个案件发展趋势的判断，也会影响其是否供述的决断。

一位办案人员曾经在笔者的调研访谈中讲述这样的办案经历。在查办某地财政局局长的受贿案件中，办案人员在下午2点对被讯问人廖某采取措施。廖某到案后对办案人员说："早上出门时说好了下午我去接孩子回家，现在我不能去接了，能不能让我给我爱人打个电话，让她接一下孩子。孩子正在上小学，没人接出问题不好办。你们在跟前听着，我用免提，只告诉她接一下孩子。"办案人员觉得他说得听上去很真实，就让廖某用免提的方式给其爱人打了一个电话。廖某在电话中说："老婆，晚上我不能去学校接孩子了，组织找我有点儿事，你去接一下孩子吧。"说完后就挂了电话。但第二天办案人员去其家中搜查发现所有赃款赃物都被转移得一干二净，随后的审讯工作也一直没有进展。事后办案人员发现，廖某就一个孩子，正在住校上高中，根本不需要接孩子。另外，廖某对其爱人平时从不称"老婆"。当时的电话就是通知其爱人转移赃款赃物的。知道这些后，办案人员转而调查廖某爱人接电话后的活动轨迹和转移赃款赃物的情况，并拍了一些其爱人活动的照片和监控截屏。两天后，办案人员在讯问中对廖某说："你那一天的电话打得好哇！你爱人接到电话就开始忙乎了。她没去接孩子，你知道的，孩子根本不用接。她去的地方你应该最清楚了。还好现在到处都有监控，这是她接电话后的活动轨迹。她要是不去这些地方，我们还真找不到……""这几天没理你，我们可没有闲着！你看一下这几张照片。"廖某看到其爱人的照片后，遂以为事情败露，开始交代受贿事实。

在这个案例中，被讯问人开始不愿意供述是因为其与近亲属事前有过串供，且通过电话告知了自己被调查的消息。他认为赃款赃物已经被转移，不会被发现。而后来供述犯罪事实，是因为办案人员展示其爱人活动的情况和照片，让其认为赃款赃物已经被发现，抗拒已经无意义。

（三）对近亲属请托情况的认知

有的被讯问人在开始的时候寄希望于近亲属找关系托门路把事情摆平，因而在讯问中拒不交代犯罪事实；有的被讯问人甚至希望拖几天时间为近亲属请托关系争取时间。近亲属和朋友圈是否在找关系？请托的人是谁？请托的进展情况如何？这些问题对于存此希望的被讯问人而言至关重要。讯问中对怀此念头的被讯问人可以适当输入其近亲属请托关系的信息，改变其对近亲属请托情况的认知。这种认知控制的方向是让被讯问人认为请托无效或者请托谁都不可能改变案件的办理，掐灭其对请托关系存有的侥幸心理。

为了避免被认定为非法讯问，办案人员最好不要假冒被请托的关系人欺骗被讯问人。办案人员可以关注被讯问人近亲属请托的情况和信息。根据请托的情况有选择地告知。如果请托无效，就根据了解的情况告知被讯问人其近亲属找了某些关系,但是没人敢打招呼。也可以告知被讯问人其近亲属确实找了某些关系,但不可能发挥作用,办案人员不能拿原则交易,让被讯问人死了这条心。

第七节 对被讯问人选择的认知控制

一、选择的非理性

被讯问人既是"理性人",也是"感性人"。一方面,被讯问人的行为会受到理智的影响,决策和选择具有理性特征;另一方面,被讯问人的行为也会受到情感的影响,具有感性特征。现实生活中,任何一个单独的个人其理性都是有限的。[①] 首先,一个人的认知能力是有限的,不可能穷尽所有影响决策的因素;其次,个人的推理能力也是有限的,不可能估计到所有结果的可能性和发生的概率;最后,个人的理智也会受到情感因素和价值取向的干扰和影响。正因如此,被讯问人处于一种"有限"理性的状态,讯问的过程对于被讯问人而言,是一种有限的理性选择过程。因为被讯问人的理性是有限的,所以通过改变各种认知因素,办案人员可以改变被讯问人的决策和选择。

面对办案人员的讯问,被讯问人需要根据讯问的情境作出各种不同的决策和选择,进而采取应对行动。影响被讯问人如何选择的一个关键因素是其对行为方案本身以及其产生后果的认知。讯问中要转变被讯问人的意志,使其从对抗转向配合,就需要在讯问中对相关认知因素进行控制,改变被讯问人对行为方案和后果的认知。

二、被讯问人的选择:对抗与配合

在讯问实践活动中,被讯问人的表现可归为两类:一类是对抗,被调查人在讯问中对办案人员的提问和刺激表现出积极的或者消极的负反馈。积极的负反馈通常表现为正面的对抗,消极的负反馈则表现为消极的对抗。另一类是配合,表现为被

[①] 美国管理学家和社会科学家、决策理论学派的重要代表人物赫伯特·西蒙(Harbert A. Simen)认为,人们的理性是有限度的。人们的实际行为缺乏客观理性,至少表现在以下三个方面:(1) 按照理性的要求,行为主体应具备关于每种抉择的后果的完备知识和预见。而事实上,对后果的了解总是零碎的。(2) 由于后果产生于未来,在给它们赋予价值时,就必须凭想象来弥补其当时所缺少的体验。然而,对价值的预见不可能是完整的。(3) 按照理性的要求,行为主体要在全部备选行为中选择。但对真实行为而言,人们只能想得到全部可能行为方案中的很少几个。[美] 赫伯特·西蒙:《管理行为——管理组织决策过程的研究》,杨砾、韩春立、徐立译,北京经济学院出版社1988年版,第79页。

讯问人对办案人员的提问作出积极、正面的反馈。积极反馈是一种形式上的配合，表现为对提问反馈及时，态度积极；正面反馈则是一种实质上的配合，即对办案人员的提问如实回答，不夸大也不隐瞒。

被调查人在讯问中的表现受其主观意志的控制，也是其对相关因素进行判断后理性选择的结果。不管是对抗还是配合，在被讯问人的心里都经过权衡，都是对相关方案进行比较和评估之后进行决断的结果。相对而言，职务犯罪案件的被讯问人具有更强的思考力，这种权衡和选择更为明显。在被讯问人的方案中，有对抗的选项，也有配合的选项，其选择既取决于对选项本身的认知，也取决于对选项可能引发后果的认知。对于被讯问人的不同选项，办案人员在讯问中施加影响的方向和角度是不同的。

（一）对抗选项

被调查人在讯问中的对抗可分为"硬对抗"和"软对抗"两种情形。所谓"硬对抗"，在形式上表现为争吵、哭闹、对办案人员的提问不停地发表异议、装疯卖傻等，从本质上看是被讯问人对办案人员的提问采取形式较为激烈、积极的负反馈。所谓"软对抗"则表现为形式上配合，但实质上对讯问采取抵制行为，如面对提问沉默不语，借口身体不适、频繁去厕所等拖延讯问进程，在陈述中撒谎，等等。从实质上看，"软对抗"是对办案人员的提问不反馈或者消极的负反馈。

不管是"硬对抗"还是"软对抗"，被讯问人其实都是有目的的。"硬对抗"中的争吵、哭闹通常是为了宣泄情绪、激怒办案人员或者假装无辜，发表异议、装疯卖傻通常是为了回避问题。"软对抗"通常是被讯问人在对"硬对抗"没有把握的情况下采取的以退为进的策略。被讯问人的"软对抗"有时候比"硬对抗"更难应对。采取"软对抗"的被讯问人通常是想变被动为主动，拖延时间等待时机或者采取走着看的心态看办案人员的反应。

不管是"硬对抗"还是"软对抗"，被讯问人的内心立场是比较明确的，就是"不配合"。这种不配合源于其内心的对抗意志，这种对抗意志与被讯问人的性格特征相关，也与被讯问人的认知状态和情绪状态相关联。不管是采取哪一种对抗方式，被讯问人都是有一定的认知基础作为支撑的，当然这种选择同时也会受到情绪和情感状态的干扰和影响。

对于采取对抗立场的被讯问人，其选择也是可以细分的。首先，在对抗与配合的大方向上，被讯问人的选择是对抗；其次，在如何对抗上，有方式的选择，就是积极的对抗还是消极的对抗；再次，在追求的结果上，有目的上的选择，是为了激怒办案人员、拖延讯问、故作姿态、隐瞒事实还是为了宣泄情绪等；最后，在目的实现以后或者不能实现的情况下，被讯问人依然面临进一步的选择——是放弃原来的对抗立场选择配合还是继续抗拒下去。这些选择是被讯问人根据讯问的情形和认知判断所作出的具体决策。从微观上看，是被讯问人的主观意志和认知理性作用下的结果。但是从宏观上看，讯问中被调查人选择的范围是有限的，选择是有规律的。被讯问人选择的范围限定于特定的选项之间，在选项之间的选择有规律可循，同时也是可以干扰和控制的。

（二）配合选项

讯问中被调查人配合的情形多种多样。被讯问人的配合既表现在态度上，也表现在行为上。态度上的配合是被讯问人在思想上放弃对抗立场，具有明确的配合取向。行为上的配合是被讯问人作出正面反馈，具有积极的外在表示。如对办案人员的提问作出正面的回答而不是异议；对办案人员的要求积极配合和响应；行为上的典型体现就是如实供述犯罪事实。被讯问人的态度和行为有时是一致的，即态度上配合，行为上也配合，如既表现出真诚的悔罪态度，又彻底供述犯罪事实。但有时也会出现态度和行为不一致的情况，常见的情况是态度上配合，行为上不配合，如被讯问人认罪态度上表现很好，但在交代犯罪事实的时候遮遮掩掩。

被讯问人的配合也是在有限理性支配下的选择。同对抗一样，采取配合立场的被讯问人，其选择也是可以细分的。具体而言，选择的层次包括如下几个方面：

首先，在大方向上被讯问人选择了配合，但在动机上各有不同。有的被讯问人是因为害怕而不敢对抗，有的是因真诚悔罪而配合，有的是因为没有其他出路而被动选择配合等。

其次，在配合的程度上，被讯问人会面临不同的选择。如是彻底配合还是部分配合？是配合还是迎合？动机不同，被讯问人配合的程度也不一样。因真诚悔罪而配合，往往会如实交代罪行；因没有更好的出路而配合，在交代罪行的时候往往会出现"挤牙膏"现象，什么问题暴露了，就交代什么问题，没暴露的绝不主动交代；因害怕办案人员而配合，有可能会出现配合过度而迎合的现象，即办案人员让说什么就说什么，让怎么说就怎么说，甚至罔顾事实按照办案人员的意图供述。在这种情况下会出现虚假供述。因此，并不是被讯问人配合的动机越强，讯问的效果就越好。

最后，在配合的过程中，被讯问人会因为情境因素的变更而作出不同的选择。有的被讯问人从一开始到调查结束，一以贯之地采取配合立场；有的被讯问人开始不配合，进而转向配合；有的被讯问人开始配合，继而翻供转向不配合；也有的被讯问人不断地反复，时而配合时而对抗。导致立场变更的因素多种多样，通常是讯问的情景因素、认知因素和被讯问人的情绪、情感因素综合发挥作用的结果。

总体上看,被讯问人即便选择了配合,其依然有不同的选项可选,依然有不同的干扰因素在影响和制约着被讯问人的决策。对于办案人员而言,在被讯问人配合的情况下,依然要想方设法强化被讯问人的配合,固定其动机,防止其改变立场,尤其要避免讯问中出现反复。

三、被讯问人对抗行为的应对

(一)"硬对抗"的应对

对于"硬对抗",办案人员需要及时作出应对。对于宣泄情绪型的争吵、哭闹一般要提前做好预案。从实践经验看,争吵、哭闹可以让被讯问人将积累的焦虑情绪释放出来,宣泄后的被讯问人思考问题更趋于理性,对抗意志会更加坚决。在转化意志阶段,被讯问人的对抗意识比较强烈,最好不要给被讯问人宣泄情绪的机会。防止情绪宣泄的措施中,事前防范比事中干预的效果好。

所谓事前防范就是在被讯问人情绪爆发前采取防范措施,抑制被讯问人的情绪。常见的策略有两种:一种是震慑,另一种是转移。所谓震慑就是办案人员采取更为强硬的姿态震慑被讯问人,"以硬治硬"。常见的措施包括:在讯问前进行造势、用势,营造强势压力氛围;办案人员表现出比被讯问人更为严厉的表情、更为强大的气场,甚至更高的声调;让比被讯问人行政级别更高的办案人员出场讯问等。这些措施的目的是在不同方面营造出比被讯问人更为强大的势能,压制被讯问人的情绪,让其不敢对抗。实践中,办案人员严肃的表情、讯问室紧张而庄严的氛围可以抑制被讯问人的情绪,确实能够让一部分被讯问人放弃争吵、哭闹的念头。所谓转移就是办案人员有意识减少或转移让被讯问人情绪爆发的触发点,不给被讯问人情绪发泄的借口和发飙的机会。如办案人员在发现被讯问人情绪可能要爆发时,提前用问题转移其注意力或者转换话题避免继续刺激,不给被讯问人触发情绪宣泄的机会。

事中干预则是在被讯问人情绪爆发过程中采取干扰和引导措施。常见的方法包括:在被讯问人情绪宣泄时进行安抚、用问题或者证据转移被讯问人的注意力、安排突发事件进行打断、进行冷处理、更换讯问人员或者暂停讯问等。当然实践中也会出现这种情况:办案人员越是主动干预,被讯问人闹得越来劲。在这种情况下最好的办法就是冷处理。

一位女性被讯问人一进审讯室就坐在地上大哭,鼻涕、眼泪一把一把的。办案人员关心地递上纸巾让其擦拭,结果被讯问人越哭越厉害,怎么劝都不行,擦鼻涕的纸都快把垃圾篓塞满了。最后讯问人员不再安慰她，故意转过身来自己聊天。被讯问人一看没人搭理，很是无趣，反而不哭了。讯问人员扭过头故意淡淡地问："哭完了？要不再哭会儿？"然后又扭过头自己聊天。结果被讯问人又继续哭了几声，但很快就安静下来了。后来回看录像，发现被讯问人边哭边从指缝偷偷看讯问人员。

对于意图激怒办案人员的"硬对抗"的被讯问人，办案人员反而要冷静、理性应对。一方面，办案人员冷静、镇定的表现，也会让一部分被讯问人放弃激怒办案人员的想法；另一方面，办案人员的魄力也能发挥震慑作用。办案人员在讯问中表现出的威严和强大气场也能对被讯问人产生暗示作用。

（二）"软对抗"的应对

职务犯罪案件的讯问实践中，被讯问人的"软对抗"表现多种多样。常见的情形包括如下几种：

1. 拒绝交流

拒绝交流是指在讯问中被调查人故意封闭与办案人员交流沟通的各种通道，拒绝与办案人员进行交流。讯问过程是办案人员与被讯问人之间沟通和交流的过程，双方交流的通道主要是言语、目光和动作（点头、手势等）。任何一个通道发生障碍，双方交流都有可能出现不畅。被讯问人通常也会采取制造交流障碍的策略来对抗讯问，有的是部分封闭交流通道，有的是完全拒绝。审讯中最让办案人员头痛的情形就是被讯问人坐在椅子上沉默不语，拒绝任何形式的交流。对于办案人员的指控，被讯问人语言上不做反应，既不承认，也不否认；行为上也没有任何反应，既不点头，也不摇头；有的甚至故意闭目养神，规避与讯问人员的目光交流。

在这种情形下，被讯问人在情绪和认知两方面都有准备。一方面，被讯问人情绪稳定，控制到位，表现出不温不火的样态；另一方面，其认知上也很理性，觉得自己不说，办案人员一般没办法。也有的被讯问人认为如果办案人员有办法，自己说不说也无关紧要。说了有可能更坏，不说也坏不到哪里去。

对于这种情况，办案人员也需要从情绪和认知两方面着手。一方面是打乱被讯问人的情绪。对于比较平静的被讯问人，需要想方设法增加其焦虑情绪，必要时用合法的手段激怒被讯问人。[①] 另一方面是分析被讯问人的认知状态，寻找突破其认知的关键点。

---

① 讯问中如何控制被讯问人的情绪以及控制情绪时需要注意的法律界限在本书前面已经做了专章论述，在此不再赘述。

在具体操作时可以先尝试突破被讯问人的某一个交流通道，然后再进一步拓展到其他通道。如被讯问人不开口说话，就让其用点头或者摇头来表示；不愿意做动作，就适当出示证据，让其看证据。利用视觉通道施加影响。如果被讯问人闭目养神，不睁眼，就播放视听资料或者就让其听办案人员说，通过听觉施加影响。只要办案人员找准被讯问人的关注点，审讯对象便会情不自禁地打开交流通道开始交流。

2. 逃避问题

所谓逃避问题是指被讯问人在讯问的过程中故意回避办案人员的问题，不进行正常的信息反馈。讯问主要是以问答的方式进行的，办案人员提问的目的是从被讯问人那里获取信息反馈。但是在实践中，被讯问人往往会采取回避问题的方式对抗办案人员的讯问。常见的方式主要有：

（1）反问

具体而言，就是面对办案人员的提问，被讯问人以反问的方式规避问题。

如在贪污案件中，办案人员突然问："去年12月29日，你转给胡某国7万元，钱是从哪儿来的？"

被讯问人反问办案人员："你们是不是要我把每天几点起床、几点睡觉、几点吃饭、吃什么饭这些乱七八糟的事情都交代了？你自己能说清楚吗？"

这种情形中，被讯问人没有回答办案人员的提问，而是针锋相对地用一系列问题反问办案人员，这种反问一方面表达了被讯问人的不满情绪，另一方面也让被讯问人赢得暂缓回答甚至不回答原来问题的机会。这是一种逃避问题的策略，也是一种软对抗策略。

（2）转移话题

在讯问中，被讯问人故意引入新的话题转移办案人员设定的话题。

如办案人员计划从被讯问人的情人问题入手引出其经济问题。

讯问人："你和徐某某是什么关系？"

被讯问人："我们单位风气比较乱，风言风语比较多，任何两个异性之间都会扯出点儿传闻。但都是捕风捉影，毫无根据。例如，郭某和杨某前两天一起出差到大连，回来就有传闻说他们出去鬼混，哪有的事儿。那是我批准让他们去和大连一家公司谈业务的。"

这里，被讯问人故意将他自己与徐某的关系问题转移到郭某与杨某的关系问题上，不经意之间转移了原有的话题。这也是一种软对抗策略。

(3) 推脱问题

被调查人在讯问中故意推脱自己的问题，否认自己的责任。

例如，在一起渎职案件中，被讯问人石某是乡长。在讯问时办案人员问石某："作为一乡之长，你的职责是什么？"

石某："我是乡长，具体问题都是杜书记说了算。所有问题他们都不请示我，这个问题也是他们向杜书记汇报、由杜书记决定的。"

这里，被讯问人故意说自己"有职无权"来推脱责任。从双方交流的意向看，办案人员的目的是要确认被讯问人的职责，但被讯问人以有职无权来推脱自己的罪责。其实被讯问人在推脱自己职责的同时也推脱了办案人员的问题。

对于逃避问题的对抗策略，办案人员需要强化讯问中的话题管理。首先，讯问人员要有明确的话题管理意识，明白当前要讨论的话题是什么，不能让被讯问人把话题转移。其次，如果被讯问人已经转移了话题，则要尽快把话题引回来。对于被讯问人的反问，办案人员可以冷处理，不搭理，继续问原来的问题，也可以反问被讯问人的问题，针锋相对地把话题引回来。对于被讯问人故意推脱问题的，办案人员可以先进行辩驳，再把话题引回来。对于被讯问人故意干扰话题的，则根据被讯问人的新话题灵活应对。如果与案件有关，可以先问也可以暂缓追问，如果与案件无关，则继续追问原来的问题。最后，对被讯问人的软对抗作出负反馈。如对被讯问人不配合的态度进行批评，将被讯问人的不良动机直接指出来。

3. 试探性撒谎

撒谎试探也是被讯问人常用的对抗策略。具体而言就是被讯问人表面上作出认罪供述的姿态，但在供述的时候故意将时间、地点、姓名、数额等细节信息说错，看办案人员是否能够发现，以此判断办案人员对犯罪事实的掌握情况。有的被讯问人故意将赃款数额说大一些，把 5 万元说成 8 万元；也有的故意将人的姓名说错，把"王先生"说成"黄先生"。如果办案人员发现并指出其错误，说明办案人员对案情比较了解，就如实交代下去；反之，如果办案人员没有发现，则说明办案人员并不了解案情，接下来就转变立场拒不交代或者故意撒谎，欺骗办案人员。

讯问中被调查人试探性撒谎与故意欺骗作出虚假供述有所区别。如果办案人员及时发现试探性撒谎并作出应对，被讯问人可能会转向如实供述，如果发现不了或者应对不当则会导致虚假供述。对于被讯问人试探性撒谎，办案人员需要及时发现并予以纠正。但是纠正以发现为前提，发现不了谎言就谈不上纠正。因此，要及时发现并纠正谎言，办案人员需要做好两个方面的准备：一是提前熟悉案件信息，准确把握案情。尤其是细节信息要准确把握，这样才能增加发现谎言的概率。二是讯问人员之间的相互配合，包括主审和副审的配合、场内讯问人员与场外辅助人员的配合。如主审提问引导，副审审查核实，或者场内讯问人员提问，在被讯问人供述的同时，场外的指挥和辅助人员同步取证核实，这样就能及时发现并纠正被讯问人的试探性撒谎。

四、对选择的认知控制

被调查人在讯问中的对抗和配合都是其选择的结果。从办案人员的角度看，当时是希望被讯问人少些对抗，多些配合。在被讯问人对抗的情形下积极应对，使其转变立场，在被讯问人配合的情况下，要强化其配合的立场。无论是在被讯问人对抗时改变其已有选择还是在被讯问人配合时强化其固有选择，都需要对被讯问人的选择进行控制。要控制被讯问人的选择，一个重要途径就是改变其对选择的认知。被讯问人对选择的认知包括两个方面：一是对选择本身（选项）的认知；二是对选择可能导致结果的认知。

（一）对选项的认知控制

1. 对抗选项

（1）突出其不合理性

被讯问人只有在自认为有利或者合理的情况下才会在讯问中选择对抗。因此要说服被讯问人改变立场，就必须动摇其对对抗行为合理性的认知。通过明示或者暗示的方式突出对抗的不合理性。明示的方式一般表现为直接指出被讯问人选择的错误，分析错误的理由和原因，让被讯问人信服。暗示的方式则可以多种多样，具体的途径一般包括：第一，暗示被讯问人个人能力的有限性，如认知能力的有限性、决策能力的有限性。第二，动摇其决策的基础。和正常情况一样，被讯问人选择和决策的基础是信息。信息的全面性和客观性，决定了其决策的合理性。因而质疑其信息的全面性和真实性，可以动摇被讯问人决策的基础。被讯问人其实也处于一种信息屏蔽状态，其掌握的信息量是有限的，也是相对陈旧的。因此，讯问中办案人员可以向被讯问人输入其尚不了解的信息改变其认知，也可以输入新的信息，动摇其判断的基础。在不输入信息的情况下，办案人员也可以在讯问中质疑被讯问人掌握信息的真实性，指出其据以选择的错误信息，进而改变其判断。

（2）突出其不确定性

人们在选择时都会受到一定认知习惯的制约，表现出一定的倾向性。例如，把眼前的、现实的、具体的东西看得比较重要，把抽象的、不确定的东西看得相对轻一些。因而在决策时常常倾向于选择具有确定性的选项，排斥具不确定性的选项。

当其意识到已经作出的选择不确定性太多时，就会自我反思选择的合理性，作出新的调整。

讯问中，办案人员可以通过明示或者暗示的方式突出被讯问人对抗选项中的不确定性因素，让被讯问人放弃对抗，转向配合。不确定性源于影响因素的多元性和变化的多样性。因此在讯问中，办案人员可以从以下两个方面入手。

一是突出被讯问人没有考虑到的因素，指出被讯问人没有想到但可能对案件具有影响的多个因素。

二是突出多种可能性。在被讯问人已经考虑到的因素中，可以指出这些因素导致出多种结果的可能性。可能性越多，也就意味着不确定性越高。尤其是在共同犯罪或者对合犯罪的案件中，多个被讯问人或者多个知情者，即便事先有过串供或者订立攻守同盟，办案人员也可以选择其中的一个或者多个不确定因素，分析多种可能性，改变被讯问人的认知。

突出对抗选项的不确定性，目的在于让被讯问人意识到：选择对抗会有诸多不确定因素存在，且案件发展趋势具有不可控性。不可控性越强，被讯问人放弃对抗的可能性就越高。

2. 配合选项

（1）突出其合理性

对于已经选择配合或者犹豫不决的被讯问人，则要突出其配合办案人员的必要性和合理性。突出其合理性可以从多个角度进行，如提出合理的客观事项来证明其配合的必要性；为被讯问人的配合提出合理的托词和借口；列举类似的案例来说明配合的合理性等。

在一起贿赂犯罪案件中，行贿人开始的时候拒不交代行贿行为。事后自己承认主要原因是担心在朋友面前丢脸，怕别人评价他是卖友求荣。再审讯问中，办案人员对行贿人说："给孙某送钱的人不止你一个，现在可以告诉你的是：第一，想坚持不交代的也有，但都适可而止了。你已经坚持到这个份上，也算对得起孙某了。第二，不是迫不得已，谁也不愿意把钱无缘无故往别人那里送，这种事情说了也没有什么丢人的。第三，如果你怕将来说出去不好听，你作证以后，可以先不要急着和别人联系，找个旅店自己关机住几天，我们也不对外说。这样别人就以为你在里面扛着，不至于太丢面子。"正因为办案人员的这几句话解决了行贿人的顾虑，行贿人很快便交代了自己的行贿行为。办案人员所说的前两条就是为行贿人提供合理化理由，第三条则是解决其怕丢脸的后顾之忧。

（2）突出其确定性

对于配合讯问工作的被讯问人，办案人员需要突出配合本身及其所带来结果的确定性以固定其选择；对出于犹豫怀疑状态的被讯问人，也要突出配合本身及其所带来结果的确定性以引导被讯问人转向配合。突出确定性可以从如下几个方面入手：

第一，告知坦白可以从宽处理和认罪认罚的法律规定。告知的作用就在于通过法律规定的确定性来增强被讯问人对配合认知的确定性。《刑事诉讼法》第120条第2款规定："侦查人员在讯问犯罪嫌疑人的时候，应当告知犯罪嫌疑人享有的诉讼权利，如实供述自己罪行可以从宽处理和认罪认罚的法律规定。"虽然我国《监察法》没有要求讯问的时候必须告知坦白可以从宽处理和认罪认罚的法律规定，但不影响办案人员在讯问的时候告知。办案人员既可以在讯问开始的时候告知，也可以在讯问的过程中告知。在讯问一开始的时候告知被讯问人，比较程式化，但被讯问人在讯问开始的时候尚处于适应阶段，未必能够起到改变认知的效果。相反，在讯问过程中，被讯问人犹豫不决时或者转向配合以后，告知这一规定效果会更好一些。实际上，即便一开始已经告知了，在讯问过程中也可以根据情况再次告知。

第二，举例说明。即通过告知或者展示以往案件中被讯问人配合的案例，增强被讯问人对配合可能带来有利结果的确定性认知。展示的案例至少包括两个方面的内容：一是被讯问人配合的情况，二是最终的处理结果。实践中有的办案人员为了增强案例的说服效果，故意夸大从宽处理的幅度。例如，法定刑的幅度是五年到十年有期徒刑，被讯问人坦白且认罪态度较好，法院最终判决的是七年。在讯问中办案人员故意把七年有期徒刑说成五年。这样做就有诱供和欺骗的嫌疑，有可能影响供述的合法性。为了避免诱供和欺骗的嫌疑，我们认为办案人员在展示案例的时候需要把握两点：一是告知的案例和信息可以删减但不要虚构。也就是说办案人员可以告知案例局部的、片面的信息，但都是真实的信息，绝不要告知虚假的信息。二是告知其他案件中被讯问人配合的情况和最终处理的情况，但不要明确告知被讯问人两者之间有必然因果关系。要让被讯问人自己推断其中的因果关系，让其自己建立配合必然从宽的认知。这样的话，万一法院没有从宽处理，因为讯问人员没有明确告知，而是被讯问人自己推断的，讯问人员也不至于落下欺骗之名。

第三，弱化不确定因素。有的被讯问人担心，如实交代自己的问题并不一定必然得到从宽处理。因为其中有许多不确定因素，有的甚至是办案人员也无法决定的。被讯问人的这种担心不无道理。在讯问中办案人员需要有意识地弱化那些不确定因素的影响，以减轻被讯问人的担心。例如，被讯问人担心：案件最终的结果是法官说了算，法官如果不从宽处理怎么办？

对于这种对不确定因素的质疑，办案人员可以告知被讯问人：法官的判决也不是任意的，法官必须根据证据和法律来判决。如果被调查人在讯问中如实供述自己的犯罪事实，真诚悔罪，办案人员一定会在笔录中有所体现，把被讯问人认罪悔罪的态度记录下来，这是绝对确定的。而认罪的笔录一定会随案卷移送到法庭供控辩审三方审查的。

这样可以让被讯问人建立这样的认知：现在积极配合，将来一定会给最终的判决带来积极影响。

（二）对结果的认知控制

被调查人在讯问中选择对抗还是配合，主要是以对结果的认知为导向的。如果其认为对抗带来的结果更为有利，就选择对抗；如果其认为配合的结果更为有利，就选择配合。但是这种结果取向是一种主观判断，而不是客观现实。通过影响认知因素，办案人员可以改变被讯问人对结果的认知和判断，进而也可以影响被讯问人的选择。

1. 常见方法

实践中，对选择结果的认知控制常见的策略和方法如下：

（1）利弊权衡

既然被调查人在讯问中的选择在一定程度上以结果为导向，受制于预期的结果，那么办案人员可以在讯问的时候引导被讯问人在对抗与配合之间进行利弊分析。这种利弊分析的关键是让被讯问人信服地打破原有的认知和判断，认同办案人员的观点。

这在实践中是有一定难度的。因为对于有罪的被讯问人而言，如实供述罪行就要承担刑事责任，积极撒谎反而有逃避惩罚的可能性。对于有罪者利益关系很明显：说对其不利，不说反而有利。要改变这一认知，对其简单说教是发挥不了作用的。办案人员必须改变被讯问人对"利"与"弊"的简单权衡，打乱其原有的认知。

在引导利弊权衡时，办案人员首先要打破被讯问人原有的认知。如果被讯问人只盯着刑事责任，并把供述与否与是否被追究刑事责任简单对应，其利害关系是一目了然的。这时办案人员要打乱被讯问人对是否供述与是否被追究刑事责任之间对应关系的认知，让被讯问人意识到无论是否供述，追究其刑事责任是必然的。因为刑事责任的追究主要取决于两个方面的因素：一是法律的规定，二是是否有犯罪行为。犯罪行为已经发生，发现是必然的事情，法律的规定不可更改，追究其责任也是必然的事情。无论被讯问人供述还是不供述都会被追究责任。相反，如果供述罪行，争取从宽处理反而有可能从轻或者减轻处罚，对其是有利的。这样分析的目的是让被讯问人意识到不供述未必有利，供述未必不利。

其次是引导被讯问人进行多元化的利益权衡。所谓多元化就是把刑事责任以外的其他利益引入被讯问人的权衡范围之内。刑事责任之外的利益有多种，常见的情形包括：第一，缓解精神压力。如实供述可以缓解精神压力——早一天供述，早一天获得精神解脱，可以多睡几个安稳觉。第二，其他经济利益。供述可以尽早摆脱诉累，争取时间取得其他合法的、更大的经济利益。第三，换得尊重。如实供述可以赢得办案人员的理解和尊重，缓和办案人员的敌对情绪。第四，让亲友尽早摆脱忧虑。如实供述可以尽早结束案件的不确定状态，让亲人和朋友早些安心，减少亲友对自己和案件的担心和忧虑。第五，从宽情节。尽早如实供述可以体现较好的认罪态度，可以获得酌定从宽的情节。

引导被讯问人进行多元利益权衡，可以让被讯问人关注到刑事责任以外的利益，这样可以让其认知更加复杂，也可以让其决策更加困难。复杂化可以为办案人员改变被讯问人的决策提供空间。

（2）漏罪敲打

从案件办理的角度看，犯罪黑数就是指漏罪。一般来说，职务犯罪的黑数是比较大的。办案人员发现和查处的可能只是被讯问人所犯罪行中的一小部分。那些没有被发现或者没有被查处的罪行在犯罪统计上被称为犯罪黑数。受各种客观条件的限制，漏罪有时候是不可避免的，有的是没有发现，有的是发现不了，也有的是发现了无法查处。但是从被讯问人的角度看，没有被发现并不意味着没有发生。在没有发现或者暂时无法查处的情况下，办案人员可以利用漏罪对被讯问人进行"敲打"。所谓"敲打"就是告知被讯问人还有罪行没有追究，如果继续调查追究依然是可以的。如果被讯问人老实认罪，其他罪行可以暂不考虑追究。实际上办案人员并没有发现其他罪行，追究尚不具备条件。但这样说是基于职务犯罪的规律和办案人员的经验判断，对于有漏罪的被讯问人来说并不是威胁。这种漏罪敲打的策略可以对被讯问人产生威慑作用，同时也会让有漏罪的被讯问人产生占便宜的心理。换个角度看，这种占便宜的心理也是办案人员改变被讯问人利益权衡的结果。实践中，利用漏罪"敲打"被讯问人还有一个好处，那就是可以在一定程度上防止被讯问人出现阶段性翻供。

（3）亲情辨析

职务犯罪案件绝大多数以贪财为目的，而且多数财物流向了被讯问人所在的家庭或者亲友。有的是一人腐败，家庭"受益"；有的是家族腐败，多人"受益"。这种情形是职权关系与亲情关系叠加的结果，也意味着被讯问人涉嫌的罪行与亲友之间有着复杂的关联关系。对于这样的案件，办案人员可以利用这种关联关系改变被讯问人对结果的认知。

亲情辨析通常运用于被讯问人家里多人具有国家工作人员身份且有巨额财产需要说明来源的情况。

在胡某受贿案中，胡某是某国有公司的总经理，其妻子张某在政府机关工作，儿子是另一国企的管理人员。办案人员在胡某的居所搜出大量现金和贵金属，同时查出胡某及其家庭成员名下有多处房产。在讯问中，胡某拒不承认自己的罪行。办案人员在讯问时对胡某说："你可以不说，但是在你家中搜出的巨额财产都在那里放着。你妻子还有你的儿子都具有国家工作人员身份，他们都有说明这些财产来源的义务。现在他们只是在协助调查。从法律上讲，我们也可以对你妻子、你儿子立案调查。"

这里，办案人员就是利用了被讯问人家庭成员与犯罪行为之间的关联性来改变被讯问人对选择结果的认知和判断。当然在这里主要注意两个问题：

第一，要注意亲情辨析与亲情威胁之间的界限。如果办案人员对被讯问人说"要是你不按照我们说的做，我们就把你妻子、你儿子都抓过来"，那么这样的讯问就极有可能被认定为采用威胁手段。是否构成威胁关键要看对被讯问人的近亲属是否有追究刑事责任的法律依据和证据基础。如果确有法律依据，且有相应的证据证明被讯问人的近亲属也涉嫌犯罪，那么就很难认定为威胁。

第二，要注意这种策略有可能导致被讯问人做虚假供述。在上述案例中，被讯问人极有可能为了保护其妻子和儿子，把本应当由其妻子和儿子承担的罪责承揽下来，这样就会导致虚假供述。

（4）责任转移

在职务犯罪案件中，有一些是共同犯罪或者对合犯罪。对于这样的案件，办案人员可以在讯问中利用不同主体之间刑事责任转移的可能性引导被讯问人转变对后果的认知。刑事责任的转移经常可能发生在两类案件中，第一类是共同贪污案件中主犯与从犯身份的变化，导致承担不同的刑事责任；第二类是贿赂案件中索贿与受贿的变化，导致行受贿双方承担不同的刑事责任。

共同贪污案件中刑事责任的转移主要是基于口供对主犯从犯的认定具有的决定性作用。

在一起贪污案件中，被讯问人邢某是国有煤矿基建处的采购人员，孔某是供应商。邢某、孔某二人协商把采购设备价格抬高6%，由孔某提供相关票据，由邢某进行走账报销。二人先后合作以这种手段骗取企业基建采购资金共计246万元。两人五五分成，各分得123万元。在讯问过程中，孔某开始拒不承认罪行。办案人员对孔某说："这个事不是你一个人完成的，有票据、有签字，你不说也照样能够证明你们共同贪污的事实。现在需要查明的问题是谁才是主犯。如果你是主犯，你就要承担主要责任，如果你不是主犯，邢某就要承担主要责任。现在你不交代，将来定案就得按照邢某的供述来认定。你要不想当主犯，就最好把事情的经过说清楚。要不然的话，你可就亏大了！"

本案中，邢某、孔某的供述对于认定主犯和从犯具有决定意义。一方不供述，另一方的供述就会成为认定主犯、从犯的依据。被讯问人是否供述会导致刑事责任的转移。讯问中利用这一原理可以改变被讯问人对结果的既有认知，影响其对是否供述的决策。

在贿赂案件中，行贿方和受贿方是否供述对认定索贿也具有决定意义。

在一起贿赂犯罪案件中，高某是业主单位的负责人，龚某是建筑工程的承包商。在案件查办过程中，高某拒不承认收受龚某贿赂的问题。办案人员在讯问中对高某说："实话告诉你，这事你不说也不是问题。龚某给你钱的来源已经查得一清二楚，我们也算过，刚好是工程款的10%。现在要解决的问题是你有没有索贿。法条在这里，你自己看一下。这是《刑法》第385条和第386条的规定，明明白白地写着'索贿的从重处罚'。如果是索贿，对龚某当然是有利的。这是《刑法》第389条第3款'因被勒索给予国家工作人员以财物，没有获得不正当利益的，不是行贿'的规定。现在有没有索贿，一是看你的口供，二是看龚某的口供。你不说就按照龚某的口供认定。你仔细掂量一下，说清楚对你只有好处，不说清楚对龚某只有好处。"

本案中，行贿人和受贿人是否供述会导致刑事责任发生轻重转移。办案人员也正是利用受贿人和行贿人在是否索贿方面的利益博弈关系来改变被讯问人对利益关系的认知。

在讯问中，利用刑事责任转移的原理在突破供述的过程中往往会收到意想不到的效果。原因在于：

第一，共同犯罪或者对合犯罪的主体不止一个，也就意味着犯罪事实的知情者是多元的。从办案人员的角度看，审讯的突破点更多；从被讯问人的角度看，自己不说，别人会说，讯问中对抗的把握并不是很大。"你不说，对方会说"这样的认知可以动摇被讯问人对抗的信心。

第二，讯问中一方不能确定另一方面对办案人员的反应。一方不供述，另一方供述，就有可能对不供述的一方不利。这符合囚徒困境的博弈关系，双方最优选择都是如实供述。

2. 认知控制方向的把握

（1）及时性与远期性

被讯问人在权衡结果的利弊得失时，会受到结果出现时间的干扰和影响。因出现的时间不同，后果可以分为及时性后果和远期性后果。由于及时性后果出现的时间早，表现为现实的、具体的样态，而远期性后果出现的时间晚，表现为未来的、抽象的样态，因此人们在决策选择的时候往往会看重及时性后果，忽视远期性后果。

对于被讯问人而言，供述可能带来的结果也可以分为及时性后果和远期性后果。及时性后果包括：供述后可以缓解压力、获得办案人员的尊重、得到较好的待遇等。远期性后果则包括两种情形：一是随着监察调查和刑事诉讼程序的推进，最终会被定罪量刑；二是最终会被确认是无辜的。

利用及时性后果与远期性后果认知差异性原理，办案人员可以更好地突破被讯问人，让其开口供述。对于有罪的被讯问人，可以突出如实供述带来的及时性后果、弱化远期性后果来强化其供述的动机。具体而言，就是一方面引导被讯问人强化对如实供述后带来及时性后果的认知，如说完了就可以马上获得解脱、不用整天面对表情严肃的办案人员、尽早摆脱被敌对的情景等；另一方面弱化被讯问人对定罪量刑的认知，如"定什么罪量什么刑是以后的事情，现在担心也没用""将来的事情，现在可以不去想它"等。

但是，这种策略也可能会导致虚假供述。有的无辜的被讯问人会因为看重供述带来的及时性后果，忽视远期性后果，进而屈从办案人员的压力，作出虚假的供述。也有的被讯问人明明知道自己是无辜的，但认为将来有机会翻供，会被发现是无辜的，因而为了及时性的好处而作出有罪的供述。因此，在突出及时性后果的时候，办案人员需要把握度。

（2）确定性与不确定性

心理学研究表明，人们在选择的时候，往往倾向于选择具有确定性的选项，排斥具有不确定性的选项。这也正是为什么办案人员在讯问中突出配合选项的确定性、突出对抗选项不确定性的原因所在。在结果认知的引导上，道理也是一样的。对于配合、如实供述的结果，办案人员要突出其确定性。对于被讯问人拒不交代，积极抗拒讯问工作的，办案人员要突出其对抗选项产生结果的多样性和不确定性。

（3）具体性与抽象性

在利益权衡的时候，选项的样态也会影响最终的选择。一般而言，当选项以具体的样态出现时，对选择人更具有吸引力，而当选项以抽象的样态出现时，其吸引力就会弱一些。讯问中，办案人员想引导被讯问人选择什么，就应当让这一选项及其导致的结果更具体。相反，如果办案人员想让被讯问人放弃某一选择，可以让其表现得更加抽象。例如，为了让被讯问人认识到配合的好处，办案人员通常以具体的案例来说服。案例通常包括正反两个方面：正面的案例就是某人配合办案，如实供述自己的罪行，最终得到从轻处罚；反面的案例是某被讯问人拒不交代，最后也被定罪，且因为认罪态度不好被从重处罚。

第八节 对刑事责任的认知控制

刑事责任是被讯问人供述的重要障碍。很多被讯问人因为害怕承担刑事责任而不敢供述自己的罪行。正因如此，在里德的供述模型中，"减缓刑责对嫌犯产生的压力"被作为讯问的两个核心任务之一。[①] 根据该模型，讯问的关键就是改变焦虑情绪与犯罪后果在被讯问人心中的对比关系。在增加焦虑的同时，讯问人员必须想办法减轻被讯问人对不利后果的担心，尤其要减轻犯罪后果对被讯问人产生的压力。而犯罪后果的核心就是被讯问人可能要承担的刑事责任。如果刑事责任的压力缓解不了，那么获取被讯问人的供述就变得非常困难。

要减轻刑事责任的压力，就必须改变被讯问人对刑事责任的认知。在调查阶段，刑事责任处于尚未确定状态。因为尚未确定，所以被讯问人才会认为有改变的可能性，尤其是通过对抗来逃避或者改变刑事责任的可能性。也因为刑事责任尚处于未确定状态，刑事责任在被讯问人的心理表现为一种主观预判，即对如实供述可能带来的不利后果的预判。当然，由于被讯问人并非法律专业人士，这种预判往往是基于生活的常识来推断的，所以其内容不仅是刑事责任（定罪量刑），还包括一些附带内容，如定罪量刑对家庭带来的影响、对自由的限制和剥夺、对个人名声和经济收入的影响等。这种推断和预判，就其核心内容而言，是对刑事责任的认知。只有改变这种认知，才能改变刑事责任对被讯问人心理产生的压力。

改变被讯问人对刑事责任的认知，并不是改变刑事责任本身。犯罪者要承担的

[①] 另一个核心任务是强化因为撒谎所造成的焦虑情绪。参见［美］佛瑞德·E. 英鲍、约翰·E. 莱德、约瑟夫·P. 巴克利、布莱恩·C. 杰恩：《刑事审讯与供述》（第5版），刘涛译，中国人民公安大学出版社2015年版，第428页。

刑事责任是由法律的规定和犯罪者已经实施的犯罪事实决定的，法律的规定办案人员不可改变，已经发生的犯罪事实办案人员也只能查明而不能改变。因此，犯罪者的刑事责任是办案人员无法改变的。当然，办案人员虽然不能改变被讯问人要承担的刑事责任，却可以改变被讯问人对刑事责任的认知。因为认知是人的主观意识对客观事物的感知和判断，是主观层面的东西，受制于人的感官经验和思维活动，是可以改变的。具体而言，办案人员可以在法律规定的限度内改变被讯问人对刑事责任的认知，降低其心理压力，引导其供述犯罪事实，但是却不可以承诺改变被讯问人的刑事责任来换取被讯问人的供述，否则就是诱供或者威胁。

在认知控制的整体方向上是减轻刑事责任对被讯问人的压力，但并不意味着整个过程绝不可以加重被讯问人对刑事责任和后果的认知。办案人员可以根据被讯问人的认知状态和情绪状态，先加重其对后果的认知，然后再减轻其对后果的认知。有时候先重后轻的策略效果会更加明显。

根据心理学相关理论和讯问实践，改变被讯问人对刑事责任的认知通常是利用人的心理防卫机制和心理对比原理，其中心理防卫机制包括合理化和投射作用两个方面。因而在讯问中改变被讯问人对刑事责任认知的途径和方法可以总结为如下几个方面：

一、合理化

心理防卫机制在讯问中可以反向运用，也可以正向运用。正向运用可以用于减缓被讯问人的焦虑，也可以用于减轻被讯问人对后果的担心。其中合理化是人们减轻内心责任压力的重要防卫机制，也是办案人员改变责任认知的杠杆原理。所谓"合理化"是心理防御机制的一种，是指当个体实施违反社会规范的行为后，尽量收集一些合乎自己内心需要的理由，给自己的作为一个合理的解释，以掩饰自己的过失，以减免焦虑的痛苦和维护自尊免受伤害，此种方法称为"合理化"。简言之，"合理化"就是制造"合理"的理由来解释和遮掩自己的过错，减轻自责。

合理化有内在的心理需求，也可以进行外在的干预。对于被讯问人而言，实施职务犯罪行为后一般会感受到内在的良心谴责，需要"合理"的理由在内心为自己开脱以减轻自责的压力。这里的"合理"之所以打上双引号，是因为这些理由并不是真正合理的。我们常说的合理是指符合伦理、法理社会生活中的道义原则。而这里的"合理"则有可能是歪理，是不当行为者用来为自己开脱的托词和借口，未必就符合正常的伦理和道义。而在讯问过程中，办案人员也可以主动给予"合理"的理由来改变被讯问人对刑事责任及其附带后果严重性的认知，减轻其内心的压力。

（一）提供托词和借口

讯问中，办案人员可以针对被讯问人的犯罪行为提供一些托词和借口帮助被讯问人从心理上减轻对可能受到惩罚的惧怕。具体而言，就是适当找出一些能够证明犯罪行为"正当性"的理由或者依据。这些理由和依据可以是生活常识，也可以是情理上的借口。从法律上看，这些托词和借口未必是正确的，但又符合日常生活的逻辑，在现实中可能会自然发生。

在一起挪用公款的案件中，一位国有企业的结算科科员李某利用保管单位承兑汇票的职务便利，先后5次将公司1010万元承兑汇票挪用给熟人马某用于个人煤炭销售经营及归还欠款，至案发前无法归还。讯问中，被讯问人李某最担心的就是将会受到什么样的惩罚。对此，讯问人员说："我们也知道你不容易，老同学一而再、再而三地请求确实不好推托。再说，谁没有个七姑八姨的，谁没有亲朋好友？但凡有点儿权力，就会不断有人来找你。这种人情的压力确实不小。有时候谁都受不了这种压力，我想你也是一样……""我们觉得，如果真的让你挪出1000万元的现金给老马用，你肯定不会那样做。但是承兑汇票让人觉得没那么严重。承兑汇票就是一张纸上写着一串儿数字，然后再盖上一个戳子。挪用几张承兑汇票，给人的感觉就是挪用几张纸，很容易让人放松警惕。""从行为上看，你其实就是挪用了几张纸而已，谁都有可能干得出。"

这里，办案人员借助人情的压力和承兑汇票的外观为被讯问人挪用公款提供了合理化的支撑，并进而推导出被讯问人"行为上只是挪用了几张纸，谁都能够干得出"这样的判断。把挪用千万元公款转化为挪用几张"纸"，这从客观上降低了被讯问人对犯罪危害后果的认知，在讯问中有利于打消被讯问人的顾虑。但如果没有前面的合理化理由作铺垫，即便把挪用千万元公款说成挪用几张"纸"，被讯问人也不一定会信服。

需要注意的是，提供托词和借口是为了让被讯问人自我说服，从而让其产生内心的认知改变。为了让这些托词和借口产生效果，通常要符合经验法则和生活逻辑，这样才能让被讯问人信服。如果办案人员提供的托词和借口完全背离生活逻辑或经验法则，被讯问人就会觉得办案人员在忽悠他。同时，这些托词和借口未必一定符合法律的规定，通常是"看似未必合法，但又在情理之间"。详言之，办案人员提供的这些托词和借口可能在法律上是站不住脚，但在情理上又能够说得过去。

从本质上看，这些托词和借口是在情理上为被讯问人提供心理上的支撑。之所以从情理上找理由，就是为了弱化被讯问人对刑事责任在法律评价方面的认知。因为对犯罪行为的法律评价通常是负面的，而从情理方面评价通常是多元的。情理上提供支撑可以弱化被讯问人对刑事责任及其后果的认知和担心。相反，办案人员在法律上提供托词和借口则有误导的嫌疑。

(二) 表达同情和怜悯

讯问中对被讯问人适当地表示同情和怜悯有助于减轻被讯问人对后果的恐惧。所谓同情是指对他人的苦难、不幸所产生关怀、理解的情感反应。同情以移情作用为基础，实质上是对他人痛苦的感同身受，也就是将他人与自己视为一体。同情能够在讯问中发挥作用，主要是基于三个方面的原因。

1. 同情能够增加认同感

感情相同时往往会产生共鸣，如"同病相怜"，会让双方更快速地找到共同语言进行交流。当讯问人员对被讯问人表达理解、关怀，展示感同身受的情感体验时，就是向被讯问人传递相同的情感，这很容易让被讯问人产生情感共鸣。被讯问人会无意识地增加对讯问人员的认同感。

2. 同情能够给被讯问人一种谅解暗示

讯问人员表示同情和怜悯其实也是对被讯问人表达谅解或理解，对被讯问人而言，既然办案人员能够对自己的错误行为进行谅解和理解，那么其他人员，包括未来的法官、被害人也有可能对其错误进行理解和谅解。这种谅解暗示有助于减缓被讯问人对犯罪后果的担忧和恐惧。

3. 同情能够降低被讯问人对办案人员的恐惧

讯问中对被讯问人表达同情和怜悯，其实就是对其错误行为和处境表达一种理解和关怀，甚至包括对错误的谅解和宽容。关怀、谅解、宽容本身都是一种美德的体现。这种美德能够给人以安全感。办案人员在被讯问人面前是以执法者的身份出现的，如果办案人员能够在被讯问人心中建立起一种宽容、安全、可靠的执法者形象，则可进一步影响被讯问人对其他执法人员的认知，包括对公诉人员、审判人员、执行人员的认知。办案人员在讯问中通过同情和怜悯建立的美德形象会降低被讯问人对后续执法者的恐惧，从而也降低了其对不利后果的担忧。

同情和怜悯可以通过语言表达，也可以通过非语言传递。语言表达就是在讯问中，讯问人员直接以言语的方式说出对被讯问人的理解和惋惜之意。如"你也不容易，辛辛苦苦奋斗这么多年，好不容易达到今天这样的局面，却因为关键时候没有抵住诱惑搞得满盘皆输。我们看了也替你惋惜"。非语言传递就是利用有声语言以外的表达方式传递办案人员同情和怜悯的信息，主要是运用态势语言和微反应原理来设计。常见的策略如：通过移动适当缩短办案人员与被讯问人的空间距离；交流中用理解和同情的目光注视被讯问人；缓和惋惜的表情；等等。

二、责任投射

心理防卫机制中另一个减轻压力的途径就是投射。所谓投射就是对自己或他人的行为的原因加以解释和推测的过程，把过错责任归结到行为人主观以外的原因。也就是在归因的时候，从行为人以外的客观方面查找原因，进行客观归因而不是主观归责。在职务犯罪案件中，办案人员要减缓行为人的犯罪感，降低刑事责任对被讯问人的压力，也可以利用这种投射作用原理，把被讯问人的过错责任投射到主观以外的因素上。

在职务犯罪案件中，常见的责任投射路径包括：责怪社会风气不好、人情公关太厉害等。这些说辞的主要目的就是尽量把被讯问人腐败的责任投射出去，归结到被讯问人以外的制度、人、事件或者物体上，从认知和心理上适当推卸行为人自己的责任。

环境归因，就是把导致发生职务犯罪的责任归因为社会环境和风气，降低讯问对象对刑事责任担忧的策略。诱发腐败和职务犯罪的环境因素包括社会大环境和单位小环境两方面，大环境因素如人情社会关系文化盛行的氛围等；小环境因素如个别地方领导腐化堕落、单位出现"山头主义""团团伙伙"现象等。此外还有特定的行业违法犯罪的高风险点等因素，如医疗行业的商业贿赂、工程建设中招投标的形式化等。这些因素对于职务犯罪的发生或多或少有促发作用，但不是唯一原因。在讯问中把发生职务犯罪的原因归结为环境因素，会在一定程度上激发被讯问人的认同感，拉近讯问方与被讯问方的心理距离，更重要的是可以减轻被讯问人对刑事责任严重性的认知。

在利用心理防卫机制减轻被讯问人压力的时候需要注意，合理化和投射作用在减轻后果压力的同时，也可能会同步减轻被讯问人的焦虑。实际上，在不减轻焦虑的前提下，照样可以通过心理防卫机制减轻被讯问人对犯罪后果的担心。实践中有大量这样的例子，但目前还没有固定的操作模式可供遵循，相关经验需要进一步积累和总结。实际操作中，讯问人员需要注意问题切入的角度并根据被讯问人的认知状态灵活变化。

三、对比原理

人类在认知方面会受到"对比原理"的影响。对此，有心理学研究者用了一个形象的例子来说明："我们先搬一种轻的东西，再拿一件重的东西，我们会觉得第二件东西比实际上更沉；而要是我们一开始直接就搬这件重东西，反倒不会觉得有这么沉。"这里的对比是指知觉对比。"它不光适用于重量，还适用于其他各种感官知觉。"① 这种对比原理在实践中还被称为"冷热水效应"，人的手指先放进冷水中浸泡一会儿，再去感知温水的温度，会觉得温水比实际温度要高一些；相反，先把手指放进热水中浸泡一会儿再去感知温水的温度，会觉得温水比实际温度要低一些。

这种直觉对比原理不仅管用而且几乎让人无法觉察。社会生活中，这种对比原理还被广泛应用于商业销售中。如在汽车销售中，有的营销人员往往先与购车者讨论整车的价格，在确定车后再推销汽车装饰和配件。这样的策略就是整车价格比较贵，先讨论整车价格，再讨论装饰和配件的价格会让购车者觉得比较便宜。在住房销售中，有的销售员会先让潜在的购房者看朝向、结构不太好、质次价高的房源，然后再带购房者看意图销售给购房者的房源，这样销售成功概率就会大大提升。原因就在于前后知觉对比形成认知错觉，让潜在的购房者觉得最后选中的房子是最好的。而实际上是销售人员让购房者选中这套房子的。

在讯问中，办案人员也可以利用知觉上的对比原理来改变被讯问人对刑事责任和犯罪后果的认知。办案人员需要根据不同案件的具体情形和认知控制的方向来灵活设计讯问的策略。

办案人员还可以利用不同类罪之间的量刑对比关系来改变被讯问人对刑事责任的认知。在举例的时候，先举一些与被讯问人涉嫌罪名不同类但量刑比较重的案例，如在涉嫌以欺骗手段贪污公款的犯罪案件中，先举一些因为诈骗而被定罪量刑的案例。实践中有一些普通诈骗罪的量刑要重于以诈骗手段实行贪污罪的量刑。先举这样的案例会让被讯问人觉得利用诈骗手段犯罪的后果很严重，随后再举一些利用职务便利以欺诈手段贪污公共财物且量刑相对较轻的案例。这样也是采用先重后轻的策略，只不过先举的是比较严重的类罪，后举的例子是被讯问人真正涉嫌犯罪的类罪。这种策略依然可以形成认知上的对比，让被讯问人觉得自己涉嫌的罪行还是比较轻的。

对比原理的运用还需要注意时机的把握。在刚刚被采取留置措施的时候，被讯问人由自由的生活状态突然变成被约束状态，前后的落差大，对比强烈，此时讨论刑事责任问题会让其感觉非常严重。而一段时间以后，被讯问人已经适应了被留置生活，再讨论刑事责任问题，被讯问人会觉得不过如此。实践中经常能见到这样的现象：被讯问人在刚开始的时候都比较害怕承担刑事责任，因而不愿意交代罪行，

---

① ［美］罗伯特·西奥迪尼：《影响力》，闾佳译，万卷出版公司2010年版，第14页。

但时间一久就不再那么害怕了，进而开始交代罪行。一段时间后与刚开始时的认知对比差异是造成这类现象的原因之一。

四、暗示

讯问中改变犯罪后果给被讯问人造成的压力，并不是说改变犯罪后果或者被讯问人的刑事责任。被讯问人将要承担的刑事责任办案人员是无权决定的。在讯问过程中，办案人员如果直接说要改变被讯问人的刑事责任是极不合适的。往重了说或者往轻了说，都不行。往重了说，可能构成威胁，如"你要是不交代，我们就把你的罪刑从十年以下改成十年以上"。往轻了说，又有可能构成引诱，如"说吧，说了我们就想办法把你判缓刑"。为了稳妥起见，讯问中办案人员可以通过言语以外的方式和途径，改变被讯问人对刑事责任和犯罪后果严重性的认知。办案人员直接的言语表达是一种明示，而言语之外的表达方式则是暗示。

（一）语气语调暗示

讯问中，办案人员的语气、语调和停顿可以向被讯问人传递各种不同的信息。在人际交往中，讨论某个问题的时候，说话人语气的力度、语调的高低会让听话人产生不同的感觉，影响听话的人对讨论问题的认知。在讯问中也是如此，办案人员的语气和语调也会间接影响被讯问人的感觉和认知。

如果运用得当，办案人员的语气和语调可以强化被讯问人对刑事责任的认知控制。不同的语气会让被讯问人对刑事责任的意识朝不同的方向变化。

例如，都是十年有期徒刑，如果以很严肃压抑的语气说，会产生后果很严重的暗示。如"十年啦，人生能有几个十年？你活60岁的话，将占你整个人生的六分之一。等你坐12年牢出来，世界早就变样了"。

反之，如果换一种语气说，暗示的效果就不一样了。

如"不就是十年吗？有什么大不了的？就你的身体，至少要活80岁，就是不算这十年，你还有至少30年的好光景。再者说，即便判了十年，也不一定就会坐十年。如果表现得好，最多可以有四年到五年的减刑。就算坐了六年又如何，按80岁算，连你生命的十三分之一都不到，过了这六年，你照样过你的正常日子"。

（二）表情暗示

说话时的表情会产生不同的暗示作用。在讯问中，办案人员在与被讯问人交流时，可以利用表情的暗示作用来辅助改变其对刑事责任的认知。在谈到涉嫌犯罪的责任和后果的时候，办案人员可以不必直接说是否严重，而是带着能够暗示是否严重的神情，让被讯问人自己去感知。如果让其觉得后果很严重，通常是以比较严肃、专注的表情；如果让其觉得不很严重，通常附带以放松的表情。表情暗示的完成不仅限于直接参与讯问的人员，也可以通过辅助人员、"偶尔"经过的其他办案人员。有时候，辅助人员的暗示被讯问人更容易相信。这是因为被讯问人通常对审讯人员存有戒备心理，对其信息输入持怀疑态度，但对辅助人员会放松戒备，更加信任其暗示。

（三）情景暗示

即通过对讯问环境的刻意规划，向被讯问人传递信息，改变其对刑事责任的认知。讯问环境的规划因素一般包括如下方面：讯问的时间、地点、办案人员与被讯问人见面的方式、讯问室的摆设、营造的氛围等。

在时间的选择上，白天和夜晚所传递的信息是不一样的。白天讯问通常意味着是常规案件，讯问是按部就班以不急不缓的节奏进行；夜晚讯问通常意味着案情重大、情况紧急，办案人员需要加班加点进行讯问。在地点上也是如此，在办案区讯问和在专案点的办案区讯问传递给被讯问人的信息是不一样的。

情景暗示的设计取决于讯问中认知控制的方向，加重认知压力，通常通过营造紧张、忙碌的氛围，调节灰暗的灯光来实现；减轻认知压力则营造相对轻松、缓和的氛围，讯问室的光线可相对明亮一些。

第九节　对自身权利义务的认知控制

一、权利和义务的行为导向性

被讯问人对自身权利和义务的认知会影响其在讯问中的表现。意识决定行为。一个人的权利意识和义务意识也会影响其现实中的行为。在讯问中，被讯问人对自己法定权利和法律义务的认知、理解和态度在一定程度上会影响其立场选择和配合程度。无论是权利还是义务，都具有一定的行为导向性。例如，我国《刑事诉讼法》第120条第1款规定："……犯罪嫌疑人对侦查人员的提问，应当如实回答。但是对与本案无关的问题，有拒绝回答的权利。"前一句规定了如实回答的义务，后一句规定了拒绝回答无关问题的权利。从行为上看，如实回答的义务强调的是被讯问人在讯问中的配合，拒绝回答无关问题的权利则导向对无关问题的防御和对抗。

以侦查讯问为例，我们可以试想这样两个不同的讯问场景：

场景一：在讯问中，办案人员告知被讯问人："刑诉法规定犯罪嫌疑人对侦查人员的提问，应当如实回答，因此你有如实回答的义务。"办案人员的这句话对于犹豫不决的被讯问人具有什么样的行为导向作用？

场景二：在讯问中，办案人员刚提出一个问题，在场的辩护律师告诉犯罪嫌疑人："刑诉法规定犯罪嫌疑人对与本案无关的问题，有拒绝回答的权利。这个问题与本案无关，你可以拒绝回答。"辩护律师的这句话对于犹豫不决的犯罪嫌疑人又具有什么样的行为导向作用？

在这两个讯问场景中，办案人员强调的是被讯问人的义务，引导被讯问人放弃对抗转向配合，在行为导向上是如实回答问题；而辩护律师提醒的是被讯问人的权利，告知其有选择拒绝回答的自由，在行为导向上是拒绝回答。两者引导的方向是截然相反的。

在监察调查的讯问中，被讯问人也依法享有相应的权利和义务，其导向作用的原理是一样的。在讯问环节，权利和义务的导向性源于双方职能的对抗性。法律规定被讯问人的权利主要是保护其合法利益，以对抗办案人员的不当讯问，具有防御调查权滥用的职能，因而在行为模式上大多表现为拒绝、对抗方式。而法律义务强调的是当事人对调查行为的配合，在行为模式上表现为配合、服从办案人员的要求。

基于权利和义务的行为导向性和意识对行为的作用原理，我们可以推断权利意识和义务意识对被讯问人发挥影响作用的基本方向。

（一）权利越明晰，对抗性越强

一般而言，在讯问中，被讯问人对自己的法定权利越明晰，自信心就越强，对抗意识就越强。被讯问人对法定权利的认识包括两个方面：一是自己享有哪些权利；二是如何有效行使和捍卫这些权利。从行为的角度看，权利是法律赋予权利主体作为或不作为的许可或认定。在法律许可或认定的范围内，被讯问人有作为或者不作为的自由。"对与本案无关的问题，有拒绝回答的权利"，这也就意味着对办案人员提出的与本案无关的问题，被讯问人有选择不回答的自由。如果办案人员强制其回答无关的问题，供述笔录就有可能被排除。对于被讯问人而言，明晰了这一权利，其思维和选择的过程可能会本能地发生变化。对办案人员提出的每一个问题，首先要考虑是不是与本案有关，然后根据这一判断选择进一步的行为：如果与本案无关，就选择拒绝回答；如果与本案有关，是否可以借口与本案无关拒绝回答。这时如实回答办案人员的提问可能不在其选项之中或者是比较靠后的选项。

（二）义务越明晰，配合可能性越高

与权利意识相反，被讯问人对自己的义务越明晰，配合意识就越强。义务是法律要求当事人应当承担的责任。从行为上看，义务意味着主体必须响应要求，做出某些特定的行为。具体到被讯问人的义务也是如此，如对办案人员的提问有如实回答的义务，对留置等措施有接受和配合的义务，对被调查人而言没有选择的余地，只有配合的责任。当被讯问人的义务意识占主导地位时，也就意味着被讯问人的配合意识起主导作用，其在讯问中配合的可能性就越高。虽然被讯问人对履行法律义务具有排斥心理，但只要对法律义务的认知和理解到位，通常也会不情愿地付诸行动。

二、我国讯问环节的告知规定和实践样式

（一）《刑事诉讼法》对讯问中告知的相关规定

《刑事诉讼法》对于侦查讯问中告知犯罪嫌疑人的内容主要有二：一是告知委托辩护人的权利。《刑事诉讼法》第 34 条第 2 款规定："侦查机关在第一次讯问犯罪嫌疑人或者对犯罪嫌疑人采取强制措施的时候，应当告知犯罪嫌疑人有权委托辩护人……"第二是告知如实供述自己罪行可以从宽处理和认罪认罚的法律规定。《刑事诉讼法》第 120 条第 2 款规定："侦查人员在讯问犯罪嫌疑人的时候，应当告知犯罪嫌疑人享有的诉讼权利，如实供述自己罪行可以从宽处理和认罪认罚的法律规定。"

《人民检察院刑事诉讼规则》对讯问中告知内容的规定包括四个方面：第一，告知依法申请回避的权利。《人民检察院刑事诉讼规则》第 26 条规定："人民检察院应当告知当事人及其法定代理人有依法申请回避的权利，并告知办理相关案件的检察人员、书记员等人员的姓名、职务等有关情况。"其中当事人自然包括被讯问人。第二，告知委托辩护人的权利。《人民检察院刑事诉讼规则》第 40 条第 1 款规定："人民检察院负责侦查的部门在第一次讯问犯罪嫌疑人或者对其采取强制措施时，应当告知犯罪嫌疑人有权委托辩护人，并告知其如果因经济困难或者其他原因没有委托辩护人的，可以申请法律援助。属于刑事诉讼法第三十五条规定情形的，应当告知犯罪嫌疑人有权获得法律援助。"第三，告知被讯问人在侦查阶段的法定权利。第四，告知如实供述自己罪行可以依法从宽处理和认罪认罚的法律规定。第 3 项和第 4 项内容规定于《人民检察院刑事诉讼规则》第 187 条中，该条第 1 款第 2 项规定在讯问中办案人员"告知犯罪嫌疑人在侦查阶段的诉讼权利，有权自行辩护或者委托律师辩护，告知其如实供述自己罪行可以依法从宽处理和认罪认罚的法律规定"。需要指出的是《人民检察院刑事诉讼规则》在自侦案件的讯问中没有规定告知被讯问人诉讼义务，但在审查逮捕和审查起诉环节讯问犯罪嫌疑人时，规定了不仅要告知法定权利，还要告知诉讼义务。该规则第 258 条第 1 款规定：人民检

察院讯问犯罪嫌疑人时，应当首先查明犯罪嫌疑人的基本情况，依法告知犯罪嫌疑人诉讼权利和义务，以及认罪认罚的法律规定，听取其供述和辩解。犯罪嫌疑人翻供的，应当讯问其原因。犯罪嫌疑人申请排除非法证据的，应当告知其提供相关线索或者材料。犯罪嫌疑人检举揭发他人犯罪的，应当予以记录，并依照有关规定移送有关机关、部门处理。

《公安机关办理刑事案件程序规定》对于法定权利义务的告知规定，与《刑事诉讼法》的规定比较相同。该规定第43条第1款规定："公安机关在第一次讯问犯罪嫌疑人或者对犯罪嫌疑人采取强制措施的时候，应当告知犯罪嫌疑人有权委托律师作为辩护人，并告知其如果因经济困难或者其他原因没有委托辩护律师的，可以向法律援助机构申请法律援助。告知的情形应当记录在案。"第203条规定："侦查人员讯问犯罪嫌疑人时，应当首先讯问犯罪嫌疑人是否有犯罪行为，并告知犯罪嫌疑人享有的诉讼权利，如实供述自己罪行可以从宽处理以及认罪认罚的法律规定，让他陈述有罪的情节或者无罪的辩解，然后向他提出问题。犯罪嫌疑人对侦查人员的提问，应当如实回答。但是对与本案无关的问题，有拒绝回答的权利……"根据这两条的规定，告知的主要是《刑事诉讼法》要求的两方面内容：一是委托辩护律师的权利；二是如实供述自己罪行可以从宽处理以及认罪认罚的法律规定。

对于依法应当告知被讯问人法定权利而不告知的，被视为违法行为。根据《人民检察院刑事诉讼规则》第567条的规定，侦查活动监督主要发现和纠正违法行为包括"依法应当告知犯罪嫌疑人诉讼权利而不告知，影响犯罪嫌疑人行使诉讼权利的"。根据《最高人民法院关于适用〈中华人民共和国刑事诉讼法〉的解释》第95条的规定，"首次讯问笔录没有记录告知被讯问人有关权利和法律规定的"属于讯问笔录有瑕疵，"经补正或者作出合理解释的，可以采用；不能补正或者作出合理解释的，不得作为定案的根据"。

综合来看，我国刑事诉讼相关规范对于讯问中权利义务的告知存在如下特点：

第一，强制要求告知的只是部分法定权利。《刑事诉讼法》，最高人民法院、最高人民检察院和公安部作出强制性要求的主要是告知被讯问人有权委托辩护人，并没有强制要求告知其他权利。有的法定权利《刑事诉讼法》作出规定，但并没有要求办案人员在讯问中告知。如《刑事诉讼法》第120条第1款规定的"对与本案无关的问题，有拒绝回答的权利"，是被讯问人依法享有的法定权利，但《刑事诉讼法》并没有要求办案人员告知被讯问人。《人民检察院刑事诉讼规则》和《公安机关办理刑事案件程序规定》同样没有要求办案人员告知。此外，还有用本民族语言文字进行诉讼的权利，对办案人员侵犯其法定权利和人身侮辱的行为提出控告、举报的权利等也有规定，但没有要求告知。

第二，告知的内容不仅限于法定权利，还包括如实供述自己罪行可以从宽处理和认罪认罚的法律规定。这里的法律规定并不是被讯问人的法定权利。

第三，规定了被讯问人如实回答的义务，但没有要求办案人员告知这一义务。《刑事诉讼法》规定"犯罪嫌疑人对侦查人员的提问，应当如实回答"，《人民检察院刑事诉讼规则》和《公安机关办理刑事案件程序规定》都是对此规定进行重述，并没有要求告知这一义务。

第四，检察机关的侦查讯问中，应当告知的内容为"犯罪嫌疑人在侦查阶段的诉讼权利"，而不仅仅是聘请辩护律师的权利（《人民检察院刑事诉讼规则》第187条）。在审查逮捕和审查起诉环节讯问犯罪嫌疑人，要告知的内容是犯罪嫌疑人的诉讼权利和义务（《人民检察院刑事诉讼规则》第258条）。

第五，没有明确的告知方式。《刑事诉讼法》和相关解释只是要求讯问中告知被讯问人相关权利义务和法律规定，但并没有明确是书面告知还是口头告知。

（二）职务犯罪讯问实践中的告知内容和方式

在监察体制改革以前，检察机关查办职务犯罪案件，采用《犯罪嫌疑人诉讼权利义务告知书》的方式进行书面告知。实践中大多采用《人民检察院刑事诉讼法律文书格式样本》中《犯罪嫌疑人诉讼权利义务告知书》为样本。具体告知内容如下：

根据《刑事诉讼法》的有关规定，犯罪嫌疑人在人民检察院对案件进行侦查期间，有如下诉讼权利和义务：

1. 不通晓当地通用的语言文字的犯罪嫌疑人在讯问时有要求配备翻译人员的权利。有权用本民族语言文字进行诉讼。

2. 聋、哑的犯罪嫌疑人在讯问时有要求通晓聋、哑手势的人参加的权利。

3. 对于侦查人员、鉴定人、记录人、翻译人员有下列情形之一的，有权申请他们回避：（1）是本案的当事人或者是当事人的近亲属的；（2）本人或者他的近亲属和本案有利害关系的；（3）担任过本案的证人、鉴定人、辩护人、诉讼代理人的；（4）与本案当事人有其他关系，可能影响公正处理案件的。对于驳回申请回避的决定，可以申请复议一次。

4. 有权辩护。犯罪嫌疑人在接受讯问时有权为自己辩解。

5. 有权委托辩护人。犯罪嫌疑人自被侦查机关第一次讯问或者被采取强制措施之日起，有权委托辩护人，但在侦查期间只能委托律师作为辩护人。因经济困难等原因没有委托辩护人的，本人及其近亲属可以向法律援助机构提出申请。

6. 未满 18 周岁的犯罪嫌疑人有要求通知其法定代理人到场的权利，法定代理人可以代为行使诉讼权利。无法通知，法定代理人不能到场或是共犯的，可以通知犯罪嫌疑人的其他成年亲属，所在学校、单位或者居住地的村民委员会、居民委员会、未成年人保护组织的代表到场。

7. 对于侦查人员的提问，应当如实回答。但是对与本案无关的问题，有拒绝回答的权利，如实供述自己罪行可以从宽处理。

8. 有核对讯问笔录和自行书写供述的权利，如果犯罪嫌疑人没有阅读能力，侦查人员应当向其宣读；如果讯问笔录记载有遗漏或者差错，可以提出补充或者改正。对讯问笔录、勘验检查笔录、搜查笔录、查封扣押财物、文件清单以及送达的各种法律文书确认无误后，应当签名、捺指印。

9. 依法接受拘传、取保候审、监视居住、拘留、逮捕等强制措施和人身检查、搜查、扣押、鉴定等侦查措施。

10. 犯罪嫌疑人及其法定代理人、近亲属、聘请的律师对于采取强制措施超过法定期限的，有权要求解除强制措施。

11. 对于人民检察院及其侦查人员侵犯其诉讼权利和人身侮辱的行为，有权提出控告、举报。

犯罪嫌疑人（签字）：

日期：

从内容上看，该告知书把《刑事诉讼法》的相关规定进行罗列，诉讼权利在前，义务在后，没有明确区分哪些是诉讼权利，哪些是诉讼义务。根据制作说明，此告知书在第一次讯问犯罪嫌疑人或对其采取强制措施之日交犯罪嫌疑人阅后签字附卷。实践中的操作基本是在第一次讯问时先交给犯罪嫌疑人阅读，然后签字附卷。

自监察体制改革以后，检察机关依然保留了部分职务犯罪的侦查权，对司法工作人员利用职权实施的非法拘禁、刑讯逼供、非法搜查等侵犯公民权利、损害司法公正的犯罪可以由人民检察院立案侦查。实践中，侦查人员在讯问这类案件的犯罪嫌疑人时，也是沿用上述书面告知的方式。

监察机关在调查职务犯罪过程中也采用书面方式告知被调查人权利义务。通常是第一次谈话、讯问时让被调查人阅看《被调查人权利义务告知书》后签字附卷。其具体的告知内容大体如下：

根据《中华人民共和国监察法》的有关规定，被调查人在监委调查期间，有如下权利和义务：

1. 不通晓当地通用的语言文字的被调查人在接受谈话、讯问时有要求配备翻译人员的权利。有权用本民族语言文字进行陈述、供述。

2. 聋、哑的被调查人在谈话、讯问时有要求通晓聋、哑手势的人参加的权利。

3. 办理监察事项的监察人员有下列情形之一的，监察对象、检举人及其他有关人员有权要求其回避：（1）是监察对象或者检举人的近亲属的；（2）担任过本案的证人的；（3）本人或者其近亲属与办理的监察事项有利害关系的；（4）有可能影响监察事项公正处理的其他情形。

4. 有权辩解。被调查人在接受谈话、讯问时有权为自己辩解。

5. 有权要求饮食和必要的休息时间。

6. 对于调查人员的提问，应当如实回答。但是对与本监察事项无关的问题，有拒绝回答的权利，如实供述自己违纪违法事实可以从宽处理。

7. 有核对谈话、讯问笔录和自行书写陈述的权利，如果被调查人没有阅读能力，调查人员应当向其宣读；如果谈话、讯问笔录记载有遗漏或者差错，可以提出补充或者改正。对谈话、讯问笔录、查封扣押财物、文件清单以及送达的各种文书确认无误后，应当签名、捺指印。

8. 被调查人有下列行为之一的，由其所在单位、主管部门、上级机关或者监察机关责令改正，依法予以处理：不按要求提供有关材料，拒绝、阻碍调查措施实施等拒不配合监察机关调查的；提供虚假情况，掩盖事实真相的；串供或者伪造、隐匿、毁灭证据的；阻止他人揭发检举、提供证据的；其他违反《中华人民共和国监察法》规定的行为，情节严重的。

9. 依法接受谈话、讯问。

10. 对调查人员侵犯上述权利和侮辱人格、虐待、体罚或者变相体罚的行为，有权提出控告、举报。

被调查人（签字）
日期：

我国职务犯罪案件讯问实践中的告知存在如下特点：

第一，告知内容的多样性。既告知诉讼权利，又告知诉讼义务。同时还告知如实供述、陈述可以从宽的法律规定。

第二，告知方式的仪式化。实践中采用书面告知方式，先让被讯问人阅读，然后签字附卷，留存为书面证据。这种告知在录音录像中有体现，在笔录中有记录，同时有被讯问人签字的文书为证据，形式要件十分完备，不会产生法律上的争议和证据上的瑕疵。

三、讯问环节的告知与认知控制

（一）告知的内容与认知控制

从办案人员的角度看，讯问中哪些内容有告知的必要，哪些没有告知的必要，其判断标准有二：一是法律是否有规定。法律要求告知的，就必须不折不扣地告知，否则就是违法办案。因此，作为执法者，凡是法律要求必须告知的，当然有告知的必要。二是对讯问是否有利，即是否有利于提高讯问的效率和效果。对于能够提高讯问效率和效果的，即便法律没有要求告知，讯问中也可以告知。相对而言，第一个标准是强制性的，办案人员没有选择的余地，第二个标准则是裁量性的，办案人员有选择的自由。例如，告知沉默权，对于讯问其实是不利的，但因为法律有强制性的要求，就必须告知。基于这两个标准，我们认为讯问中可以在遵循法律规定的前提下，根据认知控制的需要进行选择性告知。

1. 对于法律要求告知的权利，办案人员必须不折不扣地告知

法律要求办案人员在讯问时告知被讯问人某些权利有其内在的价值追求。一是对被讯问人合法权利的保障。在特定条件下，办案人员的告知是被讯问人有效行使权利的必要条件，只有告知才能有效行使。二是基于程序构造和职能设置。我国《刑事诉讼法》第 34 条第 2 款规定："侦查机关在第一次讯问犯罪嫌疑人或者对犯罪嫌疑人采取强制措施的时候，应当告知犯罪嫌疑人有权委托辩护人……"因此，检察机关在第一次讯问中，侦查人员必须不折不扣地告知犯罪嫌疑人有委托辩护人的权利。

2. 法律没有要求告知的权利，办案人员可以选择性告知

监察相关法律规范没有要求办案人员在谈话、讯问中告知被调查人权利和义务，刑事诉讼法律规范也并没有要求侦查人员在讯问中告知犯罪嫌疑人全部诉讼权利。如拒绝回答与本案无关问题的权利，用本民族语言进行诉讼的权利，申请回避的权利，对办案人员侵犯其诉讼权利和人身侮辱行为提出控告、举报的权利，这些权利是《刑事诉讼法》规定犯罪嫌疑人依法享有的权利，但并没有赋予侦查人员告知义务。对于办案人员而言，告知这些权利法律并不禁止，不告知也绝不违法。当然从刑事诉讼原理上看，告知这些权利应当是辩护律师的职能，而不是侦查人员的职责。

3. 对于"如实供述自己罪行可以从宽处理和认罪认罚的法律规定"，检察人员在讯问中必须告知，监察人员在讯问中可以选择告知

对于监察讯问，纪检监察规范并没有要求办案人员在谈话和讯问的时候告知被

调查人法律规定。办案人员在办案中可以告知也可以不告知。不过在讯问中告知如实供述自己罪行可以从宽处理和认罪认罚的法律规定对于被讯问人具有正面的导向作用，客观上有利于提升讯问效率。同时，告知可以体现反腐败的法治化和规范化，办案人员可以在办案过程中根据需要灵活告知。

检察机关在侦查司法人员职务犯罪案件过程中，首次讯问必须告知如实供述自己罪行可以从宽处理和认罪认罚的法律规定。一方面，这是因为修订后的《刑事诉讼法》第120条第2款明确规定，不告知就会形成证据瑕疵，取得的供述有可能被排除。另一方面，告知如实供述自己罪行可以从宽处理和认罪认罚的法律规定，对于被讯问人具有正向行为导向作用，对讯问工作是有利的。为了强化告知法律规定的导向作用，办案人员并不一定非得在首次讯问中告知，也可以根据情形在犯罪嫌疑人思想动摇的关键时刻告知。这是因为《刑事诉讼法》第120条第2款规定，侦查人员在讯问犯罪嫌疑人的时候，应当告知犯罪嫌疑人享有的诉讼权利，如实供述自己罪行可以从宽处理和认罪认罚的法律规定。其中并没有要求必须在第一次讯问中告知。

4. 对于被讯问人的义务，办案人员可以选择性告知

虽然法律并没有要求办案人员必须告知被讯问人的义务，但也没有禁止告知。办案人员根据讯问工作的需要，进行义务告知并不违法。如在被讯问人犹豫不决的时候，告知其"应当如实回答"的规定。告知这一规定，既可以明确被讯问人的回答义务，也可以强化其配合意识。从效果上看，对于提高讯问工作的效率和效果是有利的。由于这一做法并不违法，办案人员可以根据讯问工作的需要选择告知被讯问人相关义务。

（二）告知的方式与认知控制

权利、义务以及法律规定的告知方式会影响被讯问人对告知内容的理解，甚至会影响调查对象对自身权利的行使。

从讯问工作的效率和效果考虑，办案人员不仅可以在告知内容上进行选择，而且可以在告知方式上进行设计，改变被讯问人对自身权利、义务和法律规定的认知。具体而言，可以从如下三个方面进行设计：

1. 在告知权利时，首选书面告知，让被讯问人自己阅读；在口头告知的时候，要尽量准确、明晰地宣读，一遍完成，尽量避免重复，千万不要小题大做。这是因为在讯问开始的时候，被讯问人心情复杂，情绪紧张，心思并不在告知书上，采用书面告知的方式，被讯问人对权利的认知相对有限。在口头告知权利时，准确、明晰地宣读是为了让被讯问人清晰地听到，避免误导嫌疑；不重复、尽量避免小题大

做是为了避免人为增加被讯问人的权利意识。

2. 告知诉讼义务时，首选口头告知，告知时办案人员可以语气严肃、语速相对缓慢，甚至带上严肃的表情，以强化被讯问人对如实回答义务的认知。必要的情况下，可以重复告知诉讼义务，给被讯问人就法定义务提问的机会，甚至对其讲解法律规定义务的必要性。这样做的目的就在于强化被讯问人对自身义务的认知，增强其配合意识。

3. 告知如实供述自己罪行可以从宽处理的法律规定时，可以从多个方面设计以强化法律规定的导向效果。第一，要注意告知的时机。告知坦白从宽法律规定不一定放在讯问的开始环节。因为有的被讯问人在讯问开始时比较紧张，感知能力下降，告知的效果会受到限制。办案人员可以选择在被讯问人注意力集中、感知能力较强的时候告知。第二，告知的内容并不限于法律有"如实供述自己罪行可以从宽处理"的规定。告知这一规定的关键是让被讯问人相信如实供述可以获得从宽处理的结果，强化其对如实供述与从宽处理之间必然性的认识。因此办案人员可以把从宽处理的刑法和刑事政策文件详细整理出来告知被讯问人，必要时可以用PPT（演示文稿）展示案例来说明。采用PPT的方式和列举真实案例的目的就在于让被讯问人形成感性认识，在坦白和从宽处理之间建立相对牢固的认知联系。

第十节　对被讯问人自我认知的控制

一、自我认知与自我调节

在心理学领域，自我认知是一个重要的心理现象。人们不光认知他人、认知社会、认知环境，而且认知自己。有学者指出，对于人来讲再也没有比人更有趣的话题了。而且，对于多数人来说，最有趣的人正是他们自己。当人们把自我作为思考的对象进行认识时，便形成了自我认知。自我认知的目的就是希望能够清楚地知道自己是谁。我们持有的关于我们是谁的信念集合称作自我概念（self - concept）。[1] 我们不光思考自己，形成自我认知，而且会对自己进行价值评价。个体赋予自己的价值，就是自尊。有研究认为，高自尊的人和低自尊的人对自我的认识和应对困难情境的反应方式是不同的。"高自尊的人对他们自己的个人属性有清晰的认识。他们自我感觉不错，设定合适的目标，以自我增强的方式利用反馈，感受积极体验，

---

[1] ［美］泰勒、佩普卢、西尔斯：《社会心理学》（第12版），崔丽娟等译，上海人民出版社2010年版，第95页。

并成功地应对困难情境。""低自尊的人们自我概念不那么清晰,认为自己较差,经常选择不现实的目标,或者完全回避目标,倾向于悲观看待未来,记住更多的消极经历,沉湎于他们的消极心情,对批评或其他消极个人反馈作出更负面的情绪反应和行为反应,不太能够为自己产生积极反馈,更关注自己对其他人的社会影响,当遭遇挫折或压力时更容易难过和反复回想。"①

在社会心理学领域,人们定义自我的方式存在文化上的差异,在有的国家,人们多以自己内在的想法、感受和行动来定义自我,而不是以别人的想法、感受和行动来定义自我,这种方式叫作独立的自我观。在有的国家,人们多以自己和他人的关系来定义自我,并认识到自己的行为经常会受到别人的想法、感受及行动的左右,这种方式叫作相互依存的自我观。② 但实际上这种文化差异并不适用于不同文化里的每一个个体成员。埃略特·阿伦森等人认为人们认识自我的常见方式包括内省、观察自己的行为、通过与他人比较、采纳他人的观点等。③ 泰勒等人则认为,自我知识源于如下方面:(1)社会化。个体如何学会规则、标准来自自己的家庭、群体或者文化的价值观。在儿童期,父母、老师和朋友以特定的方式对待我们,我们参与文化活动等,这些在后来成为我们自己的重要方面。(2)反射性评价。人们根据他人对自己的知觉和反应来知觉自己。(3)来自他人的反馈。人们给予我们关于我们品质的外显反馈。一般而言,父母对孩子能力的看法与孩子对这些维度的自我认识有很大的相关。(4)自我知觉。人们也通过观察自身行为推测自己的个人特点。(5)标注唤醒状态。根据自身的生理唤醒推测我们的内部状态和个人特点。(6)环境区分性。关注环境提供给我们的关于我们的个人特点的其他线索。(7)比较性自我评估。将自己的能力、观点或者情感与他人的进行比较。(8)社会认同。根据自己在一个社会群体(或者多个社会群体)中的成员身份以及这种身份有关的价值和情绪含义来认知自我。④ 迈尔斯则指出,对人格和自我概念的影响除基因外,社会经验也扮演了很重要的角色。这些社会经验的影响包括:我们扮演的角色、我们形成的社会同一性、我们和别人的比较、我们的成功与失败、其他人

---

① [美]泰勒、佩普卢、西尔斯:《社会心理学》(第12版),崔丽娟等译,上海人民出版社2010年版,第95页。
② [美]阿伦森:《社会心理学》(第5版)(中文第2版),侯玉波等译,中国轻工业出版社2007年版,第141~142页。
③ [美]阿伦森:《社会心理学》(第5版)(中文第2版),侯玉波等译,中国轻工业出版社2007年版,第144~166页。
④ [美]泰勒、佩普卢、西尔斯:《社会心理学》(第12版),崔丽娟等译,上海人民出版社2010年版,第97~105页。

如何评价我们、周围的文化。① 总体上看，影响人们自我认知的因素是多种多样的，有的是内在的，如内省、自我观察，有的则是外在的，如社会比较、他人的反馈、反射性评价等。

人们在自我认知的基础上，控制和指导自身的活动和行为方式。人们控制和引导自己行动的方式，为自我调节。"人们拥有关于自己的大量信息，包括他们的个人特征和愿望，以及他们对未来自我的构思。他们制定目标并追求目标，在此过程中他们利用自己的社会技能和自我调节技能。"② 人们的自我调节受自我效能信念、自我知觉的影响。换言之，人们的自我认知会影响人们对行为的控制和指导。

二、讯问中对被讯问人的自我认知控制

在讯问中，办案人员也可以利用自我认知与行为的控制和指导关系，影响被调查人在讯问中的表现。在职务犯罪讯问实践中，被讯问人自我评价越高，自尊心越强，在讯问中对抗办案人员的自信心也就越强。对于这种自我评价高的被讯问人，可以控制其自我认知，动摇其自信，进而转变其对抗立场。

而要进行这方面的操作，办案人员首先要了解人类自我认识的一些基本特点和获取自我知识的途径和影响因素。对于影响被讯问人自我认知的内在因素，如自我观察、内省等，办案人员是无法控制和改变的，但是外在因素中有一部分是可以控制的，如社会比较、反射性评价、他人的反馈等。

结合讯问的实践操作经验和心理学原理，我们对自我认知控制的技巧作如下总结：

（一）暗示个人能力是有限的

人们对自身能力的理解和认识是自我认知的重要内容。认为自身能力比较强的人通常表现得更为自信，思考问题更为冷静。在讯问中被调查人的表现也是如此，他们的行为表现都是在自我能力认知的基础上进行选择、设计的结果。办案人员如果能够有效动摇被讯问人对自己能力的认知，在一定程度上可以动摇其自信心，增强被讯问人的受暗示性。

1. 上行比较

改变个人能力认知的途径之一是比较。社会心理学中的社会比较理论学说认

---

① ［美］戴迈·迈尔斯：《社会心理学》（第8版），侯玉波、乐国安、张智勇等译，人民邮电出版社2006年版，第30页。
② ［美］泰勒、佩普卢、西尔斯：《社会心理学》（第12版），崔丽娟等译，上海人民出版社2010年版，第107页。

为：我们通常通过将自己和他人比较来了解我们的能力和态度。社会比较分为两个方向，一种是将自己与那些在特定的特点或能力上比我们差的人相比较，叫作下行的社会比较。下行比较可以让比较者寻得优越感，起到自我增强作用。另一种是上行的社会比较，即将自己和在某种特定的特点或能力上比自己出色的人进行比较。与比自己成功的人相比较会造成无能、嫉妒、羞愧或者不胜任的感觉。① 在讯问中，办案人员可以利用上行比较策略暗示被讯问人能力的有限性。具体策略如下：

（1）把被讯问人个人与调查团队进行比较

如在讯问中称呼被讯问人时一般用"你"，称呼办案人员时一定要用"我们"。其背后暗含的意思是："你"——被讯问人——是孤立的个人，而"我们"——办案人员——是一个有组织的团队或者群体。个人相对于团队和群体，能力是有限的，弱小的。

除称呼上的暗示外，办案人员也可以直接进行比较。在调研中，一位办案人员直接给被讯问人这样讲道理："你再聪明，能力再强，你就是一个人，而我们是一个团队。你能想到的，我一个人可能想不到，但我们一个团队一定能够想到；你想不到的，我们也能想到。你能做到的事情，我们一个团队通过协作一定能做到；你做不到的，我们团队也可以做到。这就是团队的力量。要知道你这是一个人在和我们团队博弈，一根筷子和一把筷子，哪个更结实？不说你也明白。"这里办案人员正是通过个人与团队力量的对比来暗示被讯问人个人的能力是有限的。

（2）把被讯问人与级别更高、能力更强的人比较

在职务犯罪案件中，被讯问人绝大多数情况下都具有国家工作人员身份，无论是国家机关工作人员、国有企业的管理人员，还是其他以国家工作人员论的人员，行政级别意识相对较强。讯问中，可以利用这种级别意识把被讯问人与比其级别更高、能力更强的人进行比较。比较的人可以是级别更高、能力更强的职务犯罪者，也可以是级别更高、能力更强的办案人员。前者如实践中有的办案人员在讯问中以被讯问人落马的领导干部为案例进行教育，所举的被讯问人行政级别比被讯问人高，能力比被讯问人更强，但最后也转向配合，如实供述自己罪行。这样的例子对于被讯问人对抗的信心具有轰击作用。后者如讯问中安排比被讯问人行政级别更高的人员审讯，形成优势心理。

2. 指出错误

当被讯问人对自己的能力比较自信的时候，办案人员可以利用被讯问人的错误

---

① ［美］阿伦森：《社会心理学》（第5版）（中文第2版），侯玉波等译，中国轻工业出版社2007年版，第164页。

和漏洞动摇其对自身能力的认知。其中常见的方法便是指出并放大被讯问人的错误。这里的错误包括多方面，既包括认知错误，也包括行为错误；既包括与案件有关的错误，也包括与案件无关的错误。例如，在讯问中利用被讯问人法律知识的欠缺，指出其对行为性质、犯罪后果的认知错误；利用被讯问人财务知识的欠缺，指出其对犯罪数额的认知错误；利用关系人的反水指出被讯问人对关系人的信任错误；利用下属犯罪的事实指出被讯问人选人用人的错误等。当被讯问人自我感觉良好时，办案人员突然确凿地指出其所犯的一个低级错误，并进行适当的放大，会让被讯问人怀疑自己的能力，动摇自信心。

3. 灌输固定心态

心理学认为人们对个人能力的理解存在两种不同的心态。有的人认为自己的能力是固定不变的，有的人认为自己的能力是不断变化、积累的，前者称为固定心态，后者称为成长心态。拥有固定心态的人在遭遇挫折时更容易放弃，他们不再继续努力，并且疏于磨炼自己的能力；拥有成长心态的人则将挫折视为通过努力而成长的机会。[①] 在职务犯罪案件中，个别年轻的被讯问人具有成长心态，把对抗调查作为励志成长、锻炼心智的机会，这种心态会让其在心里形成自我激励，对于讯问工作是极为不利的；多数年龄较大的被讯问人具有固定心态，认为自己的能力已经固化，较容易放弃对抗。因此，在讯问中，办案人员可以利用和灌输固定心态，降低被讯问人对自身能力的认识和判断。

（二）对道德品质进行适当的负面评价

讯问中对被讯问人的道德品质进行适当的负面评价，有助于改变被讯问人的自我认知。自我认知中的一个重要方面是对自我价值的判断。个体对自我价值的判断是自尊的核心内容。对一个人道德品质进行负面评价，其实是动摇被讯问人自我认同的核心价值，本质上是对一个人自尊的动摇乃至伤害。心理学认为，高自尊有利于培养主动、乐观和愉快的感觉，低自尊的人在抑郁、行为过失方面面临更多的风险。讯问中，高自尊的被讯问人受暗示性低，难以控制，低自尊的被讯问人受暗示性高，比较容易控制。因此，对于高自尊的被讯问人适当打压其自尊有利于降低对抗，对讯问工作是有利的。而打压自尊的常见办法就是对其道德品质进行负面评价。

（三）转述被讯问人同事、下属的谴责

在职务犯罪案件讯问中，办案人员可以通过转述被讯问人同事、下属的谴责来

---

① ［美］阿伦森：《社会心理学》（第5版）（中文第2版），侯玉波等译，中国轻工业出版社2007年版，第162~163页。

影响被讯问人的自我认知。有的领导干部在位时有权力魅力却没有人格魅力，落马之后同事和下属拍手称快。因此，在调查过程中经常会出现被讯问人的同事、下属对其指责和负面评价的情况。这种谴责被讯问人往往并不知晓，有的被讯问人甚至自我感觉良好，认为自己为单位做了些好事，没有功劳也有苦劳。当被讯问人自我感觉良好的时候，办案人员适当转述被讯问人同事或者下属的谴责和负面评价会在很大程度上动摇其原有的自我认知。从心理学上看，这种转述是对被讯问人个人的一种反射性评价，这种反射性评价是被讯问人自我认知的重要来源。而且在被讯问人权力光环退去之后的负面评价更具有真实性，被讯问人更容易信服。另外，这种转述还有一个好处就是：转述别人的观点，而不是办案人员自己的观点，更容易绕过被讯问人的防卫心理，说服力更强。

（四）适当拒绝

对于被讯问人的要求进行适当的拒绝，也可以影响被讯问人的自我认知。讯问过程中，被讯问人经常会提出这样或者那样的要求。一般情况下，基于人性办案的理念，只要被讯问人提出的要求是合理的，办案人员都可以尽量满足，对于不合理的要求，则可以拒绝。从心理学上讲，拒绝是对被讯问人的一种负反馈，这种负反馈在一定程度上会影响被讯问人的自我认知。在遭到拒绝之后，个体对自我的积极认知评价会降低，消极情绪会增加。拒绝分为明确拒绝和模糊拒绝，明确拒绝对个体自我认知评价的调节作用更加明显，但明确拒绝也会影响个体对他人的积极评价，有时可能会激化矛盾。拒绝产生的效果会因为对象对拒绝的敏感性不同而不同，敏感性越强，激发的消极情绪就越高，对自我的积极认知评价就越低。讯问中，可以根据被讯问人的具体情况采用明确拒绝或者模糊拒绝的方式。

假设，为了机械地体现人道办案，讯问人员一开始对被讯问人非常客气，端茶倒水，有求必应，甚至在讯问过程中被讯问人说累了，办案人员就把折叠床支开，给被讯问人盖上被子让其休息。结果就是被讯问人反而找到感觉了，自信满满，精神倍增。在案情上就是避而不答。在吃饭的时候甚至可能说盒饭的味道不行，要换口味。这时办案人员可以对被讯问人突然转变态度，茶水换成凉白开，休息严格按时间执行，吃饭就是馒头白开水。讯问期间，除喝水、上卫生间外的其他要求一律拒绝，结果被讯问人可能很快就交代了。其中的原因就是发现办案人员对其态度很和善，有求必应，被讯问人开始不交代是其推测办案人员证据不充分，对拿下案件信息不足，想留些缓和的余地。后来交代罪行的原因有两个方面：一是发现办案人员突然对其改变态度，被讯问人推测是证据收集到位了；二是办案人员对其要求几乎都拒绝了，被讯问人感觉自己对办案人员而言已经不重要了，办案人员的拒绝让其意识到自己的身份已经不是单位领导，而是真正的罪犯了。这个假设中，办案人员的拒绝产生了两个方面的作用：一是让被讯问人对案件发展情势的认知发生了改变；二是让被讯问人的自我认知发生了改变。

自我认知控制的基本方向改变会促使被讯问人对个人能力、品行修养、个人价值、成就等方面的认知改变，使其从积极自我认知转向消极自我认知。让自我感觉良好的被讯问人意识到自己不行，不仅能力不行、成就不行，而且人品和人缘也不行。自我认知控制的目的就是让被讯问人从自信转向怀疑自己，从高自尊转向低自尊，从而使其由对抗转向配合。只要方向正确，措施拿捏适度，在具体策略上还可以进行更多的探索。

第十一节　对办案人员的认知控制

讯问是办案人员与被讯问人的面对面沟通和交流，双方既有对抗，也有信任和配合。办案人员所展现的形象和姿态以及被讯问人对办案人员的认知对于讯问具有一定影响作用，在有的案件中甚至起决定性作用。办案人员在讯问中展现的形象服务于讯问的需要，其主要目的是塑造被讯问人对办案人员的认知，控制和转化被讯问人的意志。从讯问操作角度看，这关系到办案人员在讯问中的着装、言语谈吐、行动举止等基本规范。

一、讯问人员的应然形象

监察调查中的讯问是一个新鲜事物。纪检监察合署办公的情况下，监察讯问和谈话功能相近。相对于人民检察院和公安局机关的侦查讯问，监察讯问的政治性更强。讯问中办案人员应当以什么样的形象出现，目前还没有相关规定。

那么，在讯问中办案人员到底应该展现什么样的形象？依据是什么？我们认为，可以从两个维度确定办案人员在讯问中的形象，一是有利于树立办案公正和权威形象。公正和权威的内容与形式是相统一的，既体现在实体公正性、程序正当性上，也体现在形式的严肃性上。二是有助于讯问工作。办案人员在讯问中的着装和言谈举止属于办案的细节问题，但细节有时也会决定成败。从讯问心理的角度看，办案人员展现的形象影响和决定被讯问人的认知和判断，这种认知和判断进而会影响其决策和态度。因而办案人员展现的形象和被讯问人的相关认知会对讯问工作起到促进或者阻滞作用。结合这两个维度，我们认为办案人员在讯问中展现给被讯问人的形象应当具备如下特点。

（一）专业

在讯问中办案人员首先要体现专业性。在这里"专业"是指对特定领域了解的透彻程度和擅长的技能。对于办案人员而言，专业就是对法律的透彻了解和对调查技能的熟练掌握。在讯问中，办案人员从内到外都应当体现专业性，这种专业性不仅要让被讯问人感知到，而且要让其信服。

1. 专业能产生让人信服的力量

专业能产生让人信服的力量。所谓专业就是在特定领域比他人更加内行，这种内行是指对特定领域专门知识了解得极其透彻，操作技能非同一般的娴熟。因而专业人员发表的意见和观点更让人信服，专业人员的操作比一般人更加规范和精到，结果更加让人信任。因而人们更愿意支持专业人士的观点，服从专业人员的安排。专业能够让特定的人和事具有让人信服的力量，产生一定的威望。专业可以赋予特定主体以权威性，增强受影响群体的认同感。这种认同感和自愿的服从会抑制对结果的怀疑，增强对权威的尊重。

讯问中，办案人员要让被讯问人如实供述自己的罪行，就离不开被讯问人的配合和服从。讯问中办案人员可以借助权威的力量驱动被讯问人服从权威的思维惯性，引导被讯问人由对抗转向配合。而要树立专业形象，就必须让被讯问人感受到办案人员的专业性。根据实践经验，办案人员在讯问中表现得越专业，被讯问人往往会对其愈加尊重和信服，对其指令的服从度就越高。

2. 专业催生信任，信任增强说服力

在心理学中，信任是个体对他人话语、承诺和声明可信赖的整体期望。人际信任是由个人价值观、态度、心情及情绪、个人魅力交互作用的结果，是一组心理活动的产物。一个人对另一个人建立信任关系往往取决于对方的诚实、能力和价值的相似性。其中诚实是信任的道德基础，能力决定了期待的现实可能性，价值相似性则影响着行为的方向。衡量能力的重要指标就是专业知识和技能。专业知识和技能与需求的匹配度越高，信任的期待值就越高。对于个体而言，他人的专业知识和技能越强，对其建立信任关系的可能性就越高，对其观点和行为的信赖度就越高。

同时，信任是社会影响概念中不可或缺的一部分，影响或说服一个信任你的人要容易得多。一旦赢得某个人的信任，就会在其心里建立一种稳定的信念。信任会降解对方的防备心理，输入信息和观点更容易为对方所接受。因此，信任对于双方的沟通和交流具有很强的促进作用。

3. 专业暗示办案能力，办案能力影响被讯问人的判断

办案人员的专业性暗示着办案人员查明事实真相的能力。查明事实真相的能力

越强，调查的专业水平也就越高，同样地，办案人员表现出来的专业水平越高，也就意味着其查明事实真相的能力越强。

被讯问人对办案人员查明事实真相能力的认知会进而影响其对案件发展趋势和结果的判断。如果办案人员发现事实真相的能力很强，也就意味着案件事实真相很快会被查明或者案件事实真相最终被查明的概率大大增加。反之，如果办案人员发现事实真相的能力很弱，那么事实真相没掩盖的可能性也会增加。

这种判断会直接或间接地影响被讯问人的情绪和决策。有罪的被讯问人对事实真相持排斥心理，无辜的被讯问人则希望事实真相尽快被查明，因而不同类型的被讯问人对办案人员的专业性会表现出不同反应。对于有罪的被讯问人而言，办案人员表现得越专业，预示着事实真相被查明的概率越高，被讯问人就会越紧张；反之，办案人员表现得越不专业，预示着查明事实真相的概率越低，被讯问人就会越放松。无辜的被讯问人反应则正好相反。办案人员表现得越专业，无辜者解脱嫌疑的概率就越高，因而无辜的被讯问人会越放松和高兴；反之，办案人员表现得越不专业，被冤枉的概率就越高，无辜者就会越紧张。因此，借助办案人员的专业性表现和被讯问人的不同反应，办案人员可以对被讯问人进行类型分析和判断。

此外，办案人员表现出的专业性还会影响被讯问人的对抗心理。调查专业水平越高，识别和发现谎言的能力也就越强。如果被讯问人认为办案人员专业水平很高，就不敢在讯问中撒谎或者与办案人员对抗。反之，如果被讯问人认为办案人员的专业水平越低，撒谎和欺骗办案人员的动机就越强。

（二）可信

可信也是讯问人员的应然形象。这是因为人际信任是影响讯问的重要因素。英国学者古德琼森在考察英美审讯策略和方法时指出："讯问者本能地意识到为了与被讯问人建立相互和谐与信任的关系，就需要使他有积极的心态。如果不能建立这种关系，被讯问人将很难自证其罪。"[1] 其与克拉克构建的古德琼森—克拉克供述理论模型也指出："信任是暗示过程中必不可少的组成部分。缺乏信任和猜疑会严重地影响个体对暗示的接受程度。"[2] 在里德等人的"九步讯问法"中，讯问之前的未羁押询问，目的之一就是建立关系和信任，使审讯对象产生虚假的安全感。在供述的"PRICE"讯问操作模型中，"R"就是"rapport"，是指讯问中办案人员与

---

[1] [英]古德琼森：《审讯和供述心理学手册》，乐国安、李安等译，乐国安审校，中国轻工业出版社2008年版，第348页。

[2] [英]古德琼森：《审讯和供述心理学手册》，乐国安、李安等译，乐国安审校，中国轻工业出版社2008年版，第348页。

被讯问人建立友好融洽关系的环节。这一环节中，建立友好融洽关系的基础就是建立信任。因此，与被讯问人建立人际信任关系被作为基本要求写在诸多讯问操作的规范中。

1. 可信才能建立信任

对某个人建立人际信任至少需要两个方面的因素：一是主观期待；二是对方的可信度。前者是主观方面的预期，后者则是对方表现出来的可资信赖的特征。这两个方面都是建立信任的基础，其中可信度更具有决定性作用。即便是一方有信赖另一方的需求和动机，但对方不具有可信度，那么信任也很难建立。一方要让另一方信任自己，也必须表现出可以让人信赖的特征，增强自己未来行为的可期待性。

讯问是办案人员与被讯问人之间的特殊人际沟通。被讯问人在缺乏信任的状态下会严重影响其对暗示的接受程度，而被讯问人对办案人员又带有天然的戒备和猜疑心态。在这种状态下，办案人员要让被讯问人建立对办案人员的信任就需要从多方面下功夫。一方面要激发被讯问人对办案人员的信任期待，另一方面要想方设法提升自己的可信度。

2. 可信才能有效沟通

在人际交流中，信任是有效沟通的基础。人际之间缺乏信任感便会产生不安全感和猜疑心理，有时甚至伴随愤怒情绪。人们在心存戒备状态下，会严重影响彼此的沟通和交流。一方面，在不良情绪状态下，人们接收信息的敏感性会降低。即便是面对面状态，有可能只看到对方嘴在动，听到对方发出的声音，但却不明白对方说什么。这是因为不安全感会分散人的注意力，让听话者无法专注倾听对方的表达。另一方面，猜疑心理会让听话方对说话方发送的信息进行逆向过滤。一接收到信息就会向相反的方向思考，用"他会不会在骗我"的心态进行检测。一旦发现有欺骗的可能，就会对相关信息进行排斥。这种逆向过滤机制会降低听话方接收信息的质量，也会减弱说话方语言的影响作用。因此，在缺乏人际信任的状态下，双方沟通和交流会存在明显障碍，双方信息发射接收不畅，彼此观点缺乏认同感。

在讯问中，办案人员要想成功劝说被讯问人转变立场，就必须让被讯问人准确接收自己所要表达的信息，在接收的基础上接受自己的观点和看法，从内心产生认同感。信息能够被准确接收，观点能够被内化和接受，对方能够产生预期的积极反馈，这样的沟通能够算是有效的。但这种有效沟通必须以信任为基础。可信才能入耳，入耳才能内化，内化才能相信，相信才能被说服，被讯问人只有被说服才能产生合乎预期的行为反馈。

(三) 友善

所谓友善是指人与人之间的亲近和睦，容易接近。虽然办案人员与被讯问人具有天然的对抗性,但这并不妨碍办案人员对被讯问人采取友善的态度。办案人员与被讯问人的对抗是职能上的对立,而非个人恩怨的冲突。办案人员办案是在履行职责,办理公案,与被讯问人之间严格说是公与私的关系,没有必要与被讯问人结私仇。即便生活中疾恶如仇,办案人员也不一定非得在调查中苦大仇深地面对被讯问人。在某些情况下办案人员表现出友善姿态可能更加有利于推进讯问工作。

1. 友善可消除敌意

友善以释放善意为基础。善意即好意、好心。释放善意即作出不会伤害对方利益或者保护对方利益的意思表示。善意的反面是恶意。在人际交往中,一方表露伤害对方的意图,就是释放恶意;而当一方发现对方有恶意,可能伤害到自己的利益时也会产生敌意。恶意产生不信任感,敌意则诱发对抗。调查权的行使会让相对人的权利和自由受到限制甚至是剥夺,因此被讯问人对办案人员本身不可避免地会产生敌意和防备心理。敌意和防备心理恰恰是讯问的障碍。办案人员在讯问中表现出友善的姿态,从被讯问人的角度思考问题,强调对被讯问人合法利益的保护,会让被讯问人在直觉上感受到办案人员并不是处于其对立立场。这种立场认知在一定程度上可以化解被讯问人的防备心理,抵消其内心的敌意。

讯问人员作出友善的姿态并不是伪善。调查可能会客观伤害到被讯问人的利益,但这是一种合法伤害,而且剥夺的可能是被讯问人的非法利益,这并不意味着办案人员会伤害被讯问人的合法利益。办案人员释放善意就在于执行职责的同时会保护被讯问人的合法利益。因此,消除被讯问人的敌意,办案人员至少要让被讯问人知道办案人员不会损害其合法利益,甚至会保护其合法利益。

2. 友善可建立情感依赖

友善的态度是善意的外在体现。善意不仅是产生人际信任的关键因素,也是增进安全感的重要因素。处于被追诉状态的被讯问人最需要的就是排解压力,获得安全感。讯问人员的友善态度可以适当释放被讯问人的焦虑情绪,增强其安全感。尤其是处于羁押状态的被讯问人,生活单调,空间狭窄,接触人员单一,对安全感的需求更是迫切。办案人员的友善态度对这类被讯问人更容易发挥作用。

有时候态度友善可以让被讯问人对特定办案人员建立情感依赖。实践中常用的红白脸讯问策略,在一定程度上就是利用了被讯问人的情感依赖作用。先出现的"坏警察"施加压力,强化被讯问人的安全威胁,这样会与后出现的"好警察"的友善态度形成对比,让"好警察"善意营造的安全感更加富有影响力。一旦被讯问人对"好警察"产生情感依赖,每逢需要安全感就会向"好警察"寻求帮助。这样"好警察"对被讯问人施加影响和暗示就更加容易。

3. 友善可增加认同感

讯问人员释放的善意有可能让被讯问人确信办案人员不会伤害其合法权益甚至会保护其合法利益。当被讯问人发现办案人员在从被讯问人自己的立场考虑问题时，其对办案人员语言和行为的认同感就会增加。这种认同感进而会促进信任、激发双方的共鸣。

二、认知控制的策略

(一) 如何体现专业性

强调办案人员专业性的目的是让被讯问人觉得办案人员具有很高的专业水平和查明事实真相的能力。不管最终能否查明案件事实真相，也不论办案人员办案水平是否真的很强，讯问中都要想方设法让被讯问人觉得办案人员能力很强，专业水平很高。因此，专业性必须展现出来，让被讯问人能感知到，甚至产生信服感。

在讯问中办案人员的专业性可以从如下方面展现：

1. 着装

着装具有很强的暗示作用。着装不同，给人的观感是完全不同的。在日常生活中，无论天气如何，保险营销人员、房产中介人员面对客户都会着正装打领带。为什么呢？就是为了增强专业性，向客户暗示我是在认真为你提供专业服务。着装不同给人的印象和观感也可能完全不同，带来的信任感也同样差异巨大。

在讯问中，讯问人员的着装重在专业，而不在于高档或漂亮。一般情况下，讯问人员应当穿着职业装讯问，其目的就在于暗示被讯问人，办案人员是在从事职业工作，讯问人是专业的办案人员。因此办案人员在讯问时的着装基本要领在于"不穿贵的，要穿对的"。这个"对的"就是怎么体现专业性就怎么穿。对于纪检监察人员而言，目前没有统一的制服，可以根据日常着装的规律选择体现专业性的搭配。当然，特殊情况除外。办案人员可以根据不同的讯问对象和讯问环境选择不同的着装，但一定要注意，不穿职业装的前提是穿其他服装比穿职业装看上去更专业或者是特定讯问情境下不体现专业性更有利于讯问。现实中这样的情况也有可能发生。

与着装相配套的是办案人员的发型、配饰和化妆。男性办案人员需要注意发型和文身问题。怪异的发型不仅容易转移被讯问人的注意力，导致分神，而且与制服搭配会破坏整体协调性，让人产生非常奇怪的感觉。办案人员一般不得有文身，试想被讯问人看到办案人员穿着短袖、露着文身会是什么感受？女性办案人员还需要注意配饰和化妆。打眼的配饰、不自然的化妆、过浓的香水味会转移被讯问人的注意力，同时也会让被讯问人怀疑其办案的能力。实践中个别女性办案人员把化妆包带进讯问室，在讯问的间隙补妆。这样不仅有损办案人员的专业形象，而且会造成安全隐患。

2. 言谈举止

办案人员在讯问中的言谈举止也可以体现专业性。国内有学者通过问卷调查研究被讯问人对讯问人员讯问水平的评价。在问卷调查中，因为讯问人员在讯问中言语态度恶劣而得出讯问水平较低评价的，占调查人数的 39.60%。在具体描述上，被讯问人认为讯问人员在讯问中经常出现骂人、说脏话、说话水平低、语言粗俗、脾气暴躁、粗鲁和说话不文明等现象，这让被讯问人感觉讯问人员讯问水平较低。[①]

讯问用什么样的语言？是用俚言俗语还是法言法语？有的办案人员在笔者发放的问卷调查中把"只会用法言法语，不会用俚言俗语"作为讯问中的问题提出来。在我们看来，讯问的语言是交流沟通的工具，基本的要求是要以被讯问人听得懂的方式来表达。易懂未必就一定要通俗，也未必一定要用俚言俗语。在涉农案件中，讯问的被讯问人是接触基层群众的村支书，当然可以用俚言俗语，但如果讯问的被讯问人是一定级别的官员、大学校长、专家型领导干部，用俚言俗语会让被讯问人觉得办案人员像社会的混混。法言法语也不一定都不可用。虽然被讯问人可能不是法律专业的，但并不一定听不懂法律术语。必要时办案人员甚至可以特意用一些法言法语，故意说几个被讯问人不懂的法律词汇，再给被讯问人解释。这样反而会让他觉得办案人员很专业。

易懂只是讯问语言的基础性要求，讯问语言的专业性还体现在语言的精到、简洁和准确性上。实际上把话说俗很容易，把话说精很难。讯问中办案人员三言两语直击要害，往往会让被讯问人感到难以招架。

讯问中的用词和表达只是从形式上表现出专业性，讯问语言的专业性更多是体现在话轮控制和话题管理上。讯问中办案人员对被讯问人说话的机会收放自如，话题监控到位、转换自然更能体现讯问的专业水平。话轮给得出去，收得回来，与案件有关的话题展得开，无关的话题堵得住，既控制得住说话的机会，又能有效管控说话的内容，这才是讯问语言掌控力的体现。这种内在的掌控力会让被讯问人对办案人员专业能力的体验更加深刻。

3. 设备摆设和使用

讯问中特定设备的摆设和使用也能辅助增加讯问人员的专业性。近年来，随着

[①] 刘启刚：《关于被讯问人对讯问人员讯问水平的评价研究》，载《山东警察学院学报》2015 年第 6 期。

经济发展，职务犯罪调查装备的现代化稳步推进，讯问辅助设备逐步丰富。电子数据提取设备、测谎设备以及在测谎设备基础上改进而成的身心监护设备（如身心监护仪）在调查中的运用越来越广泛。这些设备体现了大数据时代科技发展的成果，提升了调查的技术含量，对讯问工作能够起到很大的辅助作用。电子数据信息的提取技术为讯问提供了绝佳的信息支撑，测谎设备的更新和完善为办案人员把握被讯问人生理和心理变化提供了有力帮助。由于这些设备充满了科技感，本身就具有很强的技术含量，在讯问中使用会让被讯问人真实体验到调查的专业性。

在讯问中，把一些技术设备在讯问室摆出来，当着被讯问人的面摆弄几下，就有可能增加讯问的技术感，提升被讯问人对办案人员和讯问专业性的认知。在讯问实践中，办案人员可以根据讯问工作的需要进行灵活设计和运用。

4. 头衔

专业性与权威感相结合可以更好地发挥影响作用。有时候是专业提升权威，权威发挥影响力，从而改变人的行为。在这一过程中，专业因素与权威因素有时难以区分。专业和权威的外在标志之一就是头衔。在社会生活中，必须付出多年的艰苦努力才能得到头衔，因此这样的头衔往往意味着专业和权威。但现实生活中也有人毫不费力给自己贴上一个头衔作为标签，也能够让人自动顺从。例如，有的江湖骗子就是这么干的。头衔本身只是专业和权威的外部象征，因而比较容易伪造。但即便是伪造的头衔，有时也能发挥影响作用，让人产生顺从行为。这是因为"头衔除了能让陌生人表现得更恭顺，还能让有头衔的那个人在旁人眼里显得更高大"。①其背后的原因就在于头衔包含着专业和权威的强制力，人们有时候不去区分头衔的真伪就产生了顺从行为。

此外，职务犯罪案件的被讯问人对行政级别通常比较敏感，对办案人员的行政级别和头衔也存在敏感性。讯问人员的主任、副主任头衔以及行政级别对这类被讯问人也同样能够发挥暗示作用。

讯问中，辅助审讯的人员尊敬地称呼主审人员领导、主任等头衔，在向被讯问人介绍的时候，顺带告知主审人员是办案业务专家，会让主审人员的形象在被讯问人眼中瞬间高大起来。这样，主审人员说话的权威性和专业性同样有水涨船高的效果。

（二）如何提高可信度

讯问中建立信任关系，必须先从提高办案人员可信度开始入手。美国学者布莱

---

① [美] 罗伯特·西奥迪尼：《影响力》，闾佳译，万卷出版公司 2010 年版，第 228 页。

恩·C. 杰恩在分析九步讯问法的心理基础时指出："劝说者必须能够让听众把他当作可靠的消息来源，劝说行为才能奏效。"① 听众能否把劝说者"当作可靠的消息来源"取决于说话者展现的可信度。在布莱恩·C. 杰恩看来，可信度是由诚恳、充分掌握信息，以及适切的态度一起构成的。② 从心理学原理上看，这种观点是有一定道理的。在笔者看来，诚恳本身就是一种态度，把诚恳单列出来可以突出其重要性，但分类上存在瑕疵。同时，影响可信度的因素也不完全限于杰恩所列的这几种，如借助权威的力量也可以增加可信度。结合调研收集的职务犯罪讯问实践经验，笔者认为讯问中办案人员提升可信度可从如下几个方面入手。

1. 诚恳的态度

诚恳的本义是形容态度诚实而恳切，不虚伪。关于诚恳与可信度的关系，杰恩的论述非常精彩，他认为，"诚恳，不管是真的还是装出来的，毋庸置疑的是适任的侦讯者所必须具备的条件，因为这可以让侦讯者的形象、语言及行为都具备适当的可信度"③。

讯问中如何体现诚恳的态度？笔者认为可以从讯问策略和沟通形式两个方面来体现。一方面，要增加讯问人员的可信度，在审讯策略上需要牢牢把握"诚"字诀。所谓"诚"，就是在审讯中做到"不哄、不骗、不诈"。另一方面，讯问人员可以在语气、语调、眼神、表情、距离等沟通形式上下功夫，从而体现可信度。具体来讲，需要注意的事项主要包括如下方面。

（1）不讲大道理

所谓大道理就是指脱离实际的空洞理论。对于职务犯罪案件的被讯问人而言，讲大道理、空道理是再熟悉不过的套路了。这类空话、套话对案件的办理毫无意义。

（2）不讲假话

具体来讲就是不用虚假信息欺骗被讯问人。这里需要注意"说真话""说假话"、欺骗与讯问谋略之间的关系。说真话就是告诉被讯问人真实的信息，说假话就是告诉被讯问人虚假的信息。在讯问中说真话可以讲究谋略但是不能说假话。形象一点儿说，就是讯问中"办案人员可以不说真话、少说真话、不明确地说真话，

---

① ［美］佛瑞德·E. 英鲍、约翰·E. 莱德、约瑟夫·P. 巴克利、布莱恩·C. 杰恩：《刑事审讯与供述》（第5版），刘涛译，中国人民公安大学出版社2015年版，第430页。

② ［美］佛瑞德·E. 英鲍、约翰·E. 莱德、约瑟夫·P. 巴克利、布莱恩·C. 杰恩：《刑事审讯与供述》（第5版），刘涛译，中国人民公安大学出版社2015年版，第430页。

③ ［美］佛瑞德·E. 英鲍、约翰·E. 莱德、约瑟夫·P. 巴克利、布莱恩·C. 杰恩：《刑事审讯与供述》（第5版），刘涛译，中国人民公安大学出版社2015年版，第430页。

但是绝不要说假话"。通俗一点讲，就是办案人员可以在讯问中对被讯问人不告知真实的信息，少告知真实的信息，或者不明确地告知真实信息让被讯问人自己去体会，但是绝不要告知虚假的信息。其中，不告知、少告知、不明确地告知被讯问人真实信息是讯问的谋略，故意告知其虚假信息就是欺骗。在讯问中对被讯问人不讲假话并不意味着对其只能讲真话。

在职务犯罪案件中对被讯问人不说假话是有其合理性的。这是因为多数职务被讯问人的思考力、洞察力都比较强，有的被讯问人甚至给办案人员使绊子，以判断办案人员的话是否可信。因此，对于这种类型的被讯问人说假话，被发现的概率相对要高一些。一旦被讯问人发现办案人员说假话，其对办案人员信任的基础就会丧失。

（3）不讲空话

这里所谓空话是指无法实现或者根本不打算实现的话。不讲空话是指讯问人员对被讯问人不作无法实现的承诺，不说做不到的话。表现在讯问中，不说空话强调的是讯问人员说与做的一致性，通过"说到就做到"来增加讯问人员的可信度。调查过程中被讯问人本人或者其家庭可能会出现一些现实困难，有的被讯问人会提出一些合法但难以办到的要求。如有的被讯问人被留置，孩子没人管；有的被讯问人确实有紧急情况需要提供帮助。在这种情况下，办案人员说到做到，甚至"跳到井里救人"，在不影响办案的情况下为被讯问人切实解决困难，不仅会让被讯问人心存感激，而且会产生信任期待。在调查过程中，办案人员用细节和实际行动来证明自己的可信度，更容易让被讯问人产生信任感。

（4）语气平稳，谨慎用词

在讯问中讯问人员的语言表达方式也会影响自身的可信度。一般而言，讯问人员讯问时的语气、语调、遣词用字会影响被讯问人对讯问人员的认知判断。语气急促、语速过快，会让被讯问人觉得办案人员比较心急，说话凭直觉会让其觉得办案人员欠思考，这些都会降低讯问人员的可信度。与之相反，相对缓和的语调、平稳的语气会增加讯问人员的稳重感，谨慎的用词可以给人以深思熟虑的感觉。这些都是给可信度加分的选项。因此，除非情况紧急或者故意设计的讯问谋略，讯问人员一般应当以谨慎的吐字用词和缓和的语调与被讯问人交流，以增加自身的可信度。

（5）目光亲切，表情开朗

目光和表情也是人际沟通的渠道。讯问中办案人员与被讯问人的目光交流和表情互动不仅影响信息传递、情绪感染，而且影响彼此的判断。讯问人员带着什么样的表情、用什么样的眼神看被讯问人,会影响被讯问人对讯问人员的可信度评价。实践中,办案人员要使被讯问人对其信任,通常会用亲切的目光和开朗的表情与被讯问人交流。亲切的目光可以表现出一定的亲和力,开朗的表情则具有情绪感染作用,对于身陷困境和重压的被讯问人而言,具有吸引作用,同时也会增强办案人员的可信度。

2. 充分掌握案件信息

办案人员对案情的熟悉程度会直接影响被讯问人对其可信度的判断。熟悉案情是讯问不可或缺的准备环节。讯问人员不仅要对案件的调查情况了如指掌,而且要对相关背景信息充分把握。背景信息如被讯问人的背景资料、家庭情况、活动规律、财产状况、社交圈子、其他涉案人员的姓名、涉案事实的时间、地点、环境细节等。办案人员对涉案人员、事件、环境背景等方面的信息掌握越充分、越准确,在讯问中对被讯问人陈述的辨识能力就越高,发现和纠正谎言的概率就越高。讯问人员在讯问中表现出一切都知道的样子,不仅会改变被讯问人对案件暴露情况的认知,还会增加办案人员自身的可信度。对信息的掌握情况体现了讯问工作的准备状况,也体现了办案人员工作的勤奋和严谨程度。办案人员掌握的信息量越大、信息越准确,说明其工作态度越认真、调查能力越强,其行为、言语的可信度就越高。反之,如果讯问人员把基本的人名、地名或者案件事实的关键信息都搞错了,也就意味着其对案件事实和信息没有真正了解,也问不出什么实质的问题,同时也意味着其办事的能力和效率是靠不住的。所以,要增加讯问人员的可信度,就必须仔细准备,多渠道充分掌握案件信息。

(三)如何表现友善

要建立友善和睦的交流关系,办案人员必须释放真实善意,并让被讯问人体会到其善意是真实的。

1. 注重人情

人情在中国的语境中具有多重含义,这里主要是指人的情感和人之常情。讯问人员与被讯问人可以有必要的情感交流。即便是被讯问人或者是罪犯,也依然是人,其行为和思想受情感和情绪影响,且情感、情绪反应规律和一般人是一样的。情绪控制是讯问的重要原理,也是办案人员影响被讯问人的重要途径。办案人员与被讯问人进行情感交流既可以体现人文关怀,也可以展现友善的姿态。所谓注重人情,内涵之一就是强调办案人员要注重被讯问人的情感反应和情感交流。

除此之外,注重人情还强调办案人员在讯问中以人之常情对待被讯问人。即在一些事情和关系的处理上以约定俗成的事理标准对待被讯问人。待之以人之常情,一方面可以避免被讯问人因为身份变更而产生被歧视感,另一方面也可以弱化身份标签效应,减弱办案人员与被讯问人双方立场上的对立。

2. 尊重人格

尊重人格在这里是指办案人员要尊重被讯问人的人格尊严。一方面,要照顾被讯问人的自尊心;另一方面,要给被讯问人以最基本的尊重。人格对于职务犯罪案件的被讯问人而言更具有特殊意义。这些人本来属于社会上的精英,原本有较高的社会地位,平日受人尊重,一旦被立案调查,身份地位落差较大。因此相对于其他犯罪案件的被讯问人,这些落马的官员往往更在乎面子和尊严。同时,这些官员一旦颜面尽失有的也会不择手段撒泼、撒赖。实际上,尊重被讯问人人格尊严既是人性办案的需要,也是提高讯问效果的一种策略。

尊重被讯问人的人格尊严,在一定程度上表现为照顾其面子。"面子"具有典型的中国文化特色,通常是指颜面、情面。在办案实践中,对于比较在乎颜面的被讯问人,办案人员可以给足面子,照顾其自尊心。例如,被调查人虽然已经被立案调查,但依然称呼其为"厅长""局长""领导"。实践中有的被讯问人在讯问室撒泼,办案人员突然改口称呼其为"领导",被讯问人自己又不好意思了。给面子的同时,如果辅助以情感照顾,对被讯问人以诚相见,对其困难给与帮助,效果往往会更加明显。尊重人格尊严,面对被讯问人的个人困难办案人员"跳到井里救人",以诚相待,往往会让被讯问人深受感动,甚至觉得亏欠办案人员个人人情。这种人情上的亏欠感在一定程度上可以防止被讯问人翻供。调研中发现,确实有的被讯问人因为办案人员对其照顾有加,明明可以翻供也不好意思,甚至在庭审中不配合自己的辩护律师,反而配合公诉人。原因之一是觉得翻供对不起办案人员。

办案人员在尊重被讯问人人格的同时要注意"面子"和"架子"的区分。面子是别人给的,架子是自己摆的。办案人员可以照顾被讯问人的人格尊严给足其面子,但是绝不能让被讯问人"摆架子"。形象一点儿说,就是对有一定职务的被讯问人"面子撑起来,架子打下去"。打架子就是对于官谱大、摆架子的被讯问人一定要打掉其官架子,消减其心理优势。不管多大的官员,涉嫌犯罪就是被讯问人,办案人员行政级别再低,也是代表办案机关。撑面子就是尊重其人格,尽量不伤害其自尊心,并保护其合法权利。

3. 表现怜悯和慈悲

讯问人员对被讯问人的错误和由此带来的境遇表示同情和关怀可以让被讯问人感受到善意。真诚的、发自内心的怜悯会让被讯问人意识到办案人员并不是幸灾乐祸地对待其境遇,办案人员也会为被讯问人合法利益考虑。这可以降低被讯问人的对抗情绪。由于怜悯通常是对弱者的同情，造作的怜悯有可能会伤及被讯问人的自尊心，因此讯问中办案人员表现怜悯需要注意两方面事项：一是尽可能发自内心地表现真诚的怜悯，避免惺惺作态；二是多对事、对境遇表示同情。这样可以避免对方产生被施舍感，同时也能体现办案人员的友善。

慈悲可以表示比怜悯更进一步的善意。慈悲心在佛教中是指一个人对某物或某事怀有不忍之心。这种不忍之心超越自私心理，以对方、双方或者整体的利益为导向，因而在生活习俗中慈悲通常被视为一种"大善"。有慈悲心或者表现出慈悲心的人，更容易让对方感知到善意，也更容易建立起信任。同样，办案人员在与被讯问人接触和交流的过程中表现出一些慈悲，会让被讯问人觉得办案人员会考虑被讯问人的利益，会从双方共同利益或者司法公正的角度思考和行事，有利于被讯问人对办案人员建立信任。

4. 避免愤怒情绪

讯问期间的愤怒情绪会影响双方的交流。不管是办案人员发怒，还是被讯问人发怒，都会干扰讯问的进程。即便愤怒情绪没有爆发，也会影响双方沟通和信任。被讯问人的愤怒情绪还会影响其对信息的接收和正常表达，形成交流障碍。办案人员的愤怒情绪会让被讯问人感受到敌意，激发被讯问人的对抗或戒备之心。

从办案人员的角度看，要体现友善、建立信任就必须控制情绪，避免愤怒。愤怒是一种原始的情绪反应，是因为愿望不能实现或者目的行为受挫而引发的一种紧张且不愉快的体验。审讯人员的愤怒情绪通常是由审讯无法突破、审讯任务不能及时完成而引起的。要避免愤怒情绪，就需要遵循审讯规律，客观看待讯问进程，合理确定审讯任务，尤其在审讯陷入僵局的情况下要有足够的耐心和信心。即便尝试的讯问措施和策略没有达到预期目标，也要冷静反思，耐心推敲。良好的情绪控制能力和足够的耐心，是审讯人员的基本素质，也应当是审讯人员岗位素能的重要指标。

办案人员的善意在不同的时刻，对于不同的人，有着不同的作用和效果。这就需要办案人员根据讯问的情境、对象灵活施用不同的策略。因时、因事、因人以不同的方式释放不同善意，并让被讯问人感受到这种善意。

第七章　被讯问人陈述引导

一、陈述引导环节的根本任务

在被讯问人的态度从对抗转化为配合以后,讯问的任务随之转向引导被讯问人陈述案件事实并固定为证据。此时的核心任务是让被讯问人把与案件事实相关的信息完整、准确地表述出来,并以笔录的形式予以固定。由于案件信息储存于被讯问人的记忆中,要把这种记忆信息引出并固定下来,就必须遵循记忆的规律和人类言语表达的规律。

被讯问人大脑中关于案件的信息通常以三种形态存在:

一是有记忆的信息。被讯问人对自己经历和感知的犯罪事件留有记忆,有的具有深刻的印象,有的可能相对模糊但依然有些印象。这种有记忆的信息根据内容可以分为两种类型:一种是关于案件事实的记忆,即事件发生、发展过程的记忆;另一种是被讯问人自己实施行为时的主观心理状态的记忆,即当时的认知状态和意志状态。

二是遗忘的信息。由于犯罪是发生在过去的事件,而被讯问人的记忆会随着时间的流逝而遗忘。处于遗忘状态的记忆,有的是可以回忆起来的,有的则是彻底遗忘无法回忆的。

三是虚假的信息。由于记忆会受到前摄干扰和后摄干扰,记忆的信息有可能出现错误和扭曲。这部分信息陈述出来会形成虚假的信息。

对于不同样态、不同类型的信息,办案人员需要采用不同的方法引导和固定。对于有记忆的案件事实信息,需要引导被讯问人根据记忆如实陈述。对于实施犯罪行为时的心理状态,需要根据被讯问人对认知状态和意志状态的记忆进行核对。对于遗忘的信息,办案人员要想办法尽力唤醒被讯问人的记忆。对于虚假或者不确定的信息,在讯问中需要进行核实。基于此,我们可以把引导供述的任务细分为四个方面:一是提取事实记忆;二是核对心理状态;三是唤醒记忆;四是核实信息。

二、记忆信息的提取

被讯问人对犯罪事实留存记忆的,办案人员需要尽可能把这种记忆的信息提取并固定下来。所谓"提取"是一种形象表述,实质上是引导被讯问人把记忆的信息全面、准确地表述出来,并由书记员以笔录形式固定下来。提取犯罪事实的记忆信息,有两个方面的基本要求:一是完整全面,二是准确无误。

(一) 犯罪信息的完整性

所谓信息完整是指具体犯罪事实的基本述事要素要齐全。述事的基本构成要素包括如下八个方面:何人、何事、何时、何地、如何、为何、结果、因果关系。叙事的基本要素齐全了,有关犯罪事实的信息也就基本完整了。引导被讯问人供述的时候,办案人员心里要有述事要素的基本清单,尽量做到无遗漏,尤其是关键要素不可漏问。

不同性质的案件,其述事要素的侧重点也会有所不同。贪污贿赂案件,往往侧重于贪污、贿赂行为的时间、地点、方式和具体数额。渎职侵权类案件,则侧重于人、后果、因果关系等因素。其中人的因素包括被讯问人的岗位职权和责任。后果通常是指行为的危害后果和影响。因果关系通常是被讯问人辩解的关键点,也是渎职犯罪认定的难点。

(二) 行为信息的准确性

犯罪事实的信息从被讯问人的记忆转换到讯问笔录,需要经过一个复杂的心理和行为过程。这一过程可能会出现信息的扭曲,影响笔录记载信息的准确性。一般而言,从记忆信息到笔录固定需要经过如下环节,每一个环节都有可能出现信息的扭曲。

第一,被讯问人对信息进行语言编码(信息编码)。大脑中的记忆要用言语表达出来,必须首先对这些信息进行语言编码,也就是转换成自己和对方都听得懂的语言。在这一过程中,信息可能出现扭曲。如被讯问人掌握的语言词汇可能并不足以准确表达记忆中的犯罪信息,因为在他的语言库中就没有那一套相对严密的法律词汇。他只能以自己的沟通经验和语言词汇来编码。

第二,言语表达(信息传递)。被讯问人在其大脑中对信息编码之后才能以言语的形式表达出来,这个表达过程便是信息的发送和传递过程。传递信息的载体主要是声音。被讯问人的有声语言乃至语气、语调都可以传递信息。实际上被讯问人的信息还可以通过表情、眼神、肢体动作来传递,但这并不是主要途径。讯问主要收集的是被讯问人用有声语言表达的信息,其他信息对办案人员只能起辅助参考作用。这也就意味着被讯问人通过有声语言表达的只是一部分信息，而并非全部。

第三，办案人员的倾听（信息接收）。被讯问人以有声语言陈述案件事实，办案人员需要倾听和接收，倾听是一个信息接收过程。办案人员要有耐心且会听才能听清、听准被讯问人发送的信息。听错音节、停顿都有可能导致理解错误。

第四，办案人员的理解（信息解码）。办案人员接收到被讯问人的语言还需要进行理解才能准确把握其真实意思。这一过程是信息解码的过程。这一过程也有可能扭曲被讯问人要表达的本意。语言中的指代词和逻辑关系都有可能导致理解错误。如被讯问人所说的"前面"与"后面"，"这"与"那"到办案人员那里可能会出现颠倒，最终导致办案人员对案件事实出现完全相反的理解。

第五，书面固定（信息书面化）。办案人员理解了被讯问人所要表达的意思以后，需要用笔录的形式进行书面固定，这一过程是把被讯问人陈述的信息书面化。这一过程同样会出现信息的衰减和扭曲。被讯问人的陈述是口语化的、细碎的，甚至是逻辑混乱的。办案人员在记录的时候，不可能把每一个音节都按照原始顺序记录下来，通常是根据自己的理解进行选择性记录，把其认为重要且与案件有关的信息记录下来，其认为不重要或者与案件无关的陈述就会省略。这种情况时常发生，且有时候也是必要的。但办案人员是根据自己的理解来判断和选择的，这未必符合被讯问人要表达的本意，从案件事实的认定上看也未必都是准确和恰当的。

这五个环节都有可能出错，但办案人员只能在后面的三个环节发挥作用。被讯问人的信息编码和言语表达过程，办案人员是无法控制的。办案人员能做的就是在信息接收的过程中仔细、耐心地倾听，准确抓住被讯问人发出的每一个音节、语气、语调和停顿，同时留意捕捉被讯问人的非语言反应；在理解的时候从被讯问人的角度去思考和揣度其要表达的意思，参照被讯问人的非语言反应进行推断，把握不准的情况下再与被讯问人进行核对；在书面固定阶段，尽可能按照被讯问人的本意进行记录，并让被讯问人根据笔录进行修改。

需要指出的是，这里的信息只是被讯问人记忆的信息，并不一定就与案件的实际情况相符合。这里并不排除存在被讯问人感知错误和记忆错误的情况。在被讯问人一开始就感知错误的情况下，其记忆的信息就与原始的现实状况不一致，即便被讯问人感知没有错误，记忆过程也有可能出现遗忘和加工，动摇记忆信息的准确性。一旦在这两个环节中的任何一个环节出错，最终笔录所固化的信息就背离了案件的真实状况。因此在讯问中，办案人员不光要仔细倾听、准确理解被讯问人所要表达的意思，还要根据认知规律和记忆规律斟酌判断供述中可能出现的感知错误和记忆错误，在引导陈述的时候及时、主动地进行核实。这样才能尽最大可能减少笔录信息的错误。

三、主观心理状态的核实

讯问是确认被讯问人主观方面的重要途径。主观方面是犯罪构成的重要方面，包括行为人实施涉嫌犯罪行为时的认知因素和意志因素。这些因素不仅决定犯罪是否成立，而且影响具体罪名的认定。实施犯罪行为时的认知状态和意志状态构成了被讯问人的主观心理状态。犯罪主观心理状态一般可以通过两种途径认定，一种是通过证据和经验法则进行推断，另一种是引导被讯问人自己供述。

推断并不具有普遍适用性，有的案件可以进行推断，有的案件则很难进行推断。如是杀人故意还是伤害故意，一般可以根据实施的手段、使用的工具、打击的部位和最后结果来进行推断，但有的案件证据情况复杂，所依据的经验法则并不具有必然性和普遍性，认定主观方面就比较困难。在这种情况下，被讯问人自己供述就显得非常必要。嫌疑人实施犯罪行为时的认知和意志都是主观的，只有被讯问人自己最清楚，其他人无法直接感知。认知状态和意志状态是什么样的，被讯问人的供述具有最直接的证明作用。有的案件中，供述对犯罪主观方面的证明作用不可替代，没有供述就无法认定主观故意。正因如此，讯问在有的案件中成为确认主观方面的唯一途径，发挥着不可或缺的作用。

讯问应当把被讯问人的主观故意落实到纸上。讯问就是供述的形成和固定的过程。由于主观故意不可或缺，且是以主观状态存在于被讯问人的记忆中，办案人员只有把它固定下来，形成书面的陈述，讯问的目的才能实现。办案人员提问得再精妙，被讯问人说得再好，如果没有以讯问笔录的形式固定下来，都是无用的。

被讯问人的心理状态是多种多样的，表现的途径也是多样的。讯问中，办案人员在引导被讯问人供述的时候，需要尽量把体现主观故意的各个方面都考虑到位。在对认知状态和意志状态进行直接提问和核实的同时，还需要注意如下方面的问题：

（一）犯罪动机、目的与解释

讯问中有的被讯问人会直接对犯罪动机予以供述，有的则进行间接性解释。被讯问人对犯罪动机的供述、目的和解释，是确认其主观意志因素的重要依据。

犯罪动机和目的在诉讼证明中具有至关重要的作用。供述是否有犯罪动机的陈述，犯罪动机是否合常理，具体的犯罪动机是什么，在动机基础上生成的犯罪目的是什么，这些因素不仅决定供述的证明力，而且影响罪名的认定。在讯问中，办案人员不仅要认真倾听被讯问人对犯罪动机的供述和解释，而且要在必要的时候主动提问。从诉讼证明角度看，被讯问人对动机的供述和解释，具有如下作用：

1. 影响供述的可信度

人的有意识行为都是在特定动机驱动下实施的。一般而言，人的外部行为与内心活动是有机统一的。内心活动指挥和控制着外部行为，同时根据外部行为的结果进行调整和反馈。从内部心理活动看，人的需要驱动产生动机，动机形成之后进一步明确和具体化，形成目的，目的进而指导行为。在犯罪案件中，有的行为人有明确的目的，有的行为人并没有明确的目的，但不管有没有明确的目的，动机通常都是存在的，只不过是没有进一步明确而已。动机才是最根本的内心驱动因素。

合理的动机和解释会增加供述的可信度，强化供述的证明力。如果被讯问人供述中有相对合理的动机陈述，而且动机与行为相互匹配，被讯问人对动机的解释符合情理，那么这个供述会让人觉得符合经验法则和日常生活的基本逻辑。证据裁判者在审查证据的时候，会觉得供述的行为更为可信。因为经验法则和生活逻辑是判断证据真伪的重要依据。

反之，不合常理的动机会动摇供述的可信度，降低供述的证明力。如果没有动机的陈述，或者被讯问人陈述的动机与外在的行为不相匹配，行为人的动机便会受到质疑。

2. 体现主观恶性

犯罪动机能够体现行为人的主观恶性。犯罪行为发生以后会成为客观的犯罪事件。但单从犯罪行为上分析，并不足以全面认定犯罪者的主观恶性。两个犯罪案件的行为模式可能是一样的，但行为者内在的动机不同，可能会影响裁判者对犯罪者主观恶性的认定，进而在量刑上出现差异。如同样是受贿行为，有的被讯问人是为了买官而向下级或者管理对象索贿，有的则是面对人情的压力而被动受贿，也有的是为了维系客户关系，收受他人财物之后将赃款用于社会捐赠。第一种情形下，是法定的从重处罚情节，后面两种情形中被讯问人的受贿动机不同，主观恶性也不同，虽然不影响定罪，但在量刑时，却是审判人员可以酌情考虑的因素。[①] 因此，在讯问的时候办案人员也应当从这个角度进行思考，引导被讯问人供述实施行为时的具体动机，越具体越好。

3. 区分犯罪行为和罪名

不同的犯罪目的会影响罪名的认定。实践中比较常见的情形是：在挪用公款的

[①] 《最高人民法院、最高人民检察院关于办理贪污贿赂刑事案件适用法律若干问题的解释》第16条第1款规定："国家工作人员出于贪污、受贿的故意，非法占有公共财物、收受他人财物之后，将赃款赃物用于单位公务支出或者社会捐赠的，不影响贪污罪、受贿罪的认定，但量刑时可以酌情考虑。"

案件中，被讯问人因为动机转化而构成贪污罪。被讯问人把公款转移到个人名下，从行为上看，手段、方式没有什么明显区别，但动机具有决定意义。如果被讯问人是为了归个人使用，过一段时间归还，则是挪用公款；如果被讯问人计划用于挥霍，没有归还的故意，则属于贪污行为。在这种情况下，就需要和被讯问人确认其把公款转移到个人名下的具体动机。

被讯问人胡某为国有企业的会计，其先后私自挪用单位公款92万元购买彩票，准备中奖后归还，结果越赔越多。眼见事情败露，胡某决定最后赌一把，一次挪出公款70万元，用其中的20万元购买彩票，依然没中奖。于是胡某携带剩下的钱潜逃，后被抓获归案。

在这个案件中，胡某前后行为的目的不同，构成的罪名也就不同。前面的行为构成挪用公款罪，后面的行为则构成贪污罪。目的不仅决定了行为的性质，而且决定了行为的划分和罪名的认定。在讯问中，如果办案人员不去确认胡某前后行为的动机和目的，就无法区分挪用公款的行为和贪污的行为。如果只是笼统地问，不作区分，前后162万元都有可能被认定为挪用公款。后面70万元，如果被讯问人挪出来就没有想着归还，而是再想过把瘾才去买彩票，则后面70万元是贪污行为；还有一种情况就是被讯问人开始还是想挪出来70万元买彩票，期望钱多一些中奖的概率会大一些，结果发现买了20万元还没有中大奖，被讯问人感觉希望渺茫，就带着剩下的50万元逃跑了。那么认定胡某挪用公款和贪污的数额又会发生变化。这些变化取决于被讯问人实施犯罪行为时动机的变化，而动机的变化只有被讯问人自己才能说得清楚。这就需要办案人员在讯问时有意识地引导被讯问人把整个动机变化的过程供述清楚。否则，就会直接影响行为的划分和罪名的认定。

4. 引发同情或憎恶

在讯问中，办案人员引导被讯问人供述犯罪的动机并记载于讯问笔录中有可能对是否逮捕、定罪和量刑发挥作用。被讯问人对犯罪动机的供述和解释会引起办案者的情感共鸣，进而引发同情或者憎恶的反应。这种同情和憎恶虽然不是法律所能规定的，但却有可能影响办案者的自由裁量。例如，审查逮捕人员决定是否批捕、审案人员裁量量刑幅度的时候，都可能有意无意地受这种情感的影响。

在引导被讯问人供述犯罪动机的时候，办案人员需要根据被讯问人的记忆和真实心理状态来引导。被讯问人当时的认知状况和意志因素是什么状态的，就记录成什么状态。不能也不应该引导被讯问人歪曲本意进行供述，否则会导致错误的定罪或量刑，这对被讯问人来讲是不公平的。

（二）共同犯意

从近几年查办的案件来看，在职务犯罪案件中，一方面是窝串案越来越多，另一方面是多个主体合谋串通实施犯罪的现象也越来越多。这就需要办案人员既要调查多个犯罪主体外在行为的关联性，又要核实其主观故意的关联性。其中，被讯问人、被告人的共同犯意对于罪名的认定具有至关重要的影响作用，讯问中如何引导被讯问人供述共同犯意，也越发显得重要。

在职务犯罪案件中，不同犯罪人员之间的关联性是不一样的，因而共同犯意也存在不同的形态。办案人员需要根据不同的形态进行有针对性的引导。

1. 国家工作人员与特定关系人之间

在职务犯罪案件中，特定关系人可以单独构成利用影响力受贿罪，也可以与国家工作人员一起构成受贿罪，当然也存在特定关系人与国家工作人员共谋贪污公共财产而构成贪污罪共犯的情况。由于特定关系人与国家工作人员之间关系密切，在讯问中既有相互推脱罪责的情形，也有彼此之间主动揽责相互照顾的情形。因而在国家工作人员与其特定关系人都涉案的情况下，对共同故意的讯问和引导既是讯问的关键重点也是办案的难点。

一般而言，国家工作人员与特定关系人直接存在如下几种情形：

（1）国家工作人员与特定关系人有过共谋，由特定关系人索取、收受他人财物，国家工作人员利用职务便利为行贿人谋取利益。这种情况下双方共同构成受贿罪，属于共犯。在这种情况下，办案人员在讯问中要分别引导国家工作人员和特定关系人供述共谋的过程和共谋的内容，将共同故意的内容固定下来。在讯问的时候需要核实共谋的过程和细节，并对共谋的内容进行比对。发现有不一致的情况，在讯问中及时提出，让被讯问人作出解释。

（2）特定关系人索取、收受他人财物，事后告知国家工作人员，国家工作人员知道后未退还或者上交的。根据《最高人民法院、最高人民检察院关于办理贪污贿赂刑事案件适用法律若干问题的解释》第16条第2款的规定，在这种情况下，应当认定国家工作人员具有受贿故意。在这种情形中，特定关系人与国家工作人员没有事前的协商共谋，国家工作人员的故意是法律推定的。在讯问中，对特定关系人和国家工作人员的讯问侧重点和角度需要有所区分。在讯问特定关系人的时候，需要将其索取、收受财物行为时的故意问清楚，同时要讯问其告知国家工作人员的情形或者核实国家工作人员以其他途径知晓特定关系人索取、收受行为的情形；在讯问国家工作人员的时候，则需要确认国家工作人员对特定关系人索取、收受行为是否知晓的情况，同时讯问其未退还、未上交的原因和想法。

（3）特定关系人索取、收受他人财物，国家工作人员案发前不知晓。这种情况下，特定关系人单独构成犯罪，国家工作人员构成违纪。讯问中，对特定关系人需要讯问核实索取、收受财物的具体情形并核实其主观故意状态。对国家工作人员则应视情况区别对待。若国家工作人员构成其他犯罪，则以被调查人身份讯问；如果国家工作人员不涉嫌其他犯罪，也不涉及违纪和职务违法，只能对其以证人身份询问；如果国家工作人员不涉嫌其他犯罪，但涉及违纪或者职务违法，可以对其以被调查人身份进行纪律审查谈话或者调查谈话。不管是询问、谈话还是讯问，办案人员都需要核实国家工作人员是否知情，搞清楚国家工作人员是确实不知情还是实际知情但故意推脱说不知情。同时还要进一步核实国家工作人员是否利用职权为行贿人谋取利益。

（4）国家工作人员利用职权为他人牟利在先，特定关系人索取、收受财物在后。这种情况下，既需要核实国家工作人员牟利时的心理状态，又要核实其对特定关系人索取、收受行为的认知状态。对特定关系人的讯问则既需要核实索取、收受财物的心理状态，又要核实其对国家工作人员利用职权为他人牟利行为和国家工作人员是否知情的认知状态。

孙某在任职期间与开发商郭某关系密切，并为郭某的房地产开发项目拿地和贷款提供帮助。同时孙某与一名女下属长期保持不正当关系，其妻子张某发现后与其离婚，但双方约定不对外公开。张某离婚后到外国陪女儿读书，也知道郭某与孙某之间的关系。离婚后不久，张某回国期间找到郭某，说陪女儿读书手头紧，希望郭某帮忙。郭某并不知道孙某、张某已经离婚，于是分两次给张某 40 万元人民币和 15 万美元。张某收到钱后将郭某给钱的事情告知了孙某。孙某对张某私自收钱的行为非常生气，并在电话中对张某发了一通脾气。但事后不了了之，孙某既没有退款，也没有上交，而是告知郭某：张某要钱的事情自己已经知道了，以后张某再要钱就不要给了。

本案中，孙某利用职务便利为郭某牟利在先，但自己没有直接收受郭某的钱物。张某收钱在后，但收钱时已经与孙某离婚。在讯问中，孙某对张某向郭某索要钱的事情是否知情、知情后的心理状态如何至关重要。如果张某和郭某都没有事后告知孙某，孙某毫不知情，则孙某在这件事情上不构成犯罪。如果孙某知情后计划随后将钱如数退还给郭某，也很难对其定罪。本案中不光要在讯问中核实孙某对张某收钱的认知状态，而且要核实特定关系人张某的主观状态。包括张某对郭某与孙某关系的认知、孙某帮助郭某事项的认知以及张某向郭某索要钱财时的心理状态、张某事后告知孙某自己向郭某要钱的经过等。

2. 国家工作人员之间

实践中，国家工作人员之间共同犯罪的情形也不在少数。其中有两种情形比较突出，一是私分小金库现象中，不同国家工作人员合谋私分公款，构成贪污罪；二是国企改制过程中，国家工作人员之间共同协作，隐匿、转移国有资产或者把国有资产转移到个人控制的公司。当然还有一些案件具有与其他类型的共同犯罪案件相似的特征，除主体是国家工作人员外，并没有其他明显特殊性。

在涉嫌共同犯罪的职务犯罪案件中，有的国家工作人员之间经过事前共谋，有明显的共同故意；有的共同故意不明显，认定起来比较困难；也有的案件看似是共同犯罪，实则没有共同故意，不构成共同犯罪。

在讯问中，办案人员需要根据具体的案情采用不同的策略把不同被讯问人主观方面核实清楚。既要核实涉案的国家工作人员之间是否有共同的犯罪故意，有共同犯意的情况下又要核实具体的内容是什么。

石某为某国有公司二级机构负责人，家在北京，后因公司职位调整，其调动到江苏（异地）任职。石某所在单位为其在南京租住一套别墅，房租全额报销。一年后，石某因孩子在上海工作，就在上海又租住一套别墅。石某在江苏工作的六年期间，先后五次让其司机王某拿着上海租房的收据到会计于某处报销，涉案金额达到117万元。

本案中，石某、于某是否都构成犯罪？二人是否构成共同犯罪？单从行为上看，房租收据是司机王某拿来报销的，操作者是单位会计于某，非法获取公款的是石某。案件看似简单，但认定起来比较复杂。涉案人员是否有共同故意？如果有，具体内容是什么？这些主观故意方面的内容对于案件的定性至关重要。办案人员在讯问时必须搞清楚石某与于某有没有进行事前沟通。如果有，则构成贪污罪的共犯。但如果石某并没有与于某沟通，于某考虑到石某是自己单位的主要领导、自己的顶头上司，且王某为石某的专职司机，不敢得罪也不敢多问，明知道石某在报销南京房租的同时又报销上海的房租是违反规定的，依然对王某拿来的收据予以报销，那么认定共犯就比较困难。如果在讯问中办案人员没有问到这方面的问题，那么案件的定性就存在问题。

如果行为人之间有共谋行为，讯问中查明共谋行为即可为认定共同故意奠定事实基础。但是认定共同故意时，并不一定需要证明共犯之间有积极共谋行为。在行为人之间没有积极共谋行为的情况下，只要其他条件具备，也可以认定有共同故意。共同故意的成立理论上需要两个条件：第一，各行为人都是出于故意；第二，各行为人的故意之间有联络。在认知因素上，每个行为人不仅认识到自己在实施故意犯罪，而且知道其他人共同实施，同时还认识到不同行为人之间有相互配合关系。只要这两个方面的条件具备，也可以认定共同故意的存在。因此，在行为人之间没有积极共谋行为或者无法查明是否有共谋行为的情况下，办案人员可以分别从每个行为人的故意入手，在查明每个行为人故意的基础上，讯问不同行为人故意之间的联络关系。

（三）情绪、情感表达

被讯问人在供述的时候往往伴随着情绪和情感表达。如有的被讯问人表现为愤怒、仇恨、厌恶的情绪，有的则表现为悲伤、悔恨、羞愧的情绪，有的则表现为对可能承担的不利后果的恐惧。在外在表现上，有的被讯问人供述时会有情不自禁地哭泣、下跪甚至揪拽自己的头发、打自己等行为。

一般而言，这种情绪和情感以及与之相关的外在行为不影响犯罪的构成，也不影响犯罪主观方面的认定。认定犯罪的主观方面通常考虑的只是实施犯罪行为时的认知因素和意志因素，被讯问人供述时的情感表达只具有参考作用，并不是法律规定的要素。因此，在认定主观方面时，办案人员往往关注的是被讯问人、被告人感知到哪些，想要追求什么样的后果等问题，对供述时的情绪和情感表达不予理会。

实际上，被讯问人供述时的情感表达不仅是供述真实性的重要指标，而且对供述的证明力具有影响作用。办案人员在讯问的时候需要关注被讯问人的情绪和情感表达，而且在必要时应当把被讯问人的情绪和情感表达记录并固定下来。

1. 情绪、情感与供述的真实性

情绪和情感都是人对客观事物产生的态度体验。情绪是身体对行为成功的可能性乃至必然性，在生理反应上的评价和体验，包括喜、怒、忧、思、悲、恐、惊七种。情感是指对行为目标目的的生理评价反应，而情绪是指对行为过程的生理评价反应。不管是情绪还是情感，都以特定的生理反应为基础。

一般认为，人的语言与人的中枢神经系统相关联，是大脑比较容易控制的，但人的情绪和情感反应与人的周围神经系统相关联，人脑很难轻易被控制。在人际沟通过程中，人们可以控制语言表述，违背自己的真实想法说假话以欺骗对方，但其情绪和情感反应往往又会暴露其真实想法。讯问是办案人员与被讯问人之间的一种特殊沟通形式，被讯问人在供述的时候也是如此。基于逃避惩罚的动机，被讯问人可能选择说假话来欺骗办案人员，但其情绪和情感又有可能暴露其真实想法。在讯问过程中，办案人员可以通过观察、检测（通过测谎仪等设备）被讯问人的生理反应，来判断被讯问人供述的真假。正因如此，讯问的时候，尤其是在被讯问人供述犯罪事实的时候，办案人员需要关注被讯问人的情绪和情感反应，查看被讯问人回忆和供述时的情绪与情感反应与犯罪事实是否对应和匹配。如果有反常或者明显不匹配的反应，就需要讯问和查找原因，如果没有合理的解释，可能其供述就是虚假的。

2. 情绪情感反应与供述的证明力

由于人的生理和心理反应机制是一致的，因此，被讯问人的反应与办案人员的反应具有相似性。被讯问人供述时的情感反应也会成为办案人员审查认定供述真实性的参照指标。试想这样的两种情景：

（1）被讯问人痛哭流涕地说"我错了"，然后供述自己犯罪的过程，边供述边自责，表现出真诚的懊悔。

（2）被讯问人供述的时候没有任何情感反应，只是根据办案人员的提问机械地应对。如果排除外在的压力和强制，这两种情景下的供述哪一种给证据审查人员的印象更为深刻？如果我们是办案人员，会觉得在哪一情景下供述更为真实？道理其实很简单，伴随恰当情感表达的供述更能够引起办案人员的情感共鸣和认同，会给办案人员留下更为深刻的印象。而办案人员在审查证据证明力的时候往往会有意无意地把情感反应纳入考量范围。

在被讯问人供述的过程中如果伴随有相应的情绪和情感表达，办案人员将其记录并固定下来，有助于办案人员在审查供述真实性时予以参照。在审查判断供述真实性的时候，办案人员在必要的情况下也应当观看讯问录音录像，对被讯问人的情绪和情感反应进行审查和判断。

当然，被讯问人的情绪和情感反应须是在正常状态下才具有参照作用。如果有外在的强制力，这种反应未必是可靠的。如果被讯问人在审判的时候极力辱骂自己，甚至自己指控自己，未必是真正悔罪表现，反而可能是基于对不公正审判的恐惧而作出的反常应对策略。

四、供述自愿性的构建

法律要求供述应当是自愿的。供述的自愿性也称自白任意性，是刑事诉讼的基本证据法则，也被固定于各国的刑事诉讼法规范中。这不仅是对供述真实性的追求，其背后还有权利保障、程序正义等一系列的价值体系在支撑着这一规定。但是讯问往往又难免带有某些强制甚至是欺骗的因素，尤其是在办案人员使用审讯谋略的情况下，这种强制性和欺骗性更为明显。

那么，讯问中如何体现供述的自愿性呢？实践中有这样几种做法：

（一）直接就供述的自愿性提问

实践中，办案人员为了体现供述的自愿性，避免供述被作为非法证据排除，往往会在被讯问人就犯罪事实作出供述之后，向被讯问人直接提出这样的问题："你以上的供述是自愿的吗？""我们有没有对你刑讯逼供或者有威胁、引诱、欺骗的行为？"这样提问的目的是让被讯问人自己承认供述是自愿的，办案人员没有违法讯问。

（二）引导嫌疑人陈述供述的动机

其实不直接提问供述是否自愿，也可以体现供述的自愿性。方法之一是引导被讯问人陈述供述的动机。如果被讯问人供述的动机是赎罪或者是取得被害人的谅解，那么就让被讯问人把这种动机讲述出来。在笔录中有这样的动机陈述，就是对供述自愿性的最好体现。当然，被讯问人供述的动机是多种多样的，有的是真诚悔罪，有的是自知没有退路无法逃避，也有的是意识到犯罪事实暴露不说不行，只要合乎情理，都能够证明供述是自愿的。其实如果被讯问人在供述的时候是真情流露，痛哭流涕地悔罪认罪，即便辩护人否认供述的自愿性，看一看笔录中对被讯问人情绪表露的记载或者播放讯问时的录音录像也就不言自明了。

（三）"错误插入法"

根据《刑事诉讼法》的规定，讯问的笔录应当让被讯问人核实。或者让被讯问人阅读，或向被讯问人宣读，被讯问人确认无误后再在笔录上签字。笔录错误有多种多样，如有的是相关人员的姓氏、名字出现错误，如黄先生还是王先生，在一些方言里"王"和"黄"发音很难区分；也有的是数额错误，如"十八万元"还是"是八万元"发音的音节是一样的。笔录修改的方向也不一样。有的错误是对被讯问人不利的，修改后对被讯问人更有利；也有的错误对被讯问人有利，修改后对被讯问人不利。

如果被讯问人把笔录错误朝着对自己有利的方向改，则对供述的自愿性没有什么证明意义；但如果被讯问人主动把笔录错误朝着对自己不利的方向改，则可以间接证明供述是自愿的。被讯问人把笔录错误朝着对自己有利的方向改是常理，因为任何人都具有趋利避害的本能和动机；反之，主动朝着对自己不利的方向改，通常的解释就是事实本来如此。因此，讯问中，对笔录核实和修改本身是具有证明意义的，尤其是被讯问人主动提出的对自己不利的修改，既可以增强证据的证明力，又可以间接强化供述的自愿性，增强证据的证明能力。

基于修正行为对供述自愿性的间接证明作用，实践中一些有经验的办案人员甚至故意在讯问笔录中插入明显的笔误，让被讯问人修改，并将这些修改记录下来。这种做法属于增强供述证明能力的一种技巧，只要没有扭曲被讯问人供述的本意，且插入的错误都被被讯问人改正了，并无不可。

对于错误插入法的运用，办案人员需要注意如下两个方面：第一，被讯问人的修改必须是自愿的,办案人员不得带有任何强制因素。第二,必须尽量以被讯问人的真实记忆为基础,不能扭曲记忆信息,对被讯问人进行误导性暗示。

五、引导陈述过程中的问话规范

在讯问的不同阶段,办案人员的提问服务于不同的目的,问话的规范也有所不同。在被讯问人供述犯罪事实信息的过程中,办案人员提问的主要目的是剔除干扰,让嫌疑人根据记忆自动呈现案件事实。因此,在这一环节,办案人员的问话与转化被讯问人意志环节具有明显的差异。问话的作用不同,问话的时机不同,问话本身的话语特征也不同。

(一)问话的作用

在供述引导环节,办案人员问话的主要目的不是向被讯问人输入信息,而是要引导被讯问人把记忆的信息准确地表述出来。因而办案人员问话的作用主要表现在如下五个方面:

1. 辅助表达

当被讯问人想表达某种意思,却没有合适的词汇来表述时,办案人员可以提供帮助,辅助被讯问人把要表达的意思准确地说出来。从人际交流的过程看,被讯问人在表述记忆时可能会出现编码错误,就是大脑中有记忆但不知如何用恰当的语言词汇进行编码和表达。在这种情况下,办案人员可以把一个问题分解成几个小问题,也可以辅助性地提供选择词汇,供被讯问人选择。

如被讯问人说:"我当时拿着刀弄了一下,我也不知道咋弄的就弄倒了。"这样的表述显然是不清楚的,被讯问人表述所有的动作都用一个词"弄"。在这种情况下办案人员就需要进一步分解提问:"你当时用哪一只手拿的刀?""为什么要用刀弄他?""对着他的哪个部位?""他是朝前还是朝后倒下的?"对于被讯问人的词汇也需要进行辅助性引导,如"是直着捅的还是斜着划的?""他是中刀以后倒下的还是躲避刀时被绊倒的?"在引导供述时,把概括的问题分解成细化的问题,有助于呈现犯罪过程的相关细节;设计选择性的提问,可以为被讯问人提供词汇和表达方式,对被讯问人的表述具有启发和辅助作用。

在辅助表达的时候,需要避免指供和引供的嫌疑。办案人员在提问的时候需要注意所提出问题的答话域,要尽可能提开放性的问题,避免封闭性的问题。如果封闭性的问题多了,没有给被讯问人充分选择的余地,就有指供或引供的嫌疑。在分解提问时,要注意问题的前后衔接。一般要按照漏斗式的提问策略,先提开放性的问题,再根据被讯问人的回答就细节问题提问,从开放到封闭。即便是在就细节问题进行提问时，也尽量避免提绝对封闭的问题。在提供辅助选项时，问话也应当提供尽可能多的选项，让被讯问人进行比对，在充分理解的基础上作出选择。

2. 衔接过渡

在被讯问人供述多个犯罪事实的情况下，办案人员需要根据话题的转换通过提问进行过渡和衔接。这种过渡主要发生在两种情形下：

一是被讯问人供述两个犯罪事实之间。当被讯问人供述一个具体的犯罪事实时，办案人员应当引导他把一个具体的事实说清楚、说完整。因此在一个述事过程中，办案人员尽量不要转换话题，在一个述事完成需要转换到另一个犯罪事件的陈述时，再进行过渡。如被讯问人讲完一个受贿的事实后，办案人员对被讯问人说："这次收钱的事情你已经说明白了，他不止一次给你送钱，接着说一下他第二次送钱的情况。"

不同事实之间的过渡需要服务于整个话题的管理。办案人员要在保证被讯问人讲全面的基础上，把多个犯罪事实讲得更有条理。

二是一个述事的不同环节之间。在被讯问人供述具体犯罪事实的过程中，行为或者述事的连贯性出现问题，如前后行为之间、行为与结果之间、行为与背景因素之间等，办案人员往往需要进行衔接和过渡。这时的问话通常是结合具体的语境来提出的，如"然后呢？""接下来是什么样的？""收到钱后，你放在哪里了？""钱是怎么花出去的？"等。

同一述事环节之间的过渡主要是让被讯问人把各个不同的述事要素讲完整。办案人员需要边听边审视述事的完整性，及时发现遗漏的环节和要素补充提问。

在提出衔接和过渡性的问题时，办案人员需要注意如下问题：

第一，过渡的自然性。衔接和过渡的目的就在于让被讯问人的供述能够有序、平稳地进行，因此在提出过渡性的问题时，需要尽量自然，切合当时的语境和正在讨论的话题。办案人员应当让整个过程显得水到渠成，不要生硬。

第二，注意前后衔接的线索。过渡性提问是在两个子话题之间转换，要让过渡平顺自然，可以借助前后两个子话题之间的内在衔接的线索。这种线索是多种多样的，只要借助任何一个相同或者相似的因素即可。如涉及同一个人、事、物或者时间、空间的某些联系等。

3. 克服干扰

在被讯问人供述犯罪事实的过程中时常会碰到一些具体的干扰，这些干扰既有心理因素，也有环境因素。心理干扰主要是突然产生的供述心理障碍，如被讯问人在讲述某个犯罪情节时，突然联想到"这个事情将来法官会怎么判？""家里人知道这事后还会不会管我?""犯罪事实公开以后媒体会怎么炒作?"这样的问题会让被讯问人自然联想到供述可能带来的不利后果。而对供述所可能带来后果的担心正是被讯问人供述的心理障碍。环境干扰主要是被讯问人供述过程中有突发事件的干扰,如突然有人进来,转移被讯问人的注意力;办案人员的手机突然响了;周围突然出现较大的噪声干扰讯问的情景等。

对于心理因素的干扰,办案人员要及时介入,根据不同的因素予以化解。对于被讯问人没有根据的担心,办案人员可以帮助纠正其认识。如被讯问人担心媒体炒作,办案人员可以告知现在调查保密工作做得非常好,办案机关也不希望炒作。对于法官重判的担心,办案人员可以告诉被讯问人法官都是经过专业培训和考试的,他们不会因为个人好恶而任意裁判。对于被讯问人有根据的担心,办案人员可以把被讯问人的注意力从后果问题上引走,不让其继续思考后果的问题。如"先不管这些不确定的问题,现在继续把这件事情说完吧"。

对于环境干扰,办案人员需要根据情况进行处理。如果是持续的干扰,就需要想办法去除干扰源,让被讯问人尽快把注意力转换到案件事实的供述上。如果是偶发性的干扰,办案人员可以用一个新问题把被讯问人的注意力聚拢回来。

4. 鼓励和肯定

被讯问人供述以往的犯罪事实需要克服诸多心理障碍,也需要一些勇气。在供述的过程中,被讯问人时常会出现反复或者怀疑。在这种情况下,办案人员需要及时予以鼓励和适当的肯定,以便让被讯问人有勇气继续供述下去。

鼓励和肯定可以通过以下三种途径表达:

一是直接通过语言表达,如"你这样表现出了真诚的悔罪态度,将来对你是有利的""敢于面对自己的错误也是一种勇气"等;

二是通过语气语调表现出来,如缓和的语气、平稳的语调传递对被讯问人的认同感;

三是通过态势语言,如点头、鼓励的眼神、一边点头一边发出"嗯""嗯"的肯定音等。

5. 唤醒记忆

在引导供述环节,办案人员的问话还具有唤醒记忆的作用。被讯问人供述的犯罪事实是以记忆的形式储存于其大脑中,这些记忆的信息会因为遗忘和干扰而变得模糊。因而被讯问人供述过程中,时常会发生记不清某些细节的现象,尤其常见的是遗忘人的名字、具体的数额和时间等。对于因遗忘而变得模糊的记忆,办案人员需要想办法通过问题唤醒被讯问人的记忆。

在被讯问人记忆不清晰的情况下,办案人员需要就能够唤醒记忆的线索进行提问。如果采用重大事件联想法,就需要让被讯问人回忆事发当时发生的重大事件;如果采用情景联想法,就需要被讯问人回忆当时的情景,甚至在讯问中再现某些情景因素和信息。

(二) 问话的时机

在引导被讯问人供述犯罪事实的过程中,办案人员的问话也是有时机讲究的。时机把握得好,会让问话恰到好处,把握不好会影响供述的流畅性。一般而言,为了保证被讯问人能够尽可能地根据记忆自动呈现犯罪事实,办案人员应当少插话、少打断。只要被讯问人在持续不断地供述,办案人员最好不要轻易开口说话,这时办案人员的耐心倾听更为重要。

在引导供述的时候,办案人员问话的时机通常有以下几种:

1. 回忆的间隙

当被讯问人回忆某个细节实在想不起来时,办案人员可以想办法通过问题唤醒其记忆。

2. 思考的间隔

当被讯问人对某个问题看法有误,正在进行思考的间隔,办案人员可以借机提问或者输入观点,进行认知控制。通过问话把被讯问人的想法调控到对供述有利的轨道上。

3. 犹豫的时刻

当被讯问人犹豫不决的时候,办案人员可以通过提问打乱被讯问人的思考,消除被讯问人的顾虑。通过问题让被讯问人克服供述的消极因素,强化供述的积极因素。

(三) 问话的特征

在引导供述阶段,讯问的对抗性减弱,办案人员不需要进行观点输入和信息输入,因而问话的特征也明显不同于转化意志阶段。在这一环节,办案人员不需要发表长篇大论,也不需要过多地给被讯问人讲故事。因此在话语量上是问少答多,在语句上也是问短答长。具体而言,办案人员的讯问语言在这一环节呈现如下特征:

1. 语言简洁

为了把更多的说话机会留给被讯问人,办案人员的问话需要尽可能地简洁。具体而言,只要能用简单句式表述清楚的,就不要用复杂句式;能用一个词准确表述的,就不要堆砌一堆近义词;能用一个字说清楚的,就不要用两个字。这时的问话越简单越好,只要被讯问人能够准确理解,就应当尽可能地简化。

2. 句式短小

简洁的语言表现在句式上,就是采用尽可能短小的句子。有时候不需要把一句话全部说出来,只说一个语句的片段甚至是一个词就够了。原来需要说完整的句子在这一环节可能变成"接着说""后来呢?""行"这样的简单词汇了。必要的时候,办案人员甚至可以不说话,只是点一点头、眨一下眼睛或者简单做一个动作就够了。

第八章 讯问中的话题管理

一、被讯问人认罪前、后讯问的区别

在被讯问人由对抗转向配合之后，讯问进入供述引导环节。两个环节的区分通常以被讯问人在讯问中是否认罪为标志。在被讯问人认罪前，讯问的目的以转变被讯问人态度为核心，认罪后则转变为引导被讯问人陈述案情，以构建案件事实为核心。两个环节讯问的模式有明显区分，认罪前通常是控告式问话，办案人员所提的封闭性问题较多，有时甚至可以限制被讯问人的陈述。而在被讯问人认罪后，讯问通常带有访谈式特征，为了保证陈述的任意性，办案人员要尽可能地让被讯问人自由陈述。同时，为了防止被讯问人供述无关内容，需要对话题进行适当的引导。所以在认罪后的讯问中，办案人员通常要采用漏斗式的提问策略。即开始提一些答话域宽，被讯问人回答自由度大的问题，随着供述的深入，再提一些相对具体的问题，最后根据案情提一些非常具体的问题。

在外在特征上，也有一些明显区别。被讯问人认罪前的讯问过程往往充满对抗性，讯问人员的言语表达具有暗示性，所提的问题带有相对较强的操控性。而在犯罪嫌疑人认罪后的讯问中，讯问人员和被讯问人表现为合作关系，办案人员的提问侧重于引导和辅助，因而讯问过程具有合作性、办案人员的话语带有引导性和辅助性。

在反馈方式上，办案人员正、负反馈所针对的对象有明显不同。在认罪前，主要针对被讯问人是否配合进行正、负两方面的反馈。具体而言，当被讯问人不配合时，办案人员进行负反馈；当被讯问人配合时，办案人员给予正反馈。而在被讯问人认罪后，主要针对被讯问人是否撒谎进行正、负反馈。细言之，当被讯问人如实供述时，要进行正反馈，给予相应的鼓励和肯定，即便被讯问人一时想不起来某些细节问题，办案人员也应当表现出理解甚至是宽容的态度，绝不可以挖苦或嘲笑。反之，当被讯问人在陈述中故意撒谎，则必须进行负反馈，及时对被讯问人的态度予以纠正，甚至提出言辞激烈的批评。当然，这种负面评价是针对被讯问人的撒谎行为，而不能针对犯罪事实。在被讯问人陈述案件事实的时候，办案人员要尽量避免对涉嫌的犯罪行为进行道德谴责和评价。对涉嫌犯罪的行为进行负面评价（负反馈），不管是道德上的还是法律上的负面评价，都会加重被讯问人的心理负担，形成供述的障碍。

在异议的应对方面，被讯问人认罪前后也有细微区别。被讯问人在讯问的全过程都可能会对办案人员的问题、建议和观点提出异议。有异议是正常的，但办案人员如何应对才是关键。在被讯问人认罪前，异议是其不配合的表现，因此，对被讯问人的异议通常进行的是负反馈。所谓负反馈就是反驳被讯问人的异议，对其不合理的要求置之不理。在被讯问人认罪之后，对被讯问人的异议则需要区别对待。因此，此时被讯问人的异议有可能是合理的诉求，进行负反馈可能会弱化被讯问人配合的动机。因而对于合理的诉求，办案人员应当尽量满足，对于正当的异议则应采纳和听取。

二、陈述引导中的话轮控制

话轮是指会话中说话的机会。由于会话中，同一时间只能有一个人说话，否则就会造成交流困难。谁在说话，谁掌握当下说话的机会，谁就占据话轮。话轮的分配具有多种形式，如会议中的话轮分配通常是顺序轮替的，即A说了B说，B说了C说，C说了D说，表现出的顺序是：A-B-C-D。而讯问中的话轮分配则比较特殊，表现为"问—答"模式，即办案人员作为问话方提问，被讯问人作为答话方回答，然后办案人员再问，被讯问人再答，表现出的顺序是：A-B、A-B。在说话方式上，表现为"问—答""问—答"这样的循环模式。

讯问中对话轮的控制本质上是对说话机会的控制。谁掌控着话轮，谁就掌控着说话的机会。在讯问中，办案人员必须牢牢掌控说话的机会。对话轮的控制表现在两方面：一是"我让你说你再说"。这是话轮的转让问题，也是说话机会的给予问题。必要时办案人员甚至要做到"我让你说，你就得说"，也就是说能够"打得开口"，能让被讯问人开口。二是"我不让你说你就别说"。这是话轮的收回问题，也就是能够"关得上"。其背后预设的含义在于"我不让你说，你就得闭嘴停下"。这两方面的控制是说话机会的正反方向的控制。前者在于启动和打开被讯问人说话的机会，后者则在于停止和关闭被讯问人说话的机会。讯问中，办案人员需要在这两方面都具有绝对的掌控力，要避免被讯问人抢夺说话的机会。

话轮的控制取决于讯问的需要。当讯问陷入僵局，被讯问人无话可说或者不想说的时候，办案人员要想办法让被讯问人开口。当被讯问人喋喋不休作无畏辩解或者借机宣泄情绪时,办案人员则应及时打住,不给其说话的机会。

控制话轮的常用手段就是打断。所谓打断就是当对方正在说话的时候突然切入,抢过说话的机会。在讯问中,打断是控制力的一个重要指标。谁主动打断对方,谁就处于强势的一方,具有控制力;谁总是被对方打断,也就意味着其处于弱势、被控制的一方。由于讯问的特殊性,办案人员在讯问中需要具有掌控力。因此可以打断被讯问人的话轮,但尽量不要被被讯问人打断。在转化被讯问人意志阶段,这种控制力至关重要,办案人员可以根据需要随时打断被讯问人说话的机会。而在陈述引导阶段,为了保证被讯问人陈述的流畅性和条理性,需要给被讯问人正常表达的机会,在这一阶段只要被讯问人的供述不"跑题",办案人员就尽量不要打断其陈述。

与话轮控制相关联的另一个现象就是重叠。所谓重叠就是说话的双方同时开口说话,彼此都不愿意听对方的话,而是试图让对方听自己表达。在讯问中,重叠有时就意味着争吵。发生重叠时,记录人员甚至不知道要记录谁的话。例如,在一次讯问中,被讯问人反复强调自己对企业的贡献,办案人员想打断他的话,于是直接告诉被讯问人:"今天不是开庆功会,也不是表扬会,今天讨论的是你的错误和问题,至于你的贡献先放一边。"结果被讯问人直接反驳:"你们不了解我的贡献,就不能正确理解我的问题!我是被他们报复和陷害的,凭什么不让我说话!"接着就和办案人员吵了起来。

一般而言,办案人员在讯问中要尽量避免与被讯问人发生争吵。有的被讯问人是为了借助争吵宣泄情绪,有的则是为了通过争吵激怒办案人员扰乱讯问的进程,情况各有不同。在转化意志阶段,由于对抗性比较强,发生重叠甚至争吵的概率比较高,办案人员需要根据情况进行控制和引导。在引导陈述阶段,更要避免争吵,因为争吵可能扰乱被讯问人的记忆,影响供述的流畅性和条理性。

三、供述引导中的话题管理

话题是指会话中双方谈话的内容。会话以交流为目的,而交流必须围绕相应的主题,这个主题就是话题。在职务犯罪案件的讯问中,会话在被讯问人和办案人员之间展开,会话的内容主要是被讯问人涉嫌的职务犯罪、违法和违纪问题。但实际讯问过程中,话题也不完全限于此。有的被讯问人一上来便大谈犯罪以外的问题:如个人的贡献问题,甚至是风土人情问题;也有的被讯问人一上来就反客为主连续向办案人员发问:"工作几年了?""结婚了没有?""是正科级还是副科级?""有没有到过什么地方?"这样就有可能让讯问偏离主题。为了防止讯问中被讯问人故意跑题，就需要对话题进行相应的控制和管理。

讯问中话题的管理就是要解决如何引导被讯问人陈述的问题，具体分为三个部分：（1）话题的引入和启动，主要解决"从什么地方问起"的问题。（2）话题的规划与动态监控，主要解决"先问什么，后问什么"的问题。（3）话题的转换，主要解决两个话题之间如何过渡的问题。

（一）话题的引入和启动

引导陈述的目的是让被讯问人把自己涉嫌的犯罪事实讲清楚，如何启动这一话题并引入犯罪事实的陈述需要办案人员认真思考和斟酌。对于职务犯罪案件而言，常见的引入和启动路径包括如下几个方面：

1. 由职权引入

即先讯问被调查人在单位的岗位和职权，再由职权一步一步把话题引到与职权相关的犯罪事实上来。这种路径可以表示为由"权"到"罪"。

这种引入路径有如下好处：

第一，对于职务犯罪的被调查人而言，其职务是经过正常程序任命的，对于双方而言这个问题是非常明晰且固定的。这个话题让被讯问人有话可说，且不好推脱。作为一个单位的领导干部，不可能忘了自己的职权。

第二，职权分工与职务犯罪有内在的关联性，由职权过渡到犯罪问题比较自然，在转入犯罪问题时被讯问人也不太好狡辩。

第三，从职权入手，被讯问人往往不知道办案人员具体要追究的犯罪事实是什么，对于有多个犯罪事实的官员，可能会导向办案人员并没有掌握的犯罪事实，有利于发现其他犯罪事实。

但是由职权引入犯罪事实时需要注意两个问题：

第一，在渎职犯罪案件中，被讯问人的职权是其辩解的重要支点，尤其是职权与危害后果之间的因果关系更是认定被讯问人责任的难点。从职权引入，被讯问人比较敏感，虽然其直接否认自己职权的可能性不大，但通常会辩称自己"有职无权"，极力否认责任事件与自己职权的关系。

第二，由职权引入犯罪并不适合所有的犯罪事实。有的职务犯罪与职权关系密切，容易引入，但有的职务犯罪与被讯问人的身份有关，与具体的职权关系并不大，引入比较困难。一般而言，贪污、挪用公款犯罪与职权关系更为密切，贿赂犯罪中有些与职权有着直接联系，有的则是行贿人为了长期投资和布局，行贿人与受贿人的职权并没有直接的交集。

2. 由分管事项引入

即从提问被调查人具体分管和介入的事项入手，逐步引入犯罪事实的讯问路径。这种话题引入路径是以被讯问人分管的具体事项为原点逐步发散，方向相对开放。相对于职权而言，分管事项是更为具体的切入点。如被讯问人任职期限内先后分管过哪些具体的工程建设？进行过几次人事调整？这样的问题主要是问与被讯问人职权相关的具体事项，着眼点在"事"而不完全在"权"。这种路径可以表示为由"事"到"罪"。

由于领导干部分管事项并不是单一的，因此发散的"原点"也不止一个。多个原点之间以职务犯罪案件被调查人的职权为线相互串联。由于可以切入的点和方向是多样化的，也可能会导入不同的犯罪事实，甚至包括办案人员尚不掌握的犯罪事实。

3. 从交往圈子引入

即从提问被调查人交往的人脉和朋友圈入手，具体讯问被调查人交往的所有可能发生问题的人员，再由这些人员引入具体的犯罪事实。交往圈子的本质是人以及人背后的关系，因此由被讯问人交往的圈子入手的路径可以表示为由"人"到"罪"。

由被讯问人交往的圈子引入，需要被讯问人的配合，也需要办案人员事先对被讯问人的人脉和关系背景有所了解。了解了关系背景，才能厘清被讯问人背后复杂的关系网络和利益关系。

4. 从过往经历引入

犯罪行为与被讯问人的过往经历可能有联系，也可能没有联系。但这并不影响讯问时把被讯问人的过往经历作为过渡性话题。从被讯问人的过往经历说起，最主要的作用在于开启话题，让被讯问人有话可说。每个人都有特定的经历，谈论起来很容易有所触动。在引导供述的开始阶段，办案人员像日常聊天一样交流被讯问人过往的经历，有助于缓和气氛，化解被讯问人的对抗心理。

同时这种引入策略有助于办案人员与被讯问人建立信任关系。这种信任关系是被讯问人供述的心理基础。被讯问人只有信任办案人员才有可能对其透露实情。而讨论过往经历就是把被讯问人的过去展示出来，给其寻求认同和理解的机会。

如果涉嫌的犯罪与被讯问人的过往经历有某些关联，办案人员可以借势将话题过渡到犯罪行为上。即便没有什么关联，办案人员也可以从被讯问人的过往经历把话题过渡到其他内容上，再由其他话题过渡到犯罪事实上。这种间接过渡和引入有时也是必要的。

（二）话题的规划与动态监控

当被讯问人涉嫌多个罪名、多个犯罪事实的时候，先问什么后问什么是一个非常值得仔细研究的问题。这关系到被讯问人供述的条理性，制约口供的证明力，也直接决定了讯问笔录的质量。办案人员一旦发现被讯问人涉嫌多个犯罪事实时，就需要根据讯问的情境进行引导顺序的规划，这种规划就是在引导陈述时话题的规划问题。

话题的规划在引导陈述环节是可行的也是必要的。在意志转化阶段，被讯问人防御意识较强，办案人员需要寻找相应的突破口。因而在这一环节双方讨论的话题要根据被讯问人的反应而定，突破口的选择具有不确定性，话题也具有不确定性，无法事前进行设计和规划，只能随机而定。但在供述引导阶段，被讯问人由对抗转向配合，愿意陈述案情。被讯问人的配合使办案人员对话题进行设计和规划成为可能。另外，在引导被讯问人供述犯罪事实的时候，对话题进行设计和规划，可以让供述引导工作有步骤、有顺序地进行，不仅可以让被讯问人供述的事实情节更具有条理性，而且可以防止遗漏问题。

话题的规划可以在两个层面进行：一是根据罪名进行规划。在被讯问人涉嫌多个不同的犯罪行为，且触犯多个不同的罪名的情况下，根据实际需要规划不同罪名的犯罪事实之间的引导顺序。二是根据犯罪事实进行规划。在被讯问人涉嫌多个犯罪事实的情况下，根据讯问的情形，依据不同事实之间的内在联系对供述顺序进行规划。

1. 多个罪名之间

职务犯罪越来越复杂，被讯问人涉嫌多个犯罪行为和罪名的现象也越来越普遍。如受贿罪、贪污罪与巨额财产来源不明罪总有些内在的关联，有的被讯问人既涉嫌贪污、受贿，又有巨额财产无法说明来源，同时又因受贿而不正当行使职权，触犯渎职侵权类犯罪。从近年查处的案件来看，这种趋势越来越明显。很多官员都是触犯多个罪名，最后被数罪并罚。

如果被讯问人涉嫌多个罪名，如何引导其陈述犯罪事实？先问哪个罪，最后问哪个罪？一般而言并无固定的程式可以遵循，需要办案人员根据具体案情和讯问的具体情境进行规划，也就是需要具体问题具体分析，否则会导致讯问工作教条化。即便如此，由于职务犯罪行为之间有内在联系，依然是有一些规律可以把握的。如被讯问人涉嫌受贿、贪污和巨额财产来源不明罪，不管办案人员先问哪一个罪名，有一个罪必须是最后问的，那就是巨额财产来源不明罪。因为要计算来源不明的财产数额，既要减去合法所得，又要减去犯罪所得，贪污、受贿的数额没搞清楚，就不可能去算来源不明的财产数额。

至于先问什么罪，在根据具体情况进行分析时，也需要根据讯问工作规律和犯罪的内在联系予以斟酌。基于经验和内在的规律，如下原则可供规划时参考：

（1）确定性优先原则

在被讯问人涉嫌多个罪名的情况下，办案人员在讯问中可根据涉嫌罪名的确定性确定先后顺序。即确定性高的先问，确定性低的后问。哪一个犯罪事实比较确定，比较容易核实，就先核实哪一个。这样做的必要性在于办案人员可以先核实一个犯罪事实，确立一个罪名，进而确立被讯问人的身份。这样可以把握办案的主动性，一旦确立一个罪名，就有进一步采取措施的基础。在调查的初级阶段，采取留置等措施可以屏蔽被讯问人与外界的信息沟通，为讯问时对被讯问人进行认知控制创造条件。对于办案人员而言，先确定一个犯罪事实，就有了进一步深入的本钱，即便无法突破其他的罪行，也可以"保本经营"。

（2）已知事实优先原则

"先已知后未知"也是讯问中话题规划的一个原则。在引导供述的时候，让被讯问人先供述办案人员已经掌握或者有所了解的犯罪事实，后供述办案人员尚未掌握的事实。哪些是办案人员已知的，哪些是未知的，不必让被讯问人知道，办案人员自己明白就可以了。这是一条暗线，尽量不要让被讯问人搞明白办案人员知道什么，不知道什么。

从已知到未知的话题规划优势在于可以让办案人员及时发现和纠正谎言。即便在供述引导阶段，被讯问人撒谎的动机也是存在的。让被讯问人先供述办案人员已知的犯罪事实，有利于及时核实和发现虚假的供述。一旦发现被讯问人故意撒谎，办案人员便可以立即揭穿和纠正，同时对其撒谎行为进行负反馈。这样可以及时遏制被讯问人撒谎的动机，强化其如实供述的心理定式。这样在后面供述办案人员尚不掌握的事实时，撒谎的可能性就会小一些。如果先问尚不掌握的事实，被讯问人嵌入虚假的供述，办案人员难以识别，一旦嫌疑人撒谎成功，便会强化其撒谎的动机。

（3）公开事实优先原则

被讯问人涉嫌的犯罪事实是否已经公开也是话题规划时考虑的因素。如果犯罪事实已经公开，被讯问人再想隐瞒已经没有意义，因而其如实供述的可能性比较大。在引导供述的时候，可以根据讯问的具体情形斟酌犯罪事实公开的情况，进行话题规划。

一般情况下，可以先问已公开的事实，后问未公开的事实。把已经公开的犯罪事实排在前面问,有如下好处:第一,可以瓦解被讯问人的对抗心理,事实已经公开,想否认也没有余地。第二,可以启动配合,形成定式。如果被讯问人一开始就对抗,后面扭转起来比较困难,而一开始就被动配合,后面转化为对抗也比较困难。第三,已经公开的事实,被讯问人已经有心理准备,问起来比较容易。先易后难,比较符合思维常理。

例如,在办理重大责任事故案件中,责任事故的发生本身就是重大新闻热点,一时间众所周知。在讯问被调查人时先从责任事故关联的渎职犯罪入手是顺理成章的。但被讯问人涉嫌的犯罪事实可能并不止这一个,其背后可能存在受贿、贪污或者其他行为。在确定渎职犯罪之后,顺势引导其供述未公开的犯罪事实也是可行的。

当然,特殊情况下为了扩大成果,故意先问未公开的事实也许可以收到意想不到的效果。对于已经公开的犯罪事实,通常是板上钉钉的事情,后问也不影响办案效果。如果办案人员故意跳开不问,直接先问其他未公开的事实反而可能会让被讯问人方寸大乱,此时办案人员可以借机突破其他犯罪事实。

以上只是根据心理反应原理和讯问规律总结出的一般性指导原则,对于话题规划具有启发和借鉴意义。由于实践中讯问情形多种多样,被讯问人的心理状态也是千变万化,办案人员还需要根据被讯问人的情绪状态、认知状态、受暗示性以及讯问的具体情境、涉嫌犯罪的特殊性质等多种因素综合考虑。

2. 多事之间

被讯问人涉嫌多笔同类犯罪事实的情况下,先问什么后问什么也是一个重要的问题。受贿案件中被讯问人可能在一段时间内收受多人多笔贿赂或者一人多笔贿赂,贪污案件中,被讯问人也可能在一段时间内采用多种手段贪污多笔款项或财务。很多情况下,被讯问人涉嫌的罪名虽然是同一个,但具体事实却是纷繁复杂。这种情况下,对多笔同类事实进行引导规划,可以让笔录更具有条理性。一般而言,对于多笔同类事实的讯问顺序可分为两种模式:先分后总模式和总—分—总模式。

(1)先分后总模式:"D-B-C-A"—"ABCD"

这种模式把供述引导分为两个环节,第一环节先让被讯问人一笔一笔地交代单个事实,然后再进入第二环节,引导其作一个总结性供述。这种方式可以形象地表示为"A-B-C-D"—"ABCD"。其中,"A-B-C-D"表示分述单个犯罪事实的过程,"ABCD"表示综合陈述的过程。

第一环节是逐一供述单个犯罪事实的过程。即一件一件地把一个犯罪事实供述清楚之后再转入另一犯罪事实的陈述。用字母表示就是从 A 到 B 再到 C 和 D。这一环节供述的具体顺序并无特殊要求，既可以按照"A – B – C – D"的顺序，也可以按照"D – B – C – A"或者其他顺序。通常是被讯问人想起哪一件，就说哪一件事情；想起哪一个人，就说与这个人相关的事情；记起某一个物品，就讲述与该物品相关的犯罪事实。办案人员可以因人、因事、因物、因情景而引入相关犯罪事实，在顺序上并无固定程式。在供述每一件犯罪事实的时候，就尽量把其时间、地点、方式、数额、后果、因果关系、主观状态等构成要素讲清楚。从办案人员的角度来看，基本是问出一件是一件，一步一个脚印，往前推进。

第二环节是指在多个单一犯罪事实已经供述完毕的基础上，再按照相应的时间、空间或者其他逻辑顺序把已经供述的多个犯罪事实进行总结性的陈述。这种总结性的供述与前面的分述并不是简单的重复，其内容有重合也有不同。一方面，在重复前面单个犯罪事实的同时，办案人员可以进行补充提问，让供述更加完善；另一方面，总结性供述的内容更具有条理性。

引导分述的时候，办案人员主要着眼点在于全面挖掘被讯问人记忆中的案件信息，重在信息的"量"，供述越多越好。供述的信息往往是碎片化的、杂乱无章的。总结性陈述则是在已经挖掘的信息的基础上引导被讯问人有序重述犯罪事实，目的在于提升供述的条理性和完整性，重在供述的"质"。

（2）总—分—总模式："abcd"—"D – B – C – A"—"ABCD"

这种模式把供述引导分为三个环节：第一环节是先让被讯问人简单粗略地交代一个概括性的信息，如受贿的总钱数、行贿人的总人数、贪污的总笔数等；第二环节再让被讯问人一笔一笔地详细交代单个事实；第三环节是引导其作一个总结性供述。这种方式可以形象地表示为："abcd"—"D – B – C – A"—"ABCD"。其中"abcd"表示在供述开始阶段的概括性供述，"D – B – C – A"表示单个犯罪事实的具体陈述，"ABCD"表示最后综合性陈述。

第一环节之所以必要，是因为有的被讯问人供述的动机并不坚定，需要首先划定供述的大致范围。有的被讯问人一开始产生供述的动机，但随后就反悔，不愿意再供述。这种反复在讯问中非常常见。对于办案人员而言，引导被讯问人供述的机会有时是灵光乍现、稍纵即逝的。因此，在被讯问人刚开始想供述的时候，让其先概括交代一个大致轮廓，这样可以及时固定犯罪事实的整体信息，为后续的详细讯问提供基础。

在这一阶段重点是挖掘多个犯罪事实的范围和整体特征，因此不必过于拘泥于单个犯罪事实的构成要素是否齐全，细节是否到位。这一环节办案人员应当尽力从多个方面扩大被讯问人陈述的范围，如犯罪前后持续的时间范围、收受贿赂的人员范围、贪污的财产范围、共同参与犯罪的人员范围、赃款赃物隐藏的空间范围、挪用公款的资金总数、滥用职权行为的影响范围、渎职犯罪的涉案人员范围等。这些范围确定以后，即便被讯问人在后面供述中有所反悔，办案人员也可以在这些既定的范围内深挖。

第二环节是在第一环节的基础上，引导被讯问人将每一个犯罪事实陈述清楚。这一环节侧重于将单个犯罪信息问全、问准，办案人员要引导被讯问人将每一个犯罪事实的构成要素供述完整，把细节问清楚，而且关键细节越多、越细致越好。

第三环节是归纳性陈述，是在前两个环节的基础上，引导被讯问人作总结归纳性的陈述。这与先分后总模式中的总结性陈述是一样的。

在两个模式中，都有最后的总结归纳性供述环节。这一环节主要在于提升供述的质量。一方面，是对前面碎片化的信息进行补充，使供述的内容更加完整；另一方面，可以根据触犯的罪名对多个同类犯罪事实进行整理，使供述更加具有条理性。从证据的角度看，这种总结归纳性供述可以增加供述的证明力，减轻后续程序中办案人员审查供述的认知负担。办案人员把这一环节做好了，后面的检察人员在审查逮捕、审查起诉、辩护律师阅卷、审判人员审阅证据等环节就会比较方便，只要看最后总结性供述这部分就可以了。因此，从证据的使用角度看，最后的归纳性陈述是讯问的核心成果，类似于文章的"文眼"。如果把讯问的任务简单定位为拿下口供，这一环节似乎没有必要，但是要着眼于证明，引导被讯问人作最后归纳性的供述就显得非常必要。在以审判为中心的诉讼机制改革背景下，办案人员不仅要有查明意识，更要有证明意识。办案人员在讯问中就应当带着这种证明意识收集证据，着眼于法庭证明来收集口供，正因如此，在新的规范体系下这一环节也是必不可少的。

（三）话题转换

在讯问中，谈话双方的总话题是被讯问人涉嫌的犯罪事实，这一个总话题之下又包含多个子话题，子话题下面还有可能包含多个分话题。尤其是在被讯问人涉嫌多个犯罪事实触犯多个罪名的情况下，话题就会更多也更复杂。在多个子话题之间，需要过渡和转换。在引导供述中话题的转换就是在被讯问人供述一个犯罪事实之后，讯问谈话的内容向另一个犯罪事实过渡和转换。话题的转换是讯问话题控制的一个重要方面。办案人员不仅需要把握话题转换的时机，还需要掌握转换时的语言技巧。

1. 转换的时机

引导供述阶段，话题的转换主要发生在两种情形下，一是讯问阶段性任务发生转变，需要转换话题；二是在同一个具体阶段，需要引导被讯问人供述不同的犯罪事实，从一个犯罪事实到另一个犯罪事实之间需要转换。前者是阶段性任务之间的转换，后者是具体犯罪事实之间的转换。

（1）阶段性任务之间转换

供述的引导分为"先分后总"模式和"总—分—总"模式，这种划分就是基于供述引导的阶段性任务。以"总—分—总"模式为例，前面的"abcd"环节要完成的阶段性任务是扩大和挖掘犯罪事实的范围和整体特征，"A－B－C－D"环节要完成的阶段性任务是引导被讯问人把每一个具体事实讲清楚，最后的"ABCD"环节要完成的任务是总结归纳性陈述。第一环节到第二环节之间需要过渡和转换，第二环节到第三环节之间也需要过渡和转换。这两个环节转换的时机取决于阶段性任务完成的状态。如果第一环节的任务已经完成，就需要马上转换到下一阶段，不能拖延。有时阶段性任务没有完成，但被讯问人不配合，停留于原话题不可能有什么突破，也可以进行话题转换。

（2）具体事实之间转换

在一个犯罪事实到另一个犯罪事实之间，也需要进行话题转换。具体而言，就是在"A－B－C－D"环节，谈话内容在犯罪事实 A 与犯罪事实 B、C、D 之间需要进行相应的过渡和转换。在具体事实之间转换话题，需要重点考虑犯罪事实的构成要素。通常情况下，要在前一个犯罪事实已经"问透"的情况下，再将话题转换到另一个犯罪事实。所谓"问透"就是将一个犯罪事实的基本构成要素问全。从述事的角度看，供述的基本要素包括构成犯罪事件的时间、地点、主体、行为细节、空间方位、后果以及行为人的主观认识因素和意志因素等。在讯问中经常会出现供述中述事要素残缺的现象，有的是被讯问人遗忘了，有的则是办案人员在引导时忽略了。在前一个犯罪事实尚没有问透的情况下就把话题转向了下一个内容。

2. 转换的语言技巧

在进行话题转换时，办案人员要尽量做到自然平顺，语言要简洁，语气要平稳。转换过渡的谈话内容大致可以概括为三种类型：

（1）对被讯问人的配合态度给予正反馈

正反馈既可以用言语对其配合行为予以适当肯定，也可以用非语言行为予以肯定，如鼓励的眼神、轻微的点头等。对于被讯问人之前的配合给予适当的肯定和鼓励是必要的，因为被讯问人的配合是供述引导的基础。办案人员应当抓住每一个适当的机会强化其配合的立场。即便是被讯问人有过不配合的情形，也应当对其部分配合行为予以肯定，这样可以进一步强化其配合的动机。

（2）对被讯问人继续配合提出期待和要求

这也是让被讯问人继续配合的一种策略，而且是更为主动的策略。在前面配合的基础上提出新的期待和要求，类似于心理学上的"登门槛"效应，被要求的人往往不好拒绝。这种做法可以为下一步更多的要求做铺垫。

（3）根据犯罪事实之间的关联对新的犯罪事实进行发问

不同犯罪事实之间可以借助的关联多种多样，有人的关联、时间的关联、空间的关联、钱物的关联、事的关联等。人的关联是指前后两件犯罪事实与同一个人有关。如被讯问人甲收受了行贿人乙的贿赂，后乙又把丙介绍给被讯问人甲，丙建立关系后又给甲行贿。这样在讯问时由甲收受乙的贿赂过渡到甲收受丙的贿赂就比较自然。钱物的关联是指前后两件犯罪事实关涉同一个事物或者同一笔钱。

如被讯问人甲为了买官，春节前让煤矿老板乙为他准备了80万元，然后借春节拜年的机会将这笔钱送给了上司丙，然后又在安全生产检查中为煤矿老板乙提供帮助。在被讯问人交代了与乙有关的受贿罪后，马上追问这笔钱的去向，将话题转向与丙相关的行贿罪。借助两件犯罪事实之间的关联性进行话题过渡，不仅可以让供述的引导显得更自然，而且会让供述显得更有条理。

当然，在实际讯问中，并不是每次话题过渡都存在这三种情形。有的只有第三种情形，有的则三种全有，也有的是第一种、第三种或者第二种、第三种共同存在。因讯问的具体情况不同，多种情形搭配都是可以的。

四、话轮与话题的协调

话轮的控制服务于话题的管理。讯问中对话轮的控制就是对说话机会的控制，对话题的控制则是对说话内容的控制。话轮的控制表现为"我说还是你说"，办案人员要做到"我让你说，你再说，我不让你说，你别说"。话题的控制则表现为"说什么"，办案人员也要做到"我让你说什么，你就说什么。我不让你说什么，你就别说什么"。由于讯问的目的就是获取真实的供述，话题的管理和控制居于优先地位。换言之，"说什么"一直居于话题管理的核心地位。办案人员要在确定"说什么"的前提下进行说话机会的管控。在当前话题确定后，只要被讯问人说的内容"跑题"，办案人员就可以进行切入，打断被讯问人说话的机会，借机把话题纠正过来。通常而言，话轮的控制是手段，话题的控制是目的。

在引导被讯问人陈述案件事实的时候，办案人员要尽量给被讯问人充足的说话机会，让被讯问人对所有犯罪事实知无不言，言无不尽。只要被讯问人在讲述真实的犯罪事实，就尽量不要打断被讯问人说话。否则，办案人员不恰当地打断，不仅会打乱被讯问人回忆的思路，而且会让供述的信息呈碎片化。因此，话轮的控制是为了让双方讨论的话题"不出轨"。一般而言，在供述引导的过程中，只有在被讯问人故意撒谎或者脱离犯罪事实相关话题的时候，办案人员才会进行切入，控制被讯问人说话的机会。一旦话题转换到犯罪事实上，办案人员就应当尽快把说话的机会留给被讯问人。

第九章 贪污犯罪讯问原理与技巧

一、分析供述信息的不同视角

在分析判断供述时,办案人员和被讯问人的视角是不同的。办案人员审视供述的内容需要着眼于诉讼证明。讯问的目的是获取被讯问人对案件事实的供述。被讯问人供述的信息是否全面、客观、有序决定了讯问和笔录的质量。因此,办案人员需要从犯罪构成的角度看待供述的信息是否与案件有关、是否全面,分析供述内容时甚至需要像法官那样按照犯罪构成的要件要素进行规范和法律上的评价。而被讯问人并非法律专业人员,更多的是从述事的角度根据感知和记忆陈述案件信息,其理解和看待供述的内容往往依据感知、记忆的规律和逻辑。换言之,办案人员需要从法律、规范的视角进行思考,依照犯罪构成要件审视供述的内容,而被讯问人通常是从认知活动和感官经验的视角理解供述的内容。由于视角不同,分析问题的方法和思路也就不同。

办案人员的视角被讯问人未必懂,但基于调查工作的需要,被讯问人的视角办案人员必须懂。被讯问人未必是法律专业的,对办案人员看问题的视角和逻辑未必懂,甚至觉得有些不可思议。但从调查工作的角度看,也不需要被讯问人懂,被讯问人不懂可能对讯问工作更为有利。被讯问人搞不懂办案人员的思维逻辑也就看不清办案人员的讯问套路,其被动性就会更强,更有利于办案人员引导供述。但对于被讯问人看待供述的视角和逻辑,办案人员必须懂。只有从被讯问人的视角弄清楚其看问题的逻辑,办案人员才能以被讯问人理解的形式提问,才能以被讯问人接受的方式引导其供述。也就是说,在讯问中办案人员既要从诉讼证明的角度也要从生活经验的角度分析被讯问人的供述。

(一)诉讼证明的视角

讯问是为诉讼证明服务的。讯问的目的就是查明犯罪事实,收集固定证据,为公诉和庭审中认定事实提供证据基础。因此,讯问也需要围绕诉讼证明的需要来收集和固定证据,对于诉讼证明有用的证据和信息必须尽可能客观、全面地收集。尤其是在以审判为中心的背景下，办案人员需要带着证明意识来收集和固定供述，着眼于庭审证明的需要来把握证据的合法性和证明力。

诉讼证明通常是围绕犯罪构成的要件事实来进行的，讯问也必须从犯罪构成的角度来审视被讯问人供述的内容。刑事诉讼的证明对象是过去发生的犯罪事件，诉讼证明围绕行为是否发生、是否构成犯罪来进行。评价和认定行为是否构成犯罪的重要参照是犯罪构成要件。从讯问角度来看，被讯问人讲述犯罪事实信息的过程也是办案人员把犯罪事实各种信息要素导出和固定的过程。在这一过程中，办案人员需要根据犯罪构成的要件要求从法律和规范的角度引导被讯问人尽可能地把涉嫌的犯罪行为信息讲清楚。与犯罪构成要素有关的信息是否收集齐全，是衡量讯问工作是否完成的重要指标。

犯罪构成要素是办案人员分析审查供述内容的基本参照。被讯问人供述的案件信息是以一种原始述事状态存在的，有的是以时间为顺序，有的是以空间为顺序，有的是以述事的内在逻辑为顺序，也有的被讯问人想到什么就说什么，毫无顺序可言。这种记叙性的表述是一种靠感知可以理解的初始状态下的信息。在这种情况下，办案人员需要根据犯罪构成把这些信息综合起来进行分析。

一般而言，分析供述的信息通常包括四个环节：一要依据犯罪构成的要素对供述的信息进行分类，如把行为、结果、行为对象的信息归为犯罪客观要件的要素，把故意、过失、目的等信息归为犯罪主观要件的要素，辨认能力、身份、年龄等信息归为犯罪主体要件的要素。二要在思想上对要件要素的信息进行法律和规范上的评价，初步判断供述的信息是否与案件事实的证明有关。三要在犯罪构成体系框架下对涉嫌的罪名进行初步确认并对要件要素是否齐全进行分析，查找无关的信息以及需要补足的缺漏信息。四要根据被讯问人涉嫌的罪名和需要补足的要素信息确定进一步引导供述的方向，让被讯问人把犯罪构成要件的要素信息客观全面地表述出来。在整个分析过程中，犯罪构成要件是串联各个信息要素的内在框架体系。一方面，对构成要件要素的正确认识与理解是正确认识构成要件乃至犯罪构成的前提；另一方面，对构成要件要素以及要素之间相互关系的认识与理解也需要借助犯罪构成的框架体系。

（二）生活经验的视角

从生活经验的视角看，供述就是被讯问人对过往事件和经历的叙述。由于供述的内容是过往事件，相关信息经过被讯问人感知并以记忆的形式储存于大脑中，所以这种叙述以认知为基础且受制于记忆的规律和状态。另外，由于供述是对事件和经历的叙述，且以被讯问人的感知为基础，所以自然而然地会按照生活经验的视角进行述事。述事者未必是法律工作者或者法律专业的，通常是根据感知从记述的构成要件来考虑。记述的构成要件要素通常包括要件发生的时间、地点、人物、原因、经过、结果等。述事者通常是基于感知、经验进行认知，很少去考虑这些要素的价值、规范和法律意义。这与法官对法律的构成要件要素的分析是完全不同的。

从生活经验的视角分析供述的信息，通常是从两方面进行的。一是看事的要素是否齐全，对涉嫌犯罪的事件行为发生的时间、地点、实施者、原因、经过、结果等信息是否都作了供述；二是看供述的细节信息和情节是否符合人的认知规律和经验法则。

一般而言，办案人员基于调查工作的要求会从法官的角度对供述的信息从法律和规范的角度对构成要件要素进行分析，着眼于诉讼证明的需要；而被讯问人未必懂法，多是以感知为基础，从生活经验的视角进行分析，着眼于记述的构成要件要素。

从思维角度看，基于诉讼证明的视角分析供述的内容，需要大量运用抽象思维。办案人员需要从供述的信息中抽象出犯罪构成要件的基本要素，进而与犯罪构成进行对比，查找需要补充的信息。办案人员必须基于供述的具体信息，但又不能停留于原有述事的表面联系进行比对，而是要对具体信息进行抽象和概括，提炼出对诉讼证明有用且必要的信息进行系统化的分析。分析过程中，办案人员必须大量运用抽象思维，既要考虑具体供述的内容，又要运用法律、规范和犯罪构成理论进行分析。

与之相反，从生活经验的视角分析供述的内容，主要是运用形象思维。这种判断主要以视觉、听觉、味觉、嗅觉、触觉等基本感官感知的原始信息为基础，着眼于感知是否准确、是否全面，感官经验之间是否有干扰等问题。通常思考和分析的对象包括如下类型：一是物。供述中对物体的形状、大小、颜色、光线等描述的信息是什么样的，这些信息与客观情况是否符合。二是事。供述中叙述的事件（包括犯罪事件和其他关联事件）时间、地点、起因、过程和结果如何，这些信息与其他证据提供的信息是否一致。三是空间。供述中叙述的人、物的相对方位、距离、移动速度以及空间方位变化的方向等信息如何。这些内容的分析主要是以感官经验和认知结果为基础，以事、物和时间、空间为基本内容，着眼于供述的信息是否与客观情况相一致这样的问题。虽然有时需要运用经验法则和一些抽象思维，但主要是运用具体形象思维，一般不需要运用高度概括和抽象的思维活动。

（三）办案人员多视角分析供述的必要性

基于调查工作的需要，办案人员在讯问过程中，不光要从诉讼证明角度也要从生活经验角度分析和审查供述。从多角度分析和引导被讯问人供述，有利于办案人员更加全面、客观、有效地收集案件信息，增强供述的证明力。

1. 生活经验的视角侧重事实判断，而事实判断是法律判断的基础

从生活经验的视角分析供述，其基本路径是通过感知和认识的活动对供述中记述的要件要素进行分析，确定供述所呈现的信息是否真实，事实是否清楚，因而其侧重的是事实判断。而从诉讼证明的视角分析供述侧重的是法律和规范的判断，基于犯罪构成要件对供述的要素进行分析。从两者关系上看，事实判断是法律判断的基础，法律判断是事实判断的深化。对供述的审查和判断应当以客观性为基础，先确认供述的信息是否真实，这是进一步分析的基础。如果供述是虚假的，按照犯罪构成要件对供述进行法律分析所得出的结论也就必然是错误的。因此，办案人员需要先从生活经验的角度对供述进行分析，在此基础上再从诉讼证明的角度进行法律分析。

2. 供述是否全面既需要从诉讼证明角度判断，也需要从生活经验角度判断

从诉讼证明的角度分析供述的内容可以审视供述信息与案件事实之间的关联性，同时办案人员也可以以犯罪构成要件为参照查找供述信息是否存在缺项，并确认缺失的要件要素。这正是从诉讼证明角度分析供述的必要性之所在。

但供述是否彻底和完整，也需要从生活经验角度分析。这是因为一个真实的犯罪事件基本述事要素是不可或缺的。犯罪行为的发生必然是具有时间、地点、行为人和过程等基本信息要素的。述事要素齐全未必意味着犯罪构成要件要素就齐全了，缺少基本述事要素的陈述肯定是不全面的。供述中对犯罪行为的时间、地点、实施者、过程中的任何一个要素没有表述或者表述不够清晰，都需要办案人员进一步核实和引导。否则，对案件事实的问题就是没有"问透"。如果讯问中问题没有问透，就需要在下一次讯问中进行补充提问或者通过其他证据予以核实。如果得不到解决，就会成为后续程序中问题的焦点，甚至有可能造成后续诉讼程序的倒流，如在审查起诉阶段退回补充调查或者是在审判阶段撤回起诉。

3. 从生活经验的视角审查供述有助于判别供述的真实性

从生活经验角度分析供述，主要是根据人的感官经验和社会生活常识对供述的信息要素进行分析，判别的依据主要是经验法则，核心的目的在于确认供述是否真实。基于生活经验的分析通常包括如下三个方面：一是供述的细节信息与其他证据的信息是否协调一致；二是事情经过和细节是否符合生活常识、常理；三是述事的顺序和逻辑是否符合认知规律。其实无论是事实裁判者还是证据审查人员；无论是法官还是公诉人、办案人员，其在对证据和事实客观性进行分析时也可能会依据这

样的经验法则。分析犯罪构成要件要素需要经验法则，分析记述的要件要素也需要经验法则。从法律和规范角度分析要件要素主要是与犯罪构成进行比对，确认供述的事实行为是否构成犯罪，而从生活经验角度分析要件要素主要是确认供述是否真实、是否符合客观实际。要保证供述的真实性，办案人员就有必要从生活经验的角度对供述进行甄别和分析，及时发现供述中与经验法则相违背的细节并进行进一步核实。

4. 从生活经验的视角可以发现犯罪构成要件要素以外的信息

观察视角不同，供述细节的作用也就不同。有的供述细节从诉讼证明角度看可能与案件无关，但从生活经验的角度看却与案件有关。

在一起贿赂案件中，行贿人李某的供述中有这样的细节：李某在某饭店约请受贿人张某吃饭。中途突发停电事故，有客人被困在电梯中，引发一阵混乱。饭后李某趁着张某上厕所之机把一个装着钱的大信封放到张某的座椅上。离开时行贿人李某故意提醒张某"张总，您的信封，别落下了"。当时张某会意地点点头，这后把信封放进包里。之后双方各自离开。

在这个供述中，突发停电、有客人被困在电梯引发混乱的细节为现场同时发生的其他突发事件。从诉讼证明角度看，突发事件与贿赂犯罪的犯罪构成要件并没有关系，对犯罪构成的要件事实并没有证明作用。认定贿赂犯罪事实时，只需要考虑李某把装钱的信封放到张某的座椅上，并提示张某别落下的行贿细节，以及张某点头拿钱的相关细节即可。但从述事角度看，这一事件与贿赂行为同时发生，两者具有时间和空间的关联性。停电事件虽然对犯罪构成的要件事实并没有直接的证明作用，但却对供述的真实性具有印证作用。如果受贿人张某的供述中也有对突发停电事件的描述，而且与李某供述的细节一致，那么行贿人李某和受贿人张某的供述就能够在真实性上相互支撑。在本案中，如果办案人员仅从诉讼证明的角度分析供述的信息，可能就会忽略突发事件的信息。

5. 从生活经验的视角分析供述可以发现其他证据或者犯罪事实的线索

在诉讼证明中，被讯问人的供述细节可能与要证明的犯罪事实没有直接的关联，但依然对调查和诉讼证明具有积极意义。这些细节内容和信息不仅可以辅助验证其他证据的真伪，而且可能成为发现其他证据和犯罪事实的线索。这些内容和信息只有借助生活经验才能够更好地理解和把握。

例如，分析被讯问人对受贿行为的供述时，从法律和规范角度分析犯罪构成的要件要素往往只需考虑受贿人供述中收取财物的行为、财物的数额和利用职务便利为行贿人牟利的行为信息即可。从生活经验的角度分析记述的要件要素，需要考虑财物是从哪里来的、如何取得、非法取得的财物到哪里去了等相关信息。赃款赃物的处理不影响受贿罪的构成，因此从诉讼证明的角度分析，供述中有关赃款赃物处理的信息容易被忽略。但实际生活中，有的受贿人收受贿赂之后又用于向其他人行贿，在这种情况下，讯问中追问"财物到哪里去了"就可以发现其他犯罪事实和证据的线索。

6. 从生活的视角引导供述更符合被讯问人的思维

在引导供述的过程中，办案人员从现实生活角度提问，避免法言法语，使用被讯问人更容易理解的生活词汇，可以让被讯问人更容易听明白办案人员所问的问题。从生活的角度提问更符合被讯问人的思维习惯，也可以拉近办案人员与被讯问人的心理距离，有助于强化被讯问人的配合。此外，从日常生活的角度引导被讯问人叙述犯罪事件的过程，更符合生活的逻辑和习惯，述事的顺序更符合记忆的规律。因此，办案人员在引导被讯问人供述时，既要从法律和规范的角度分析供述的信息，查找犯罪构成要件要素并构建拼图，又要从生活经验的角度分析思考，基于被讯问人的思维习惯提出问题。只有这样才能让被讯问人的供述既符合诉讼证明的需要，又符合生活经验法则。

二、贪污罪的讯问

所谓贪污是指国家工作人员和受国家机关、国有公司、企业、事业单位、人民团体委托管理、经营国有财产的人员，利用职务上的便利，侵吞、窃取、骗取或者以其他手段非法占有公共财物的行为。从犯罪构成角度看，供述的信息通常包括：利用职务便利的信息、非法占有公共财物的信息、被讯问人主观方面的信息。从办案人员角度看，这样专业的分析是可以理解的，但从被讯问人角度看，对这些问题直接提问就有些不可理解。在讯问的时候，还需要按照被讯问人可以理解的逻辑和思路引导供述，也就是从生活经验的角度设计问题和引导陈述。

由于贪污罪的对象是公共财物，在讯问的时候，办案人员可以公共财物为主线进行供述引导。以公共财物为主线，需要被讯问人讲明的基本问题包括：财物从哪里来、如何利用职务便利取得、取得的财物到哪里去了。通俗一些讲，就是引导被讯问人把钱财从哪里来、怎么到手、到哪里去了这些基本问题说清楚、讲明白。

（一）财产的来源——财物从哪里来

贪污犯罪属于贪财性犯罪，在很多情况下是办案人员先查获了被讯问人的财产，但不清楚这些财物的来源和性质。在这种情况下，调查的方向是由"财"到"事"（罪），在讯问中追问财产的来源至关重要。确定来源才能确定财物的性质，而财物的性质决定了罪名的认定,财物的价值和数额又是定罪和量刑的标准之一。因此,贪污罪讯问必须解决财物的来源、性质和数额问题。讯问在特定阶段也必须围绕查明财产的来源、性质和具体数额来进行。

1. 贪污罪的财产来源

贪污罪的对象是公共财物,根据《刑法》有关贪污罪的规定,可以成为贪污对象的财物包括如下几种:

(1) 公共财产

根据《刑法》第91条的规定,公共财产包括四种:(一) 国有财产;(二) 劳动群众集体所有的财产;(三) 用于扶贫和其他公益事业的社会捐助或者专项基金的财产;(四) 在国家机关、国有公司、企业、集体企业和人民团体管理、使用或者运输中的私人财产。需要指出的是,根据《最高人民法院、最高人民检察院关于办理贪污贿赂刑事案件适用法律若干问题的解释》的规定,贪污救灾、抢险、防汛、优抚、扶贫、移民、救济、防疫、社会捐助等特定款物的,属于从重情节。[①] 这些财产事关民生等重大事项,危害性比较特殊,且贪污这类财产较一般款物的行为危害性更为严重,也是刑事打击的重点。因此,在讯问中,如果发现犯罪对象属于这类财物,则需进一步查明款物的来源,核实其性质。

(2) 非公共财产

根据《刑法》的规定,非公共财产也可以成为贪污罪的对象。具体包括:

①非国有保险公司的保险金。根据《刑法》第183条第2款的规定,国有保险公司工作人员和国有保险公司委派到非国有保险公司从事公务的人员利用职务上的便利,故意编造未曾发生的保险事故进行虚假理赔,骗取保险金归自己所有的,依照贪污罪的规定定罪处罚。在此种情况下,贪污的对象为非国有保险公司的保险金。

②非国有公司、企业或者其他单位的财物。根据《刑法》第271条第2款的规定,国有公司、企业或者其他国有单位中从事公务的人员和国有公司、企业或者其他国有单位委派到非国有公司、企业以及其他单位从事公务的人员利用职务上的便利,将本单位财物非法占为己有,依照贪污罪的规定定罪处罚。在此情形下,贪污的对象为非国有公司、企业或者其他单位的财物。

③应当交公的礼物。根据《刑法》第394条的规定,国家工作人员在国内公务活动或者对外交往中接受礼物,依照国家规定应当交公而不交公,数额较大的,依

---

① 《最高人民法院、最高人民检察院关于办理贪污贿赂刑事案件适用法律若干问题的解释》第1条第2款、第2条第2款、第3条第2款。

照贪污罪的规定定罪处罚。应当交公的礼物具体是指国家工作人员在国内公务活动中或者对外交往中接受应当交公的礼物。在对外活动中，对方赠送礼金、有价证券时，应当予以谢绝；确实难以谢绝的，所收礼金、有价证券必须一律上缴国库。应上缴而不上缴且数额较大的，以贪污罪论处。这里数额较大的标准，应当按照《最高人民法院、最高人民检察院关于办理贪污贿赂刑事案件适用法律若干问题的解释》（2016年4月18日起施行）第1条的规定执行，即应定为30000元。200～30000元按党纪政纪处理。

（3）混合所有财产

一般来说，在国有控股、参股公司及其分支机构中从事公务的人员，应当认定为国家工作人员，这部分人员利用职务便利将本单位财物非法占为己有的，按照贪污罪定罪处罚。而国有控股、参股公司及其分支机构的财物属于混合所有财产。

从形态上讲，贪污罪的对象可以是货币也可以是实物，可以是动产也可以是不动产，在某些特殊情况下可以表现为收益。如果是不动产或者是土地使用权，在认定上要相对复杂一些。

2. 锁定财产来源对贪污罪讯问的意义

在掌握被讯问人财产状况的情况下，先锁定财物的来源是比较可行的策略。

（1）由财产追问来源比较符合生活逻辑和基本常识，被讯问人不好推脱这样的问题。作为国家工作人员的被讯问人有说明财产来源合法性的义务，即便被讯问人不说，办案人员对其也有巨额财产来源不明罪兜底。

（2）财物的来源影响讯问的走向。如果发现被讯问人掌握的财产来源于公共财产或者企业财产，讯问可能会指向贪污罪或者挪用公款罪；如果来自被讯问人之外的其他个人，讯问则可能会指向贿赂犯罪。在引导供述的时候，这两类罪的引导思路有所区别。

（3）贪污案件中财产的来源决定案件的性质。如果是《刑法》第91条所规定的公共财产，可以直接确认；如果是非公共财产或者混合所有制财产，则需要确认被讯问人的身份是否属于国家工作人员，结合主体的身份才能认定是否构成贪污罪。

（4）贪污案件中先锁定财产的来源可以大致确定讯问总的范围，为进一步讯问具体事实奠定基础。从实践中看，多数贪污案件涉及多笔、多次，也就意味着多个行为。讯问需要查明每一次贪污行为的时间、地点、手段和金额。先锁定财产的来源和数额，可以为讯问单笔事实埋下基线，设定多笔贪污行为的大致范围。

（二）贪污的手段——如何取得财物

贪污罪的客观方面表现为行为人利用职务上的便利，侵吞、窃取、骗取或者以其他手段非法占有公共财物的行为。其中，利用职务上的便利和非法占有公共财物二者缺一不可。讯问中，办案人员必须核实被讯问人利用职务便利的情况和非法占有公共财物的具体过程以及采用的具体手段和方式。这是讯问需要收集的核心信息，也是诉讼中需要证明的关键内容。

1. 利用职务便利

从刑法规定看，利用职务上的便利是指行为人利用自己职务范围内主管、管理、经手公共财物或者受托经营、管理国有财产所形成的便利条件。利用职务上的便利具体包括两种情况：一是利用自己职务范围内主管、管理、经手公共财物所形成的便利条件；二是利用自己受托管理、经营国有财产的职务所形成的便利条件。其中，主管是指具有调拨、转移、使用或者以其他方式支配公共财产的职权；经手是指具有领取、支出等经办公共财物流转事务的权限；管理是指具有监守或保管公共财物的职权。例如，总经理、董事长在职权范围内具有的支配企业内部公共财产的权力属于主管权力；采购、基建、科研等部门的人员具有经办公共财物流转事项的职权；出纳、保管人员具有保管公共财物的职权等。需要注意的是，如果只是因工作关系或主体身份所带来的某些方便条件，则不属于这里所说的"利用职务之便"。如仅凭借工作身份获取进出机关、单位的便利或者仅因工作而熟悉作案环境等情形不属于这里所说的"利用职务便利"。

由于利用职务便利是贪污罪的必备构成要件要素，办案人员需要在讯问中把被讯问人利用职务便利的具体情形核实清楚。核实利用职务便利的情况，一般至少需要查明和核实两方面情况：

（1）被讯问人的岗位职权

具体包括被讯问人所在岗位的职责、权限、工作流程和规范等。如果是单位的领导，则需核实是主要领导还是具体分管领导，分管领导需要查明分管的具体范围和事项。如果是一般工作人员，则需要核实其所在岗位的具体职责和工作流程以及其在工作流程中的具体权限。

对于被讯问人关于岗位职权的供述，办案人员可以结合单位岗位职权的规定进行核实。被讯问人通常辩解的关键点是岗位职权名实不符的问题。如有的被讯问人辩称文件上规定自己有某项权利，但实际上自己没有某项职权。不过对于贪污犯罪而言，这种抽象层面的辩解不起决定性作用。因为贪污罪需要确认的是职务所带来的具体便利以及非法占有行为对便利的利用情况，是具体的而不是抽象的。

（2）被讯问人岗位职权与公共财物的关系

即被讯问人所在的岗位有没有支配、经手或者管理公共财物的机会，被侵占的公共财产是不是被讯问人职权所能触及或者影响的对象。如果相关财物不在被讯问人权力所及范围，在时间和空间上与被讯问人的岗位、职责都没有任何关联，则很难认定是利用职务便利。

于某为某国有公司的会计，在上班期间发现公司有一批废旧材料堆放于厂区围墙边，长期无人管理。于是于某组织自己的同学宫某和酒友张某、阮某、柴某等人计划在晚上没人时把这批废品弄出去卖掉。为防止被人发现，于某先进单位到围墙内堆放材料处查看一番，确认无人经过后短信告知宫某等人。于是宫某等人凿墙把这批废旧材料运走并卖掉，获利13万元。

本案中于某是单位职工，进出单位时门卫不会阻拦。其利用的主要是这种身份便利。虽然其是单位的财务人员，但其职务与这批废旧材料没有关系，利用的便利与职务没有直接关系，所以于某等人构成盗窃罪而非贪污罪。在本案讯问中，办案人员就需引导于某供述其职权范围、其职权与这批废旧材料有无直接关系、实施时其如何利用身份进出单位等信息讲清楚。否则，就有可能导致案件性质认定出现困难或者偏差。

2. 非法占有公共财物的方式

贪污罪必备的客观要件就是非法占有公共财物。被讯问人非法占有公共财物的具体方式是调查工作必须查明的关键问题。讯问中，被讯问人如何非法占有公共财物是讯问的核心话题之一。法律上将非法占有公共财物的方式概括为侵吞、窃取、骗取或者其他手段，但行为人非法占有公共财物的方式是多种多样的，客观性情况要复杂得多。

（1）侵吞

所谓侵吞，是指行为人利用职务上的便利，将暂由自己合法管理、经营、使用的公共财物直接非法占有。

某发电公司下属经营单位总会计师、财务部主任王某贪污案中，王某趁该公司主要领导职务发生变动之时，将账外资金208万余元转移藏匿，据为己有。王某作为单位总会计师和财务部主任，有经手、保管单位资金的机会和便利，其直接将保管的"小金库"中的账外资金转移隐匿，据为己有，即属于侵吞行为。

实践中被讯问人采用直接侵吞手段贪污的，往往是因为单位资金或者财物存在管理漏洞。这些账外财物或者资金处于无人监管或者除涉案人员外无人知晓的状态，通过查账或者审计无法发现。被讯问人作案手段比较简单，直接由公转私，据为己有。如公共财物应当交公但隐匿不交，款项应当支付而不支付，应入账而未入账，直接加以扣留。

这样的案件犯罪手段看似简单,但查办也并不容易。因为这些财物在账面上通常无据可寻,办案人员不下些功夫发现不了,即便能够发现,查证来源也比较耗费精力。对于这样的犯罪行为,讯问中引导供述路径主要有两条:

一条路径是办案人员发现被讯问人侵吞的财产,由财到事,追问犯罪行为;另一条路径是由权到事再到财。即通过提问被讯问人的职权和与职权相关事项,引出侵吞财物的行为,再查找非法侵吞财物的去向。讯问基本上是沿着"权—事—财"这样的话题思路进行。这种路径通常是在没有发现财物的情况下采用的话题引导方式。相对而言,第一条路径比较好把控,但需要具备相应的条件,就是先发现被讯问人的财产。第二条路径中以被讯问人的职权为切入点,可以让其有话可说,但由职权切入到侵吞财物的犯罪行为会比较难把握,需要办案人员发挥和运用一些讯问谋略,改变被讯问人的情绪和认知才能有所收获。在这一环节的讯问通常也需要相应的证据或信息作为支撑。

(2)窃取

所谓窃取,是指行为人利用职务上的便利,监守自盗,采用秘密的方法将公共财物非法占有。

王某为某公司物资供应总公司进出口公司副经理。2009年4月,王某利用职务之便,将存放在公司库房的20个进口阀门占为己有,把其中8个存放在自家地下室,另外12个存放于好友马某在某客运公司停车场的库房内。这20个阀门的总价值为13.39万元。2011年6月,王某将存放在马某库房的5个阀门卖给另一公司经理张某,张某则将这5个阀门再卖回给物资供应总公司,几经倒卖,王某从中获利5万元。

本案中,王某身为某公司物资供应总公司进出口公司副经理,监守自盗,将存放在公司库房的进口阀门秘密窃为己有,属于窃取行为。

贪污案件中被讯问人采取窃取手段作案的,犯罪对象通常是单位财物或者现金。这些钱或者物在账面上有记载或者体现,但账物不符,有账没物。物被行为人"窃取"了。由于行为人采用秘密窃取手段,通常需要"人""赃"俱获才能证明。与普通的盗窃案不同,职务犯罪案件中的"人"是确定的,办案的关键是"赃"的查找和认定。

对于这样的案件,讯问时的思路取决于是否发现赃款赃物。如果办案人员掌握了被讯问人窃取的赃款、赃物的信息,讯问可采取"财—事"的路径,即以财物追问来源,引出窃取(贪污)行为事实。如果办案人员没有掌握赃款、赃物的信息,讯问需要根据被讯问人的认知状况而定。可以采用"事—财"的路径,即先讯问行为再讯问赃款赃物的去向；也可以采用"财—事"的路径。具体要看被讯问人认知的薄弱点在哪里，因案、因人、因事而各有不同。第一种情况下，办案人员有切入点和信息依托，讯问相对容易；第二种情况下，需要办案人员仔细观察并采用讯问谋略。

（3）骗取

所谓骗取，是指行为人利用职务上的便利，采用虚构事实或者隐瞒真相的方法，非法占有公共财物。这种情况在实践案件中比较常见。

洪某某为某公司副总工程师兼研究院院长，在工作中发现了存放在账内的与某微生物项目合作剩余资金62.4万元。洪某某认为当时公司上市部分和未上市部分已经分家，合作项目已经结束，机构也不存在了。研究院属于上市部分，科协属于未上市部分，未上市部分审计时，也不能审计到上市部分，把这钱套出来不容易被人发现。2001年7月，洪某某找到时任研究院采收室主任的崔某，让其想办法将此款取出来分掉。一开始，崔某心里也在打鼓，但后来觉得洪某某说得有道理，这是一件"个人不会告，组织不会查"的事。于是，崔某联系曾与研究院有过业务往来的两家公司，帮助虚开了总金额62.4万元的发票，由洪某某签字报销后扣除相关手续费，实得人民币54.46万元。崔某分两次将其中的15万元交给洪某某，剩余款占为己有。

本案中，洪某某与崔某以虚开发票、签字报销的形式将合作项目剩余资金占为己有，即属于骗取行为。

此外，《刑法》第183条第2款规定，国有保险公司的工作人员和国有保险公司委派到非国有保险公司从事公务的人员利用职务上的便利，故意编造未曾发生的保险事故进行虚假理赔，骗取保险金归自己所有的，应当以职务侵占罪论处。其中编造未曾发生的保险事故进行虚假理赔也属于骗取行为。还有如工程建设过程中行为人伪造工资表，冒领不存在的工人工资等情形。

以骗取手段贪污公共财物的案件，行为人通常是以虚构未曾发生的事实或者不存在的人并以此为由领取单位的款项或者财物。这类案件有如下几个基本特征：

一是单位的公共财物非法流向了私人，为个人所套取或控制。

二是虚构、隐瞒或者编造行为。如虚构工程项目、编造人员名单、伪造财税凭证等行为。有的财税依据和手续是真实的，但事由被故意夸大、缩小或者虚构；也有的直接用伪造变造或错误填写的单据冒领款项或者财物。

三是这类贪污行为常常伴随有故意销毁会计凭证行为，构成贪污罪与故意销毁会计凭证罪数罪。

由于会计凭证有伪造或者不实之处，是证明犯罪事实的关键证据，被讯问人通常会故意销毁与贪污有关的会计凭证。在这种情况下，能够证明贪污事实的实物证据并不是很充足。甚至有可能会出现会计凭证被销毁，只能认定故意销毁会计凭证罪，却无法认定贪污罪的情况。

对于骗取公共财物的贪污案件，讯问中需要核实如下基本问题：

（1）被贪占骗取的具体款项和财物来源。贪污的对象具体是什么款、什么财物，从何而来等问题。

（2）采用什么手段骗取的。如被讯问人虚构什么事实，隐瞒什么事项，款项或者财物如何转移的，等等。

（3）采用欺骗手段贪占、套取公共财物的证据和来源有哪些。

讯问骗取公共财物的贪污行为，通常是直接从骗取行为手段本身入手。也就是直接核实虚构的人（冒领工资或补贴的人员名单）、事（如虚构工程项目）、物（虚开的财税凭证），让被讯问人作出解释。基本上骗取公共财物的方式、手段查清了，犯罪的基本事实和涉案的数额也就清楚了。

（4）其他手段

所谓其他手段，是指采取除侵吞、窃取、骗取三种手段外的方式，将公共财物非法占有。近年来，贪污手段和方式也在不断变化。尤其是在国企改制、资产重组、产权交易过程中，贪污的方式和手段不断更新。有的国有企业工作人员利用职务之便，将公司操纵在个人手中。打着国企的名义注册多个公司，通过不断注册新公司、注销旧公司或者多次变更法人，让公共财产在不同的公司之间流转，最终将公共财产转移到个人控制的公司名下。有的利用营销过程缺乏监督的漏洞，私自注册个人公司，插入销售环节，从中加价倒卖，截留利润，予以侵吞。

平某为某发展公司总经理、法定代表人。该发展公司由一国有公司和某区园林局共同出资组建，为全民所有制企业，注册资金为 2200 万元，营业面积 678 亩。1992 年该公司与香港 AA 有限公司共同出资成立新的有限公司（以下简称有限公司），注册资本为 1090 万美元（其中原发展公司持股 40%，香港 AA 有限公司持股 60%）。法定代表人为张某，总经理平某（张某与平某系夫妻关系，两人在原发展公司任职，均由原发展公司委派）。1994 年，在平某的操控下，原发展公司将其持有的有限公司 25% 股权转让给了香港 BB 投资有限公司，受让港方未向原发展公司支付股权转让款，该股权转让协议也未经主管单位批准。1995 年 3 月 8 日，原发展公司将其持有的有限公司 5% 股权转让给了某文化艺术中心，该中心法定代表人及实际控制人均为平某。受让方也未向原发展公司支付股权转让价款，该股权转让协议也未经主管单位批准。1995 年 7 月,香港 AA 有限公司将其持有的 42% 股权转让给香港 CC 企业有限公司,转让价款为 8400 万元人民币,香港 CC 企业有限公司、香港 BB 投资有限公司实际控制人分别为金某、李某。1995 年,香港 BB 投资有限公司将其持有的 18% 股权转让给香港 DD 投资有限公司,转让协议明确约定,该转让属无对价转让,无须支付转让款。香港 DD 投资有限公司的股东是平某、张某。1999 年、2000 年,身为原发展公司总经理的平某故意不申报年检,导致原发展公司被吊销营业执照。2013 年 8 月,原发展公司的上级公司成立清算组,对原发展公司进行清算。清算组发现:(1)位于××市重要位置的 567 亩国有划拨土地使用权,本应登记在原发展公司名下,却被平某、张某故意错误登记在了有限公司名下,该土地目前市场估值超过 189 亿元。(2)原发展公司原持有的原有限公司 40% 股权仅剩 10%,其余 30% 股权被无偿转让。其中,平某和张某个人持股的香港 DD 投资有限公司侵占了 18% 的股份,平某为法定代表人的某文化艺术中心侵占 5% 的股份。(3)原有限公司自成立以来,年年向股东分红,但该发展公司在长达 20 余年中应得的股东分红款全部被平某和张某夫妇据为己有。

本案例中,平某正是利用企业管理人员的职务便利,以公司重组、产权交易的方式,通过多次交易将国有资产转移到个人控制之下。

相对于传统的侵吞、窃取、骗取手段,新的贪污手段更加隐蔽,认定起来会更加困难,对讯问的要求也进一步提高。尤其是一些国有企业人员的职务犯罪案件,相关人员利用国企改革之机,玩弄股权变更游戏,化公为私,侵吞国有资产。这类犯罪案件主要呈现以下三个特点:

第一,涉及政策相对复杂。有的产权交易符合当时的政策,有的则处于政策的模糊地带。财产转移的过程中,有的环节是合法的,有的环节是违法的,两种情况相互交织。案件定性问题通常分歧较大,认定起来比较困难。

第二,案件调查取证难度较大。最常见的问题是股权变更过程中的多个公司从注册到注销时间很短,相关财物凭证被销毁,公共财物从国有公司到私人控制公司转移的实物证据链条存在多个断裂环节。即便有被讯问人的供述,实物证据也难以印证。

第三,这类案件的被讯问人智商高,精通金融、财务知识,对政策的研究透彻,讯问中对办案人员知识储备和反应能力都具有很强的挑战性。

对于利用其他手段尤其是新型手段贪污的案件,办案人员在讯问的时候根据涉案的领域和行业特征,针对不同类型的行为灵活采取不同的讯问策略。一般而言,需要把握如下几点:

第一,要在讯问前进行知识补课。因为这类犯罪手段特殊,涉及金融、财会甚至特定行业的专业知识,讯问中的问题经常会超出办案人员的知识储备。讯问这类案件,办案人员需要本着"用什么学什么""缺什么补什么"的态度,提前补课,千万不要在讯问中不懂装懂。提前做知识功课有两方面好处,一是可以及时发现和纠正被讯问人的谎言;二是更容易获得被讯问人的知识认同,建立信任关系。

第二,要善于利用供述发现其他证据线索。这类案件的物证、书证在分布上复杂多样,且证明特定环节的实物证据有时比较欠缺。时常会出现有供述也难以认定的情况,这就需要办案人员仔细查找和发现其他实物证据或者证据线索,这也就是调查实务工作中常说的"再生证据"。

第三,要注意取证手段的多样化,把讯问和其他技术手段有机结合起来。尤其是主要电子数据信息的提取和运用,对于审讯突破至关重要。有的案件中过桥公司被注销,财务凭证被销毁,电子数据也被删除。在这种情况下,需要利用数据恢复技术提取电脑硬盘、手机或者其他存储介质中的电子数据。

(三)赃款赃物的去向——财物到哪里去了

在贪污、受贿这类贪财型职务犯罪案件中,行为人在作案手段和占有财物无法否认的情况下,最常见的争辩理由就是"赃款用于公务开销""经济交往需要""业务应酬使用""办了单位福利"等。这种"财物到哪里去了"的问题,其实质是赃款赃物去向问题。

1. 查明赃款赃物去向的必要性

从严格意义上讲,赃款去向不属于贪污犯罪的构成要件,不影响贪污罪的成立。赃款去向问题能够体现犯罪者行为动机,但不影响犯罪目的的认定。根据《最高人民法院、最高人民检察院关于办理贪污贿赂刑事案件适用法律若干问题的解释》第16条的规定,国家工作人员出于贪污的故意,非法占有公共财物之后,将赃款赃物用于单位公务支出或者社会捐赠的,不影响贪污罪的认定,但量刑时可以酌情考虑。从证明责任上讲,赃款赃物用于公务开销等支出属于酌定从轻或减轻处罚的情节,公诉人在公诉的时候不承担这方面的举证责任。有这方面的证据,检察官可以基于客观义务予以审查,没有也不需要必须举证。从举证便利上讲,也不应当由公诉方承担。实践中,查明赃款赃物的去向比较困难,行为人不交代,查证起来难度很大。

即便如此,在讯问中办案人员依然应当尽力查问赃款赃物的去向。具体原因如下:

第一，赃款赃物去向虽然不影响贪污罪的认定，但依然是重要的量刑情节。如果行为人用于公务支出或者单位花销，可以作为从轻减轻处罚的酌定情节；如果行为人将赃款赃物用于不正之风或者违法行为，也可作为从重、加重处罚的情节。量刑情节也属于应当查明的案件事实。

第二，办案人员具有全面收集证据的义务，调查中有义务收集被讯问人有罪无罪、罪轻罪重的各种证据。证明从轻、减轻处罚情节的证据也应当在办案人员收集范围之内。同时，调查中的查明和庭审中的证明有所区别。前者是为后者做准备的，所以办案人员要带着证明意识收集证据。也因为调查是为诉讼证明做准备，所以调查阶段要尽可能全面地调查案件事实和收集证据。

第三，赃款赃物去向有可能指向其他犯罪，是查明其他犯罪的重要线索。职务犯罪中赃款赃物的去向可能与其他违纪、违法或者犯罪有关联。

第四，讯问是查明赃款赃物去向的重要途径。由于财产转移的方式越来越隐蔽，通过其他途径调查赃款赃物的去向越来越困难，讯问成为相对有效或者可行的途径。有的案件中赃款赃物的去向只有行为人自己知道，被讯问人不说根本无法发现，讯问成为唯一途径。在无法通过其他途径查明赃款赃物的去向或者通过其他途径比较困难的情况下，这一任务自然就转移到了讯问环节。

第五，追缴赃款赃物有利于降低犯罪危害，惩治贪污犯罪。贪污罪的对象就是公共财物，追讨赃款赃物，把贪污的公共财产追回来是查处贪污罪的重要目的。追回被贪污的公共财产以查明赃款赃物的去向为前提。同时，贪污犯罪是以贪财为目的，仅仅判处罚金是不够的，还必须让行为人把贪污的财物吐出来，才能真正达到惩治的目的。

2. 讯问中关于赃款赃物去向问题两种情形的应对

对于赃款赃物的去向问题，讯问中会出现两种情形：一种是被讯问人主动辩称赃款赃物用于公务开销、社会捐赠、业务应酬等；另一种是被讯问人拒不交代赃款赃物的去向。

（1）主动辩称用于公务或者其他合理支出

将赃款赃物用于公务支出，是贪污案件中被追诉人常见的辩解。这种辩解不仅发生于讯问期间，而且有可能发生于诉讼的全过程。有的被追诉人在审判阶段也会拿出一些票证来证明用于公务支出。有的案件中，被讯问人、被告人甚至拿出与追诉数额正好相等的票据。调查机关查出多少，被讯问人及其家属就会拿出多少票据。如果在调查过程中，被讯问人提交了相应的票据，办案人员对于这种有根据的辩解需要进一步核实，必要时在讯问中面对面核实。

此外，还有一种情况是被讯问人无根据地随意辩解。调查阶段常见的情况是被讯问人不断反复地随意辩解。如有的被讯问人一天一个理由，第一天说赃款用于什么花销了，结果查无此事；第二天说记错了，其实是用于业务应酬了，又查无此事；第三天又说记混了，其实是用于社会捐赠了等。

对于这种情况，讯问时办案人员需要甄别被讯问人的辩解是否合理，是否有依据。对于合理、有根据的辩解，讯问时可以内外联动，及时核实。对于被讯问人无理、无据的狡辩，则需要在讯问中进行负反馈，或者及时纠正谎言，或者对其故意拖延的态度进行批评。这是需要办案人员把握讯问中话题控制的主动权，不能被被讯问人带着走，否则既耗费时间，又浪费司法资源。

（2）拒不交代赃款赃物去向

被讯问人拒不交代赃款赃物去向，有的是因为另有隐情怕牵扯到其他人或者事情，也有的是认为财物隐匿到位办案人员查不到，也有的是基于应对策略，调查阶段先不交代到审判阶段再去辩解，胜算的把握会更大些。实践中的情况往往千变万化，各不相同。

实际上，被讯问人越是不交代赃款赃物的去向，办案人员往往越是有调查的必要。一方面，可以通过讯问以外的其他途径辅助调查；另一方面，可以根据讯问情形和被讯问人的认知情况使用讯问谋略。即便最终实在查不出，办案人员也是尽力而为了，不至于留下遗憾。

（四）主观故意的讯问

从犯罪构成上看，贪污罪在主观方面必须出于直接故意，并具有非法占有公共财物的目的。有学者指出，贪污罪中的侵吞、窃取、骗取必然符合侵占罪、盗窃罪、诈骗罪的犯罪构成，① 而这三个罪均要求以非法占有为目的。因为以非法占有公共财物为目的是基本的构成要素，所以过失不构成贪污罪。在贪污案件中，作为犯罪构成要件的基本组成部分，行为人的主观故意是诉讼证明的重要内容，也是庭审中控辩双方争执的焦点问题。然而，主观方面体现的是行为人的主观心态，从客观推定不能保证绝对准确，行为人自己陈述又具有易变性，因而主观方面的证明是诉讼证明的难点。要解决这一问题，方法之一就是充分发挥讯问的功能，合法、有效地引导被讯问人把主观故意方面的内容陈述到位。

就贪污案件而言，讯问中对被讯问人主观故意的引导需要特别注意如下几个方面的内容：

---

① 张明楷：《刑法学》（第五版），法律出版社2016年版，第1048页。

1. 非法占有的目的

对主观目的的证明和认定主要通过两个途径。第一是引导行为人自己陈述，并将其固定为证据；第二是通过推定。根据《联合国反腐败公约》第 28 条的规定："……根据本公约确立的犯罪所需具备的明知、故意或者目的等要素，可以根据客观实际情况予以推定。"因此根据基础事实对职务犯罪行为人的主观故意进行推定，在一定程度上也是允许的。让行为人自己陈述比较直接，但不足之处在于言词证据主观性强，反复不定。推定基于客观事实和经验法则，有一定的客观性和可操作性，但缺点就是基于法律或者经验的拟制，不具有必然性。

不管是通过哪一个途径，讯问都具有至关重要的作用。第一种途径是以讯问为基础，将主观故意的证明直接依赖于讯问的结果。第二种途径的实质是在讯问无法取得理想结果的情况下采取的变通路径。然而即便是这种变通也离不开讯问。因为推定必须以基础事实为条件，根据基础事实推断行为人的目的。这些基础事实的查明也需要讯问来支持。

（1）被讯问人配合状态下的引导

在贪污案件的讯问中，办案人员需要尽力引导被讯问人供述犯罪的目的。只有在被讯问人意志彻底转化的条件下才是可行的。如果被讯问人不配合，引导是无意义的。如果被讯问人配合，愿意彻底供述，就直接引导其将行为的目的讲清楚。在这种情况下引导供述的重要任务就是让被讯问人把实施侵吞、窃取、骗取或者其他行为所预期达到的结果描述出来。这种预期的结果往往表现为对公共财产的占有、公共利益的转移或者控制状态的实现，但未必就是法律上的危害后果。这是一种比直接故意的认知因素和意志因素更为复杂的心理态度。

贪污罪的非法占有目的主要表现就是追求转移公共财产的结果。具体而言，就是想改变公共财产原有的占有状态，使之变成自己的财物进行支配、利用或者处分。这可以细分为两个方面的内容：一是行为人有排除国家、集体或者单位对公共财产占有的意思；二是行为人对公共财物（犯罪对象）有自己利用的意思。如果只是想毁坏公共财物而不是为遵从财物的用途进行利用和处分，则可能构成故意毁坏财物罪或者其他犯罪。不管是排除占有还是个人利用都是指向相对具体的对象，就是公共财物。同时，不管是排除占有还是个人利用，都是长期的、彻底的，如果只是暂时排除占有，准备过一段时间归还，则不能认定是占有目的，而是挪用。

贪污罪中非法占有目的是一种主观追求的预期结果，并不必然会客观实现。例如，国家、集体或者单位的不动产也有可能成为贪污的对象。真正占有不动产需要变更产权登记才能实现。如果行为人已经办理了产权变更登记手续，意味着非法占有的目的已经实现，那么认定起来不是问题。如果行为人想通过欺骗的手段非法占有不动产，但因为不符合法律规定而无法变更产权登记或者不敢去办理产权登记，也并不影响非法占有目的的认定。这种情况下，不能以没有办理产权变更登记来否认行为人主观上具有非法占有的目的。这是因为：第一，犯罪目的是行为人主观追求的结果，并不意味着必然会实现。第二，非法占有的目的形成于贪污行为之前或者行为过程中，只要行为人在犯罪目的的驱动下实施了犯罪行为，也就意味着犯罪目的已经产生并发挥了影响作用。不能因为无法变更登记就推定行为人没有非法占有的目的。第三，行为人不进行不动产产权变更登记也同样可以排除国家、集体或者单位对公共财产的实际占有。第四，不进行不动产产权变更登记，行为人依然可以自己进行支配、利用或者处分，如出租、居住等，只不过在支配和处分上受到某种程度的限制而已。

在引导被讯问人供述贪污的目的时，办案人员需要注意犯罪目的和犯罪动机的区分。从法理上讲，贪污罪不以特定的犯罪动机为其主观方面的必备要素，只要行为人故意实施了利用职务之便非法占有公共（国有）财物或非国有单位财物的行为，无论出于何种动机，均可构成贪污罪。道理虽然如此，但办案人员在讯问中也应当把犯罪动机和犯罪目的两方面内容尽可能问清楚。一方面是因为犯罪动机虽然不影响贪污罪的构成，但会影响量刑；另一方面是犯罪动机和目的具有内在联系，讯问时被讯问人往往会将目的和动机混合在一起。如果办案人员不加以区分，可能会出现动机和目的的混淆，导致认定困难。

一般而言，动机是行为人的内心起因或思想活动，源于行为人的内在需要和外在刺激；而目的则是在动机基础上生成的主观预期状态。犯罪目的在内容上更为具体，与犯罪行为的时间和空间联系更为紧密。如被讯问人供述"看到周围的老板大把花钱，一夜拿十几万元去赌博，自己能力、地位都不差，心理不平衡，也想搞些钱享受"；也有的被讯问人供述"结婚、买房、买车都需要一大笔钱，工资远远不够，就想利用职务之便搞些钱"。这些其实都是对犯罪动机的陈述，而不是犯罪目的。贪污的目的往往表现为对具体公共（国有）财产占有或者控制状态的追求。如被讯问人供述"想把这笔钱转到自己名下""这部分财物原来账上没记载，现在企业改制了，谁也不知道，我不拿白不拿，拿了也白拿，于是就想办法把它搞到手"。这样的供述内容与具体犯罪对象和贪污行为的联系更为紧密，有明确具体的预期，能够真正体现行为人非法占有的目的。

当然，有时候被讯问人在供述中声称是为了单位、集体或者为了社会捐赠等其他善良的目的，但实际上供述的是犯罪动机，而不是犯罪目的。如有的被讯问人供述时声称"因为现在制度管理比较严，不能像以前那样正式给大家发福利，也不能用公款送礼，所以几个人商量一下，把这笔钱套取出来用于本部门几个人私下发福利和逢年过节的时候给上级领导送节礼"。供述中"用于私下发福利""给上级领导送节礼"的内容其实是关于共同贪污动机的供述，根本不影响贪污罪的构成。只要行为人把公款套取出来几个人私下控制，贪污罪即可构成既遂。此时，办案人员除了要让被讯问人把犯罪动机的内容说出来，还要进一步通过提问引导被讯问人把贪污的目的——把公款套出来私下控制——供述出来。

（2）被讯问人拒不配合状态下的变通

如果被讯问人不配合，拒不交代贪污的动机和目的，那么办案人员则需要退而求其次，为诉讼证明中的推定创造条件，将讯问的话题转向推定所需的基础事实。如果行为人利用了控制、管理、经手、监管等职务便利贪污公共财产，能够推定行为人具有非法占有目的的基础事实通常是赃款赃物的去向和行为人的事后表现。

与赃款赃物去向相关的基础事实通常包括：

①已经将公共财物私分；

②已经用于个人花销或生活支出；

③已经转入本人、特定关系人、亲友等个人名下或为个人所控制；

④已经转移到境外；

⑤已经改变公共（国有）财物的性质。

与事后反应相关的基础事实通常包括：

①有携带赃款赃物潜逃行为；

②单位或办案部门发现后拒不退还、上缴；

③有转移、隐匿赃款赃物行为等。

在这种情况下，办案人员可以从这两方面入手，尽可能引导被讯问人把可用于推定的基础事实供述清楚。从形式上看，办案人员是在引导被讯问人供述犯罪事实的相关要素，都是客观的事实信息，但实际上这些事实主要是用于推定行为人主观故意的基础事实信息。只有掌握这些事实，法官才能据以推定行为人具有非法占有的目的。讯问中核实这些事实就是为了给后续的诉讼证明犯罪目的奠定基础。

2. 认知因素的讯问

贪污罪的主观方面是直接故意，认知因素和意志因素是认定直接故意不可或缺的内容。实际上认定贪污犯罪不仅要考量行为人的认知因素和意志因素，还要考量认知因素和意志因素是否具有内在的统一性。因此，讯问的一个重要任务就是核实行为人实施贪污行为时的认知因素和意志因素，并考量两者的内在联系。

从我国《刑法》第 14 条第 1 款的规定看，故意犯罪的认知因素是"明知自己的行为会发生危害社会的结果"，这一内容可以进一步细分为三：

（1）对行为本身内容的认知，即对行为的物理性质的认知，如对具体手段、方式、时间、地点等因素的认知；

（2）对行为社会意义的认知，即根据经验法则、社会评价要素或者法律规范对行为的社会性质的认知；

（3）对危害结果的认知，即行为人意识到会发生某种侵害结果或者危险结果。

具体到贪污犯罪而言，对行为本身内容的认知可以直接体现在对行为的供述上，行为人对贪污行为的供述本身就能够体现其认知；对贪污行为社会意义的认知主要体现在对犯罪对象的控制由"公"到"私"的转移上；而对危害结果的认知则主要体现在对犯罪对象的认知上。

当然，具体到不同类型的贪污行为，认知因素也是不一样的。具体而言，可以分为如下几种情况：

（1）对于受委托管理、经营国有财产的人来说，不要求其必须明知国有财产而非法占有，只要行为人知道是单位的公物即可。

（2）对于在国家机关、国有公司、企业、集体企业和人民团体管理、使用或者运输中的私人财产，只要行为人知道财产处于国家机关、国有公司、企业、集体企业和人民团体管理、使用或者运输中即可。

（3）对于国有保险公司工作人员和国有保险公司委派到非国有保险公司从事公务的人员骗取保险金的，也不要求其明知公司是否国有，只要行为人知道骗取的是本保险公司的保险金即可。

（4）对于《刑法》第 394 条的规定，贪污犯罪，只要行为人知道是在国内公务活动中或者对外交往中接受的礼物即可。

（5）对于国有公司、企业或者其他国有单位中从事公务的人员和国有公司、企业或者其他国有单位委派到非国有公司、企业以及其他单位从事公务的人员，只要求知道占有的是本单位财物即可。

在讯问的时候，办案人员需要引导行为人把事实贪污行为的过程和细节讲清楚，这既是犯罪事实信息，也是体现行为人对贪污行为认知的信息。办案人员还要引导行为人把是否意识到实施行为会转移财物的控制权、是否知道行为对象是国家或单位的财物作为认知信息。

3. 意志因素的讯问

贪污犯罪的故意是直接故意，即行为人希望危害结果的发生，积极追求对公共财物的非法占有。可能不同的案件中，行为人的意志程度不同，有的很迫切，有的不是很强烈，但都是积极希望。由于迫切程度能够体现行为人的主观恶性，讯问中办案人员也可以对此设计问题进行提问。

办案人员在引导供述的时候需要注意认知因素和意志因素的统一问题。行为人"知道"和"希望"是相互关联的。行为人知道的结果和其希望发生的结果必须具有法定的同一性。如果不一致，则会导致定性上的争议。例如，贪污公款和挪用公款，在犯罪行为、犯罪对象上差异不大，关键就在于意志因素内容的不同。前者追求的是对公款的非法占有，后者追求的是对公款的暂时控制。而认定非法占有，就必须把认知因素和意志因素结合起来，才能准确把握。

在引导供述的时候，办案人员需要根据犯罪构成在主观故意方面的特殊要求设计问题，把体现行为人认知因素和意志因素的基本要素引导出来。从犯罪构成的法律要件要素着眼，从述事的角度设计问题的表述。

第十章 贿赂犯罪讯问原理与技巧

一般而言，调查犯罪的过程就是收集过去发生的犯罪事件相关信息的过程，证据是信息的载体。对办案人员而言，获取犯罪信息的途径主要有两个，一个是通过物，就是收集实物证据，如痕迹、实物、书证、音像资料等；另一个是通过人，就是询问证人、被害人或者讯问犯罪行为人。而贿赂犯罪没有典型现场，通过物的途径收集信息时，可以利用的实物证据资源相对较少。同时，通过人收集信息的渠道也是有限的。一方面，见证人稀缺，能找到的证人少；另一方面，被害人难以提供与贿赂行为直接相关的信息。可以获取信息的主要渠道也就只有行贿人和受贿人。因此，很多贿赂犯罪案件办案的进度和质量主要取决于讯问、谈话的效率和质量。讯问效率高，案件办理的进度就比较快，讯问质量高，证据的证明力和合法性才能有所保证，诉讼证明工作才能顺利进行。

一、贿赂犯罪的类型与调查取证要点

贿赂犯罪是一个类罪的名称，包含着多个罪名。典型的贿赂行为包括行贿方和受贿方，涉及的罪名主要是受贿罪（《刑法》第385条）和行贿罪（《刑法》第389条）。在一方或者双方是单位的情况下，还可能构成单位受贿罪（《刑法》第387条）、单位行贿罪（《刑法》第393条）、对单位行贿罪（《刑法》第391条）。此外还有一些涉及特殊主体的贿赂犯罪，如利用影响力受贿罪（《刑法》第388条之一）、对有影响力的人行贿罪（《刑法》第390条之一），介绍贿赂罪（《刑法》第392条），非国家工作人员受贿罪（《刑法》第163条），对非国家工作人员行贿罪（《刑法》第164条第1款），对外国公职人员、国际公共组织官员行贿罪（《刑法》第164条第2款）。为了把主要问题阐述清楚，本书暂不考虑单位贿赂犯罪和特殊主体的贿赂犯罪，仅就最典型的贿赂犯罪进行分析。

一般情况下行受贿双方都构成犯罪，即行贿罪和受贿罪，特殊情况下也可能只有一方构成犯罪，另一方不构成犯罪。

例如，在索贿的情况下，国家工作人员索取、接受财物的行为，构成受贿罪；行贿人因为被勒索而给予财物，但没有获得不正当利益的，不构成行贿罪。又如，行贿人为了谋取不正当利益而给予国家工作人员以财物，构成行贿罪；但国家工作人员没有接受贿赂的故意，收受财物以后立即送交有关部门处理的，不构成受贿罪。

在贿赂犯罪案件中，行受贿方式和涉及的主体是最为明显的变量。依据行贿受贿方式和涉及主体的特征和不同主体之间的关系，可以对贿赂案件进行典型归类。不同类型的案件，实体认定的疑难问题和证据收集的关键点也不相同。在调查取证的时候，需要注意的问题也不一样。现根据不同类型的案件对调查取证的关键要点作如下分析：

（一）索贿型

根据《刑法》第385条、第386条的规定，国家工作人员利用职务上的便利，索取他人财物的，构成受贿罪，索贿的从重处罚。在索取型贿赂犯罪案件中，有两种情况需要注意，第一种是国家工作人员直接向被勒索方索要财物，第二种是国家工作人员向中间人勒索财物。这两种类型在罪名认定和证据收集上也存在差异。

1. 国家工作人员直接向被勒索方索要财物的情形

国家工作人员利用职务便利直接向管理对象、下属等相关人员勒索财物的，构成索贿。这种情况下，索贿方按照受贿罪从重处罚。根据《刑法》第389条第3款的规定，因被勒索给予国家工作人员以财物，没有获得不正当利益的，不是行贿。因而被勒索方如果属于这种情形，不构成犯罪。但如果被勒索方本来就有行贿的故意，即便不被索要也会行贿，且获得了不正当利益的，应当按照行贿罪处理。如果被勒索方因被勒索而不情愿给予财物，但获得了不正当利益的，是行贿罪。对被勒索人不能按照行贿罪处理，但其获得的不正当利益应当依法处理。在办理这类案件时，需要在讯问中确认索贿方的主观故意和勒索行为，同时还要查明被勒索方是否确因勒索而被动给予财物。

此外，索贿行为与敲诈勒索有相似之处，办案人员需要从证据上突出两者在构成要件上的区别。一是证明行为人的主体身份，必须有充足的证据证明索贿行为的主体是国家工作人员。二是证明行为人利用了职务上的便利。通常是被索取的一方有求于国家工作人员，且所求事项与国家工作人员的职务行为有关系。如果所求事项与国家工作人员的职务行为没有关系，索取方仅仅是利用被索取方所处的困境进行要挟，索要财物的，即便索取方是国家工作人员，也只能构成敲诈勒索罪，而非受贿罪。

调查此类案件，收集的证据要能够重点证明如下事项：(1) 被调查人的职权范围和特点，其职权对行贿人、行贿单位是否有制约和影响作用。(2) 被调查人进行索贿的时间、地点、方式。包括以明示或者暗示的方式索要财物，故意拖延、拒绝办理依职权应当办理的事项迫使行贿人给予财物等。(3) 被调查人在权钱交易中的作用和收受财物时的心理状态。

2. 国家工作人员向中间人勒索财物的情形

贿赂犯罪案件在实践中还存在中间人请托的情形，甚至有的案件中出现层层请托的情况。在请托情形下，有的国家工作人员向中间人勒索财物，中间人两边单线联系，且没有告知行贿人。这种情况下，出现三方主体，即勒索方、请托人和被勒索方。从实体认定上看，勒索方是国家工作人员，其勒索行为既侵犯了职务行为的不可收买性，又侵犯了他人的财产权，既符合受贿罪的构成要件，又符合敲诈勒索罪的构成要件，应当按照受贿罪和敲诈勒索罪想象竞合犯从一重罪处罚。被勒索方如果不知情，则构成行贿罪。如果知情，且符合《刑法》第389条第3款情形的，则不成立行贿罪。中间人则可能构成介绍贿赂罪，也可能构成行贿罪或者受贿罪的共犯。

3. 取证和讯问要点

查办这种情形的案件，办案人员需要运用讯问、询问、谈话等多种方式。既要查明索贿方的索贿行为和主观故意，又要查明被勒索方的主观故意和给予财物的行为，同时还要调查请托人所发挥的作用和主观故意。

讯问的时候，需要问明和核实的基本内容包括：(1) 请托人的基本情况。包括其与国家工作人员的具体关系、认识过程等。(2) 请托人提出请托的基本情况。包括提出请托的时间、地点、具体内容、被请托人的态度等。(3) 利用职务便利的情况。包括是否利用职务便利、利用职务便利谋取利益的过程。(4) 索要和接受请托人财物的基本情况。包括索取的方式、时间、地点，收受财物的时间、地点、方式、财物特征、数量。(5) 主观方面。包括对财物与职权之间对价关系的认知、索要、收受时的认知状态和意志状态等。(6) 财物的去向。

(二) 收受贿赂型

贿赂犯罪中最常见也最为典型的是直接收受贿赂。这种类型的案件中，受贿方作为国家工作人员利用职务便利非法收受他人财物，为他人谋取利益，构成受贿罪；行贿方为谋取不正当利益，给予国家工作人员以财物，构成行贿罪。行受贿双方利益一致，相互串通进行权钱交易。受贿方利用职务便利为行贿方谋取利益，行贿方对受贿方进行利益输送。

由于行受贿双方给予和收受行为具有比较密切的对合关系，查处这类案件的时候，往往需要行贿、受贿一起查。从受贿角度看，需要查明三个方面的情况：一是利用职务便利的情况；二是非法收受他人财物的情况；三是为他人谋取利益的情况。从行贿角度看，需要查明两方面的情况：一是行贿人主观上为了谋取不正当利益的故意；二是客观上给予国家工作人员财物的行为。由于这几个方面相互关联，相互影响，调查取证的时候需要整体考虑，综合推进。

现实中，涉案国家工作人员利用职务便利的手段多样化，利益输送的方式多样化，受贿人为行贿人谋取利益的样态也多样化。这些因素导致案件在实体认定的时候时常出现争议，同时也给调查取证带来挑战。在调查取证的时候需要根据法律的规定和案件的真实情况确定取证的方向和重点，确保准确、全面地收集证据。现就这类案件中关键问题和证据收集的要点进行分析。

1. 利用职务便利的情况

这里所说的利用职务便利是指《刑法》第 385 条规定的"利用职务上的便利"，与第 388 条规定的"利用本人职权或者地位形成的便利条件"不同。前者是直接贿赂，后者是斡旋受贿，也称为间接受贿。

根据《全国法院审理经济犯罪案件工作座谈会纪要》的相关内容，《刑法》第 385 条第 1 款规定的"利用职务上的便利"，既包括利用本人职务上主管、负责、承办某项公共事务的职权，也包括利用职务上有隶属、制约关系的其他国家工作人员的职权。担任单位领导职务的国家工作人员通过不属于自己主管的下级部门的国家工作人员的职务为他人谋取利益的，应当认定为"利用职务上的便利"为他人谋取利益。

这里"利用职务上的便利"主要是指利用本人的职权及其形成的便利条件。认定的核心是国家工作人员因职权而形成的对公共事务和其他人员的管理、隶属、制约关系。这里所谓的"隶属"关系，是某一单位内部国家工作人员之间或者上下级单位的国家工作人员之间管理与被管理、领导与被领导关系。这里的职权并不仅限于个人职责上的分工。担任单位领导职务的国家工作人员对于不属于自己主管或者分管的内部职能部门和下级部门的国家工作人员，也具有隶属关系，即管理与被管理、领导与被领导关系。所谓的"制约"关系，是指行为人虽然不直接领导、管理其他国家工作人员，但其职权能够派生出对其他国家工作人员行为的约束力。如单位或者系统上下级之间、单位内部职能部门之间的约束关系，国家工作人员依职权处理公务时直接对有关单位或人员产生的约束关系。

在调查取证的时候，不仅要查明受贿方具有国家工作人员的身份，还要查明其本人主管、负责、承办等职权的来源和依据。在某些情况下，还需要查明受贿人与其他国家工作人员的隶属、制约关系。由于"利用职务上的便利"是构成受贿罪的必备要件，这就要求办案人员在调查的时候既要查"职"，又要查"权"。查"职"需要查明国家工作人员的岗位职责，查"权"则需要查明国家工作人员决定事项的范围。事项范围明确了，才能在"权"的范围内确定"事"，"事"确定了，才能确定与"事"相关联的人以及人背后的关系。把"职""权""事""人"的相关证据和事实调查清楚，才能准确认定"利用职务上的便利"。

从证据形式上看，认定被调查人"职"和"权"的证据主要是书证，包括人事档案、干部履历表、任命文件、会议记录和纪要等。认定国家工作人员行权的"事"则既包括书证，也包括言词证据。书证如受贿人利用职务便利为行贿人谋取利益的业务合同、协议、单位账目、请示批复文件、会议记录、规章制度、资质审核文件等。这些书证一般用以证明利用职务便利的情况、谋取利益的情况以及谋取利益的正当性。言词证据如谈话、询问、讯问笔录等，这些证据一般用以证明利用职务便利的过程、主观意图、犯罪动机、有无共同故意等情况。

讯问时对于利用职务便利的情况需要调查和核实的要点通常包括：（1）本人的任职情况和职权分工；（2）利用职务便利的具体情况和过程；（3）主观上对利用职务便利的认知状态和意志状态；（4）对谋取利益的正当性认识：确认是正当利益还是不正当利益；（5）收受财物与利用职务便利的对价关系和受贿人对这种对价关系的认知状况。

2. 非法收受他人财物的情况

非法收受财物的行为是办理贿赂犯罪案件需要查证的核心事实。一般而言，对于直接授予财物的行为事实，定性上争议不大。在调查的时候关键是要在证据收集上下功夫。所收集的证据要尽可能在质和量上满足诉讼证明的需要。最基础的是要把给予和收受财物的各种叙事要素调查清楚。具体包括贿赂双方的参与人、收受财物的方式、时间、地点、数额等基本的事实要素。

相对而言，一些特殊类型的利益输送方式在实体认定上存在争议，在证据收集和诉讼证明上需要特别注意。

（1）交易型受贿

交易型贿赂是指行为人利用职务便利为请托人牟利，在收受财物时通过以物易物、低买高卖方式进行利益输送的行为。

根据《最高人民法院、最高人民检察院关于办理受贿刑事案件适用法律若干问题的意见》的规定，国家工作人员利用职务上的便利为请托人谋取利益，以下列交易形式收受请托人财物的，以受贿论处：①以明显低于市场的价格向请托人购买房屋、汽车等物品的；②以明显高于市场的价格向请托人出售房屋、汽车等物品的；③以其他交易形式非法收受请托人财物的。对于这三种交易型贿赂，在调查取证的时候主要注意以下五个方面的问题：

第一，收受房屋、汽车等物品的权属变更和实际控制状况。如果国家工作人员以明显低于市场的价格向请托人购买或者以明显高于市场的价格向请托人出售房屋、汽车等物品，且办理了权属变更登记的，在实体定性上争议不大。调查时需要调取相应的产权变更登记证书或者登记记录。

实践中比较常见的情况是行为人怕事情暴露，不办理权属变更登记或者登记在他人名下。这种情况下如何认定时常存在争议。根据《最高人民法院、最高人民检察院关于办理受贿刑事案件适用法律若干问题的意见》第8条第1款的规定，国家工作人员利用职务上的便利为请托人谋取利益，收受请托人房屋、汽车等物品，未变更权属登记或者借用他人名义办理权属变更登记的，不影响受贿的认定。此规定意味着未变更权属登记或者借用他人名义办理权属变更登记的，也可以认定为受贿。但收集证据的时候，办案人员既要查明低买高卖、以物易物的事实，也要查明房屋、汽车等物品的实际控制状况或者双方对权属登记的约定情况。交易已经完成，没有变更登记，但实际控制状况发生变动的，或者交易已经完成，实际控制状况没有发生变动，但双方对变更登记的时间或者时机有约定的，不影响受贿的认定。

第二，受贿数额的认定。交易型贿赂不是直接的财物给付，而是通过低买高卖、以物易物的交易过程进行利益输送的。因此交易额本身不是利益输送的数额，实际交易与正常交易的价差才是贿赂的数额。一般而言，实际交易的价格是固定的，也是可以查明的。但是基准价以什么为标准？市场价、成本价还是评估价？理论上和实践中都存在争议。

实践中以市场价作为基准价的比较多，也相对合理。这是因为对于房屋和汽车这类物品而言，本身是一种商品，物品价值随市场波动，以市场价格为基准比较符合市场规律，也与刑法的基本原理相符。《最高人民法院、最高人民检察院关于办理受贿刑事案件适用法律若干问题的意见》也作出了"受贿数额按照交易时当地市场价格与实际支付价格的差额计算"之规定。

在调查取证时，办案人员需要查明的至少有两种价格，即实际支付价格和当地市场价格。如果有需要，也可以查明评估价格和成本价格，这样在处置和后期的司法程序中可以综合考虑。在以物易物的情况下，如以旧换新、以小换大、以次换好等交易，需要查明是否明显违背市场规律，办案中需要对实际价值和对应的市场价格进行调查和评估。如进口豪华汽车，不仅有出厂价、发票的票面交易价，实际成交的价格中还有一部分加价在里面。

第三，时间点的核实。在以市场价为基准的情况下，会出现时间节点的选择问题。房屋、汽车的交易有一个签订合同、权属变更登记和实际交付的过程。这一过程中市场的价格会出现波动，有时候波动的幅度比较大，影响数额的认定，进而会影响定罪和量刑。可以选择的时间节点包括交付时、办理权属变更登记时和交易时。具体如何确定？理论上存在争议，实际办案中也不完全统一。如果以权属登记时间为准，有的案件中行为人根本没有办理登记变更，也不打算办理。此外，在权属登记时间拖延比较长的情况下，也会出现打击力度不统一的问题。如房屋的价格多数呈上涨趋势，汽车的价格呈下降趋势。登记时间拖得越久，房屋的价格就会越高，汽车的价格就会越低。在具体办案中，以犯罪既遂的时间为计价节点的比较多。

第四，"明显"幅度的认定。《最高人民法院、最高人民检察院关于办理受贿刑事案件适用法律若干问题的意见》在规定低买高卖等交易型贿赂的时候，使用了"明显低于"和"明显高于"这样带有程度副词的表述。如何认定"明显低于"和"明显高于"存在争议，如何证明更是实践中比较棘手的问题。有的主张绝对数额标准，以方便操作，有的主张相对比例标准，还有的主张把绝对数额和相对比例相结合。有的主张国家工作人员低价购买的时候，不得低于成本价，还有的主张应当考虑正常的让利优惠等因素。但实际上市场不好的时候，低于成本价销售也是有可能的。

对于这个问题实际上是个案裁量的问题。"明显"幅度的把握既要看是否违背市场交易的常理，也要看差价的幅度。对于办案人员而言，需要把市场价、成本价、实际成交价乃至正常优惠让利的幅度等实际情况尽可能全面地调查清楚。

第五，把握价格优惠的界限。《最高人民法院、最高人民检察院关于办理受贿刑事案件适用法律若干问题的意见》规定，在认定交易型贿赂时，市场价格包括商品经营者事先设定的不针对特定人的最低优惠价格。根据商品经营者事先设定的各种优惠交易条件，以优惠价格购买商品的，不属于受贿。据此规定，享受正当的价格优惠不属于受贿。

在实际办案中，要认定正常的价格优惠需要把握如下几点：一是时间上，必须是经营者事先设定的；二是价格优惠的对象不是特定的，优惠应当是对社会公开的，任何消费者都可以享受优惠条件；三是优惠有合理的理由。

对于交易型贿赂，收集证据的过程中除按照一般行受贿行为进行证据收集外，还需要重点注意如下证据：①买卖合同、交易明细、付款凭证、权属登记、价格认定结论等书证，用以证明交易事实、时间、价格以及受贿数额。②受贿人、行贿人的供述或者证言，用以证明通过交易进行利益输送的基本事实、主观故意等。

讯问过程中，对于以交易方式进行贿赂的相关事实，需要调查和核实的重点问题包括：①行受贿双方进行交易的基本情况：包括交易的方式、时间、地点、价格、权属登记情况。②交易双方协商、约定情况，重点查明有无预谋、策划和具体内容。③通过交易进行利益输送与利用职权谋取利益之间有无对应关系，受贿人主观上对此对应关系有无明确认知。

（2）收受干股、股份型受贿

根据《最高人民法院、最高人民检察院关于办理受贿刑事案件适用法律若干问题的意见》的规定，干股是指未出资而获得的股份。国家工作人员利用职务上的便利为请托人谋取利益，收受请托人提供的干股的，以受贿论处。进行了股权转让登记，或者相关证据证明股份发生了实际转让的，受贿数额按转让行为时股份价值计算，所分红利按受贿孳息处理。股份未实际转让，以股份分红名义获取利益的，实际获利数额应当认定为受贿数额。

一般而言，对于国家工作人员利用职务上的便利为请托人谋取利益，未实际出资而收受请托人提供的股份，并且已经办理股权受让登记的，认定为受贿没有问题。这种情况下，受贿的数额按照股权转让行为时的股份价值计算。股份的分红不计入受贿数额，但按照受贿孳息予以追缴。

但是对于没有办理股权登记的情形，实践中具体认定存在争议，收集证据的时候也需要特别注意。

第一，股权实际转让情况。对于尚未登记但签署股权转让协议或者双方就股权转让达成真实意思表示的，属于干股实际转让。这种情况属于《最高人民法院、最高人民检察院关于办理受贿刑事案件适用法律若干问题的意见》所规定的"相关证据证明股份发生了实际转让"。这种情况下，受贿数额按转让行为时股份价值计算，所分红利按受贿孳息处理。调查取证的时候需要收集固定能够证明"股份发生了实际转让"的证据，这些证据一般既包括股权转让协议等书面证据，又包括证明双方进行协议的言词证据。

第二，实际转让股权的时间节点。转让的时间一般以登记的时间为准，没有办理登记的，一般按照实际转让时间为准。这里"实际转让时间"需要证据加以证明。

第三，股份价值和红利数额的认定。股份未实际转让，以股份分红名义获取利益的，实际获利数额应当认定为受贿数额。这种情形下，以股份分红名义实际获取利益的数额认定为受贿数额，是没有问题的。但是用以获取分红的股份，现实中并没有实际转让，这部分股份的价值能否认定为受贿未遂？实践中不好把握，理论上也存在争议。不管后期如何计算和处理，在调查取证中，办案人员也需要把这部分为实际转让的股份调查清楚，并查明其实际的价值。也就是说，在这种情况下，办案人员既需要查明红利的价值，也需要查明用以分红的股份价值。

第四，红利和贿赂的甄别。红利数额远超出干股价值的时候，股份价值算入干股受贿的数额，但要对红利部分仔细甄别。红利中确属股份正常孳息性质的部分不计入受贿数额，但应当予以追缴。但其中以红利之名，行贿赂之实的部分，不能认定为受贿孳息，应当一并计入受贿数额。

第五，假干股和红利问题。在行贿的干股是空壳公司的股份，受贿人收受的干股不具有股份价值的情况下，收受的干股不具有真实性，无法计算受贿数额。但受贿人依据这种不具有真实性的股份分得红利的，所得红利不属于受贿孳息，应当计入受贿数额。

对于收受干股、股份的贿赂案件，调查取证的重点包括：①公司章程、股东名册、持股凭证、公司财务账簿、股权转让合同、交易凭证、公司分红记录、账户交易明细等书证以及会计鉴定意见。用以证明股份转让是否发生、交易时间、股份价值、分红所得数额等事实情况。②公司实际经营管理人员证人证言，用以证明受贿人是否实际投资、参与经营管理、是否承担经营风险和责任、是否获取分红等情况。③受贿人、行贿人的供述或者证言。用以证明收受干股、股份的基本事实和主观故意。

讯问的时候需要特别调查和核实的问题包括：①有无实际投资。②收受干股、股份的形式。③获利的方式是股份价值还是分红。④对以干股、股份方式进行利益输送的方式，行受贿双方有无共谋、策划以及具体过程。⑤对行贿人的目的、动机和请托事项是否知晓。⑥对收受干股、股份与利用职权为行贿人牟利行为之间对应关系是否有明确认知。

(3) 合作投资名义受贿

国家工作人员以合作开办公司或者以投资名义收受贿赂，在实践中也比较常见。《最高人民法院、最高人民检察院关于办理受贿刑事案件适用法律若干问题的意见》第3条规定，国家工作人员利用职务上的便利为请托人谋取利益，由请托人出资，"合作"开办公司或者进行其他"合作"投资的，以受贿论处。受贿数额为请托人给国家工作人员的出资额。国家工作人员利用职务上的便利为请托人谋取利益，以合作开办公司或者其他合作投资的名义获取"利润"，没有实际出资和参与管理、经营的，以受贿论处。

根据此规定，调查这类案件时需要特别查明和强化证据收集的问题包括如下几个方面：

第一，行为人的出资情况。国家工作人员有无出资，是否真实出资是认定此类受贿是否成立的基础。如果国家工作人员没有出资，而由请托人出资，则构成受贿。受贿数额为请托人为国家工作人员的实际出资额。如果有投资协议和出资证明，但实际上国家工作人员没有真正出资，属于虚假投资，也应当认定为受贿。

对于国家工作人员以借款名义投资，由请托人垫付资金的，需要核实借款的真实性。这种情况下，需要进一步查明借款有无正当理由；有无还款的约定、意思表示和实际行动；未还款持续时间的长短；未还款的原因等。对于请托人垫付资金，国家工作人员合作投资，事后不归还垫资，不参与经营，但获取利润的，应当按照受贿处理。对于请托人垫付资金，国家工作人员合作投资，不实际参与经营管理，但获取经营利润，并以经营利润归还请托人垫资的，也应当按照受贿处理。对于请托人垫付资金，国家工作人员合作投资，事后通过正当途径归还了请托人的垫资的，一般不能以受贿处理。

第二，行为人参与经营情况和风险分担情况。如果国家工作人员出资，且参与经营，分担风险，则不构成受贿。如果不出资也不参与经营，或者不出资但参与经营，则构成受贿。风险分担情况也是认定受贿与真实投资的标准之一。真正的投资应当是共同出资、共同经营、共担风险、共享收益，如果国家工作人员不出资、不经营，不担风险，只分取收益，则应当以受贿论处。

第三，受贿数额的核实。认定投资行受贿的数额，通常需要根据如下情况核实具体金额。国家工作人员没有出资，由请托人出资，且有投资协议的，请托人代为出资的数额应当认定为受贿数额。国家工作人员没有出资，也没有参与经营，仅以投资的名义获取的"利润"，应当认定为受贿数额。国家工作人员有真实出资，但获取超出投资比例应得的收益，也应当认定为受贿数额。

对于以合作投资名义收受贿赂的犯罪案件，调查取证的要点与以收受干股、股份的案件大致相同。重点收集的证据包括：①书证，包括合作开办公司的工商登记材料、章程、出资证明、财物账簿、投资人名册、交易明细、分红记录等。以上书证用以证明受贿人是否实际出资，是否共担风险、共负盈亏以及获利情况。②证人证言：包括行贿人证言、公司经营管理人员证言等，用以证明受贿人出资情况、参与经营管理情况。③对受贿人的讯问笔录。用以证明以合作投资名义收受贿赂的基本事实和受贿人认知状态和意志状态。

讯问过程中需要特别调查和核实的问题包括：①是否实际出资以及出资的方式。有无行贿人垫付资金情况；对于以技术、知识、经营管理出资的，货币价值如何折算等。②实际收益情况。获取利润的方式、实际数额；出资比例与收益比例是否相当；获取利润是否明显高于应得利润。③对出资公司风险、责任分担约定情况。有无约定，是否真实履行。④是否实际参与公司经营管理。参与经营管理的，是否利用了职务便利。⑤对行贿人的目的、动机和请托事项是否知晓。⑥对以合资名义收受贿赂与利用职权为行贿人牟利行为之间的对应关系是否有明确认知。

（4）委托理财型受贿

近年来，委托投资理财成为腐败领域进行利益输送的新方式。这类案件在调查取证的时候也相对复杂。《最高人民法院、最高人民检察院关于办理受贿刑事案件适用法律若干问题的意见》第4条规定，国家工作人员利用职务上的便利为请托人谋取利益，以委托请托人投资证券、期货或者其他委托理财的名义，未实际出资而获取"收益"，或者虽然实际出资，但获取"收益"明显高于出资应得收益的，以受贿论处。受贿数额，前一情形，以"收益"额计算；后一情形，以"收益"额与出资应得收益额的差额计算。

该意见明确了通过委托投资理财受贿的两种情形和数额计算方式。一种是未实际出资而获取"收益"，另一种是实际出资，但获取的"收益"明显高于出资应得收益。但实践中的问题要复杂得多。例如，国家工作人员实际出资，但投资亏损，请托人补足投资理财损失的，能否算受贿？国家工作人员实际出资，但受委托的请托人没有用于投资证券、期货或者其他理财产品，但以盈利的名义给付财物的，能否按照受贿处理？从案件调查角度看，前者关系到"收益"的计算问题，后者则关系到委托和收益的认定问题。

由于这类贿赂案件牵涉到证券、期货、基金等专业知识，实体认定也存在较多争议，在调查取证的时候需要特别注意。

第一，委托人实际出资情况。国家工作人员利用职务上的便利为请托人谋取利益，名义上委托请托人投资证券、期货或者其他委托理财，但实际未出资而获取所谓理财"收益"，按照受贿处理是没有问题的。办案中需要查明两个方面的情况，一是委托是否真实，委托理财是否是真实意思表示，客观上是否有委托协议；二是实际出资情况，是虚假出资还是根本就没有出资。如果出资后再通过其他途径流转回归，则属于虚假出资。

第二，请托人投资情况。对于实际出资的，要进一步查明受委托的请托人对所出资金的使用情况。如果受托人没有实际用于投资，但依然以投资收益的名义给付财物的，需要谨慎对待。理论上对这种情形该如何认定存在争议。如果受托人将出资人的资金挪作他用，并用另外的钱进行投资理财的，则应当认定为实际投资，不能认定为受贿。这是因为受托方对如何投资、何时投资有自主决定权。在这种情况下，如果投资人所获取的"收益"明显与出资收益不符，则可以按照《最高人民法院、最高人民检察院关于办理受贿刑事案件适用法律若干问题的意见》第4条的规定，对"收益"额与出资应得收益额的差额以受贿论处。如果委托理财意思真实，且所获取的收益与出资收益没有明显不符的，则不宜按照受贿处理。

第三，获取"收益"情况。委托理财型贿赂中，利益输送的方式就是理财的"收益"。要认定受贿行为成立，就必须把理财的"收益"查清、查实。由于投资理财的收益具有不确定性，证券、期货具有高风险、高回报的特点，认定合法收益与受贿金额需要收集的证据比较复杂，且对证明的准确度要求比较高。

对于这类案件，需要调查三个方面的证据：一是证明理财投资实际获益情况的证据。要查明的信息包括：出资后开展投资的账户信息，账户投资情况、收益情况、亏损情况。相关的证据主要包括账户开户申请书、交易凭证、银行账户交易明细、理财服务协议等书证。二是证明出资方实际所获取的收益情况的证据。要查明的信息包括：获取理财收益的方式、以"收益"名义获取财物的价值。三是认定"应得收益"标准和数额的证据。这部分是证明的难点，也是争议的焦点。

对于请托人接受委托，资本运作后实际出现亏损，请托人依然向委托人支付"收益"或者补足亏损的，支付的"收益"或者补足的亏损，应当认定为受贿利益。但是对于补偿亏损的情况，需要根据委托理财意思表示是否真实、产生犯意的时间等因素主客观相结合进行综合考虑。

对于委托人实际出资，请托人实际进行了理财投资运作并取得巨大资本收益，并且在账户上有客观反映的，即便委托人接受的利润数额巨大，也不能认定为"明显高于出资应得收益"。

讯问过程中，需要重点调查和核实的内容包括：①实际出资和投资情况。受贿人是否实际提供理财资金及出资的方式。行贿人是否实际将资金用于理财。②有无亏损风险、盈利分配、手续费等相关约定。③实际获利情况。是否存在未出资获取盈利的情形；是否存在"补亏"情形；获取"收益"是否明显高于出资应得收益。④以此方式获取利益与本人利用职务便利是否存在关联性，受贿人对此关联性是否明知。

（5）以赌博形式受贿

公职人员赌博本身违纪、违法，以赌博的形式收受贿赂也可能构成职务犯罪。根据《最高人民法院、最高人民检察院关于办理赌博刑事案件具体应用法律若干问题的解释》第7条的规定，通过赌博或者为国家工作人员赌博提供资金的形式实施行贿、受贿行为，构成犯罪的，依照刑法关于贿赂犯罪的规定定罪处罚。国家工作人员利用职务上的便利为请托人谋取利益，通过赌博方式收受请托人财物的，构成受贿。在赌博型受贿中，赌博是行受贿双方掩盖利益输送的方式，进行利益输送才是其本质。在调查取证时，需要特别注意贿赂与赌博活动、娱乐活动的界限问题和以赌博受贿金额的认定问题。

第一，通过赌博进行利益输送的具体方式。常见的方式包括请托人为国家工作人员提供赌资、代付赌资以及国家工作人员赌博赢资、索取赌资等。一般而言，国家工作人员收取、索要请托人提供、代付赌资的具体数额，可以直接认定为受贿数额。国家工作人员通过赌博赢取的赌资，原则上也应当认定为受贿数额。

第二，受贿与赌博、受贿与娱乐活动的界限。根据《最高人民法院、最高人民检察院关于办理受贿刑事案件适用法律若干问题的意见》第5条的规定，应当结合以下因素进行判断：①赌博的背景、场合、时间、次数。②赌资来源。③其他赌博参与者有无事先通谋。④输赢钱物的具体情况和金额大小。

在调查取证的时候，需要查明如下信息：①国家工作人员参与赌博的实际情况，包括时间、地点、次数、背景信息。②赌资是否由行贿人提供。如果是，查明提供的具体方式、数额、时间、地点。③参与赌博的人员是否事先串通，受贿人是否知晓。可以证明的证据主要包括：行贿人证言、参赌人员证言、被调查人供述等言词证据以及监控录像、银行往来明细和行贿人转账明细等。

讯问过程中需要重点调查和核实的问题包括：①国家工作人员和请托人是否有行贿受贿的故意。②参与赌博的人员是否有请托事项。③参与赌博的人员、时间和地点是否与行贿有关，国家工作人员的职务行为与参赌人员的诉求有无对应关系。④参与赌博的国家工作人员是否利用职务便利为参与赌博的人谋取利益。

（6）特定关系人挂名领取薪酬

国家工作人员接受或者要求他人给特定关系人安排工作，在实践中比较常见。这种方式也时常成为一些国家工作人员进行权钱交易、利益输送的手段。根据《最高人民法院、最高人民检察院关于办理受贿刑事案件适用法律若干问题的意见》第6条的规定，国家工作人员利用职务上的便利为请托人谋取利益，要求或者接受请托人以给特定关系人安排工作为名，使特定关系人不实际工作却获取所谓薪酬的，以受贿论处。

在查处这类案件时，需要把握如下两个关键点：

第一，"特定关系人"的范围。根据《最高人民法院、最高人民检察院关于办理受贿刑事案件适用法律若干问题的意见》第 11 条的规定，"特定关系人"，是指与国家工作人员有近亲属、情妇（夫）以及其他共同利益关系的人。其中近亲属包括：夫、妻、父、母、子女、同胞兄弟姐妹；情夫、情妇，一般是指一方或者双方已有配偶，发生性爱关系的男女。"其他共同利益关系的人"，范围相对较广，如子女的配偶、配偶的同胞兄弟姐妹、有共同利益关系的下属等。

第二，特定关系人工作情况和领取薪酬情况。实际生活中给特定关系人安排工作和领取薪酬的情况比较复杂。调查中必须要查明特定关系人是否实际参加工作、领取薪酬的实际情况。这是认定受贿的基础。对于特定关系人不实际工作，"挂名"领取薪酬的，所领取的薪酬按照受贿数额认定；对于特定关系人正常工作和领取薪酬的，则不能认定受贿；对于特定关系人虽然实际工作但领取的薪酬明显高于职位正常薪酬水平的，超出部分应当认定为受贿。

3. 为他人谋取利益的情况

收受贿赂的，只有为他人谋取利益的，才构成受贿罪。在理论上，"为他人谋取利益"是主观要件还是客观要件存在不同的理解。在调查办案中，如何收集"为他人谋取利益"的证据，证明达到何种程度也是一个棘手的问题。

《全国法院审理经济犯罪案件工作座谈会纪要》认为，为他人谋取利益包括承诺、实施和实现三个阶段的行为。只要具有其中一个阶段的行为，如国家工作人员收受他人财物时，根据他人提出的具体请托事项，承诺为他人谋取利益的，就具备了为他人谋取利益的要件。明知他人有具体请托事项而收受其财物的，视为承诺为他人谋取利益。该纪要精神对"为他人谋取利益"这一要件进行了细化，在实践中长期发挥着办案指导作用。2007 年《最高人民法院、最高人民检察院关于办理受贿刑事案件适用法律若干问题的意见》进一步明确事后收受贿赂的处理。该意见第 10 条规定，国家工作人员利用职务上的便利为请托人谋取利益之前或者之后，约定在其离职后收受请托人财物，并在离职后收受的，以受贿论处。国家工作人员利用职务上的便利为请托人谋取利益，离职前后连续收受请托人财物的，离职前后收受部分均应计入受贿数额。

2016 年《最高人民法院、最高人民检察院关于办理贪污贿赂刑事案件适用法律若干问题的解释》第 13 条对如何认定"为他人谋取利益"进行了进一步明确。该解释第 13 条规定，具有下列情形之一的，应当认定为"为他人谋取利益"，构成犯罪的，应当依照刑法关于受贿犯罪的规定定罪处罚：（1）实际或者承诺为他人谋取利益的；（2）明知他人有具体请托事项的；（3）履职时未被请托，但事后基于该履职事由收受他人财物的。国家工作人员索取、收受具有上下级关系的下属或者具有行政管理关系的被管理人员的财物价值3万元以上，可能影响职权行使的，视为承诺为他人谋取利益。

根据规定可知，"为他人谋取利益"并不必然要求行为人实际为他人谋取了利益，只要具备承诺、实施和实现任何一阶段的行为，就具备了为他人谋取利益的要件。有证据和事实证明行为人主观上有"为他人谋取利益"的态度和意图，也可以认定。特定情形下，可视为承诺为他人谋取利益。

办案人员在调查的时候，需要根据案件的现实状况区分不同的情形进行取证。

（1）对于国家工作人员利用职权为他人谋取了利益的，要对利用职权的事实和谋取利益的情况进行调查取证，查明利用职权为他人谋取利益的方式、途径和谋取利益的性质。需要指出的是，虽然这种情形下，不管为他人谋取的"利益"是正当的利益，还是不正当的利益，都可以认定为受贿，但调查时还是要进一步查明所谋取利益的性质。区分正当利益、一般违法利益和犯罪的利益，对于量刑具有现实意义。调查取证不仅要着眼于定罪，还要着眼于公正的量刑。

（2）对于国家工作人员没有实际为他人谋取利益，但实施了牟利行为的，要查明利用职权牟利行为的事实。在这种情况下，如何区分正常的履职行为和为他人牟利的行为是办案的难点。由于请托人或者请托人明示或暗示的第三人实际上没有获取利益，无法通过因果关系倒推，牟利行为在庭审中通常会被辩护方辩称为正常的履职行为。收集证据的时候需要查明请托人的请托事项、受贿人的职权范围、履职的具体行为与请托事项在利益上的关联性。

（3）对于没有实际牟利行为，但承诺谋取利益的，应当证明有承诺行为。需要特别注意的问题包括：

第一，承诺可以是明示的，也可以是暗示的。前者如受贿人收受贿赂时给予明确的许诺；后者如行贿人给予财物的时候，受贿人对行贿人表明的请托事项不拒绝。暗示的承诺需要更全面的证据加以证明。

第二，承诺可以是直接的，也可以是间接的。国家工作人员通过中间人或者特定关系人对行贿人许诺，也应当认定为承诺。间接承诺的，需要受贿人、中间人、行贿人三方证据相互印证。其中言词证据具有特殊意义，讯问、询问或者谈话时，需要在引导陈述方面注意信息的内在关联性。

第三，承诺可以是真实的，也可以是虚假的。国家工作人员具有为他人谋取利益的职权条件，在请托人有求于自己时，承诺为他人谋取利益，但并不打算为他人谋取利益，客观上也没有实施为他人牟利的行为。这种情况属于虚假承诺。对于国家工作人员收受请托人财物并作虚假承诺的，需要进一步调查，区别不同情形进行处理。

一是看虚假承诺的时间。对于事前作虚假承诺并要求他人给予财物的，属于索贿型贿赂，按照索贿处理。对于收受财物后作虚假承诺的，也构成受贿，按照收受型受贿处理。

二是看虚假承诺与国家工作人员职权之间的关系。如果许诺的内容与国家工作人员的职权和职务条件有关联性，国家工作人员具有通过职权为他人牟利的条件，则构成受贿；如果不具有为他人牟利的条件，依然进行虚假许诺的，则考虑按照诈骗罪定罪处罚。

三是看许诺的职务行为与收受财物之间的对价关系。有对价关系的，证明对价关系存在的证据可以强化受贿罪的成立。在调查取证的时候可以收集证据证明存在这种对价关系。

（4）对于事后收受贿赂的案件，则要查明事后收受行为与履职行为之间的关联性。在收集证据的时候需要重点关注"事"与"财"的内在关系。所谓"事"是指国家工作人员在职时利用职权为他人谋取利益的行为事实；所谓"财"是指"事"后收受财物的事实。这种关联性客观上表现为具有权钱交换的性质，主观上表现为明知或者约定。在收集证据的时候，一方面，要收集证据证明"事"与"财"有客观的对价关系；另一方面，也要证明双方在"事"前或者"事"后是否有约定。如果没有约定，则要证明国家工作人员在已经为他人谋取利益后，明知他人交付的财物是对自己职务行为的不正当报酬。

（5）对于"明知他人具有具体请托事项而收受其财物"的案件，需要通过讯问、谈话证明被调查人主观上确实知道他人有具体请托事项，且认知状态是"明知"。在讯问时，需要引导被讯问人陈述当时的认知状态，并把这一主观故意落实到纸面上。由于这类案件中口供的证明作用至关重要，实践中被讯问人或者谈话对象反悔、翻供的情况比较多。调查取证的时候需要事前做好防范和准备。一般而言，在收集这类证据时要特别注意收集证据的合法性，讯问时既要注意合法收集证据，又要注意收集能够证明口供合法性的证据材料。

（6）对于行受贿双方具有上下级关系或者行政管理关系的，则要收集证据证明行贿人和受贿人之间的上下级关系或者管理与被管理关系。同时要证明收受财物的价值在30000元以上，且有可能影响国家工作人员行使职权的情形。

（三）斡旋受贿型

《刑法》第 388 条规定，国家工作人员利用本人职权或者地位形成的便利条件，通过其他国家工作人员职务上的行为，为请托人谋取不正当利益，索取请托人财物或者收受请托人财物的，以受贿论处。这种类型的受贿理论上称为斡旋受贿。斡旋受贿与一般受贿的区别主要在于三个方面：一是涉及的主体更多。斡旋受贿涉及三方主体，既包括一般意义上的受贿人（国家工作人员）和请托人（行贿人），也包括其他国家工作人员。二是利用职务上的便利更为复杂。在斡旋受贿中，国家工作人员是利用本人职权或者地位形成的便利条件进行斡旋，通过其他国家工作人员职务上的行为实现为请托人谋取不正当利益。所利用的便利条件不仅与自身的职权和地位相关，也与其国家工作人员的职权相关。三是对谋取的"利益"限定更严。《刑法》第 388 条规定的斡旋受贿必须是为"请托人"谋取利益，不同于第 385 条规定的为"他人"谋取利益；而且谋取的必须是"不正当利益"，也不同于一般受贿中的"谋取利益"。后者也包含谋取正当利益。

由于这三方面的差异，斡旋受贿案件的调查取证工作更为复杂。尤其是受请托的国家工作人员"有收有送"的时候，如何认定、如何证明更为困难。办案人员在调查取证的时候，需要特别注意如下要点：

1. 收受贿赂的国家工作人员与被利用的国家工作人员之间的关系

两者之间是否有隶属、制约关系决定了法条的适用。斡旋受贿是行为人利用本人职权或者地位形成的便利条件，并不要求利用自己的职权和地位。在法条表述上，与一般受贿中利用职务便利有所区别。《刑法》第 388 条规定的是"利用本人职权或者地位形成的便利条件"，第 385 条规定的是"利用职务上的便利"。斡旋受贿中行为人与被其利用的国家工作人员职务上没有隶属、制约关系。通常发生在不同单位国家工作人员之间，同一单位不同部门的国家工作人员之间，同一单位没有职务上隶属、制约关系的国家工作人员之间。如果国家工作人员利用本人职务上主管、负责、承办公共事务的职权或者利用职务上有隶属、制约关系的其他国家工作人员的职权索取收受贿赂的，应当按照《刑法》第 385 条的规定处理。对于担任领导职务的国家工作人员通过不属于自己主管的下级部门的国家工作人员的职权为他人谋取利益的，因他们之间有隶属、制约关系，不能按照斡旋受贿处理，应当按照《刑法》第 385 条的规定处理。

2. 谋取利益的情况和正当性

斡旋受贿要求为请托人谋取不正当利益。要证明"为请托人谋取不正当利益"这一要件，至少需要两个方面的证据。一是证明请托的事项不正当，所谋取的利益违反法律、法规、国家政策和国务院各部门规章的规定，行为人对此有认知；二是证明行为人对其他工作人员提出了为请托人谋取不正当利益的请求或约定。其他国家工作人员是否许诺、答应行为人的请求，是否为请托人谋取到了不正当利益，都不影响斡旋受贿的成立。

3. 行为人索取或者收受请托人财物情况

这是构成斡旋受贿必不可少的客观要件。调查取证的时候要注意，办案人员不仅要证明行为人索取或者收受请托人财物的行为事实，还要证明索取或收受的财物与斡旋受贿的对价关系。这里的贿赂是对行为人使其他国家工作人员为请托人谋取不正当利益的行为的报酬，而不是其他国家工作人员职务行为的对价。

4. 斡旋受贿中国家工作人员"有收有送"情况的调查和处理

办案实践中比较常见的疑难问题是对斡旋受贿中行为人"有收有送"情况的处理。

请托人王某为了拿下乙市中西医结合医院的建设工程，拿出 2000 万元请托自己的大学同学、任职于甲市市长的张某找乙市市长李某协调。最终在李某的干预下，王某顺利拿下乙市中西医结合医院的建设工程，工程造价为 4.2 亿元。在查办这类案件时，由于证据走向不同，最终证明所指向的罪名也不同。办案人员随着调查过程的推进面临的问题也会不断变化。如刚开始可能面临的问题是：张某的行为是构成《刑法》第 388 条规定的斡旋受贿还是构成第 392 条规定的介绍贿赂？随着调查的推进，办案人员进一步发现：张某收受王某给予的 2000 万元，然后又从中拿出 1000 万元送给了李某。这时候办案人员面临的问题可能是：对于张某的犯罪数额如何认定？是认定为 2000 万元还是 1000 万元？张某"收"和"送"是否应当分别定罪？当然，随着讯问和谈话措施的采用，案件还有可能面临这样的问题：张某和李某能否认定为共同受贿？

本案中，如果张某只是将王某介绍给李某，张某没有收钱，王某将 2000 万元全部送给了李某，则张某可能构成介绍贿赂罪。如果张某收了 2000 万元，李某没收钱，则张某构成斡旋受贿，按照受贿罪论处。如果张某单线联系李某，收了王某的 2000 万元，又送了李某 1000 万元，则张某构成斡旋受贿，受贿数额为 1000 万元，李某构成受贿，受贿数额为 1000 万元。若是张某拿到钱与李某共同商量帮助王某拿下工程，共分 2000 万元，则可能构成受贿罪共犯。办案人员在调查取证的时候，需要根据案情的走向及时调整案件调查的方向和证据收集的重点，尽可能全面、客观收集能够证明全部事实真相的证据。

对于斡旋受贿案件，可以调查收集的证据种类主要包括：（1）书证。①证明受贿人为国家工作人员的任免文件、职责分工、干部履历表、职务证明、会议纪要等。②证明其他国家工作人员与受贿人存在隶属、制约关系的规章制度、审批文件以及其他国家工作人员的职权、身份等书证。③证明其他国家工作人员通过职权为请托人谋取不正当利益的会议记录、审批文件。④证明谋取利益为不正当利益的法律法规、规范性文件。（2）证人证言。①行贿人或者请托人证言，用以证明请托事项、收受财物、谋取不正当利益等基本情况。②其他国家工作人员证言，用以证明其他国家工作人员受到受贿人职权、地位影响情况，受贿人向其他国家工作人员提出请托事项情况，其他国家工作人员利用职权为请托人办理请托事项情况，谋取利益是否正当等。（3）电子数据。证明行贿人、请托人、受贿人、其他国家工作人员之间沟通联系的电子邮件、手机短信、微信、聊天记录等电子数据。（4）受贿人供述。用以证明收受贿赂、通过其他国家工作人员职权为请托人谋取不正当利益的基本事实和受贿人的主观故意。

讯问过程中，办案人员需要重点调查和核实的问题要点包括：（1）收受请托人贿赂的基本情况。包括收受财物的时间、地点、基本方式、数额等信息。（2）通过其他国家工作人员职权为请托人提供帮助情况。（3）受贿人职权、地位对其他国家工作人员的影响，有无隶属关系、制约关系。（4）其他国家工作人员对请托事项的态度、办理过程、答复等情况。（5）为请托人谋取利益情况。是否谋取利益、谋取利益的种类和现实情况、是否违反法律法规和规章制度。（6）通过其他国家工作人员谋取利益与收受贿赂之间的对应关系以及受贿人对此关系的认知状态。

（四）经济往来中收受贿赂型

在经济往来中进行利益输送、谋取财物是一种常见的商业腐败现象。《刑法》第385条第2款规定，国家工作人员在经济往来中，违反国家规定，收受各种名义的回扣、手续费，归个人所有的，以受贿论处。这种经济往来中的回扣、手续费、奖金、考察费、业务提成等名目繁多，实践中的办案情况也是复杂多样。经济往来中的受贿行为时常与贪污等行为交织在一起，办案中需要仔细甄别。调查取证中需要注意的关键点如下：

第一，回扣、手续费、奖金、考察费、业务提成等财物的来源。调查中必须查明这些涉案的回扣、手续费、奖金、考察费、业务提成是来源于交易对方还是来源于行为人自己单位。如果是来源于本单位的财物，行为人通过交易的方式迂回侵占，则是以交易的方式侵吞本单位的财产，应当按照贪污罪处罚。如果单位没有受到损失，行为人收取的是交易对方单位或者个人给予的不正当利益，则构成受贿。

第二，回扣、手续费等财物的性质。在经济往来中的回扣、手续费有一些来源于买方多付的价款，有一些来源于卖方少得的利润。买卖双方企业的性质对案件定性也有影响。如果行为人是买方，买卖双方的人员相互串通，收取的回扣、手续费来源于买方多付的价款，则构成贪污罪。如果回扣手续费来源于卖方少得的利润，则损害的是卖方的利益，如果对方也是国有企业，则构成贪污罪共犯。如果对方是非国有企业，则可能构成职务侵占罪的共犯。

第三，交易方提供的回扣、手续费是给予行为人个人还是给予行为人单位。如果交易方明确表示回扣、好处费是给予单位的，行为人应当上缴。行为人据为己有，则构成贪污而不是受贿。如果交易对方明确表示给予行为人个人回扣、好处费的，构成受贿。

对于此类受贿案件，可以调查收集的证据种类主要包括：（1）书证。①证明经济往来的商务合同、协议和资金往来的交易明细、财务会计凭证。②用以证明收受回扣、手续费来源和财物流转的财务凭证、交易明细、银行账户明细等书证。③证明收受回扣、手续费违反国家规定的书证，包括收受回扣、手续费所违反的法律规范、规章制度以及其他规范性文件。④证明国家工作人员的身份、职责权限的文书。（2）证人证言。①行贿方参与经济往来人员的证言。证明受贿人与经济往来单位发生经济往来的具体情况；支付回扣、手续费的方式、时间、地点、经过、数额等信息；支付资金的来源和财务账目的处理情况。②受贿方所在单位知情人员证言。证明受贿人参与经济往来的工作情况、职责；辅助证明收受回扣、手续费的事实情况；受贿回扣、手续费的合规情况。③特定关系人、其他知情人员证言。证明收受回扣、手续费的具体过程、收受财物的处置情况等。（3）受贿人供述。证明收受回扣、手续费归个人所有的基本事实和主观故意情况。

讯问过程中，需要调查和核实的重点问题包括：（1）经济往来中本人职权和具体参与情况。（2）与经济往来的对方单位、参与人员的交流沟通情况；（3）在经济往来中收受回扣、手续费的具体方式、过程。（4）对方单位支付回扣、手续费的资金来源、支付理由和给付的对象。重点明确是个人出资还是单位出资、支付给单位还是个人。（5）收受行为是否违规以及行为人对合法、合规的认识。（6）受贿人收受回扣、手续费的动机、目的。（7）收受回扣、手续费后是否入账以及据为己有之后赃款赃物的去向和处理情况。

（五）共同受贿型

共同受贿包括多种情形。从主体上看，既有特定关系人与国家工作人员共同受贿的，也有特定关系人以外的其他人员与国家工作人员共同受贿的。从参与人的作用看，有教唆、帮助的，有参与收受、处理财物的，还有帮助谋取利益的。从利用职权方面看，有的是共同利用国家工作人员的职务便利，也有同时利用双方职务便利的。

关于共同受贿犯罪的调查，既要根据刑法关于共同犯罪的规定进行认定，又要注意一些特定情形下案件处理和证据收集。根据《全国法院审理经济犯罪案件工作座谈会纪要》的相关内容，非国家工作人员与国家工作人员勾结，伙同受贿的，应当以受贿罪的共犯追究刑事责任。非国家工作人员是否构成受贿罪共犯，取决于双方有无共同受贿的故意和行为。

对于共同犯罪的故意，要查明共同犯罪中犯意形成的时间、地点以及共同犯意的内容、分工。可收集的证据包括录音、聊天记录、证人证言、行贿人证言、受贿人供述等。对于共同行为，则需要根据不同主体、参与程度、发挥作用的差异，有针对性地收集证据，区别情形进行处理。

在处理和认定共同受贿的时候，需要特别注意如下问题：

1. 特定关系人参与受贿问题

在共同受贿案件中比较复杂的是特定关系人参与受贿案件的处理。在调查取证中需要特别关注和调查的事项包括：

（1）特定关系人在犯罪中的作用

特定关系人参与的环节不同，在受贿中的作用不同，不仅影响到共犯的认定，也会影响到其他罪名的认定。

第一，对于特定关系人代为转达请托事项，收受请托人财物的情况，以受贿罪共犯论处。根据《全国法院审理经济犯罪案件工作座谈会纪要》的相关内容，国家工作人员的近亲属向国家工作人员代为转达请托事项，收受请托人财物并告知该国家工作人员，或者国家工作人员明知其近亲属收受了他人财物，仍按照近亲属的要求利用职权为他人谋取利益的，对该国家工作人员应认定为受贿罪，其近亲属以受贿罪共犯论处。

第二，对于特定关系人仅参与收受财物的情况，需要区分情形。《最高人民法院、最高人民检察院关于办理受贿刑事案件适用法律若干问题的意见》第7条规定，国家工作人员利用职务上的便利为请托人谋取利益，授意请托人以本意见所列形式，将有关财物给予特定关系人的，以受贿论处。特定关系人与国家工作人员通谋，共同实施前款行为的，对特定关系人以受贿罪的共犯论处。特定关系人没有通谋，仅仅是在请托人给予财物时予以代为收取，或者明知是国家工作人员受贿所得而与其共享的，属于知情不举，不构成受贿共犯。

第三，对于特定关系人索取、收受他人财物，没有告知国家工作人员的，要区分不同情况进行处理。对于特定关系人索取、收受他人财物，国家工作人员知道后未退还或者上交的，根据《最高人民法院、最高人民检察院关于办理贪污贿赂刑事案件适用法律若干问题的解释》第16条第2款的规定，应当认定国家工作人员具有受贿故意。特定关系人构成受贿罪共犯。

对于特定关系人索取、收受请托人财物，特定关系人不敢或者不愿意将收受财物的事情告诉国家工作人员，国家工作人员确实不知情，但也利用职务便利为请托人谋取利益的，由于没有共同犯意不构成受贿罪共犯。在此情况下，如果国家工作人员利用职权为他人谋取利益构成其他犯罪的，应当依法论处。

对于特定关系人索取、收受他人财物，国家工作人员知道后要求特定关系人退还或者上交的，特定关系人隐瞒真相，没有退还或者上交的，国家工作人员不构成受贿罪，对特定关系人也不能以受贿罪共犯论处。

对于特定关系人索取、收受请托人财物，国家工作人员不知情，也没有利用职权为请托人谋取利益，但特定关系人通过该国家工作人员职务上的行为，或者利用该国家工作人员职权或者地位形成的便利条件，通过其他国家工作人员职务上的行为，为请托人谋取不正当利益的，对特定关系人应当按照《刑法》第388条之一规定的利用影响力受贿罪论处。

第四，特定关系人对国家工作人员诱导、劝说、催促或者采用其他手段要求国家工作人员索取、收受财物，致使国家工作人员产生受贿故意，并实施受贿犯罪行为的，构成教唆犯。对于特定关系人为国家工作人员收受贿赂创造条件，传递信息、商议事项、沟通关系、索要财物的，构成帮助犯。这两种情形都应当按照受贿罪共犯处理。

（2）共同利益关系与共同财产关系

《最高人民法院、最高人民检察院关于办理受贿刑事案件适用法律若干问题的意见》第11条的规定把特定关系人界定为与国家工作人员有近亲属、情妇（夫）以及其他共同利益关系的人。需要注意的是，特定关系人与国家工作人员有"共同利益关系"，不一定有共同财产关系。特定关系人中，有一部分与国家工作人员有共同财产关系，如配偶、子女等近亲属，有的与国家工作人员没有共同财产关系，如情人中有的没有共同财产关系，与国家工作人员关系密切的其他人员也不一定有共同财产关系。

2. 特定关系人以外的其他人共同受贿的问题

在贿赂犯罪案件中，有一部分涉案人员不属于特定关系人，但是其与国家工作人员关系相对密切。这些人有的与国家工作人员具有同学关系、老乡关系或者其他关系。这些人在贿赂案件中通常扮演着中间人的角色，发挥着沟通、协调、撮合作用，有的构成受贿罪共犯，有的构成介绍贿赂罪，也有的构成行贿罪的共犯。

根据《最高人民法院、最高人民检察院关于办理受贿刑事案件适用法律若干问题的意见》第7条第2款的规定，特定关系人以外的其他人与国家工作人员通谋，由国家工作人员利用职务上的便利为请托人谋取利益，收受请托人财物后双方共同占有的，以受贿罪的共犯论处。在查办这类案件的时候，需要注意如下两个方面：

第一，注意查明共同犯意。"通谋"是指特定关系人以外的其他人与国家工作人员共同谋划。通谋的内容既包括如何由国家工作人员利用职务上的便利为请托人谋取利益，也包括如何收受请托人财物。如果仅仅是代为接收受贿财物，没有共同犯罪故意的，不能认定为受贿罪共犯。根据《全国法院审理经济犯罪案件工作座谈会纪要》的相关内容，国家工作人员利用职务上的便利为他人谋取利益，并指定他人将财物送给其他人，构成犯罪的，应以受贿罪定罪处罚。这种情况下，国家工作人员构成受贿罪，"其他人"不一定构成受贿罪的共犯。如果仅是代为接收财物，没有通谋，则属于知情不举，不能以共犯论处。

第二，收受财物后由"双方共同占有"。在现实中"双方共同占有"可以表现为多种情形。有的是双方共同保管，有的是共同经手，也有的是在双方共同意志支配下由一方进行处置。如果没有与国家工作人员共同占有受贿财物的，一般不宜认定为受贿罪的共犯。

二、贿赂犯罪的关系网

根据以上对典型贿赂犯罪案件的分析可以发现，贿赂犯罪是发生在特定主体范围内的权钱交易和利益输送现象。从主体上看，典型贿赂犯罪涉及受贿方（国家工作人员）和行贿方（行贿人），特殊情况下也可能涉及中间人、特定关系人（共同受贿情况下）和其他国家工作人员（斡旋受贿情况下）。涉及的事实包括两个方面：一是财物的索取、给予、收受等利益输送的相关事实；二是国家工作人员利用职务便利为请托人谋取利益的相关事实。特定的人与事构成了贿赂犯罪中复杂的关系网。

在这些关系中，核心是行贿方和受贿方的关系。行贿方以贿往，以利来，以财物撬动权力，再通过权力谋取利益。受贿方因财物而滥权，以权力为他人牟利。权力成为行受贿双方获利的工具。行受贿双方关系实质上是权力与财物的置换关系。

现实社会中，这种关系往往又与其他社会关系相交织，导致贿赂犯罪案件变得更加复杂。如斡旋受贿是在牟利环节介入了其他国家工作人员和权力，特定关系人参与的贿赂案件是在请托人与国家工作人员之间介入了特定关系人。这使得原来的贿赂关系链条中嵌入了更多的主体，糅合了更多的利益关系。其他主体和关系的介入，主要是在两方面起作用，一是增加了财物输送的渠道和环节，让贿赂的流转更加顺畅，同时也使利益输送的手段更加隐蔽；二是串联起更多的权力主体，让以权牟利的方式更加多样，手段更加隐晦。

整个贿赂关系网络中，涉及四个方面的要素：

一是"财物"，也就是贿赂犯罪中的贿赂。贿赂与职务行为有关，表现为国家工作人员职务行为的不正当报酬，本质上是一种不正当利益。贿赂犯罪中，行贿方的给予，受贿方的索要、收受等行为都是以贿赂为对象。

二是"权力"，是指贿赂犯罪中国家工作人员的职权和职务。受贿罪的基本要件之一就是利用职务上的便利，而职务上的便利是以国家工作人员的职权为基础。没有职权，就没有可以利用的职务上的便利。没有权力，也就没有了权钱交易的基础。

三是"人"，是指行受贿过程涉及的多方主体。包括请托人（行贿人）、国家工作人员（受贿人）、特定关系人以及其他国家工作人员。人是关系的载体，也是财物输送、谋取利益的行为人。

四是"事"，也就是指行贿、受贿和利用职务上的便利谋取利益的基本事实。从案件调查角度看，所调查的事实是过去发生的事件。调查贿赂犯罪是调查过去发生的行受贿事件，具体表现为行受贿发生、发展和结束的过程。没有事实，就没有犯罪，事实不清，犯罪也就不成立。

三、贿赂犯罪讯问的切入路径

调查贿赂犯罪案件，如何突破被讯问人，如何引导供述都具有很强的挑战性。贿赂犯罪被讯问人自身具有较强的理性，调查时拥有可以对抗调查的手段和资源。这又使贿赂犯罪案件的讯问更具有难度。同时，贿赂犯罪没有典型的犯罪现场，可以收集的实物证据有限。言词证据在证明贿赂犯罪中具有较为重要的作用，尤其是口供在一些案件中甚至不可替代。这就要求办案人员不管是采用讯问还是谈话的方式，既要突破得了，还要引导得好。无法突破，就无法获取陈述，引导不好，证据的证明作用就会大打折扣。

不同类型的犯罪案件，办案人员掌握的信息情况不同，讯问切入点便不同。切入点不同，突破后引导供述的路径也就不同。讯问时办案人员要根据被讯问人的心理状态、已掌握的案件证据情况、涉嫌犯罪的性质特征等多方面的要素，把握时机,因事因情灵活选择突破口,改变被讯问人的态度。在被讯问人态度改变以后,办案人员要正确引导被讯问人陈述案情,形成高质量的讯问笔录。态度转变的关键节点(突破口)与引导陈述具有内在联系。从突破到引导陈述这一过程受制于犯罪的形态、涉案人员的关系特征、讯问的基本规律等多种因素。如何根据这些规律把这一过程有机衔接起来,既需要经验,也需要法律和心理方面的专业知识。在此情况下,就产生了讯问中的路径选择问题。

讯问中的路径实质上是讯问中的话题管理问题。具体而言,办案人员在讯问过程中需要根据不同阶段的任务选择合适的讯问话题并进行管理,有目的地推进讯问的进程。不同阶段讯问话题的选择是有规律的,前一阶段的选择会影响讯问的效果,也会影响后续阶段话题的选择。把这些选择根据讯问的规律串联起来,便形成了讯问的路径。开始选择的切入点会影响后续讯问话题的管理,切入点不同,后续引导也需要进行相关调整。选择切入点,也在一定程度上选择了讯问的路径。

基于贿赂犯罪的基本形态、关系特征和讯问的基本规律,讯问时切入的路径可以作如下归纳。

(一) 以财物为切入点的讯问路径

通过涉案财物和财产状况为切入点,进而引导被讯问人供述犯罪事实,是贿赂犯罪案件常见的讯问策略。这一策略以财物为切入点,整体的讯问路径可以概括为:"财物—来源—贿赂行为"。具体而言,讯问时以财物为话题引入,先提问被讯问人财产状况,再通过财产状况讯问来源,然后通过来源讯问贿赂犯罪事实。

讯问中通过财产切入,主要是基于贿赂犯罪与财物的关联性。贿赂犯罪与贪污犯罪一样,都是涉财型犯罪,而且贿赂犯罪发案相对较晚,多数案件发案时间是几年甚至十几年、几十年以后。案发时,多数受贿贿赂的行为已经完成,财物和利益已经输送到位。因此,从贿赂的财物入手,反查贿赂行为,对于绝大多数的贿赂犯罪案件是可行的。实际上,由犯罪对象倒推犯罪行为,是一个相对稳妥的做法,在多数犯罪案件的讯问中也都是比较可行的做法。

但是,这一策略也不是万能的,有其相应的适用范围和注意事项,既有优点也有不足。要用好这一策略,需要准确把握其适用的情形和注意事项。

1. 适用情形

以财物为切入点的讯问路径,并不适用于所有贿赂案件。如果用错了地方,讯问效果也会受到影响。一般而言,这一策略通常适用于具有如下特征的案件:

第一,受贿已经既遂。整体上看,这一路径是由被讯问人掌控的受贿财物入手引导其供述受贿事实,前提是受贿已经既遂。如果未遂,受贿财物尚未到手,从财物切入就没有"抓手"。因此,对于受贿未遂的案件不适用这一策略。

第二,被讯问人掌控的财产与合法收入差距较大。如果差距不大,办案人员区分合法收入与非法收入便有难度,同时被讯问人很容易找到正当的托词和借口辩称自己的财物是合法所得。这样会造成被讯问人态度转化方面的困难,影响突破的效率。反之,如果被讯问人掌控的财产与正当收入差距越大,说明其收入正当性的难度就越大,给被讯问人的压力也越大。在这种情况下,还有可能发现贪污、挪用等其他类型的职务犯罪。即便发现不了,被讯问人也可能构成巨额财产来源不明罪。因而,合法收入与实际掌控财产之间的差距越大,讯问突破的难度就越小。

第三,初核对财产状况掌握得比较到位。以涉案财物为切入点,前提是办案人员已经掌握了被讯问人的财产状况。对被调查人的财产状况了解程度,取决于初核的效果。如果初核工作注意到被调查人的财产状况且核查得比较细致,则讯问中突破的压力就比较小。反之,如果时间紧张,初核不到位,办案人员对被调查人财产状况的信息了解不全面、不准确,讯问时就会准备不足。因此,要采用这种讯问策略,初核时就要有所准备。

实践中对于贿赂犯罪案件常用的调查策略就是"查案先查钱"。从讯问角度看,对贿赂犯罪"查案先查钱"是有其合理性的。一是因为在贿赂犯罪本身与财物有紧密联系;二是掌控了被调查人的财产状况,不仅有利于发现问题线索,而且会为讯问突破打下坚实基础。

2. 操作要点

(1) 讯问前要尽可能掌握被讯问人的财产状况和财产去向

以财物为切入点进行受贿罪的讯问,办案人员必须在讯问前尽可能掌握被讯问人的财产状况和财产去向信息。财产状况既包括被讯问人现在掌控的财产状况,也包括被讯问人转移、隐匿、挥霍的财物情况。被讯问人掌控的财产状况既包括被讯问人本人名下的财物,也包括在其特定关系人或者其他人名下的财物,如动产、不动产情况,基金、股票、期货情况。由于行为人可能在收受贿赂以后进行转移、隐匿和挥霍,因此对被讯问人转移、隐匿和挥霍的财物也应当予以了解和掌握。

办案人员讯问前对被讯问人掌控的财产状况和对财产的处置情况掌握得越详细越好。其对讯问的促进作用主要在于三个方面:第一,可以提高提问的针对性。只有对被讯问人的财物信息做到心中有数,才能发现并把握与贿赂行为相关的问题点,提出针对性的问题。第二,有利于及时发现和识别谎言。讯问中,被讯问人如果做虚假供述,办案人员发现得越早、越及时越好,但发现和识别谎言与办案人员掌握信息的准确性和全面性紧密相关。对财产状况掌握得越细致、信息越准确,越有利于快速甄别信息，识别谎言。第三，有利于改变被讯问人对办案人员和讯问准备工作的认知。财产状况掌握得越细致，越会让被讯问人觉得办案人员工作细心、准备充分，进而有助于动摇其对抗的信心。

（2）在来源问题上，要仔细辨别合法收入和非法所得

由财物切入进行讯问，被讯问人最常见的反应就是辩称所掌控和经手的财物是合法所得。这就要求办案人员必须准确把握合法收入和非法所得的界限，在讯问中及时对被讯问人所辩称的合法收入进行分析辨别，并作出恰当反馈。对于合法收入，讯问中不需要过多纠缠，对于非法所得则需要穷追猛打，连续追问。

（3）对被讯问人的托词和借口要有充分准备

采用这种讯问方式面临的最大问题是被讯问人的托词多、借口多，而且在财产来源问题上撒谎也多。

对于托词和接口，办案人员要提前做好准备，预判被讯问人可能采用的托词和借口，对可能采用的托词和借口提前想好反驳的理由，必要时做好使用证据的准备。在讯问中，一旦被讯问人以合法收入为借口进行辩解，办案人员能够有针对性地应对。常见的办法包括：指出合法性的理由不充分、合法收入的来源不真实等。

（4）对于由财物引发的贿赂行为要问透

财物只是讯问的切入点，查明行受贿事实才是根本目的。因此，一旦由涉案财物纠问到贿赂问题，则要问细问透。要让被讯问人把每一笔贿赂行为的基本要素讲全面，把行贿人、收受贿赂的时间、地点、方式、数额等全部细节讲清楚。

（5）策略上要虚实结合

虚实结合，实际上是运用讯问中的认知控制原理，在办案人员没有全部掌控被讯问人财产状况的情况下，让被讯问人认为自己的涉案财物和犯罪行为已经全部暴露。办案人员要立足于已知信息获取未知信息，这里的未知信息既包括未掌握的财物信息，也包括未掌握的其他犯罪事实。现实中，办案人员通过初核掌握的信息毕竟是有限的。贿赂犯罪的突出特点是多笔多次，持续时间长，隐蔽性强。实践中许多贿赂犯罪与贪污、滥用职权等行为交织在一起。如果单靠初核掌握的信息，很容易出现调查遗漏现象。为了降低职务犯罪的黑数，减少漏罪漏犯现象，讯问中办案人员需要在掌握信息的基础上虚实结合，尽力引导被讯问人供述办案人员尚未掌握的罪行。具体而言，讯问时办案人员要善于运用已经掌握的财产状况探寻没有发现的财物，进而发现新问题、新线索。

（二）以职权为切入点的讯问路径

在对被讯问人财产状况和来源情况把握不足的情况下，可以采用从职权切入的

讯问路径。这一讯问路径可以简单表示为："权—事—人—贿赂行为"。具体而言，讯问从被讯问人的国家工作人员的职权入手，先讯问职权分工情况，进而讯问任职期间通过行使职权所办理的具体事项，再通过职权相关的事项分析涉及的人员和社会关系，从中发现和引导出潜在行贿人，进而讯问贿赂犯罪行为。

讯问贿赂犯罪案件从职权切入，主要是基于贿赂犯罪与国家工作人员职权的关联性。贿赂犯罪不可或缺的条件是"利用职务上的便利"。职务上的便利源于权力。无权力，便没有职务上的便利可用，贿赂就难以发生。从犯罪学上看，很多人想受贿，做梦都想收他个十万八万的，过把受贿的瘾，但是没有机会，因为没人送。为什么，因为没有权。正是源于贿赂与权力之间的交换关系，讯问中从权力切入寻找潜在的行贿人，进而引出贿赂犯罪行为才具有可行性。

1. 适用情形

从国家工作人员的职权切入进行讯问，主要适用于初核阶段掌握的信息不足，办案人员手上没有确凿的证据或者确凿证据不足的情况。有些贿赂案件特别复杂隐蔽，初核阶段获取的证据和信息有限，讯问时办案人员对被讯问人的财产状况了解不充分。在此情况下，被讯问人侥幸心理较为突出，办案人员掌控的证据和信息有限，讯问会比较困难。讯问中时常会出现僵持、冷场的现象。所谓僵持，就是办案人员和被讯问人都不退让，都拿对方没有办法。所谓冷场是讯问中双方都无话可说。造成僵持和冷场的根本原因，是办案人员找不到突破点，或者准备不充分。在此情况下，可以通过"权—事—人—贿赂行为"的讯问路径打破僵局，寻找突破点。从功能上看，这种讯问路径有两大优点：一是讯问不容易冷场，总是让被讯问人有话可说；二是讯问的方向不确定，被讯问人很难防卫。从涉案领域看，这种讯问策略对于工程建设领域和国有企业行业涉及贿赂犯罪的案件效果相对较好。

2. 操作要点

（1）问"权"要细

这种讯问策略开始是以被讯问人的职权为话题引入的。让被讯问人陈述自己的职权和分工情况。对于国家工作人员而言，其职权和分工是确定的、已知的。办案人员提问职权和分工情况，被讯问人通常无法拒绝回答。因此由此切入，有利于解决讯问中无话可说的问题。但提问职权问题只是过渡，目的是把话题引导到与职权相关的职务犯罪问题上去。因此，在提问被讯问人职权情况的时候，要尽可能问细、问具体。越细致，越具体，越有利于进一步确定其行权过程中的关键节点，也有利于发现潜在的行贿人。

在这一环节办案人员可以从纵向和横向两个维度去引导被讯问人讲述与职权相关的各种信息。纵向是让被讯问人陈述职业经历和职权变动情况，横向是让被讯问人把管理事项、负责部门、人员等情况陈述清楚。

（2）问"事"要具体

在被讯问人讲清楚职权分工以后，继续引导被讯问人陈述履职期间与职权相关的"事"。这里所谓的"事"是指国家工作人员参与决策、管理和过问、经手的具体事项。从权力的运行机制看，权力是与具体的事紧密相关的。行权就是作决策，而决策就必须针对具体的事项。没有"事"，就没有行权的对象。而贿赂犯罪中利用职务上的便利，本身也是与行权的过程相关联的。国家工作人员任职期间所办的事情整体是确定的，且范围比较大，无论怎么问都有话可说。由于办案人员要问的具体问题选择性非常大，对被讯问人来说是不确定的，这种不确定性反而会增加被讯问人的焦虑。

讯问中一个小的策略是要求被讯问人事无巨细地把所有与职权相关的事项进行回忆式陈述。当然这样的操作在开始的时候会比较费时间，但实际上这样做很具有迷惑性。办案人员每事必问，每问必细，会让被讯问人员摸不清讯问的方向，不知道办案人员要查什么问题。其实，被讯问人越是茫然，对讯问突破就越有帮助。因为不知道要查什么，被讯问人就必须处处防备，而处处设防反而什么都防不住，还会增加其焦虑情绪。

当然看似漫无目的的讯问实际是有重点的。办案人员在引导被讯问人陈述与职权相关的事项时，要特别关注一些可能出问题的"大"事项，也要特别关注岗位风险比较大的"小"事项。前者如履职期间与职权相关的重大事项决策、重要干部任免、重大项目投资、大额资金使用，即所谓的"三重一大"问题；后者如职务犯罪高发的财务管理、物资采购、工程建设、产品销售等问题。

对于可能出问题的事项，在讯问的时候要在"具体"上下功夫。这里的"具体"是指讯问细节信息。细节越丰富，事情的经过越详细，也就越具体。引导陈述的时候，办案人员要尽可能地让被讯问人多陈述细节。尽管有些细节看似与案件无关，也要引导其陈述清楚。这种做法实际上是在为后期讯问犯罪事实做准备。一方面，陈述的细节越多，可能暴露的问题就越多；另一方面，被讯问人不停地回忆细节问题也会耗费其心力，增加其焦虑，客观上可以起到情绪控制的作用。

（3）问"人"要注重关系

在问"事"的过程中，办案人员要引导被讯问人陈述与"事"相关的"人"以及人背后的关系。以工程建设为例，如果被讯问人分管或者参与某个工程建设，在讯问的时候可以让被讯问人把项目工程的建设方、投资方、招标代理单位、参与评标的专家、工程承包方、分包单位、施工单位、质量验收方等多个方面的具体参与人讲清楚。引导陈述的时候，不仅要让被讯问人讲清楚相关人员是谁，还要尽可能陈述其与这些人之间的关系，包括熟悉程度、交往过程、商讨事项等。

这样讯问的目的是发现潜在的行贿人。从贿赂案件的特点看，行受贿行为都是基于特定的利益关系和信任关系。一般而言，事多涉及的人就多，人越多，关系就越复杂。当然，关系越复杂，潜在的行贿人就越不容易确定。办案人员要善于在复杂的关系中查找和发现潜在的行贿人。从办案实践看，也没有那么困难，被讯问人把权、事和人的信息全部讲出来以后，可能发生贿赂犯罪的人和事基本上就浮现出来了。

（4）尽量采用"漏斗式"问话模式

不同的切入方式，讯问的问话模式也有所差异。对于从职权切入的讯问路径，通常采用的是"漏斗式"问话模式。即办案人员在讯问中所提出的一系列问题，在答话域上呈现先宽后窄的特征。细言之，在讯问开始阶段所提的问题多是开放性的，给被讯问人选择的空间比较大。随着问题的深入和讯问进程的推进，办案人员所提出的问题逐步由开放转向封闭，给被讯问人选择的空间越来越小。之所以在讯问开始的时候提出开放型的问题，主要是基于三个方面的考虑：一是让被讯问人有话可说，避免冷场；二是开放性问题相对简单，有利于缓解被讯问人的对抗心理；三是开放性问题可选择的答案多，有利于办案人员从多个方面展开话题。但是随着问题的深入，办案人员要根据被讯问人的回答进行追问，所问的问题会越来越具体，给被讯问人选择的空间就会越来越小。从问话模式上看，这时候提出的问题多是相对封闭式的问话。

如果办案人员一开始就采用封闭式问话，可能造成不良效果：一是有指供、引供嫌疑，影响口供的合法性。办案人员在讯问一开始不给被讯问人选择的余地，所提问题已经限定了答案，相当于没有给被讯问人自由陈述的机会，容易被认定为指供和引供。二是容易造成冷场。封闭性问题控制性强，容易引起被讯问人的警觉，一开始以这种问题提问，被讯问人通常会选择沉默或者回避，这样容易造成冷场，让讯问无法推进。

（5）注意发现未知犯罪事实

这种讯问策略先开始提问的范围非常广泛，也就是以被讯问人的职权为圆心，画了一个大大的圆圈。这个圆圈会引发与职权相关的多种可能性。不仅会发现受贿犯罪行为，也可能会发现贪污、挪用、滥用职权等其他职务犯罪行为。在这种情况下，办案人员要秉持开放性思维，不要仅仅局限于已经掌握的问题线索，更不能局限于初核确定的罪名，而应当保持敏感性，发现新问题要及时追问。如果在讯问中发现新问题线索，要按程序及时汇报、按流程审批。

（三）以人为切入点的讯问路径

由于贿赂犯罪是对合犯罪，涉及的主体不是单一的。不管是索贿还是受贿，至少包括财物的给予方和收受方，特殊情况下还有特定关系人、其他国家工作人员参与其中。行为主体的多元化，为讯问突破提供了更多的选择路径。贿赂犯罪案件的讯问通常是以受贿人为主要突破对象，上述的"以财物为切入点的讯问路径"和"以职权为切入点的讯问路径"都是把受贿人（国家工作人员）作为突破点。但在受贿人无法突破的情况下，就需要从其他涉案人员入手寻找讯问的突破点。贿赂犯罪主体的多元性，恰恰提供了这种便利。除了涉嫌受贿的国家工作人员之外，贿赂犯罪案件的突破还可以从行贿人、特定关系人、其他国家工作人员入手进行突破。显然，如果把人作为切入点，贿赂犯罪案件的讯问可以选择的点是比较多的。这一讯问路径可以简单表示为"人—贿赂行为"。

具体而言，讯问贿赂犯罪可以采用由人到事的模式从多个涉案主体切入。既可以从受贿人切入进行讯问，也可以从行贿人、特定关系人、斡旋受贿中的其他国家工作人员进行切入，通过讯问、询问、谈话等方式予以突破。进而从多角度引导被讯问人、被询问人和谈话对象陈述案情，收集贿赂犯罪的供述、陈述笔录和证据。

以人为切入点进行突破，需要根据不同的涉案情况采用不同的方式。涉嫌犯罪的可以采用讯问方式获取供述和辩解，对于不涉嫌犯罪的人员则应当采用询问方式获取证人证言，对于涉嫌违纪、职务违法的被调查人可以采取谈话的方式形成谈话笔录。

同时，以人为切入点，还需要根据人员的不同特点采用不同的突破策略。不同的人员与案件的利害关系不同，在行受贿过程中发挥的作用不同，其所关注的利益也不同，办案人员需要根据这些特点上的差异有针对性地选择相对合理的方法和策略。

1. 以行贿人为突破点的讯问

以行贿人为切入点的讯问路径基本的操作流程是这样的：先突破行贿人，再以行贿人陈述的案件事实为基础讯问受贿人，进而查明行受贿的全部过程。这种办案策略以行贿与受贿的对合关系为基础。查出行贿行为，受贿行为也就基本上水落石出了。突破了行贿人，再去讯问受贿人，有助于改变受贿人对案件发展趋势、办案人员掌握证据情况的认知，因而也会降低讯问受贿人的难度。

这里的"行贿人"主要是指为谋取利益而给予国家工作人员财物的人员。行贿人不一定构成行贿罪，特殊情况下可能以证人身份出现在案件中。一般情况下，行贿人就是请托人，但在有中间人参与贿赂的案件中，行贿人和请托人可能是分开的。作为请托人的中间人可能构成受贿罪的共犯，也可能构成行贿罪的共犯。

查办贿赂犯罪案件，受贿方和行贿方都是突破的切入点。先问哪一方取决于案件调查的需要。实践中很多案件先突破行贿人，再突破受贿人，但这并不意味着行贿人更容易突破。从笔者调研的情况看，个别案件中行贿人比受贿人更难突破。有的受贿人已经交代了受贿事实，但行贿人就是不交代，表现得比受贿人更为坚决。因此，讯问行贿人需要根据其特点选择合适的切入点，引导陈述时也需要注意策略。

（1）根据行贿人的利益格局选择突破点

讯问行贿人首先需要抓准行贿人的特点。相对于其他人员，行贿人更看重的是利。在诸多的贿赂犯罪案件中，行贿人通常是国家工作人员的管理对象、下级、工程的承包人、劳务公司老板这样的角色。行贿人行贿的目的是通过国家工作人员的职务便利谋取利益。在办案过程中，行贿人的立场更多取决于利益格局。

（2）注意手段的合法性

改变行贿人对利益格局认知的方法有很多种，但这并不意味着可以威胁、引诱和欺骗。讯问实践中，有的办案人员为了突破行贿人，对其利益进行要挟：如果行贿人不配合调查，办案人员就想办法对其承包的工程停水、断电，造成更大的损失等。这样的策略实际上是一种威胁，有可能让部分行贿人迫于要挟而作虚假陈述。也有的办案人员进行利益交换：如果行贿人配合，就作为本案证人，不配合就作为调查对象，追究其行贿罪的责任。让行贿人在证人和被追诉人之间进行身份选择。也有的办案人员利用行贿方和受贿方的利益格局进行博弈，告诉行贿人："你和受贿人之间，谁先说，谁就是自首，从轻处罚；谁后说，谁就是抗拒，从重处罚。你选择哪一个？"后面两种情形，办案人员所采用的讯问方法到底是合法的讯问策略还是属于威胁、引诱等非法取证手段，很难一概而论。关键要看个案情形，办案人员是否有法律和事实上的正当依据。

（3）突破行贿人以后再讯问受贿人，不能指供引供

在一些贿赂案件中，行贿人交代了行贿的事实，但在讯问受贿人时，受贿人的供述与行贿人的供述不一致。在此情况下，一些办案人员为了让行贿方和受贿方的供述相一致，故意"纠正"受贿人的陈述，让受贿人在办案人员的暗示和引导下，改变供述的细节，以求在行贿数额、场地、方式等方面与行贿人的陈述相互印证。

也有的办案人员采用此方法让行贿人的陈述与受贿人的供述相一致。这种做法是典型的指供、引供行为，不仅办案手段的合法性存疑，而且很容易造成错案。一旦先供述的一方作了虚假陈述，后供述的一方在办案人员或明或暗的引导下作了对应的供述，双方供述的真实性就产生问题。从表面上看，行贿受贿双方在供述细节上有吻合的地方，形式上形成了印证关系，但这种印证关系是虚假的。这种虚假的印证关系脱离口供的形成过程很难发现，审查起诉和审判中如果仅看口供之间能否印证也难以纠正，极易导致错案。

在行贿人已经突破的情况下，办案人员可以把行贿人交代的事实作为基础在讯问中对受贿人进行认知控制，但不能过多告知行贿人供述的信息。正确的做法应当是让行贿人根据自己的记忆进行陈述，再看行贿方和受贿方的陈述是否一致，矛盾能否消除或者给予合理解释。验证是相互的，行贿受案件中先交代的一方所陈述的内容并不一定就是绝对真实的。在行贿人已经突破的情况下，行贿人所交代的信息可以在讯问中用来改变受贿人的态度，也可以用来辅助判断受贿人在供述时是否撒谎，但绝不可以把行贿人的陈述作为受贿人供述的样板，在引导受贿人供述时照着说。

（4）注意"一对一"贿赂案件的讯问

在贿赂犯罪案件的调查和认定中，"一对一"贿赂问题是办案的难点。所谓"一对一"是指证明贿赂犯罪的证据只有行贿方和受贿方的供述，没有其他实物证据辅助证明。在此情况下，能否认定犯罪成立存在争议。反对者认为，仅有行贿人和受贿人的供述，没有其他实物证据的情况下，不能认定犯罪成立。行贿人、受贿人在讯问中所作的陈述都是口供。根据《刑事诉讼法》第 55 条的规定，只有被告人供述，没有其他证据的，不能认定被告人有罪和处以刑罚。赞成者认为在行贿人和受贿人的供述能够相互印证的情况下，可以认定犯罪成立但不适用同案被告人相互印证情形，更不适用贿赂犯罪案件中行贿人和受贿人供述吻合的情形。

笔者赞同后一种观点。这是因为贿赂犯罪案件中，有的行贿人并不是同案被告人，而是证人，其所作的陈述是证人证言，可以用作定案的依据。即便是同案处理，同案件被告人的供述相互印证的，在完全排除诱供、逼供、串供等情形下，也可以作为定案的依据。如根据《全国部分法院审理毒品犯罪案件工作座谈会纪要》的相关内容，有些毒品犯罪案件，往往由于毒品、毒资等证据已不存在，导致审查证据和认定事实困难。在处理这类案件时，只有被告人的口供与同案其他被告人供述吻合，并且完全排除诱供、逼供、串供等情形，被告人的口供与同案被告人的供述才可以作为定案的证据。仅有被告人口供与同案被告人供述作为定案证据的，对被告人判处死刑立即执行要特别慎重。可见，虽然要求"特别谨慎"，但仅有被告人口供与同案被告人供述作为定案证据的，可以认定犯罪成立。此外，大量贿赂案件发案滞后，本身没有典型的犯罪现场，实物证据在案发时已经不存在或者根本就没有。很多贿赂犯罪只能收集到行贿方和受贿方的供述和辩解，找不到其他证据进行补证。在此情况下，如果不能认定犯罪成立会放纵相当一批职务犯罪，不利于打击职务犯罪。

但需要特别注意的是，对于"一对一"贿赂案件，单凭行贿方和受贿方的供述认定犯罪成立，错案风险也是比较大的。认定犯罪成立必须"完全排除诱供、逼供、串供等情形"。是否会导致办错案，关键取决于办案人员的讯问。为了保证办案质量，在办理"一对一"贿赂案件时，讯问人员必须特别注意三点：

第一，要严格依法讯问，绝不能有串供、诱供、逼供、指供、引供等情形发生。"一对一"证据能够证明行受贿行为，基本前提是调查取证过程中不存在信息污染，行受贿双方都是基于自己的感知和记忆独立作出陈述。一旦发生串供或者讯问中办案人员诱供、逼供、指供、引供，就会导致信息污染。在此情况下，双方陈述的内容和细节虽有吻合，但可能是由串供和不当讯问造成的。虽能形成印证，但不能保证真实性。

第二，在没有信息污染的前提下，科学审查行贿方和受贿方供述内容。行受贿双方供述的印证关系关键是看陈述内容是否吻合。所谓吻合并不是完全一致，而是要看关于贿赂过程的基本信息和关键细节是否一致。由于记忆和感知的原因，供述的细节存在某些矛盾也是正常现象。但是对于矛盾的细节，要能够在经验和常识上进行合理解释。

第三，要强化证明意识，注意讯问合法性的证明。在"一对一"的情况下，口供的合法性必然会成为庭审中控辩双方关注的焦点问题。对于辩护方而言，无论是行贿方还是受贿方，任何一方的供述只要作为非法证据排除，就无法定罪。对于公诉方，任何一方供述的合法性有问题，就意味着公诉难以成功。这也意味着调查阶段讯问的合法性必将成为庭审中证据审查的焦点。因此，办案人员应当具有前瞻意识和证明意识，不仅要做到依法讯问，还要能够证明讯问是合法的。对于"一对一"的案件，无论是讯问行贿人还是受贿人，办案人员都要具有双重证明意识。一方面收集固定证明案件事实的证据材料，另一方面要同时固定能够证明讯问过程合法性的证据材料。两方面的证据材料都随案移送，避免后期补证。

2. 以特定关系人为突破点的讯问

在有特定关系人参与的贿赂案件中，特定关系人也可以作为讯问的突破点。由于特定关系人参与贿赂犯罪的某些环节并从中发挥作用,是贿赂犯罪的参与者、知情者,因而调查过程中可以通过讯问、询问、谈话等方式从特定关系人处收集固定证据,获取案件信息。在特定关系人也涉嫌犯罪的情况下,办案人员可以对其进行讯问。

特定关系人最大的特点是与涉案的国家工作人员具有"特定关系",这种特定关系可能是血亲关系、姻亲关系,也可能是情人关系或者其他共同利益关系。这种特定关系在一定程度上会影响特定关系人在讯问中的表现。具有血亲关系、姻亲关系的,是国家工作人员的近亲属,通常比较重"情";其他具有共同利益的特定关系人通常比较重"利";情人关系的特定关系人有的重"情",有的重"利",也有的既重"情"又重"利"。重"情"的特定关系人有可能在讯问中"舍己为人",全力维护被调查的国家工作人员。有的自愿代人受过,揽责于己;有的因情对抗,拒不配合。重"利"的特定关系人则更看重利益,利益格局改变了,其在讯问中的态度就有可能改变;利益格局不变,其态度就很难改变。

在讯问过程中,办案人员需要根据特定关系人与国家工作人员的情感和利益关系,选择有针对性的讯问策略。对于近亲属,讯问中可以通过情感推动其改变态度,但要防止其因为情感而主动揽责,包庇国家工作人员。对于情人,需要根据其与国家工作人员之间的情感关系和利益关系选择合适的突破口。对于其他特定关系人,则需要认真分析其与国家工作人员之间的利益关系,合理选择利益交汇点和冲突点进行突破。

3. 以其他国家工作人员为突破点的讯问

在斡旋受贿中,其他国家工作人员也可以成为办案的突破点和切入点。在斡旋受贿的案件中,其他国家工作人员在调查和诉讼中可能具有不同的身份。如果其他工作人员没有收受贿赂,与被请托的国家工作人员没有共同故意,仅仅是通过职务上的行为为请托人谋取了不正当利益,则该其他国家工作人员可能不构成犯罪,仅仅是证人身份。调查中对其可以通过询问或者谈话的方式收集证据。如果其他国家工作人员从中收受贿赂或者没有收受贿赂但与被请托的国家工作人员有共同的犯罪故意,则可能构成受贿罪。如果其他国家工作人员利用职权为请托人谋取非法利益的行为符合滥用职权的要件,则有可能构成滥用职权罪。在其他国家工作人员也构成犯罪的情况下,办案人员可以对其进行讯问。

实践中,对于这类人员的讯问和谈话,突破通常不是问题,关键是如何引导陈述。在引导陈述的过程中,办案人员需要注意查明如下问题:(1)利用职权为请托人谋取非法利益的情况。(2)与受请托的国家工作人员之间的关系和沟通情况。重点查明是否有共同故意。(3) 本身是否直接或者间接收受了请托人的财物。(4) 利用职权是否构成滥用职权或者其他犯罪。

(四) 以事为突破点的讯问路径

所谓以事为突破点,就是指直接把贿赂行为本身作为讯问的突破点。讯问中单刀直入,直接提问收受贿赂的过程和利用职务便利为请托人谋取利益的情况。这里所谓的"事"是指涉嫌贿赂犯罪的事件,也就是行贿受贿的犯罪行为本身以及与之相关联的事件,如交易、工程、请托事项等。

1. 适用情形

这种讯问策略通常适用于行贿受贿行为本身比较容易调查或者办案人员已经掌握充足证据的情况。常见的类型包括:

(1) 经济往来中收受回扣、手续费的案件

这类案件通常有相应的物证、书证可以证明,在办案人员已经掌握部分证据的情况下,直接讯问贿赂犯罪的基本事实,能够对被讯问人起到震慑作用。如对于物资采购、销售环节的贿赂犯罪,受贿方主要是买方市场下的采购人员或者卖方市场下的销售人员。行贿方通常是买方市场下的销售人员或者卖方市场下的采购人员。例如,在煤炭资源紧缺的市场条件下,负责煤炭销售的国企人员是受贿罪的高危群体。在煤炭市场低迷,销售不畅的情况下,作为用煤大户的国企采购岗位又有可能成为受贿罪的高发岗位。这些岗位人员的贿赂犯罪,通常与采购、销售的业务有密切联系。这类案件中,行受贿人员关系确定,利益关系明确。在办案人员掌握部分关键证据的情况下,讯问中直接讯问行受贿行为过程和关联的交易情况,反而有可能提升讯问效率。

(2) 索贿案件

在索贿的情况下,利用职务便利索要财物的一方与被勒索的一方利益不一致。被索要财物的"行贿人"并非出于真实意愿给予财物,有的是举报人,有的虽不是主动举报,但调查过程中配合意愿较强。因而在调查索贿案件时,如果有被索贿人员的配合,对涉嫌索贿的国家工作人员直接讯问索贿的行为和过程,也是可行的。

(3) 已经掌握有确凿证据的案件

对于办案人员已经掌握有确凿证据的贿赂案件,也可以直接从事引入。常见的情形如:①行贿受贿中的一方已经做如实供述的。②共同受贿的案件中,其他共犯已经供述受贿事实经过的。③双方都没有供述,但办案人员收集到行受贿过程的音像资料等关键证据的。④被调查人涉嫌其他职务犯罪已经查清,且与受贿罪有关联性的,等等。在这些情形下,办案人员已经掌握贿赂犯罪的关键证据或者关键信

息，在讯问的时候就没有必要与被讯问人来回绕圈子了。办案人员直接讯问收受贿赂的情况和利用职务便利的情况，被讯问人往往难以回避。

2. 操作要点

采用这种讯问策略，前提是办案人员已经掌握相当的证据和犯罪信息，但并不意味着在此情况下讯问就会一帆风顺。讯问时办案人员还需要注意如下事项：

（1）审慎出示证据

即便办案人员已经掌握了相当数量的证据，也不意味着要在讯问中全部出示。直接讯问行受贿的事实本身，会让被讯问人感觉办案人员已经掌握了充足的证据和信息，但办案人员不一定非得出示给被讯问人看，或者告知其已经掌握证据的情况。讯问时出示和使用证据依然要遵循最小化原则，即"能不出示就不出示，能间接出示就不直接出示，能局部出示就不全面出示"。在此情况下，过多出示证据依然有可能造成信息污染，影响办案质量。

（2）科学引导陈述

直接讯问行受贿事实经过在一定程度上是把转换态度与引导陈述两个环节融合在一起。有的讯问既有转化态度的作用，又是在引导陈述，有的讯问在转化态度和引导陈述之间转换得非常快。这样会对讯问笔录的质量造成一定的影响。在此种情况下，办案人员更需要注意科学引导被讯问人陈述案件事实经过，形成高质量的讯问笔录。办案人员依然需要按照客观、全面、有序的要求，引导被讯问人把行贿受贿的事实经过讲述清楚。

（3）注意与其他关联犯罪的关系

适用这种类型策略的案件，被讯问人往往还涉嫌其他犯罪。如经济往来中收受回扣、手续费的贿赂案件中，往往伴随有共同贪污犯罪。如行贿人与受贿人建立信任关系后，双方串通，采用虚定价格、虚报数量、虚构技术标准等手段，骗取公款后私分。这种情况下双方又构成贪污罪共犯。这种情况下，办案人员在讯问过程中不能简单就事论事，而是要深挖可能存在的其他职务犯罪。

如果被讯问人因为其他犯罪牵连出受贿罪，讯问时办案人员需要注意其中的关联关系和罪名的认定。如重大责任事故犯罪、滥用职权犯罪、串通投标犯罪等其他犯罪案件牵连出国家工作人员有行贿、受贿行为，在调查的时候需要注意其中的行受贿行为与其他犯罪之间的牵连关系，以确定是数罪并罚还是从一重罪论处。

四、贿赂犯罪其他关键问题与讯问

（一）主观方面的证明与讯问

贿赂犯罪中，主观方面的证明也是非常棘手的问题。如受贿罪中的"为他人谋取利益"，行贿罪中的"为谋取不正当利益"，这两个要件是主观要件还是客观要件本身就存在争议。又如"先办事后收钱"的贿赂案件，国家工作人员事先实施职务行为，为他人谋取利益时，没有受贿的故意，事后明知他人交付的财物是对自己职务行为的不正当报酬。这种情况下虽然可以认定为受贿罪，但事前"为他人谋取利益"的客观事实与事后"明知"的认知状态，如何收集证据加以证明是办案人员不得不面对的问题。在讯问的过程中，办案人员需要特别留意这些与主观方面有联系的争议问题，在收集证据的时候为犯罪的认定提供相对扎实的证据基础。

由于案件调查不同于理论研究，也不同于庭审中犯罪的认定，在收集证据的过程中对于"为他人谋取利益""为谋取不正当利益"这样的问题不能局限于理论争议，而应当本着全面收集的原则，对主观和客观两方面的证据都要收集。具体而言，对于受贿罪中"为他人谋取利益"的问题，既要从客观方面调查受贿人是否实际利用职权为他人谋取了利益，也要从主观方面核实行贿受贿双方是否有合意、受贿人是否明知他人有具体请托事项、是否计划为他人谋取利益。对于行贿罪中的"为谋取不正当利益"，既要查明行贿人是否在客观上获取了不正当的利益，还要查明行贿人在主观上是否为了"谋取不正当利益"。而不仅仅是在没有获取不正当利益的案件中，采取调查核实行贿人的主观目的。

讯问是核实行为人主观方面最直接、最有效的方法。但凡通过讯问能够查明行为人主观状态的，都应当尽力通过讯问解决。在办理贿赂犯罪案件中，办案人员需要充分利用讯问措施核实受贿人和行贿人主观因素方面的信息。以受贿罪为例，既要查明受贿人收受贿赂时的认知状态，又要查明其意志状态。认知状态需要核实行为人是否认识到他人交付的财物是对自己职务行为的不正当报酬；意志状态则需要核实行为人主观上是否有索取或者接受贿赂的意思，即是否有将他人提供的财物据为己有的意思。

对于无法证明，或者证明有难度的，再去考虑适用法律上的推定。如《最高人民法院、最高人民检察院关于办理贪污贿赂刑事案件适用法律若干问题的解释》第13条规定的情形，实际上是因为认定为"为他人谋取利益"较为困难，才规定的推定情形。如果讯问中能够引导受贿人如实供述受贿时做出过承诺，则不需要适用该条第2款"视为承诺为他人谋取利益"的规定。

讯问受贿人的过程中，对于主观故意的调查和核实主要围绕两方面：一是利用职务便利为他人谋取利益的主观故意；二是非法收受财物的主观故意。重点是受贿人是否意识到收受财物与自己职务行为的关联性。讯问中需要调查和核实的问题包括：（1）行贿受贿双方有无协商、谋划，有事先预谋的，需查明预谋的具体内容。

对于在职时利用职权谋取利益，离职后收受贿赂的，是否与行贿人有约定以及约定的具体内容。（2）是否明知有具体请托事项。（3）对请托事项涉及谋取利益的认知状况，需要谋取的是何种利益，是否属于不正当利益。（4）是被动收受财物还是主动索取财物。（5）对请托事项是否有承诺，承诺的方式是明示还是暗示。（6）对收受财物与利用职务便利谋取利益之间的关联性是否有认知。（7）收受、索取下属或者被管理人员财物的，是否明知上下级关系和行政管理关系。（8）特定关系人收受、索取财物的，本人是否知情，知情后是否有退还、上交的要求和行为。（9）对收受财物的认知情况以及受贿财物的去向、用途和处置情况。（10）共同受贿中有无共谋、共谋的内容以及对收受财物、利用职务便利谋取利益、财物占有支配的共同意思。

讯问或者询问行贿人过程中，对于主观故意方面需要调查和核实的关键问题包括：（1）行贿的动机、目的，是被索贿还是主动行贿。（2）请托事项的具体内容，涉及的利益是否正当。（3）向受贿人提出请托事项的过程、方式。（4）有无事先谋划以及预谋的具体内容。（5）给予受贿人财物的方式、时间、地点、数额、经手人等情况。（6）行贿财物的来源。（7）受贿人对收受财物的认知状况、态度以及是否有明示或者暗示的承诺。（8）是否通过受贿人的职务行为获取利益，获取利益的过程、方式、结果情况以及获取利益是否属于正当利益。（9）行贿行为与受贿人利用职务便利谋取利益是否有对价关系，行贿人对这种关系的认知状况。（10）是否通过特定关系或者其他中间人请托、给予财物，行贿人与中间人或者特定关系人联系、沟通情况。

（二）"财物"的认定与讯问

贿赂犯罪中的"财物"，是指受贿人索取、收受的财物，也就是所谓的"贿赂"。其本质是作为国家工作人员职务行为不正当报酬的利益。贿赂犯罪中的"财物"，包括货币、物品和财产性利益。

1. 财物的认定

贿赂犯罪中的财物既包括有体物，也包括无体物以及财产性利益，其中难以认定的是财产性利益。根据《最高人民法院、最高人民检察院关于办理贪污贿赂刑事案件适用法律若干问题的解释》第12条的规定，财产性利益包括可以折算为货币的物质利益如房屋装修、债务免除等，以及需要支付货币的其他利益如会员服务、旅游等。据此规定，财产性利益可以是物质利益也可以是其他利益，但应是可以折算为货币或者需要货币支付的利益。

对于受贿案件中的涉案财物，调查取证过程中需要证明的事项包括：（1）涉案财物的取得情况：搜查、扣押笔录、清单，赃款赃物的照片和辨认笔录；购买凭证、转账记录、银行交易明细、取款凭证、发票、收据等书证等。(2) 涉案财物的流转情况：证明转账、汇款的书证；产权变更登记的书证；财物交付、收受的证言、供述等。(3) 涉案财物的价值认定情况：证明财物的种类、型号、数量、购买时间的证据，证明财物是真伪、实际价值的鉴定意见等。(4) 涉案财物的处置情况：证明收受财物的分赃、去向、处置、孳息等证据。

讯问过程中，对于"财物"认定问题还需要调查和核实如下两点：第一，财物与国家工作人员的职务行为具有关联性；第二，财物与职务行为具有对价关系。若无关联性或者不是作为不正当报酬的对价而存在，则难以认定为贿赂。这种关联关系和对价关系不仅是客观存在的，还要求索取、收受贿赂的国家工作人员、行贿人认识到这种关联关系和对价关系。因而在讯问中，不可避免地要问及被讯问人对"财物"的认知。行为人对财物的认知状态、收受财物后的处置以及主观状态，这些都直接影响贿赂犯罪的认定。

2. 收受财物后"及时"退还或者上交

在贿赂案件中，国家工作人员收受财物后退还或者上交的情形客观存在。有的是在调查过程中退还、上交，有的则是在调查之前退还、上交。任何处理均关系到罪与非罪的认定。对此问题，《最高人民法院、最高人民检察院关于办理受贿刑事案件适用法律若干问题的意见》第9条第1款明确规定："国家工作人员收受请托人财物后及时退还或者上交的，不是受贿。"第2款则规定："国家工作人员受贿后，因自身或者与其受贿有关联的人、事被查处，为掩饰犯罪而退还或者上交的，不影响认定受贿罪。"据此意见，"及时退还或者上交"是判断行为人是否够罪的主要标准。从案件调查和证据收集角度看，如何认定和把握"及时退还或者上交"，如何理解和适用该意见第9条第2款的规定，关键要看讯问的结果。

第一，对"及时"的理解和把握。实践中认定"及时退还或者上交"时，常纠结于收受财物与退还、上交时间的长短。而实际上如何把握"及时"关键要看主观故意而不是明确、具体的期限。这里的"及时退还或者上交"是行为人没有受贿故意的认定因素之一，而不是唯一。该意见第9条第1款的规定仅限于行为人没有受贿故意的情形。如果退还或者上交能够表明国家工作人员没有受贿的故意，则可以认定为"及时"，反之则不能认定。认定受贿的主观故意仅看退还或者上交的时间是不够的，还需要结合其他因素进行综合判断。

是否有受贿的故意，需要主客观相结合，客观上要看退还、上交的具体情形，主观上则要看讯问时的陈述。讯问的时候，办案人员首先要核实是否有索贿行为。

如果国家工作人员在收受财物之前有索取财物的意思表示，则明显有受贿的故意，即便收受以后很快退还或者上交的，也不得适用该意见第 9 条第 1 款的规定。其次要核实国家工作人员收受财物时的意志状态，是否有收受贿赂的故意。如果被讯问人表示有受贿的主观故意，收受财物则意味着受贿既遂，也不能适用该意见第 9 条第 1 款的规定。

第二，为掩饰犯罪而退还或者上交的认定。需要指出的是，《最高人民法院、最高人民检察院关于办理受贿刑事案件适用法律若干问题的意见》第 9 条第 1 款、第 2 款的规定并不是非此即彼的对立关系。第 1 款明确了不具有受贿故意的一种情形"及时退还或者上交"；第 2 款则是从反向明确了具有受贿故意的一种情形，即"为掩饰犯罪而退还或者上交"的情形。对第 2 款规定的适用，关键看行为人是否有受贿的故意和退还或者上交的目的。如果是为了掩饰犯罪，则不影响受贿罪的认定。"自身或者与其受贿有关联的人、事被查处"则是外在条件的表述。即便不是因为国家工作人员自身或者与其受贿有关联的人、事被查处，也可以认定为受贿罪。如行为人和受贿有关联的人、事并没有被查处，但行为人误认为被查处，为了掩饰而退还或者上交的。行为人有受贿的主观故意，收受财物后又因害怕被人举报而退还或者上交的，也应当按照受贿罪处理。

讯问的时候，办案人员既要核实行为人收受财物时的主观故意，又要核实其事后退还、上交财物的动机和目的。如果行为人在讯问中承认退还或者上交就是为了掩饰隐瞒犯罪的，则应当按照受贿处理。如果否认，讯问过程中，办案人员需要核实如下情况，综合考虑。（1）接收财物的具体情形，是否有不愿意收受或者退还的意思表示。（2）收受与退还间隔时间长短。（3）不能退还或者上交的客观原因是否成立。（4）退回或者上交的真实动机。

结合上述关键问题，讯问受贿人退还、上交情况时，需要重点调查和核实的要点包括：（1）退还、上交的时间、原因以及退还、上交财物的具体情况。（2）收受财物的具体情况和主观故意。（3）是否存在不能立即退述、上交的客观原因。（4）退还、上交之前对收受财物的保管、处置情况。（5）是否知晓自身或者与受贿有关的人、事被查处，是否有掩饰犯罪的动机。

（三）量刑情节的讯问

贿赂犯罪的量刑除了犯罪数额之外，还有一些从重从轻的情节需要考虑。根据《刑法》第 386 条、第 383 条的规定，受贿罪的量刑除了受贿数额之外，还有"其他较重情节""其他严重情节""其他特别严重情节"等从重情节以及"如实供述自己罪行、真诚悔罪、积极退赃，避免、减少损害结果的发生"等从轻情节。对于从重、从轻情节，讯问的时候也应当予以核实。

1. 从重情节的讯问

根据《最高人民法院、最高人民检察院关于办理贪污贿赂刑事案件适用法律若干问题的解释》第1条、第2条、第3条的规定，受贿罪的从重情节包括如下方面：（1）多次索贿的；（2）为他人谋取不正当利益，致使公共财产、国家和人民利益遭受损失的；（3）为他人谋取职务提拔、调整的；（4）曾因贪污、受贿、挪用公款受过党纪、行政处分的；（5）曾因故意犯罪受过刑事追究的；（6）赃款赃物用于非法活动的；（7）拒不交待赃款赃物去向或者拒不配合追缴工作，致使无法追缴的；（8）造成恶劣影响或者其他严重后果的。根据《最高人民法院、最高人民检察院关于办理贪污贿赂刑事案件适用法律若干问题的解释》第7条、第8条、第9条的规定，行贿罪的从重情节包括：（1）向三人以上行贿的；（2）将违法所得用于行贿的；（3）通过行贿谋取职务提拔、调整的；（4）向负有食品、药品、安全生产、环境保护等监督管理职责的国家工作人员行贿，实施非法活动的；（5）向司法工作人员行贿，影响司法公正的；（6）造成经济损失数额在50万元以上不满100万元的。（造成经济损失数额在100万元以上不满500万元的，应当认定为"使国家利益遭受重大损失"；造成经济损失数额在500万元以上的，应当认定为"使国家利益遭受特别重大损失"。）

涉及的情节不同，讯问时的侧重点也不同。办案人员需要根据不同情节的特点进行有针对性的讯问。这些情节中，有些是包含在受贿犯罪的基本事实中，如受贿罪中的多次索贿的情节，行贿罪中向多人行贿的情节。这些情节既与受贿、行贿的数额认定相关，又和量刑相关，在讯问的时候，办案人员需要逐人、逐次认真核实。

有的情节与犯罪动机相关，如行贿方通过行贿谋取职务提拔、调整的情形和受贿方为他人谋取职务提拔、调整的情形。对于这样的情节，讯问时需要从主、客观两个方面进行核实，既要引导被讯问人陈述主观动机，也要确认谋取职务提拔、调整的现实情况。

对于与危害后果相关的情节，需要把外围调查和讯问相结合。如为他人谋取不正当利益，致使公共财产、国家和人民利益遭受损失的；赃款赃物用于非法活动的；造成恶劣影响或者其他严重后果的，这三类情形的认定，既需要客观证据，也需要结合证据在讯问中予以核实。

讯问中需要特别注意的是，《最高人民法院、最高人民检察院关于办理贪污贿赂刑事案件适用法律若干问题的解释》第1条第2款第5项规定的情形。认定这一从重情节，需要从行为表现和结果两方面进行审查。行为上，被调查人有"拒不交待赃款赃物去向或者拒不配合追缴工作"的表现，即在讯问中拒不交待赃款赃物去向，或者在追缴赃款赃物工作中拒不配合，这是一种以不作为方式对抗调查工作的表现。后果上，被调查人拒不交代和拒不配合行为，致使赃款赃物无法追缴。这两方面都具备才能认定。如果被调查人开始不交待、不配合，后期交待赃款赃物的去向或者配合追缴工作，但因其前期的对抗行为导致赃款赃物无法追缴的，也应当认定此情节成立。如果被调查人一直拒不交待、拒不配合，但没有导致赃款赃物无法追缴的，则不能认定该从重情节成立。这里需要把被调查人在讯问中态度不好区分开来。

2. 从轻情节的讯问

在调查中办案人员既要注意从重处罚情节，也要注意从轻处罚情节。在移送审查起诉的案件中，检察机关要求监察机关补充的材料中，比较多的是关于自首、坦白、退赃退赔等方面的证据。比较常见的情形是案件移送审查起诉过程中，犯罪嫌疑人声称在检察调查期间有自首、坦白、退赃退赔等情节，但随案移送的案卷中却没有相关的材料。在讯问过程中需要特别注意如下问题：

（1）自首和以自首论的情节

随着纪检监察工作的推进，主动投案的职务犯罪人员越来越多。也有一些人员被其他办案机关移送到监委调查，主动交代办案机关尚未掌握的罪行，应当以自首论。对于这样的案件，讯问的时候需要对自首和以自首论的情节进行核实。

《刑法》第67条第1款规定，犯罪以后自动投案，如实供述自己的罪行的，是自首。对于自首的犯罪分子，可以从轻或者减轻处罚。其中，犯罪较轻的，可以免除处罚。对于自首的认定，需要具备两个条件：自动投案和如实供述自己的罪行。根据《最高人民法院关于处理自首和立功具体应用法律若干问题的解释》第1条的规定，自动投案，是指犯罪事实或者犯罪嫌疑人未被司法机关发觉，或者虽被发觉，但犯罪嫌疑人尚未受到讯问、未被采取强制措施时，主动、直接向公安机关、人民检察院或者人民法院投案。如实供述自己的罪行，是指犯罪嫌疑人自动投案后，如实交代自己的主要犯罪事实。由于监察体制改革，大部分职务犯罪案件由监察机关负责调查，向监察机关投案的，也属于自动投案，如实交代自己的主要犯罪事实，也应当认定为自首。虽然监察机关在性质定位上不同于司法机关，实践中对于职务犯罪案件自首的认定大多依然参照《最高人民法院关于处理自首和立功具体应用法律若干问题的解释》的相关规定办理。

根据《关于敦促职务犯罪案件境外在逃人员投案自首的公告》的相关内容，职务犯罪案件境外在逃人员向监察机关、公安机关、人民检察院、人民法院或者其所在单位、城乡基层组织等有关单位、组织自动投案，或者通过我国驻外使领馆向监察机关、公安机关、人民检察院、人民法院自动投案，如实供述自己罪行，可以依法从轻或者减轻处罚。职务犯罪案件境外在逃人员委托他人代为表达自动投案意思，或者以书信、电报、电话、邮件等方式表达自动投案意思，后本人回国到案接受办案机关处理的，视为自动投案。经亲友规劝投案的，或者亲友主动报案后将职务犯罪案件境外在逃人员送去投案的，视为自动投案。

一般而言，主动投案的人员在讯问中大多能够如实供述自己的罪行。在讯问的时候，转换态度通常没有太大的难度，重点在引导陈述环节。办案人员需要注意如下问题：

第一，核实供述的罪行是否真实。自首的认定要求涉案人员到案后如实供述，如果供述不真实，不能认定为自首。

第二，核实供述是否有所隐瞒，是否彻底。仅如实供述所犯数罪中部分犯罪的，只对如实供述部分犯罪的行为认定为自首。共同犯罪的案件，除如实供述自己的罪行，还应当供述所知的同案犯，主犯则应当供述所知其他同案的共同犯罪事实，才能认定为自首。自动投案并如实供述自己的罪行后又翻供的，不能认定为自首，但在一审判决前又能如实供述的，应当认定为自首。

第三，核实自动投案的情况。一般而言，对于自动向监察机关投案或者向其他办案机关投案的，办案机关都需要出具到案情况说明。尽管如此，调查讯问的时候，办案人员最好对自动投案情况进行核实。由于涉案人员刚到案不久，引导其对投案过程进行陈述，其真实性和证明力更强，且可以与到案情况说明形成印证。

实践中比较纠结的是《刑法》第67条第2款规定的"以自首论"的情形。根据规定，被采取强制措施的犯罪嫌疑人、被告人和正在服刑的罪犯，如实供述司法机关还未掌握的本人其他罪行的，以自首论。根据《最高人民法院、最高人民检察院关于办理职务犯罪案件认定自首、立功等量刑情节若干问题的意见》的规定：没有主动投案，但具有以下情形之一的，以自首论：（1）犯罪嫌疑人如实交代办案机关尚未掌握的罪行与办案机关已掌握的罪行属于不同种罪行的；（2）办案机关掌握的线索针对的犯罪事实不成立，在此范围外犯罪分子交代同种罪行的。

从理论上看，此种情形以自首论符合刑法的基本原理。从办案实践看，基本上也都是按照自首处理的。通常情况下，调查机关需要出具情况说明，明确被讯问人供述的罪行中，哪些是办案机关已经掌握的，不能以自首论；哪些是办案机关尚未掌握的，应当以自首论。

（2）如实供述和真诚悔罪的情节

职务犯罪案件中，涉案人员如实供述和真诚悔罪，是法定的从轻处罚情节。

办案人员在讯问过程中对于如实供述和真诚悔罪的证据应当及时固定。《刑法》第 67 条第 3 款规定，犯罪嫌疑人虽不具有自首情节，但是如实供述自己罪行的，可以从轻处罚；因其如实供述自己罪行，避免特别严重后果发生的，可以减轻处罚。《最高人民法院、最高人民检察院关于办理职务犯罪案件认定自首、立功等量刑情节若干问题的意见》第 3 条规定，犯罪分子依法不成立自首，但如实交代犯罪事实，有下列情形之一的，可以酌情从轻处罚：(1) 办案机关掌握部分犯罪事实，犯罪分子交代了同种其他犯罪事实的；(2) 办案机关掌握的证据不充分，犯罪分子如实交代有助于收集定案证据的。犯罪分子如实交代犯罪事实，有下列情形之一的，一般应当从轻处罚：(1) 办案机关仅掌握小部分犯罪事实，犯罪分子交代了大部分未被掌握的同种犯罪事实的；(2) 如实交待对于定案证据的收集有重要作用的。

贿赂犯罪案件中，无论是受贿人还是行贿人，只要如实供述，真诚悔罪，都可以从轻、减轻甚至免除处罚。根据《刑法》第 383 条第 3 款的规定，受贿人在提起公诉前如实供述自己罪行、真诚悔罪、积极退赃，避免、减少损害结果的发生，有第 1 项规定情形的，可以从轻、减轻或者免除处罚；有第 2 项、第 3 项规定情形的，可以从轻处罚。第 390 条第 2 款规定，行贿人在被追诉前主动交待行贿行为的，可以从轻或者减轻处罚。其中，犯罪较轻的，对侦破重大案件起关键作用的，或者有重大立功表现的，可以减轻或者免除处罚。

"如实供述自己罪行""真诚悔罪"主要是考察行为人在讯问中的表现和书面忏悔材料。在讯问过程中，对于被讯问人如实供述和真诚悔罪的，办案人员应当如实记录。被调查人如实供述的内容对于定案证据的收集有重要作用或者是调查机关尚未掌握的同种犯罪事实的，办案人员应当本着客观公正原则在案卷中作出书面说明。

(3) 积极退赃、退赔和避免、减少损害结果的情节

积极退赃，避免、减少损害结果的发生也是受贿罪从轻处罚的法定情节之一。调查过程中受贿人本人或其家属积极退赔的，在一定程度上也可以避免、减少损害结果的发生。因此，对于积极退赃、退赔，避免、减少损害结果发生的情况，办案人员应当调查核实，及时固定相关证据，必要时根据情况作出书面说明。讯问过程中，可以对退赃、退赔情况进行核实，问清退还、退赔的款物、数额和方式，记入笔录。对于避免、减少损害结果的情况，讯问中也可以进行核实，问清被调查人避免、减少损失的具体行为，核实结果和因果关系。

图书在版编目（CIP）数据

讯问之道：职务犯罪讯问原理与实战策略／上官春光著．—北京：中国法制出版社，2023.3
（纪检监察实务系列）
ISBN 978-7-5216-3209-5

Ⅰ.①讯… Ⅱ.①上… Ⅲ.①职务犯罪-审判-研究-中国 Ⅳ.①D924.34

中国版本图书馆CIP数据核字（2022）第243796号

策划编辑：陈兴（cx_legal@163.com）
责任编辑：孙静　　　　　　　　　　　　　　　　　封面设计：李宁

讯问之道：职务犯罪讯问原理与实战策略
XUNWEN ZHIDAO: ZHIWU FANZUI XUNWEN YUANLI YU SHIZHAN CELUE

著者/上官春光
经销/新华书店
印刷/三河市国英印务有限公司
开本/730毫米×1030毫米 16开　　　　印张/18.5　字数/335千
版次/2023年3月第1版　　　　　　　　2023年3月第1次印刷

中国法制出版社出版
书号 ISBN 978-7-5216-3209-5　　　　　　　定价：76.00元

北京市西城区西便门西里甲16号西便门办公区
邮政编码：100053　　　　　　　　　　　传真：010-63141600
网址：http://www.zgfzs.com　　　　　　编辑部电话：010-63141787
市场营销部电话：010-63141612　　　　印务部电话：010-63141606

（如有印装质量问题，请与本社印务部联系。）